PROTECÇÃO DE CRIANÇAS E JOVENS EM PERIGO

Comentários e Anotações à Lei n.° 147/99 de 1 de Setembro

BEATRIZ MARQUES BORGES
Juiz de Direito do Tribunal de Família e Menores

PROTECÇÃO DE CRIANÇAS E JOVENS EM PERIGO

Comentários e Anotações à Lei n.° 147/99 de 1 de Setembro

2.ª EDIÇÃO

ALMEDINA

PROTECÇÃO DE CRIANÇAS E JOVENS EM PERIGO
COMENTÁRIOS E ANOTAÇÕES À LEI N.º 147/99
DE 1 DE SETEMBRO

AUTORA
BEATRIZ MARQUES BORGES
beatrizmarquesborges@gmail.com

EDITOR
EDIÇÕES ALMEDINA, SA
Av. Fernão Magalhães, n.º 584, 5.º Andar
3000-174 Coimbra
Tel.: 239 851 904
Fax: 239 851 901
www.almedina.net
editora@almedina.net

DESIGN DE CAPA
FBA

PRÉ-IMPRESSÃO
G.C. – GRÁFICA DE COIMBRA, LDA.
producao@graficadecoimbra.pt

IMPRESSÃO
PAPELMUNDE, SMG, LDA.
Janeiro de 2011
Depósito legal n.º 321901/11

Biblioteca Nacional de Portugal – Catalogação na Publicação

PORTUGAL. Leis, decretos, etc.

Protecção de crianças e jovens em perigo : comentários e
anotações à Lei nº 147-99, de 1 de Setembro / Beatriz Marques
Borges. – 2ª ed. – (Legislação anotada)
ISBN 978-972-40-4425-5

I - BORGES, Beatriz Marques

CDU 347
342

Aos meus queridos pais
que me deram a vida
e a felicidade.

Ao Nuno com amor.

AGRADECIMENTOS

Cumpre em primeiro lugar proferir uma palavra especial de agradecimento pelo prefácio da apresentação deste livro realizado pelo Juiz Conselheiro Armando Leandro, Presidente da Comissão Nacional de Protecção de Crianças e Jovens em Risco, não só pela sua perspectiva do enquadramento da obra como pelas estimulantes palavras dedicadas à autora.

Agradeço a participação na superação de dificuldades na elaboração do livro, bem como o apoio e a amizade recebidos da Juiz do Tribunal de Família e Menores Mafalda Pestana, da Juiz do Tribunal de Círculo Elisabete Oliveira Valente, do Desembargador Manuel Ribeiro Marques e do Procurador da República Amílcar Martins.

Uma palavra de apreço e amizade dirigida ao Juiz Conselheiro José Gonçalves da Costa que colaborou na revisão da obra.

Por último quero prestar o meu sincero agradecimento à técnica da segurança social e membro da comissão de protecção de crianças e jovens, Adelaide Martins, quanto à troca de saberes do seu sector e à licenciada Jocélia Tavares pelos conhecimentos informáticos transmitidos e colaboração na composição gráfica.

PREFÁCIO

1. A aquisição civilizacional recente do reconhecimento, ao nível do direito internacional e nacional, da criança como sujeito de direito, titular de cidadania plena, constitui uma conquista extremamente relevante para um desenvolvimento de qualidade nos domínios ético, cultural, político, social e económico, na medida em que esse desenvolvimento pressupõe necessariamente a qualidade humana e esta é fortemente subsidiária da qualidade da infância.

Trata-se, porém, de uma conquista sempre inacabada.

Exige que se prossiga no alargamento e densificação dos direitos humanos da criança, que incluem os direitos comuns a todo o cidadão e os direitos específicos decorrentes das características e exigências do seu processo muito próprio de desenvolvimento; uns e outros ancorados na sua eminente dignidade como pessoa.

Impõe a concepção de um sistema legal e social harmónico com os valores e princípios que informam esses direitos.

Implica meios de concretização competente, lúcida, generosa e eficaz, no respeito e prossecução desses valores e princípios, dos direitos de todas e cada uma das crianças, onde quer que se encontrem e seja quais forem as suas condições, como é exigência democrática incontornável.

Pressupõe o radicar e o contínuo aprofundamento de uma nova *cultura da infância*, que, ultrapassada uma óptica essencialmente assistencialista, se alicerce numa visão dinâmica da criança como sujeito de direitos humanos, perspectivados segundo a filosofia, os valores e princípios que os inspiram, as normas que os reconhecem e os instrumentos que importa conceber e pôr em prática para a sua efectivação.

Estes sonhos e objectivos, inspiradores de uma aposta ambiciosa de mudança, reclamam estratégias e acções diversificadas e em articulação sistémica. Exigem o esforço sério, competente, solidário, generoso, persistente, intensivo, confiante, realista mas entusiasmado, de muitos actores individuais e institucionais, capazes de ajudar à mobilização de toda a comunidade para o correspondente projecto de cidadania activa fonte de um novo futuro mais justo e progressivo de uma sociedade democrática em busca de se constituir em comunidade ética.

2. Um dos instrumentos fundamentais à tarefa esboçada reside num sistema jurídico-social apropriado e na capacidade para o concretizar.

Afigura-se-nos que o sistema legal português de promoção e protecção de crianças e jovens é adequado, sem prejuízo, naturalmente, da necessidade da sua permanente avaliação tendo em vista os aperfeiçoamentos que porventura se mostrarem indicados.

Corresponde, contudo, a um novo paradigma que, apesar dos progressos em curso, não tem ainda suficiente suporte numa generalizada cultura da infância no sentido mencionado.

São, porém, evidentes as suas imensas virtualidades, também como instrumento para o radicar progressivo dessa cultura.

Essas virtualidades são tanto maiores e de mais rápida concretização quanto esse sistema for melhor conhecido e compreendido e lhe corresponder a prática de qualidade que pressupõe e que claramente viabiliza e estimula.

São por isso do maior interesse os trabalhos de índole teórico-prática sobre o sistema.

A presente obra, que tenho o gosto e a honra de prefaciar, integra-se, de forma excelente, na linha desse serviço essencial ao êxito do projecto que o sistema exprime.

A sua distinta Autora, Juíza de Direito, ao comentar exaustivamente a Lei de Protecção de Crianças e Jovens em Perigo, oferece-nos um instrumento de estudo e de trabalho precioso.

Aos sólidos conhecimentos teóricos que evidencia sobre a lei, que interpreta com mestria, de forma integrada com a globalidade do sistema, iluminado também pela frequente remissão para a Convenção sobre os Direitos da Criança, alia um fino sentido de aplicação prática em consonância exigente com os valores, princípios e normas do sistema.

Trata-se de um trabalho sério, competente, rigoroso, inteligente, com espírito crítico construtivo, corajoso na abordagem clara das questões, algumas delas ainda pouco tratadas, como, por exemplo, as referentes à natureza das Comissões de Protecção de Crianças e Jovens e ao estatuto dos seus Membros.

Perpassam por todo o trabalho preocupações de ordem ética e deontológica e um tom de humanismo e de sentido de responsabilidade que são indícios e mensagens claras do entendimento, que se pressente na Autora, de que no esforço de concretização do sistema não basta que cada interveniente tenha em conta a sua função técnica; importa consciencializar também a essencialidade da função axiológica da intervenção.

O conhecimento, aliado ao ideal e ao compromisso na acção individual e em parceria de saberes e actuações, é instrumento fundamental à expressão de respeito e amor pela criança à altura dos desafios que no nosso tempo nos coloca a sua viva e constante interpelação à efectiva concretização dos seus direitos.

Também por isso o trabalho da Drª Beatriz Marques Borges é um tijolo belo e significativo na edificação responsável, solidária e esperançosa do futuro que, como cidadãos e comunidade, nos é essencial e que, mau grado as muitas dificuldades, está ao nosso alcance se soubermos confiar e persistir na utopia e na correspondente qualidade do pensamento e da acção.

Armando Leandro

ABREVIATURAS

Art. – *Artigo*
Arts. – *Artigos*
CC – *Código Civil*
CP – *Código Penal*
CPA – *Código do Procedimento Administrativo*
CPC – *Código de Processo Civil*
CPCJ – *Comissão de Protecção de Crianças e Jovens*
CPM – *Comissão de Protecção de Menores*
CPP – *Código Processo Penal*
CRC – *Código do Registo Civil*
CRP – *Constituição da República Portuguesa*
DL – *Decreto-Lei*
DR – *Diário da República*
IPSS – *Instituições Particulares de Solidariedade Social*
LPPCJP – *Lei de Promoção e Protecção de Crianças e Jovens em Perigo*
MP – *Ministério Público*
OTM – *Organização Tutelar de Menores*
Seg. – *Seguinte*
Segs. – *Seguintes*
STJ – *Supremo Tribunal de Justiça*

INTRODUÇÃO

1. A Lei n.° 147/99, de 1 de Setembro, encontra a sua génese na Proposta de Lei 265/VII, publicada no Diário da Assembleia da República, II Série A, n.° 54, de 17 de Abril de 1999, onde são pormenorizados os objectivos a prosseguir e as razões da alteração legislativa levada a cabo.

Deve salientar-se, desde logo, a intenção legislativa de criar um conjunto normativo fundado nas regras internacionais aplicáveis aos *menores*, adaptando-o ao regime constitucional vigente em Portugal, tendo em conta um modelo de protecção de *menores* que vise, agora, a promoção e protecção dos direitos das crianças e dos jovens, encarados como titulares de direitos individuais, económicos, sociais e culturais.

Como traço fundamental dessa "nova" protecção aponta-se a necessidade de encarar diversificadamente a intervenção tutelar de protecção, da intervenção tutelar educativa, tendo em consideração que nesta última se passa a abranger a prática pelos jovens entre os 12 e os 16 anos de factos qualificados como crimes.

Quanto à Lei de Promoção e Protecção das Crianças e Jovens em Perigo, com base no art. 69.° da CRP, tem-se em atenção, muito especialmente, a Convenção Sobre os Direitos da Criança, assinada em Nova Iorque em 1989 e aprovada pela Resolução da Assembleia da República n.° 20/90, de 12 de Setembro, procurando-se conciliar os direitos dos pais com a liberdade e autodeterminação dos filhos, vistos, pela 1.ª vez na legislação portuguesa, não como *menores*, incapacitados do exercício pleno dos seus direitos, mas, antes, como titulares de direitos, numa fase da vida em que não atingiram o seu desenvolvimento integral, que carecem de ser apoiados e protegidos.

2. Alguns dos objectivos mais inovadores da Lei, e de acordo com a filosofia subjacente aos mesmos, assentaram, porém, em modelos um pouco utópicos, em que a participação dos nacionais, em regime de voluntariado e de solidariedade não tem provado ser eficaz, em que a imposição coercitiva de vários comportamentos e atitudes corresponde afinal, à única forma de alcançar os objectivos propostos. Estamos a referir-nos, por um lado, à composição das comissões de protecção e às competências que lhes foram atribuídas e, por outro, à pretensão de criar comissões sem a participação directa nas mesmas de um órgão verdadeiramente centralizador e acompanhador da actividade das mesmas, imbuído de uma aura de autoridade que, em muito, compensaria as desvantagens que têm sido apontadas quando se pretendeu afastar o MP de qualquer intervenção directa no funcionamento das comissões de protecção.

3. Numa análise crítica geral ao diploma agora em comentário, considera-se o mesmo como globalmente bem estruturado, na sua divisão por capítulos, começando pelas disposições gerais, a que se segue um capítulo sobre as modalidades de intervenção e um outro sobre as medidas de promoção e protecção a aplicar. No capítulo III referente às medidas de protecção, julga encontrar-se um pouco deslocada a referência na secção V aos acordos de promoção e protecção, que, em nosso entender, deveriam constar logo no início do capítulo, distinguindo-se entre medidas voluntárias e medidas impostas coercivamente, bem como a menção, na mesma secção, aos direitos da criança e do jovem em acolhimento e o acompanhamento da execução das medidas.

Também é discutível a inserção de um capítulo IV sobre comunicações e um outro sobre a intervenção do MP, não se vendo, por exemplo, razão especial pela qual esses dois capítulos não estão inseridos nas disposições processuais gerais (capítulo VI).

Já a distinção em 3 capítulos, – VII, VII e IX – respectivamente, procedimentos de urgência, processo nas comissões de protecção de crianças e jovens e processo judicial de promoção e protecção, não nos merece qualquer reparo.

4. Na análise crítica de cada um dos preceitos contidos no diploma, sem prejuízo do comentário a efectuar sobre cada uma das disposições legais, salienta-se, em primeiro lugar, o erro constante da definição do art. 5.°, alínea c), cuja gravidade deve ser acentuada por se tratar de uma definição legal, quando se identifica uma situação de urgência como sendo de perigo actual e eminente em vez de iminente; saúda-se, por outro lado, a reiteração da caracterização das comissões de protecção como instituições oficiais não judiciárias com autonomia financeira, agindo com imparcialidade e independência (art. 12.°), sem prejuízo dos poderes similares aos poderes de superintendência da comissão nacional das crianças e jovens em risco (que, de acordo com a actual Lei, deveria ser designada como comissão nacional de crianças e jovens em perigo).

No que respeita às medidas de promoção e protecção pensamos que deveriam ser melhor caracterizadas as situações em que deve haver lugar à aplicação das medidas provisórias, não só porque se refere no art. 37.° que as mesmas não deveriam prolongar-se por mais de 6 meses, como pelo facto de se admitir a sua revisão obrigatória ao fim daquele período, o que pode levar à conclusão, em tese, que na revisão se prorrogue a medida aplicada. Acresce que uma medida provisória só deve ser compreendida como sendo aplicável no caso de não se dispor de elementos para solucionar a remoção de perigo que incide sobre a criança/jovem, o que devia levar a afastar a aplicação das medidas provisórias quando, removido aquele perigo, se pretende criar um projecto de vida que vise o integral desenvolvimento da criança/jovem. A admitir-se, nesses casos, a aplicação de medidas provisórias, se é certo que se adopta um caminho que não é ainda seguro por falta de elementos que permitam enunciar o projecto de vida da criança e do jovem, não é menos verdade que se estão a tentar vias e sub-projectos ainda não perfeitamente estudados que podem prejudicar a solução definitiva a dar ao caso.

Refira-se, ainda, a descaracterização da filosofia do diploma com a integração da medida de confiança a pessoa seleccionada para a adopção ou a instituição com vista à adopção, uma vez que a Lei foi criada tendo por finalidade última e em todos os casos o "retorno" da criança e do jovem ao seu meio natural e tal medida corresponde à rotura total com esse desígnio legal.

No capítulo III e quanto à duração das medidas nota-se uma indefinição quanto ao prazo máximo de duração das medidas de colocação, deixadas para os termos do acordo ou da decisão judicial, quando tudo aconselharia à fixação de um prazo máximo de duração, como forma de certificar o acerto da medida adoptada ou permitir, de imediato, o encaminhamento para outras soluções.

A caracterização da duração de todas as medidas como de prazos peremptórios e sujeitas a um prazo máximo, susceptível de justificar o retorno à família natural, deveria ser, igualmente, acolhida, como forma de facilitar o encaminhamento para a adopção.

No capítulo das comunicações nota-se a falha, já sentida em diversas situações, da obrigatoriedade da sinalização expressa dos casos por parte das escolas e dos hospitais e da existência de uma notação e registo a nível nacional das situações de perigo detectadas e do acesso às mesmas por parte de todas as entidades administrativas e judiciais com interesse na situação.

Ao nível da intervenção do MP não se ganhou com o seu afastamento de participação directa nas comissões de protecção, onde o seu papel de apoio e consultadoria jurídica não foi substituído pela intervenção de outros técnicos de direito e onde a sua experiência e ligação ao poder judicial ajudaria não só a solucionar muitos problemas, como, até evitaria, com benefício para os intervenientes, a actuação, em muitos casos, do poder judicial.

No respeitante ao capítulo VI, face aos inúmeros arestos em matéria de conflitos de competência, julga-se que poderia ter sido feito o esclarecimento legal de que a mudança de residência da criança e do jovem só deveria ter efeitos em relação a mudanças voluntárias dessa residência pela criança ou o jovem, e não quando tal se verifica em virtude de imposição judicial, ainda que, como julgamos, tal já resulte de uma interpretação adequada da actual Lei.

No que respeita ao processo judicial de promoção e protecção, deveria ser reponderada a intervenção dos Juízes Sociais na composição do colectivo que julga os processos de promoção e protecção dada a falta de participação que tem sido sentida pelos Tribunais e as dificuldades que acarreta para o funcionamento de um processo urgente a sua falta quase sistemática ao debate judicial.

5. Por último, uma palavra sobre os principais problemas que resultam da aplicação da Lei, pese embora o extraordinário passo que a mesma representou no campo da protecção dos direitos da criança e do jovem.

Em primeiro lugar, uma lei pode ser uma Lei excelente como o é esta, e ser boicotada pela inexistência de regulamentos que a completem, como foi o caso, já que nunca viu devidamente implementado o regime de execução das medidas aplicadas (artigos 41.°, n.° 2 e 35.°, n.° 4 da Lei e artigo 6.° do DL 332-B/2000 de 30.12).

Só recentemente com o DL n.° 11/2008, de 17 de Janeiro e DL n.° 12/ /2008, de 17 de Janeiro se regulamentou a execução das medidas de promoção e protecção de crianças e jovens em perigo em meio natural de vida e em família de acolhimento (arts. 39.°, 40.°, 43.°, 45.°, 46.° a 48.°), mantendo-se, porém, sem regulamentar, o conteúdo e duração dos programas de educação parental (art. 41.°, n.° 2 da LPPCJP) e o regime de execução das demais medidas (art. 35.°, n.° 4).

Outra questão que a Lei comentada não teve em consideração é a das crianças deficientes e para-delinquentes[1], já que não foi previsto a existência de lares adequados à resolução das problemática dessas crianças nem foram criados os meios que permitam ultrapassar as situações em que as mesmas se encontram.

Depois, o estabelecimento, para aplicação de qualquer das medidas aplicadas, da obrigatoriedade do consentimento da criança ou do jovem e da não oposição dos titulares das responsabilidades parentais não nos parece funcional e "atira" grande parte das medidas a aplicar para o Tribunal, quando as medidas a executar no meio natural de vida da criança ou do jovem, implicando uma rotura mínima com a sua família biológica, poderiam e deveriam ser impostas contra a vontade dos representantes parentais e da criança ou do jovem, desde que assegurada a sua adequabilidade, legalidade e razoabilidade pelo MP, ainda que com possibilidade de impugnação judicial das decisões das comissões de protecção nessa matéria.

No sentido apontado e em rotura com o princípio da subsidiariedade, ficariam apenas reservadas à intervenção judicial as medidas de colocação e a medidas de confiança a pessoa seleccionada para a adopção ou a instituição com vista a adopção, essas sim, medidas que rompendo com o meio natural de vida, justificariam uma decisão judicial para poderem ser impostas contra a vontade dos interessados.

Nos casos, porém, de abusos sexuais intrafamiliares, as comissões não deveriam tentar celebrar acordos de promoção e protecção, mas remeter, de imediato, o caso aos Tribunais, pois que tais situações inviabilizam qualquer tentativa da celebração do acordo.

Por último, impõe-se a avaliação e detecção de todos os processamentos burocráticos e legais que impeçam o caminho rápido e expedito para a solução da adopção em detrimento da colocação em instituições, encurtando-se prazos, enunciando-se comportamentos dos pais mais amplos que os actualmente previstos, denunciadores da incapacidade dos pais para assumirem o futuro dos seus filhos e tendo em consideração que um projecto de vida de uma criança ou de um jovem adiado por um dia, ou por um mês, pode ser o caminho para a destruição de qualquer iniciativa de desenvolvimento integral das crianças ou dos jovens.

---

[1] Jovens relacionados com o consumo e tráfico de droga, prostituição e prática de ilícitos criminais cujas condutas ainda não foram censuradas quer em processo penal quer em processo tutelar educativo.

LEI N.° 147/99,

de 1 de Setembro

Lei de protecção de crianças e jovens em perigo

A Assembleia da República decreta, nos termos da alínea c) do artigo 161.° da Constituição, para valer como lei geral da República, o seguinte:

ARTIGO 1.°

É aprovada a lei de protecção de crianças e jovens em perigo, em anexo ao presente diploma e que dele faz parte integrante.

ARTIGO 2.°

1. A lei de protecção de crianças e jovens em perigo é de aplicação imediata, sem prejuízo da validade dos actos realizados na vigência da lei anterior.
2. As disposições de natureza processual não se aplicam aos processos iniciados anteriormente à sua vigência quando da sua aplicabilidade imediata possa resultar quebra de harmonia e unidade dos vários actos do processo.
3. Os processos tutelares pendentes na data de entrada em vigor da nova lei que não tenham por objecto a prática, por menor com idade compreendida entre os 12 e os 16 anos, de factos qualificados pela lei penal como crime são reclassificados como processos de promoção e protecção.
4. Nos processos a que se refere o número anterior são aplicáveis unicamente as medidas de protecção previstas neste diploma, de acordo com os princípios orientadores da intervenção nele prevista.
5. As medidas tutelares aplicadas em processos pendentes são

revistas em conformidade com o disposto no artigo 62.° da lei de protecção das crianças e jovens em perigo.

6. Os processos pendentes nas comissões de protecção de menores transitam e continuam a correr termos nas comissões de protecção de crianças e jovens nos termos previstos na lei de protecção de crianças e jovens em perigo.

7. Os processos pendentes nos tribunais de menores ou nos tribunais de competência especializada mista de família e menores que, em virtude do disposto no artigo 79.° da lei de protecção de crianças e jovens em perigo, deixarem de ser competentes são remetidos ao tribunal que for territorialmente competente nos termos deste diploma e das leis de organização e funcionamento dos tribunais judiciais.

Artigo 3.°

1. As actuais comissões de protecção de menores serão reorganizadas e passarão a funcionar de acordo com o disposto na lei de protecção de crianças e jovens em perigo, adoptando a designação de comissões de protecção de crianças e jovens.

2. Compete à Comissão Nacional de Protecção das Crianças e Jovens em Risco, conjuntamente com as entidades e serviços nela representados, tomar as providências necessárias à reorganização das comissões de protecção de menores.

3. As comissões de protecção de menores são reorganizadas por portaria conjunta dos Ministros da Justiça e do Trabalho e da Solidariedade.

4. As comissões de protecção de crianças e jovens que sucederem às comissões de protecção de menores, nos termos dos números anteriores, são declaradas instaladas por portaria conjunta dos Ministros da Justiça e do Trabalho e da Solidariedade.

5. As comissões de protecção que vierem a ser criadas e instaladas até à data em vigor da lei de protecção de crianças e jovens em perigo são constituídas e passam a funcionar nos termos do disposto neste diploma.

6. Podem ser criadas e instaladas comissões de protecção de crianças e jovens nas áreas de competência territorial das comissões referidas no n.° 3 do artigo 2.° do Decreto-Lei n.° 189/91, de 17 de Maio, nos termos do disposto na lei de protecção de crianças e jovens em perigo, ficando a competência destas limitada às áreas abrangidas pelas novas comissões.

7. Até à data da entrada em vigor da lei da protecção de crianças e jovens em perigo, as comissões a que se referem os n.os 4, 5 e 6 exercem as competências previstas no Decreto-Lei n.° 189/91, de 17 de Maio.

8. As comissões de protecção de menores actualmente existentes que não forem reorganizadas até à data de entrada em vigor da lei de protecção de crianças e jovens consideram-se extintas nessa data, sendo os processos pendentes remetidos ao Ministério Público junto do tribunal da respectiva comarca.

ARTIGO 4.°

1. São revogados o Decreto-Lei n.° 189/91, de 17 de Maio, e as normas do Decreto-Lei n.° 314/78, de 27 de Outubro, e de demais legislação relativas às matérias abrangidas pelo presente diploma.

2. Mantém-se em vigor o Decreto-Lei n.° 98/98, de 18 de Abril, que cria e regulamenta a Comissão Nacional de Protecção das Crianças e Jovens em Risco.

ARTIGO 5.°

O Governo adoptará as providências regulamentares necessárias à aplicação do presente diploma.

ARTIGO 6.°

Sem prejuízo do disposto no artigo 3.°, a lei de protecção de crianças e jovens em perigo, bem como os artigos 2.° e 4.° do presente diploma, entram em vigor conjuntamente com a lei tutelar educativa.

Aprovada em 1 de Julho de 1999.

O Presidente da Assembleia da República, *António de Almeida Santos*.

Promulgada em 13 de Agosto de 1999.

Publique-se.

O Presidente da República, JORGE SAMPAIO.

Referendada em 18 de Agosto de 1999.

O Primeiro-Ministro, *António Manuel de Oliveira Guterres*.

*****

A Lei n.° 147/99 de 1 de Setembro, que foi publicada no DR, I Série--A, n.° 204/99, de 1.9.1999, e que aprovou, publicando-a em anexo, a lei de protecção de crianças e jovens em perigo, foi posteriormente alterada pela Lei n.° 31/2003, de 22 de Agosto, publicada no DR, n.° 193, na I Série-A, de 22 de Agosto de 2003, tendo as alterações introduzidas entrado em vigor a 22 de Setembro de 2003.

A versão inicial da lei entrou em vigor a 1.1.2001, de acordo com o disposto no art. 6.° da lei e art. 6.° da lei tutelar educativa (Lei n.° 166/99 de 14 de Setembro) e o estabelecido no art. 4.° do DL 323-D/2000, de 20 de Dezembro.

Nos dispositivos da lei preambular que aprovou a Lei de protecção de crianças e jovens em perigo, é de salientar o seguinte:

a) O princípio da aplicação imediata da lei, sem prejuízo da manutenção da validade dos actos praticados à sombra da lei anterior, no aspecto substantivo, e ressalva dos actos processuais anteriores, se da aplicação imediata da Lei resultasse desarmonia processual;

b) A reclassificação dos processos tutelares pendentes em processos de promoção e protecção, com a aplicação do regime previsto para estes últimos, quanto a factos não qualificados como crimes, cometidos por jovem entre os 12 e os 16 anos;

c) A transição dos processos pendentes das comissões de protecção de menores, agora reorganizadas, por portaria conjunta dos Ministros da Justiça e do Trabalho e da Solidariedade, para as comissões de protecção de crianças e jovens;

d) A intenção (nunca ainda hoje totalmente concretizada) do governo adoptar as providências regulamentares necessárias à aplicação da lei.

LEI DE PROTECÇÃO DE CRIANÇAS E JOVENS EM PERIGO

CAPÍTULO I
Disposições Gerais

Generalidades

No capítulo I da Lei de Protecção de Crianças e Jovens em Perigo enumera-se a finalidade (o objecto, ou antes o objectivo da Lei) – art. 1.° – e o seu campo de aplicação (âmbito das crianças e jovens a quem a Lei é aplicável) – art. 2.°.

Nos arts. 3.° e 4.° indicam-se situações, em função de circunstâncias especificadas que justificam a intervenção protectora da Lei (arts. 3.° e seu n.° 2), estabelecendo-se os parâmetros (princípios) orientadores que norteiam essa actuação (intervenção) dentro das circunstâncias (pressupostos) da mesma, para finalmente no art. 5.° se fazer uma interpretação autêntica e legal de conceitos utilizados nos artigos anteriores (arts. 1.° a 4.°).

Quanto ao **objectivo** da Lei pretende-se que dele conste um conjunto de dispositivos que permitam não só accionar os direitos das crianças e dos jovens, mas também um conjunto normativo que vise evitar circunstâncias que possam causar dano ao desenvolvimento psíquico e físico das crianças e jovens.

No que respeita ao seu **campo de aplicação** a Lei pretende sujeitar à sua esfera todas as crianças e jovens que estando numa situação susceptível de lhes ser causado dano no seu desenvolvimento residam em território nacional, quer essa residência ou permanência se verifique ocasionalmente (caso de estrangeiros ou portugueses que residam no estrangeiro), quer de portugueses e estrangeiros que residam ou se encontrem em Portugal.

Iremos mais à frente concretizar o âmbito da aplicação internacional deste artigo 2.°.

Quanto às situações em que se julga existir interesse que justifique uma aplicação da Lei (artigo 3.° da LPPCJP), as mesmas têm lugar, fundamentalmente, quando o vinculado a cumprir responsabilidades parentais (designadamente as que, «grosso modo» correspondem aos deveres inerentes ao exercício das responsabilidades parentais), como os pais, o representante legal ou quem tem a cargo a guarda de facto da criança e do jovem, não tem a actuação que deveria ter, colocando com esse seu comportamento as crianças e/ou os jovens numa situação que lhes pode acarretar dano físico ou psíquico.

A intervenção legal é vista sempre como anómala em função do desenvolvimento normal da relação parental, só se justificando, porém, com base num conjunto de princípios que restringem e limitam essa intervenção.

Entende-se que, ocorrendo uma interferência no desenvolvimento normal da relação parental, a mesma se tenha que quedar, sempre e em todo o caso, por parâmetros em que se deverá ter em conta os interesses da criança e do jovem, perante a situação de perigo em que se encontra, visando-se uma intervenção mínima e participada para afastar esse perigo, de uma forma célere e expedita e com o mínimo (possível) de intervenção.

Finalmente, o artigo 5.° pretendeu com as suas "**definições**" interpretar autenticamente os conceitos expressos na Lei de forma a torná-la mais transparente e límpida, esclarecendo, designadamente, o conceito de criança e jovem para efeitos da Lei, a ligação entre o perigo e a situação de urgência destinada a removê-la, as entidades (mais amplas que as pessoas, singulares ou colectivas) a quem cabe desenvolver actividades interventoras, o âmbito das medidas de promoção de direitos e de protecção (só aplicáveis pelas comissões de protecção de crianças e jovens e pelos Tribunais) e o conceito de acordo de promoção e protecção, restringindo-o a um compromisso escrito onde se estabelece um plano para se alcançar o objectivo da Lei, através da indicação de medidas que defendem os jovens e as crianças e que permitam, simultaneamente, accionar os seus direitos.

ARTIGO 1.º
Objecto

O presente diploma tem por objecto a promoção dos direitos e a protecção das crianças e dos jovens em perigo, por forma a garantir o seu bem-estar e desenvolvimento integral.

1. Como resulta da exposição de motivos que acompanhou a Proposta de Lei n.º 265/VII que aprovou a Lei de Protecção das Crianças e Jovens em Perigo (Diário da Assembleia da República II série A, n.º 54, de 17 de Abril de 1999) esta lei (LPPCJP) pretendeu substituir o anterior modelo de justiça dos menores, considerando, como vinha assinalando a doutrina, que as crianças e jovens não devem ser considerados de per si, como tendo menos direitos que os adultos, só pelo facto de não terem, ainda, desenvolvido a sua plena maturação física e psíquica.

Sublinhando que os jovens e crianças são actores sociais, e, daí, titulares de direitos, estabeleceu uma ruptura com o sistema anterior distinguindo entre crianças e jovens em perigo e crianças e jovens infractores.

Quanto às crianças e jovens abandonou a tradicional expressão «menores» para falar em «jovens e crianças» e substituiu a fórmula «em risco» por «perigo».

Quanto às crianças e jovens, considerou abrangidas pelo conceito a pessoa com menos de 18, ou menos de 21 anos, que solicite a continuação de uma intervenção iniciada antes de atingir os 18 anos (artigo 5.º, alínea a), da LPPJCP).

Quanto ao «perigo», não se expressou a Lei em termos de o definir, não obstante, a propósito da "situação de urgência" (artigo 5.º, alínea c)), ter considerado que o perigo, para efeitos da aplicação da Lei, teria que ser "actual ou iminente[2], para a vida ou integridade física da criança ou do jovem".

2. Da redacção do artigo 1.º, donde resultam os parâmetros gerais de intervenção social do Estado e da comunidade, de acordo com os artigos 67.º e 69.º da CRP, face às Convenções das Nações Unidas e Recomendações do Conselho da Europa[3], ressalta, em primeiro lugar, que se pre-

---

[2] Cremos que por lapso se escreveu eminente em vez de iminente).

[3] Convenção Sobre os Direitos da Criança de Nova York de 1989 aprovada pela Resolução da Assembleia da República n.º 20/90 de 20.9; As Regras Beijing recomen-

tende promover os direitos e a protecção das crianças e dos jovens em perigo dando uma dimensão jurídica mais ampla que o conceito biológico de "criança" e/ou "jovem".

De facto, pretende-se proteger ou promover os direitos daqueles que tenham menos de 18 anos ou até menos de 21 anos, desde que a intervenção social do Estado e da comunidade haja tido lugar antes de ter sido atingido pelo jovem os 18 anos de idade.

Se nesta matéria se acabou por seguir o mesmo conceito que o constante do artigo 1.° da Declaração Universal dos Direitos do Homem, segundo o qual criança é todo o ser humano com menos de 18 anos, ignorou-se, no entanto, que as etapas do desenvolvimento humano se estendem desde o nascimento até à puberdade e que tal situação é acolhida na Lei portuguesa[4].

---

dadas pelo VII Congresso das Nações Unidas para a Prevenção do Crime e Tratamento de Delinquentes e aprovadas pela Resolução da Assembleia Geral n.° 40/33 de 1985 e pela Recomendação do Conselho da Europa adoptada pela Resolução (R 8720 de 1987).

[4] Pode questionar-se a legitimidade do Estado intervir, através dos Tribunais, para proteger um nascituro. Pense-se na situação da parturiente que após a ruptura da bolsa das águas se nega a permanecer no hospital para dar à luz o filho, que acaba por não sobreviver devido à falta de intervenção médica.

A presente Lei não é, porém, aplicável a nascituros.

Em primeiro lugar porque no art. 5.° da Lei se refere à criança e ao jovem como "pessoa", aliás em sintonia com o art. 1.° da Convenção Sobre os Direitos da Criança que no seu artigo 1.° considera que criança é "**todo o ser humano** menor de 18 anos". Ora a personalidade jurídica só se adquire no momento do nascimento completo e com vida (art. 66.°, n.° 1 do CC).

Depois, os direitos que a Lei reconhece aos nascituros dependem do seu nascimento, (art. 66.°, n.° 2 do CC), pelo que na hipótese ventilada, em que o nascituro não chega a nascer, não se poderia falar de um direito que acaba por não se poder concretizar

Por último, nas hipóteses em que se fala na intervenção para promoção e protecção da criança e do jovem em perigo, indicadas, embora, a título exemplificativo no art. 3.° de Lei, tem-se em conta acções e omissões dos representantes parentais causadores de criação de perigo para a criança/jovem e, não de situações em que o comportamento dos representantes parentais incide sobre eles próprios e só indirectamente se repercute sobre a saúde e integridade física dos futuros seres.

Outra questão que pode ser colocada quanto à hipótese de ser abrangida pela presente Lei é a de uma jovem prestes a dar à luz e a quem foi recomendada assistência hospitalar sob pena de eventual risco de vida do nascituro, se recusar a ser internada no hospital para ser acompanhada até ao nascimento da criança gerada.

Entendemos que a presente Lei não é aplicável à situação indicada, uma vez que o artigo 35.° não prevê a aplicação de medidas de promoção e protecção como a de obriga-

Assim, designadamente, no ordenamento jurídico português a menoridade (que pode ser ultrapassada a partir dos 16 anos com o casamento do jovem)[5], tem vários estádios, já que, por exemplo, aos 7 anos cessa a presunção de inimputabilidade para efeitos de responsabilidade civil; aos 14 anos atribui-se relevância à vontade do jovem na resolução de assuntos do seu interesse; aos 16 anos alarga-se a capacidade de gozo e de exercício (civilmente) e cessa a inimputabilidade penal.

De salientar é que não obstante o art. 5.°, alínea a) considerar criança ou jovem a pessoa com menos de 18 anos, a Lei não é aplicável às crianças/jovens com 16 anos que se casem, ao abrigo do art. 1601.°, alínea a), do CC e do art. 133.° do mesmo Código, por a emancipação ser equiparada para todos os efeitos à maioridade e o art. 63.°, n.° 1, alínea d) da Lei comentada determinar a cessação da aplicação das medidas previstas na Lei quando o jovem atinja a maioridade[6].

O **conceito** de **criança**, por oposição ao conceito de jovem, abrange sob o ponto de vista biológico e psicológico o primeiro período do desen-

---

toriedade de internamento hospitalar da jovem até ao nascimento do seu filho. Efectivamente, do artigo 1.° da lei resulta em primeiro lugar que a promoção e protecção das crianças e dos jovens tem em vista garantir o seu bem-estar e desenvolvimento integral. Todavia, as medidas que podem ser aplicadas apenas têm em conta as situações em que para se obter esse bem-estar e desenvolvimento integral quando o Estado intervém em substituição da família, com a finalidade e na perspectiva de suprir a carência dos familiares no apoio à criança e enquanto durar essa falha, até ao seu retorno à família biológica. No caso em análise, porém, não está em causa uma substituição interventiva do Estado suprindo a intervenção familiar e visando o retorno do jovem à família, mas tão só uma situação de perigo para a jovem, não directamente relacionado com a falta do apoio familiar.

É de referir que a lei brasileira (Lei Federal 8.069/1990 – Estatuto da Criança e do Adolescente) prevê como uma das medidas específicas de protecção no seu artigo 101, n.° V a "Requisição e tratamento médico, psicológico ou psiquiátrico, em regime hospitalar ou ambulatorial", a qual se enquadraria como forma de resolver a questão colocada.

No sentido que a presente lei não é aplicável à protecção do feto e que inexiste norma específica que na legislação ordinária preveja essa protecção veja-se o artigo de Nuno Sousa Melo «Protecção do Feto Perante Condutas de Perigo por parte da Mãe ou de Terceiros», Lex Familiae Revista Portuguesa de Direito da Família, Ano 3 – n.° 5 – 2006, pp. 81 a 98.

[5] Já não abrangerá a situação de jovens entre os 16 e os 18 anos que vivam em união de facto.

[6] O jovem que tenha atingido a maioridade por emancipação poderá, contudo, solicitar a continuação da intervenção protectiva à semelhança do disposto para os jovens que completem 18 anos – cfr. art. 5.°, al. a) da LPPCJP.

volvimento do ser humano, correspondendo tal período ao que decorre entre o nascimento e a adolescência (até cerca dos 12 anos).

O **jovem** que também poderia ser designado por adolescente, pelo contrário, encontra-se numa fase de desenvolvimento entre a infância e a idade adulta, a que corresponde biologicamente uma idade que pode ser delimitada, em traços amplos, entre os 12 e os 21 anos.

A lei, na própria definição de criança ou jovem constante do artigo 5.°, alínea a), reconhece no artigo 5.°, alínea f), que o jovem com mais de 12 anos (o adolescente), tem já uma palavra a dizer nos acordos de promoção que forem estabelecidos em relação a si e no artigo 84.° permite a audição das crianças e/ou jovens, mesmo com idade inferior a 12 anos, desde que tenham capacidade para compreender o seu sentido de intervenção.

Pode, pois, concluir-se, que embora a Lei coloque no âmbito de promoção e protecção quer as crianças quer os jovens, admite de forma diferenciada a sua própria participação nessa promoção e defesa, considerando, como regra, a incapacidade da criança com menos de 12 anos de participar na defesa e protecção dos seus próprios direitos e interesses.

3. A lei pretende dar impulso aos direitos das crianças e/ou dos jovens (promoção dos seus direitos) e tomar ainda a sua defesa, apoiando-as, tendo em conta os seus interesses.

A protecção (defesa) das crianças (e/ou) jovens pressupõe, no entanto, que estas se encontrem numa situação de perigo, que o artigo 5.° define numa situação de urgência como sendo um perigo actual e iminente para a vida ou integridade física.

Abandonou-se, por isso, o conceito de protecção de crianças e/ou jovens em **risco** que António Pires define como «fonte de "stress" capaz de afectar de modo adverso os padrões de interacção familiar dos pais dos quais depende o desenvolvimento da criança».

Neste conceito de "risco" caberia qualquer situação com elevada ou moderada probabilidade de resultar num atraso de desenvolvimento para a criança.

Sendo o "risco" a eventualidade de um acontecimento futuro de ocorrência incerta ou em momento incerto, susceptível de causar a destruição ou dano do desenvolvimento integral da criança, a Lei adoptou o conceito mais restrito de perigo, tendo em conta que há situações que são potencialmente causadoras de um dano, em função da sua previsibilidade e até da sua adequação ao futuro dano.

Na situação de "perigo" a criança já se encontra perante um facto (causal) que pode determinar dano aos seus direitos, enquanto na situação de "risco" ainda estamos perante a eventualidade de verificação de certo facto que pode originar uma situação que cause dano ou faça diminuir a protecção que a lei confere à criança ou jovem.

A lei agora em análise procurou, no art. 3.°, elencar, de forma não taxativa, os eventos, situações, condições ou características em que a criança ou o jovem se pode encontrar, que, a verificarem-se, aumentam a probabilidade de obstarem ao integral e harmónico desenvolvimento da criança e do jovem

4. A protecção das crianças e/ou jovens em perigo visa alcançar a plena satisfação das exigências físicas e espirituais da criança/jovem (o seu bem-estar), promovendo o desenvolvimento de mecanismos que a protejam das situações de perigo, como as elencadas a título exemplificativo no art. 3.° da Lei, e daí que, prosseguindo esse objectivo, se pretende que a criança ou jovem plenamente "formada", alcance um acréscimo intelectual e cognitivo pleno, uma vez que o "desenvolvimento integral" pressupõe o desenvolvimento orgânico e psíquico, especialmente numa fase de crescimento do ser humano, como o da infância e da juventude.

Naquela fase, o desenvolvimento físico é influenciado pelos mais diversos factores (incluindo os ambientais e sociais), e o desenvolvimento intelectual pode desabrochar, mais ou menos plenamente, em função dos factores genéticos, hormonais, constitucionais, ambientais e sociais que ladeiam e circundam o ser humano.

Daí que a Lei fale em "desenvolvimento integral" da criança/jovem como sendo a finalidade e objectivo da intervenção do Estado e da comunidade, quando a relação biológica ou parental falha e se frustra a obtenção do desenvolvimento da criança em qualquer dos aspectos da sua "formação".

ARTIGO 2.°
Âmbito

O presente diploma aplica-se às crianças e jovens em perigo que residam ou se encontrem em território nacional.

1. Como se referiu, o âmbito da protecção e defesa dos direitos que o Estado Português e a comunidade nele inserida concedem às crianças/

/jovens em perigo, estende-se a todos os que integrados no conceito do artigo 5.°, alínea a) da LPPCJP, residam quer ocasionalmente, quer com estabilidade e permanência no território nacional.

O artigo respeita à competência internacional das entidades que abrangidas pelo artigo 5.°, alínea d) da LPPCJP, desenvolvam as suas actividades nas áreas de infância e juventude, e, como tal, têm legitimidade para intervir na promoção dos direitos e na protecção da criança e do jovem em perigo.

2. A competência internacional, que de forma indirecta é atribuída ao Estado Português neste artigo, e que se basta com o facto da criança/ /jovem se encontrar em Portugal, não se confunde com a competência territorial para aplicação das medidas de promoção e de protecção, quer estas sejam adoptadas pela comissão de protecção de crianças e jovens em perigo quer pelo Tribunal.

Como se refere no artigo 79.° da LPPCJP, verificado que o jovem nacional ou estrangeiro, se encontra em Portugal a competência da autoridade administrativa ou judicial para aplicar as medidas de promoção e/ou protecção é definida em função da sua área de residência no momento em que é recebida a comunicação de uma situação que gere perigo para a criança/jovem. E, como aí se refere, para efeitos de competência territorial interna o que é necessário é que a autoridade que tem conhecimento da situação de perigo actue desde logo e se faça uma protecção imediata, independentemente de apurar o lugar onde a criança/jovem habita ou tem a sua residência habitual ou domicílio.

3. Ao estipular-se neste artigo 2.° que a competência internacional das autoridades portuguesas se verifica em função de a criança/jovem se encontrar dentro do território nacional, o artigo 2.°, pelo menos em relação à intervenção dos Tribunais portugueses veio basear-se na sua competência internacional, constante do artigo 65.° do CPC e de acordo com os princípios da competência internacional aí figurados que estabelecem os elementos de conexão entre a aplicação da jurisdição portuguesa e o domicílio das pessoas em território nacional (artigo 65.°, n.° 1, alínea a) do CPC).

4. O artigo 2.° da LPPCJP tem a sua génese na Convenção Relativa à Competência das Autoridades e à Lei Aplicável em Matéria de Protecção de Menores concluída em Haia em 5 de Outubro de 1961 e publicada no DR, 1.ª série, n.º 172 de 22 de Julho de 1968, ratificada por Portugal[7].

Tratando-se de uma convenção que regula a competência internacional das autoridades sobre as crianças/jovens (na altura adoptando a terminologia tradicional de "menores"), a mesma prevalece sobre a legislação ordinária, anterior e posterior e como tal sobre a presente LPPCJP, uma vez que não podendo as convenções internacionais contrariar as normas ou princípios constitucionais, já as mesmas convenções prevalecem sobre a demais legislação interna de cada país que subscreveu a convenção.

O princípio de que as autoridades competentes do Estado para decretar medidas visando a protecção das crianças/jovens são as do Estado da sua residência habitual, leva a que quando as autoridades portuguesas aplicam medidas aos próprios nacionais que têm residência habitual no estrangeiro, devam informar as autoridades do Estado da residência habitual das medidas adoptadas, e, mesmo assim, tenham que invocar para a aplicação da lei nacional portuguesa, que a mesma visou o interesse da criança/ /jovem (art. 4.º da Convenção).

A relevância da residência habitual para efeitos das medidas de aplicação protectiva leva a que em caso de alteração dessa residência, subsistam as anteriores medidas adoptadas pelo Estado da residência (anterior), habitual da criança/jovem.

A importância da residência habitual da criança/jovem para efeito de adopção de medidas de protecção leva à legitimação interventiva do Estado da residência habitual "desde que o jovem esteja ameaçado de um perigo sério na sua pessoa ou seu bem-estar" (art. 8.º da Convenção).

A relevância da residência habitual da criança/jovem resulta ainda, de acordo com o art. 9.º da Convenção, face à adopção de quaisquer medidas, em caso de urgência (como as que pressupõe o presente art. 2.º), quando o Estado onde a criança/jovem se encontra tome as medidas necessárias à sua protecção, que, sempre que possível cessam quando foi possível e viável ao Estado da sua residência habitual apreciar e adoptar as medidas de protecção adequadas.

---

7 À data desta revisão estava prevista a ratificação por todos os Estados membros da União Europeia, da Convenção de Haia de 1996 que viria definir com maior segurança qual o Estado e as autoridades com competência para tomar as medidas destinadas à protecção da pessoa ou bens da criança e assegurar o reconhecimento e a execução de tais medidas de protecção em todos os Estados Contratantes (art. 1.º da CH 1996).

5. Do que foi exposto resulta que o âmbito de aplicação do artigo 2.° da LPPCJP se encontra amplamente condicionado e limitado em relação às posições adoptadas pelas autoridades portuguesas, ainda, que se trate de cidadãos portugueses (quando estes tenham a sua residência habitual no estrangeiro) e quanto aos cidadãos estrangeiros, em que as medidas adoptadas, ainda que urgentes e reconhecidas pelo Estado da residência habitual podem ser sempre reapreciadas, sob reserva dos efeitos definitivos já produzidos (art. 5.° da Convenção).

6. Em correspondência com o que foi referido, o facto de uma criança/jovem ter nascido em Portugal, filha de pais espanhóis, mas residente habitualmente em Espanha, só pode levar à aplicação de medidas provisórias de promoção e protecção pelos tribunais portugueses desde que a mesma se encontre em Portugal.

As medidas aplicadas, ainda que justificadas em face da urgência do caso, poderão, posteriormente, ser reapreciadas pelo Tribunal espanhol onde a criança residir habitualmente e ser tomadas outras medidas que poderão prevalecer sobre as medidas decretadas pelo Tribunal português.

7. O art. 20.° do Regulamento (CE) n.° 2201/2003 do Conselho, de 27 de Novembro de 2003, que entrou em vigor em 1 de Agosto de 2004, refere expressamente no seu art. 20.° que em caso de urgência os Tribunais de um Estado membro podem tomar as medidas provisórias ou cautelares relativas às pessoas ou bens presentes nesse Estado membro, mesmo que o Tribunal competente, segundo o Regulamento seja outro que não o que ordena as medidas.

Nada impede pois que o Tribunal internacionalmente competente segundo o Regulamento venha a revogar ou a adoptar outras medidas de acordo com a apreciação do caso concreto alterando a decisão provisória proferida pelos Tribunais portugueses.

Sendo a medida de confiança a pessoa seleccionada para a adopção ou a instituição com vista a futura adopção (art. 35.°, n.° 1, al. g) da LPPCJP) uma medida definitiva, a mesma não poderá ser aplicada pelo Tribunal português no caso da criança se encontrar ocasionalmente em território português[8].

---

[8] O Ac. do TR Lisboa de 6.10.2009 disponível em www.dgsi decidiu que os Tribunais portugueses carecem de competência para decretar a adopção, incluindo as medidas preparatórias, bem como a anulação ou revogação da adopção relativamente a crianças e jovens em perigo nacionais de Estados membros da União Europeia, excluindo a Dinamarca, ainda que residam ou se encontrem em Portugal.

8. Quando for aplicada pelo Tribunal português uma medida de apoio junto de familiar que resida no estrangeiro deve atentar-se no regime estabelecido no artigo 55° do Regulamento (CE) 2201/2003 do Conselho de 27.11.2003 que estabelece os termos da colaboração entre o Estado Português e o Estado da residência da criança ou do jovem, no sentido da implementação da medida aplicada e do seu acompanhamento e execução.

ARTIGO 3.°
Legitimidade da Intervenção

1. A intervenção para promoção dos direitos e protecção da criança e do jovem em perigo tem lugar quando os pais, o representante legal ou quem tenha a guarda de facto ponham em perigo a sua segurança, saúde, formação, educação ou desenvolvimento, ou quando esse perigo resulte de acção ou omissão de terceiros ou da própria criança ou do jovem a que aqueles não se oponham de modo adequado a removê-lo.

2. Considera-se que a criança ou o jovem está em perigo quando, designadamente, se encontra numa das seguintes situações:

a) Está abandonada ou vive entregue a si própria;

b) Sofre maus tratos físicos ou psíquicos ou é vítima de abusos sexuais;

c) Não recebe os cuidados ou a afeição adequados à sua idade e situação pessoal;

d) É obrigada a actividades ou trabalhos excessivos ou inadequados à sua idade, dignidade e situação pessoal ou prejudiciais à sua formação ou desenvolvimento,

e) Está sujeita, de forma directa ou indirecta, a comportamentos que afectem gravemente a sua segurança ou o seu equilíbrio emocional;

f) Assume comportamentos ou se entrega a actividades ou consumos que afectem gravemente a sua saúde, segurança, formação, educação ou desenvolvimento sem que os pais, o representante legal ou quem tenha a guarda de facto se lhes oponha de modo adequado a remover essa situação.

1. Os jovens/crianças estão sujeitos às responsabilidades parentais até à maioridade ou emancipação (artigo 1877.° do CC).

No exercício às responsabilidades parentais os pais, no interesse dos filhos, zelam pela sua segurança, saúde, sustento, educação, representação e administração dos seus bens (art. 1878.° do CC e seu n.° 1).

Cabendo o exercício daqueles poderes/deveres a ambos os pais (na constância do matrimónio – art. 1901.°, n.° 1 do CC) e mesmo em casos de dissolução do casamento se existir acordo entre ambos (art. 1906.°, n.° 1 do CC), a lei civil prevê, no entanto, situações em que os pais são inibidos de pleno direito de exercer aquelas responsabilidades parentais – artigo 1913.° do CC.

Nas situações de inibição ou limitação do exercício das responsabilidades parentais às crianças/jovens podem ser nomeados representantes legais para exercerem parte do conteúdo dos poderes funcionais inerentes ao exercício das responsabilidades parentais – curadores provisórios ou definitivos[9] –, ou, então e ainda, as crianças/jovens são sujeitos obrigatoriamente a tutela (art. 1921.° do CC), ou são designados administradores dos bens da criança/jovem.

O tutor, que tem os mesmos direitos e obrigações que os pais, com as excepções constantes dos artigos 1936.° e segs. do CC, é, pois, um representante legal da criança/jovem, ao lado do eventual curador designado para casos específicos, e, também, do administrador dos bens da criança/ /jovem, nas situações previstas nos arts. 1922.° e 1967.° a 1972 do CC.

A Lei, definindo no artigo 5.° alínea b), de forma expressa, a situação em que a criança ou jovem se encontra à guarda de facto, por oposição à guarda de direito, considerou, implicitamente, que naqueles casos em que a criança/jovem é confiada a terceira pessoa ou a estabelecimento de educação ou assistência (artigo 1907.° do CC), se está, também, perante uma representação legal das crianças/jovens, estabelecida por via judicial, cabendo a estes representantes legais o conteúdo dos poderes funcionais dados aos pais para o exercício das responsabilidades parentais sobre os seus filhos.

Já na guarda de facto, assumindo qualquer pessoa o conteúdo de algum ou alguns dos poderes funcionais contidos no artigo 1878.° do CC, inexiste uma relação de guarda especificamente fixada por decisão judicial, o que não obsta à intervenção protectora da Lei, a quem, mais que a relação jurídica existente entre a criança/jovem e a pessoa que exerce sobre ela os poderes parentais, interessa evitar que se deteriore a situação de facto existente que coloca a criança/jovem ainda mais desprotegida.

---

[9] Artigos 11.° e 12.° do CPC.

2. Encontrando-se os pais, os representantes legais, ou de facto, da criança/jovem numa situação de incumprimento dos seus deveres funcionais correspondente "grosso modo" ao não exercício das responsabilidades parentais, quando este último no interesse da criança/jovem deveria ser exercido, tal não basta para que, desde logo, se verifique uma "intervenção" das entidades competentes para defesa e/ou protecção da criança/jovem.

Sendo um dos pressupostos da intervenção o não exercício de funções respeitante ao conteúdo das responsabilidades parentais pelas pessoas a quem cabe tal exercício, ao colocarem em crise o processo de socialização da criança ou do jovem, terá, no entanto e ainda de verificar-se que desse comportamento (por acção ou omissão), resultou perigo para algum dos direitos da criança/jovem (segurança, saúde, formação, educação ou desenvolvimento). Pretende-se, com a intervenção, que a criança ou o jovem sejam reorientados, se possível junto da família e em alternativa com o encaminhamento para adopção (art. 4.°, al. g) da Lei), no sentido de obterem, no futuro, o seu desenvolvimento integral, a sua autonomia.

Por outro lado, o perigo para a segurança, saúde, formação, educação e desenvolvimento da criança/jovem pode resultar não só da acção ou omissão das pessoas a quem cabe o exercício das responsabilidades parentais, mas de terceiros ou da própria criança.

A intervenção encontra-se justificada se as pessoas a quem cabe o exercício das responsabilidades parentais, não agiram de forma adequada[10], uma vez que perante situações eventualmente lesivas para a criança/jovem não actuaram, ou omitiram, a actividade que deveriam ter tido para afastar esse perigo para a criança/jovem, pela própria criança ou terceiro.

Há pois que distinguir no n.° 1 do artigo 3.° da LPPJCP, os casos em que o perigo de lesão dos interesses fundamentais da criança/jovem resulta da actividade/omissão de quem está obrigado a exercer as responsabilidades parentais, daquelas outras situações em que a actividade/omissão resulta de terceiros ou da criança/jovem, existindo, simultaneamente actividade/omissão das responsabilidades parentais, por quem está vinculado

---

[10] A intervenção das pessoas a quem cabe o exercício das responsabilidades parentais aquando da assinatura do acordo de promoção e protecção, deve corresponder à das pessoas que são os representantes legais da criança/jovem, sejam aquelas os pais, o tutor, ou o guardião de facto ou de direito. De todo o modo, desde que se saiba o paradeiro dos pais e estes não estejam inibidos de exercer as responsabilidades parentais, devem os mesmos ser notificados para a celebração do potencial acordo, sendo que o mesmo se poderá efectivar desde que sejam encontrados.

ao exercício das mesmas, já que dessa acção/omissão não resultou o afastamento da lesão para a criança/jovem, derivada da sua própria actuação ou da actuação de terceiros.

3. Uma actividade/omissão das pessoas com responsabilidades parentais, ou da própria criança ou de terceiro, coloca a criança/jovem em perigo sempre que é, potencialmente causal em relação aos interesses da criança/jovem.

Interesses da criança/jovem que podem ser potencialmente lesados, quanto à sua **segurança**, quando esta é colocada numa situação de incerteza física ou psicológica sobre o seu bem-estar, não se sentindo garantida nas suas necessidades e desejos.

Quanto à **saúde**, o perigo que é criado coloca em risco o equilíbrio físico/psíquico da criança/jovem, a sua capacidade de resistência e o seu próprio equilíbrio mental e social, diminuindo, por exemplo, o seu sentido de auto-estima, o sentimento do seu valor e da sua utilidade como membro da comunidade em que se insere.

Já no perigo para a **formação** da criança/jovem se tem em conta, especialmente, as situações que podem fazer distorcer o desenvolvimento integral da personalidade, a sua equilibrada maturação afectiva, emocional e social impedindo um pleno aprofundamento de cada ser e do seu potencial, tendo em conta a sua possibilidade de auto-realização.

O perigo para a lesão do interesse da criança/jovem em relação à **educação** nasce da circunstância de existindo uma educação incompleta e carente, a mesma ser fonte de incapacidade para a criança/jovem se poder afirmar com todo o seu potencial, quer no plano espiritual, quer no plano material, bem como na afirmação pessoal e social que advém duma educação que facilita (alimenta) e fecunda todos esses objectivos.

Fornecendo-se a adequada educação à criança/jovem, permite-se-lhe que ela se possa desenvolver de tal forma que ao atingir a idade adulta se considere livre e responsável, podendo integrar-se nos grupos sociais a que pertence.

O perigo para o **desenvolvimento** da criança/jovem põe em causa a possibilidade de poder aumentar as suas qualidades físicas, morais, psicológicas e intelectuais, e, de certa forma, como se refere no art. 1.° da LPPJCP, o seu desenvolvimento integral não é mais que todo o conjunto de factores antes referidos, como a segurança, a saúde, a formação e a educação, que podem ser postos em causa com qualquer actividade/omissão, quer dos titulares das responsabilidades parentais, quer da criança/jovem, quer de terceiros.

4. O n.° 2 do art. 3.° da LPPJCP tipifica, de forma exemplificativa e não taxativa, as situações de perigo que justificam uma intervenção para a promoção dos direitos e protecção da criança.

Na **alínea a)** do n.° 2 do art. 3.° fala-se nas situações em que a criança/ /jovem "está abandonada", por oposição aos casos em que a criança "vive entregue a si própria". Certo é que uma criança/jovem abandonada pode ou não viver, também, "entregue a si própria", como será o caso de os representantes da criança/jovem não exercerem as suas responsabilidades parentais na globalidade, tendo-se ausentado para paradeiro desconhecido, encontrando-se a criança/jovem totalmente fora da esfera familiar e não estar entregue a si própria, por estar na dependência de terceira pessoa que a orienta (bem ou mal), quanto à sua maturação. Daqui que se possa deduzir existir algo mais na situação em que a criança se encontra "abandonada" (sem apoio parental e sem apoio de terceiro) em relação à situação da criança que se encontra "entregue a si própria" (sem apoio parental ou de terceiro), embora em princípio a criança "entregue a si própria" tenha que ser uma criança/jovem, que, sozinha, tenha condições para poder sobreviver.

Na situação de "abandono" aqui prevista a criança/jovem tem pessoas que, por terem a sua guarda de direito e/ou de facto deviam protegê-la e defendê-la, não o fazendo.

Verifica-se nestes casos uma infracção grosseira e total dos deveres parentais, daí resultando uma situação de perigo físico, intelectual ou moral para a criança/jovem.

Na situação de "abandono" a criança/jovem está numa situação extrema, totalmente entregue à sua sorte, desprotegida e sem condições de se poder defender ou de ser defendida, por aqueles que poderiam e deveriam remover o perigo em que se encontra, sem capacidade, igualmente, para ela própria superar as suas necessidades.

Já no caso da "criança entregue a si própria" há falta de apoio e de protecção de quem está obrigado aos deveres parentais agindo a criança, como se tais poderes/deveres não existissem, mas sendo ainda, capaz de ultrapassar as suas necessidades fundamentais, como a sua sobrevivência.

No "abandono", os deveres parentais deixam de ser exercidos na globalidade por inexistir alguém que os queira exercer e as crianças/jovens não podem superar as suas necessidades fundamentais.

No caso de criança/jovem que vive entregue a si própria, mantém-se a relação vinculativa entre criança/jovem e quem está investido de facto e/ou de direito nas responsabilidades parentais, mas a criança/jovem não actua ou age em função das directrizes de quem tem o poder/dever de a orientar, mas segundo os seus desígnios e intentos, superando as suas necessidades fundamentais, uma vez que existindo "ainda" uma relação parental a criança/jovem age como se ela não existisse, por acção ou omissão dos titulares das responsabilidades parentais.

Verifica-se, por exemplo, uma situação de "abandono" se os pais se ausentam para o estrangeiro ou a criança tem uma idade muito diminuta e inexiste qualquer relação parental entre a criança/jovem que permita suprir de facto ou de direito, as responsabilidades parentais dos pais, ficando a criança/jovem totalmente desamparado.

Já numa situação em que a criança vive entregue a si própria, os pais podem manter a relação de proximidade com ela, mas essa relação não se reflecte, de modo algum, na sua função de cuidar dos filhos, nem sobre o desenvolvimento e protecção da criança jovem, sendo a própria criança, que actua para poder sobreviver, que é forçada a agir, por omissão ou impossibilidade dos pais, como se fosse um adulto, tomando as directrizes da sua actuação e inserção na comunidade.

A omissão dos pais, pode resultar, ainda, nestes casos, de situações insuperáveis, como os titulares das responsabilidades parentais se encontrarem presos ou internados hospitalarmente. Este último elemento faz sobressair um outro aspecto que distingue o "abandono", dos casos da criança viver entregue a si própria, e que se prende com a voluntariedade, ou não, do exercício ou não exercício das responsabilidades parentais.

O "abandono", nos exemplos invocados, é necessariamente voluntário; mas, a criança/jovem pode "viver entregue a si própria" em consequência de comportamentos ou omissões de quem tem as responsabilidades parentais, mas não os exerce por estar física ou legalmente, propositada ou involuntariamente, impossibilitado de exercer os mesmos. A criança ou o jovem, perante aquela omissão, toma, então, ela própria o caminho que escolheu para subsistir e se desenvolver. Daí o perigo que representa para a criança ou o jovem, sem maturidade, "escolher" as condições e termos em que atingirá a sua formação pessoal.

5. A criança/jovem pode ser ofendida na sua integridade física e/ou psíquica, quer por acção ou comportamentos positivos ou omissivos das pessoas que têm para com ela responsabilidades parentais ou por terceiros. Neste último caso não se verificou a diligência devida por parte dos pais, do representante legal ou de quem tem a guarda de facto da criança/jovem, no sentido de obstar aos comportamentos agressivos contra a personalidade física e psíquica da criança/jovem.

Como a Lei fala em criança que sofre maus-tratos físicos ou psíquicos pressupõe-se intenção (ou dolo), de quem os produziu, mas não está excluído o abuso físico ou psíquico negligente, que pode ser encarado como forma passiva de violência, sendo certo que é uma garantia da actual sociedade portuguesa proteger a criança/jovem contra todo o tipo de maus-tratos, quer os mesmos sejam abusos físicos, sexuais, a própria negligência física, os maus-tratos emocionais e até educacionais.

Nos **maus-tratos psíquicos** devem ser incluídas as situações em que a criança/jovem é ridicularizada ou depreciada, frequentemente, neles se incluindo atitudes de rejeição, de aterrorizar, de isolar, de ignorar ou de corromper a criança ou o jovem o que tem reflexos altamente estigmatizantes na formação do seu carácter e personalidade.

Os **maus-tratos físicos** podem (desde que dolosos) tomar as mais variadas formas, mas não se devem confundir com os casos de **negligência física**, como o de não dar banho à criança/jovem, não lhe mudar as fraldas, não a alimentar regularmente, ou de permitir-lhe tomar comportamentos corporais de que lhe possam resultar lesões físicas.

Nestes casos de negligência física, a criança, não sofre directamente maus tratos físicos, mas, por não receber os cuidados adequados à sua idade e situação pessoal fica lesada na sua integridade física, e, daí, o seu enquadramento na alínea c) do n.º 2 do art. 3.º da LPPCJP.

6. A criança é vítima de abusos sexuais sempre que existe contacto sexual do adulto com a criança/jovem com o propósito de gratificação sexual do adulto, distinguindo-se o mesmo das situações de mau trato físico, em que houve a intenção de castigar ou maltratar a criança ou o jovem. Para a existência de abuso sexual é indiferente o tipo de relação sexual estabelecida entre o adulto e a criança/jovem, e o consentimento ou não consentimento da criança/jovem. Na verdade, não tendo a criança/jovem maturidade sexual e desenvolvimento para compreender o significado do comportamento sexual do adulto é de todo indiferente sob o ponto de vista da LPPCJP, que dê, ou não o seu acordo ao contacto sexual com o mesmo.

Como a LPPCJP é aplicável a todas as crianças/jovens com menos de 18 anos ou a pessoa com menos de 21 anos que solicitem a continuação da intervenção antes da criança/jovem atingir os 18 anos, é manifesto que daí resultam situações de protecção da criança/jovem vítima de abusos sexuais que vão para além dos limites etários fixados nos artigos 172.° e seguintes do CP.

Pode verificar-se abuso sexual carente de protecção pela LPPCJP, ainda que o acto sexual de relevo (na terminologia do art. 172.° do CP) seja praticado com criança/jovem de mais de 14 anos e ainda que tal prática sexual não seja punida penalmente.

De idêntica forma, em todos os outros casos (como o do artigo 173.° do CP), em que a punição penal depende de uma idade da criança ou jovem (normalmente entre os 14 e os 18 anos), a protecção prevista na LPPCJP não deixa de se poder verificar, atento o conceito amplo de criança/jovem adoptado pela Lei.

Questão delicada é a de saber se quando a criança ou jovem é objecto de abusos sexuais se deve manter a intervenção das comissões de protecção ou o processo deve ser, desde logo, encaminhado para os Tribunais.

Embora a Lei não exclua, nestes casos, a competência das comissões de protecção, a verdade é que colocando-se um problema de abuso sexual, a ser comprovado, o mesmo terá, sempre, de ser objecto de apreciação pelo tribunal competente (criminal). Assim, se estiverem em causa abusos sexuais, o princípio da subsidiariedade e a necessidade de evitar que múltiplas entidades intervenham na solução da questão que afecta a criança/ /jovem, justificaria que o processo fosse desde logo remetido para o Tribunal, como última instância competente para apreciar o problema colocado.

7. A criança/jovem não recebe **cuidados adequados à sua idade** quando não são tomadas para com ela atitudes de solicitude, zelo, dedicação e interesse que o seu desenvolvimento físico e psíquico exigem. A falta desses cuidados implica uma quebra nos impulsos, atitudes, sentimentos e vontade da criança/jovem que dificultam o desenvolvimento das suas inclinações e tendências[11].

A falta de cuidados de saúde por parte dos representantes parentais pode ter lugar em casos de opção religiosa, como acontecerá, por exem-

[11] Tome-se como exemplo a situação da progenitora que mantinha o filho de 8 anos durante todo o dia em casa impedindo que a criança frequentasse estabelecimento de ensino e que durante a noite o deixava sozinho em casa para se dedicar à prática de alterne.

plo, na situação de transfusão de sangue de que a criança careça e em que se verifique por parte dos seguidores de seita religiosa oposição à realização da transfusão. Esta acção ou omissão pode colocar a criança ou o jovem numa situação de perigo actual ou iminente para a sua vida ou integridade física, pelo que à mesma deverá ser aplicável o regime previsto nos artigos 91.° e 92.° da LPPCJP.

Quando não se trate de situação enquadrável no regime descrito haverá que ponderar entre os direitos dos representantes parentais e os direitos da criança e atender à prevalência destes últimos, devendo a decisão a tomar ser baseada nos princípios do superior interesse da criança e da proporcionalidade e da actualidade da intervenção (art. 4.° da LPPCJP).

Na recusa de vacinação de filhos deve atentar-se em que o avanço das técnicas de vacinação e o superior interesse da criança exigem o respeito pela vacinação e pelas datas e períodos que forem fixados como forma de a proteger adequadamente na sua vida e integridade física. Em caso de não se proceder à vacinação adequada e atempada estar-se-á perante uma situação abrangida por este artigo.

Já no caso de falta de afeição está em causa a falta de ligação, de estima, de que a criança/jovem carece na sua relação com outrem, como manifestações de agrado, de encorajamento, de valorização da auto-estima da criança/jovem, que servem para desenvolver o seu "ego", potenciando as suas faculdades.

Os cuidados que a criança/jovem não recebe são, assim, tanto os cuidados físicos como os relacionados com a sua higiene e limpeza, como os cuidados psicológicos, como prestar atenção e importância ao que a criança/jovem valoriza.

No domínio da afeição a dedicar à criança/jovem, a ligação afectiva deve ter em conta a situação específica da criança/jovem a sua necessidade de sentir o carinho de outrem em função de situações traumatizantes, sendo o afecto tanto mais indispensável quanto as situações de necessidade e de dificuldade em que se encontrar a criança/jovem.

8. Se a criança/jovem é forçada a trabalhar para além daquelas situações que a legislação laboral prevê e dos padrões de normalidade quanto ao exercício físico e/ou mental de que a criança/jovem deve ser portadora, em função do seu desenvolvimento, a criança/jovem pratica actividades ou trabalhos exagerados em função das suas potencialidades e possibilidades.

Já no caso da prestação de trabalhos inadequados têm-se em consideração mais que a sobrecarga física ou espiritual que incide sobre a criança/jovem, os casos em que tem de suportar actividades ou trabalhos para os quais não está adaptada, pelo que os mesmos trabalhos se mostram inconvenientes e desajustados ao seu normal desenvolvimento.

À criança/jovem podem ser impostos trabalhos que não sejam excessivos, nem inadequados, nos termos expostos, não contendendo com a sua capacidade física ou intelectual, mas que lhe causam lesão ao seu amor-próprio, desta forma contendendo com a sua dignidade, por se tratar de trabalhos que podem alvitrar a auto-estima da criança/jovem e fazer diminuir o seu conceito de valor próprio.

A criança/jovem pode reagir de uma forma emocional muito intensa perante certas situações que, para outra ou outras crianças/jovens, não determinariam uma reacção de repulsa. Mas, aquela criança/jovem, naquele contexto reage emocional e desagradavelmente, dada a sua formação e desenvolvimento e rebelia-se quanto à feitura de determinado tipo de trabalhos. Tais situações, que levam a criança/jovem a reagir emocionalmente de forma intensa e com repercussões orgânicas e físicas, significam que tal tipo de trabalhos pode ser repelido em função da sua dignidade e formação e, daí, que à criança/jovem tal trabalho lhe não deva ser imposto, por prejudicial à sua formação e desenvolvimento.

9. A Lei n.° 105/2009 de 14 de Setembro deu corpo a uma série de normas do direito de trabalho que procuraram coadunar a possibilidade das crianças e jovens participarem em actividades de natureza cultural, artística ou publicitária tendo em consideração os pressupostos estabelecidos na alínea d) do n.° 2 deste artigo (o trabalho prestado pelas crianças e jovens não ser excessivo ou inadequado à sua idade, ou prejudicial à sua formação e desenvolvimento) estabelecendo-se, designadamente, em relação às crianças *com idade inferior a 16 anos*:

a) As actividades em que a criança ou jovem poderiam participar (actor, cantor, dançarino, figurante, modelo ou manequim);

b) Duração da participação segundo a idade da criança ou jovem (art. 3.°);

c) As autorizações ou comunicações necessárias à participação (arts. 5.° e 6.°) incluindo nelas a autorização das CPCJP (art. 7.°);

d) Suprimento por via judicial, em caso de não autorização da participação pelas CPCJP;

e) Interligação entre a actividade laboral da criança ou jovem e a sua actividade escolar.

10. Comportamentos[12] que criem condições ou situações que levam a criança/jovem a problematizar, a criar-lhe incertezas, a destruir-lhe a autoconfiança perante determinadas situações, criando necessidades para a criança/ /jovem e dúvidas quanto à sua satisfação, ou sejam susceptíveis de lhe criar uma forte reacção emocional, afectam, ou podem afectar, a sua segurança e o seu equilíbrio emocional, visto este último como uma situação estável, que deve permitir à criança/jovem ultrapassar situações intensas e difíceis, sem dano físico, nem repercussão nas suas funções psíquica e orgânica.

11. Se a própria criança adopta comportamentos susceptíveis de comprometer o seu desenvolvimento e formação como dedicar-se à vagabundagem, consumir álcool ou estupefacientes, tem, então (assume), comportamentos que afectam gravemente todos os parâmetros necessários ao seu desenvolvimento (como a saúde, a segurança, a formação e a educação).

Aqueles comportamentos da criança/jovem, assumidos devidos à negligência grosseira por parte de quem tem responsabilidades parentais, levam à intervenção da lei, para proteger e afastar as crianças/jovens desses comportamentos, quando aqueles responsáveis não têm, ou não podem actuar de forma a recolocar a criança/jovem dentro dos parâmetros normais e adequados ao seu desenvolvimento biológico e psíquico[13].

ARTIGO 4.º
Princípios Orientadores da Intervenção

A intervenção para a promoção dos direitos e protecção da criança e do jovem em perigo obedece aos seguintes princípios:

a) Interesse superior da criança e do jovem – a intervenção deve atender prioritariamente aos interesses e direitos da criança e do jovem, sem prejuízo da consideração que for devida a outros interesses legítimos no âmbito da pluralidade dos interesses presentes no caso concreto;

---

12 A doença psiquiátrica, a violência doméstica, o alcoolismo, a toxicodependência e a prostituição serão exemplos desses comportamentos. Cfr. art. 56.º, n.º 2 da LPPCJP.

13 Cfr. art. 56.º, n.º 3.

b) Privacidade – a promoção dos direitos e protecção da criança e do jovem deve ser efectuada no respeito pela intimidade, direito à imagem e reserva da sua vida privada;

c) Intervenção precoce – a intervenção deve ser efectuada logo que a situação de perigo seja conhecida;

d) Intervenção mínima – a intervenção deve ser exercida exclusivamente pelas entidades e instituições cuja acção seja indispensável à efectiva promoção dos direitos e à protecção da criança e do jovem em perigo;

e) Proporcionalidade e actualidade – a intervenção deve ser a necessária e a adequada à situação de perigo em que a criança ou jovem se encontram no momento em que a decisão é tomada e só pode interferir na sua vida e na da sua família na medida do que for estritamente necessário a essa finalidade;

f) Responsabilidade parental – a intervenção deve ser efectuada de modo que os pais assumam os seus deveres para com a criança e o jovem[14];

g) Prevalência da família – na promoção de direitos e na protecção da criança e do jovem deve ser dada prevalência às medidas que os integrem na sua família ou que promovam a sua adopção;

h) Obrigatoriedade da informação – a criança e o jovem, os pais, o representante legal ou a pessoa que tenha a sua guarda de facto têm direito a ser informados dos seus direitos, dos motivos que determinaram a intervenção e da forma como esta se processa;

i) Audição obrigatória e participação – a criança e o jovem, em separado ou na companhia dos pais ou de pessoa por si escolhida, bem como os pais, representante legal ou pessoa que tenha a sua guarda de facto, têm direito a ser ouvidos e a participar nos actos e na definição da medida de promoção dos direitos e de protecção;

j) Subsidariedade – a intervenção deve ser efectuada sucessivamente pelas entidades com competência em matéria de infância e juventude, pelas comissões de protecção de crianças e jovens e, em última instância, pelos tribunais.

1. Na enumeração dos princípios orientadores da intervenção do Estado e da comunidade, elegeu-se na alínea a) do art. 4.° da LPPCJP o inte-

[14] Cfr. art. 9.° da LPPCJP.

resse superior da criança e do jovem como critério prioritário e prevalente quanto à adopção de medidas que visam permitir que a criança/jovem em situação de lhe ser causado dano no plano físico, intelectual, moral ou social, possa ser afastada desse perigo.

Rigorosamente, os outros princípios constantes do artigo 4.° da LPPCJP são desenvolvimentos e concretizações desse interesse superior da criança, colocado num plano superior e de hierarquia em relação a quaisquer interesses da própria criança ou jovem, ou quaisquer outras pessoas, que, sendo portadoras de interesses legalmente protegidos, conflituam com o interesse superior da criança.

Não carece de dúvida, que a criança/jovem, em relação às medidas concretas que lhe forem aplicadas para afastar a situação de perigo em que se encontra, no seu interesse superior, deve ser preservada na sua imagem, deve ser objecto de uma intervenção imediata, mínima, proporcional e subsidiária, pressupondo o seu conhecimento das medidas que lhe pretendem aplicar, visando a sua participação na reintegração familiar da qual foi afastada, por qualquer circunstância. Daí que, tendo em conta, sempre, o designado interesse superior da criança e do jovem e que os outros princípios são desenvolvimento desse princípio, que os mesmos se possam, sintetizando, resumir da forma seguinte:

– **Princípio da intervenção mínima, proporcional e subsidiária**, tendo como pano de fundo a exclusividade-subsidiariedade da intervenção por todas as entidades que podem remover o perigo, visando uma actuação indispensável, necessária e adequada ao afastamento do perigo;

– **Princípio da intervenção imediata e urgente,** o que pressupõe que a intervenção pelas entidades competentes seja precoce e actual;

– **Princípio da intervenção reintegradora da vida familiar,** o que implica a tentativa de restabelecimento, por todos os meios possíveis, dos deveres parentais e da vida familiar da criança/jovem;

– **Princípio da intervenção informadora e apelativa da participação da criança/jovem,** pressupondo o esclarecimento e a contribuição decisiva da criança/jovem quanto ao restabelecimento da sua vida familiar e a sua reintegração, como forma de manter afastado o perigo que justificou a intervenção das entidades, tendo em vista a adopção das medidas de protecção e defesa da criança/jovem.

2. Analisaremos, pois dentro do enquadramento indicado no número anterior os diversos princípios orientadores da intervenção na promoção dos direitos e protecção da criança/jovem em perigo.

Princípio do interesse superior da criança:

a) O interesse superior da criança e do jovem, como critério prioritário e prevalente na promoção dos direitos e protecção da criança/jovem vem enunciado na Convenção Sobre os Direitos da Criança aprovada pela Resolução da Assembleia da República n.° 20/90 de 8 de Junho de 1990 no seu art. 3.°, n.° 1, onde se afirma que, "todas as decisões relativas a crianças adoptadas por instituições públicas ou privadas de protecção social, por Tribunais, autoridades administrativas ou órgãos legislativos *terão primariamente em conta o interesse superior da criança*".

Como resulta do preâmbulo da convenção, esta constitui um desenvolvimento da Declaração Universal dos Direitos do Homem, quanto aos Direitos e Liberdades referidas na Declaração, como forma de dar realização aos direitos especiais e à protecção especial de que carece a infância.

A Convenção, sublinhando o papel da família, como elemento natural e fundamental da sociedade e a necessidade da criança crescer num ambiente familiar, refere que a sua protecção visa conceder-lhe os cuidados necessários à sua plena maturidade física e intelectual. Daí que se possa dizer, numa primeira aproximação e atento o texto da Convenção, que o superior interesse da criança visa *sempre* o alcançar-se, na promoção e protecção dos seus direitos "uma plena maturidade física e intelectual" adentro, quanto possível, do seu enquadramento familiar.

O interesse superior da criança/jovem é, porém, um interesse que devendo ser realizado, tanto quanto possível, adentro do enquadramento familiar, supera o interesse do grupo social "família", uma vez que o interesse global do grupo familiar pode ser distinto do interesse da criança, e, em caso de colisão, sempre sobrelevará o interesse em se alcançar a plena maturidade física e intelectual da criança/jovem, ainda que, o interesse de manter a criança/jovem no agregado familiar seja postergado.

De acordo com os princípios da CRP, e designadamente do seu artigo 36.°, n.° 5, tendo os pais o direito e o dever de educar e manter os seus filhos e cabendo ao Estado cooperar nesse sentido, embora os pais possam definir e executar as linhas de formação intelectual, espiritual, moral e profissional dos filhos, o Estado deve, na sua, função supletiva, intervir na defesa superior do interesse da criança/jovem, desde que esteja em causa uma orientação paternal que seja desvirtuante e causadora da criança/jovem não poder alcançar a sua plena maturidade física e intelectual.

Na hipótese indicada, o interesse público e constitucional do Estado conjuga-se com o interesse superior da criança, mas, quando tal não aconteça, sempre e em todo o caso, prevalecerá o interesse superior da criança, subjugando-se o interesse público ao interesse da criança[15]. Daí que, citando situações como a referida no livro «Estudo Luso-Hispânico sobre Menores em Perigo e Delinquência Juvenil», se uma criança/jovem inspira insegurança no meio em que se encontra causando alarme social ou se se pretende diminuir despesas com a criança/jovem para evitar maiores encargos para o Estado, se esteja, então, perante situações em que não há que deter a criança/jovem para o afastar da comunidade, onde gera insegurança ou que afastá-la do seu meio familiar, só por que o interesse público do Estado em garantir a segurança ou efectuar gestos indispensáveis é o factor que se pretende prevalecer perante a situação, eventualmente complexa em que se possa encontrar a criança/jovem[16].

b) A alínea a) do art. 4.° da LPPCJP, ao estabelecer que o interesse superior da criança não deixará de ter em conta a pluralidade de interesses legítimos que com ele conflituem, pretende sublinhar que apesar de se tratar de um interesse prevalente, prioritário e superior em relação a demais interesses legítimos da criança/jovem ou de outrem, haverá, sempre, que avaliar, no caso concreto, em que medida o julgador deverá fazer prevalecer esse interesse superior sobre os outros interesses.

O julgador fica sempre obrigado a justificar a sua opção ao atender ao interesse superior da criança/jovem e a fundamentar qual ou quais os interesses que perante aquele foram sacrificados e o seu porquê, tendo em atenção a realização daquele interesse superior. Tal pressupõe para o julgador uma atenta análise do desenvolvimento sócio-psicológico e biológico da criança/jovem, das suas carências e faculdades, justificando, pormenorizadamente, as razões pelas quais, adoptou a medida prioritária que

---

15 No sentido apontado Manuel Monteiro Guedes Valente, citando Friedrich Hayek, p. 59, Direito de Menores, Estudo Luso-Hispânico sobre Menores em Perigo e Delinquência Juvenil, Âncora Editora, Setembro 2003.

16 É por isso criticável a solução adoptada em relação a um jovem em Portugal, sobre o qual recaíam suspeitas, nunca confirmadas, de ser utilizado para o tráfico de droga e a quem foi aplicada a medida de acolhimento institucional, não tendo a segurança social conseguido integrar o jovem num lar, uma vez que as direcções de todos os lares contactados, em face dessa suspeita, verbalizavam não ter vaga.

melhor serviria para se alcançar esse pleno desenvolvimento, perante a existência de interesses da própria criança/jovem ou de outrem que se apresentavam, mas que não puderam ser atendidos para dar relevância ao seu interesse superior.

c) O interesse superior da criança pode, como referido anteriormente, conflituar com interesses de outra ou outras crianças, com os interesses dos pais, dos representantes legais ou de quem tem a guarda de facto da criança/jovem, e, igualmente, colidir com os interesses da própria sociedade. Daí que a protecção especial prevista para a criança na Declaração dos Direitos da Criança de 1959, sem invocar, expressamente, o interesse superior da criança, apresentasse uma noção mais ampla do sentido e alcance do interesse superior da criança.

Naquele diploma, para além de se referir o desenvolvimento da maturidade física e intelectual da criança, salientou-se igualmente que a protecção do seu interesse superior visava, igualmente, o seu desenvolvimento moral e social em condições de liberdade e dignidade. Trata-se, todavia, de desenvolvimento que não deixa de salientar o aspecto fulcral do que se pretende quando se fala na protecção da criança/jovem e na realização do seu interesse superior.

Aquilo que se pretende evitar, pela consideração prioritária e prevalente do interesse superior da criança, é que esta seja de alguma forma afectada no seu desenvolvimento físico e psicológico, o qual deve realizar-se em condições de liberdade e da sua dignificação, e, tanto quanto possível dentro do seu enquadramento familiar biológico. É por isso que disposições legais que proíbam as crianças adoptadas de conhecerem os seus pais biológicos não podem ser admitidas na legislação ordinária, como resulta, por exemplo, do art. 1987.° do CC ao admitir e ressalvar que a filiação biológica possa ser conhecida através de processo preliminar de publicações.

O interesse superior da criança/jovem pode ser restrito a uma só criança ou a um grupo de crianças. Quando tal acontece, em princípio haverá que contar com a realização do superior interesse do maior número de crianças como aconteceu no Egipto, onde perante a hipótese de educar crianças durante maior período de tempo ou um menor período, mas abrangendo mais crianças, se optou por este último critério.

Finalmente, o interesse superior da criança pode colidir, como referido, com os interesses da sociedade no seu conjunto, como se verifica nos casos de ser necessário garantir a segurança e tranquilidade pública devido a actuações de *crianças/jovens marginais*. Entre adoptar uma medida como a de ressocialização da criança/jovem (como o internamento em centro educativo da criança/jovem), ou aceitar-se a sua permanência no meio natural familiar, haverá sempre que proceder à melhor forma de se conseguir através da medida a adoptar a finalidade de através da mesma se conseguir obter o melhor desenvolvimento físico, moral, intelectual e social e a sua liberdade e dignificação.

3. Princípios da intervenção mínima, proporcional e subsidiária.

Os princípios da intervenção mínima, proporcional e subsidiária sublinham o que se pretende por parte das entidades públicas e privadas que actuam no campo da promoção dos direitos e da protecção da criança/jovem.

Tudo o que é exterior à relação parental, biológica e familiar, por anómalo, deve ser feito com a intervenção mínima de entidades exteriores a tais relações, limitado ao menor número possível de ingerências e apenas justificado quando e na medida em que dessa intervenção possa resultar a remoção do perigo que afecta ou pode afectar o desenvolvimento físico e psicológico da criança/jovem.

Pelo lado negativo excluem-se, pois, todas as intervenções das entidades públicas e privadas cuja acção não possa ter utilidade para a remoção do perigo que pende sobre a criança/jovem e todos os comportamentos das mesmas entidades, que, ainda que pretensamente diligentes, não se enquadram na remoção do perigo que deve ser afastado e que obsta ao desenvolvimento da criança/jovem.

O princípio da subsidiariedade implica, por exemplo, que o Tribunal só possa intervir depois de fracassar a intervenção dos serviços sociais e administrativos, ou quando essa intervenção não seja possível.

4. Princípio da intervenção imediata.

Este princípio, que engloba o princípio da intervenção precoce e da actualidade da intervenção[17], pressupõe que a intervenção deve ser feita logo que detectado o perigo, actuando-se, também, logo no sentido de o remover.

O que se pretende salientar é que a utilidade da intervenção depende da possibilidade de se afastar desde logo o perigo que incide sobre a

---

[17] Deve ser considerada incorrecta a política de acolher crianças e jovens em instituições não localizadas na área de residência da família biológica, o que impossibilita o contacto desta com a criança ou jovem e dificulta a intervenção das entidades que estão em contacto mais próximo com o seu ambiente familiar.

criança/jovem, sob pena da precedência do perigo se reflectir, desde logo, nos seus efeitos perniciosos sobre a criança/jovem.

Só com a intervenção imediata, e por isso precoce e actual, é que se justifica e se torna viável considerar que, no caso concreto, foi adoptado o meio mais adequado para afastar o perigo, em função da situação existente, e, dessa forma assegurar que a intervenção mínima e anómala deve ser aceite e tolerada.

O princípio da intervenção imediata, ligado à precocidade da intervenção, supõe, por isso, um efeito preventivo quanto ao desenvolvimento para a criança/jovem das consequências que para ela advirão com a não remoção imediata do perigo e de forma a assegurar que quaisquer consequências nefastas que de uma intervenção não imediata poderão resultar.

5. Princípio da intervenção informativa e apelativa da participação da criança/jovem e dos seus representantes legais.

A criança ou jovem titular de direitos, sem plena maturação física e psicológica, tem, todavia, o direito, conjuntamente com os seus representantes legais, de participar de acordo com o seu grau de desenvolvimento, nas decisões que lhe digam respeito, de ser informada e dar a sua opinião sobre as medidas interventivas que pretendem ser-lhe impostas. Daí os princípios de audição obrigatória, participação e informação, como orientadores da intervenção das entidades que visam a promoção dos direitos e a protecção da criança/jovem em perigo.

Trata-se de um dever que incide sobre as entidades públicas e privadas que intervêm no processo, como forma de tornar clara a razão de ser da intervenção, a forma como a mesma irá ser efectuada e as consequências daí derivadas para a criança/jovem e para quem tem responsabilidades parentais.

As crianças/jovens, com os seus representantes legais ou de facto, além do direito de serem informadas de comportamentos que irão afectar o seu desenvolvimento, deverão ser ouvidas, antes desses comportamentos lhes serem impostos, dando a sua opinião sobre os mesmos e fazendo ponderar as entidades interventoras sobre os efeitos e reflexos das medidas que pretendem ser adoptadas[18].

Os princípios da intervenção informativa e apelativa correspondem aos princípios constitucionais imanentes nos artigos 36.°, 67.°, 70.°, 68.° e

---

[18] Cfr. art. 84.° da LPPCJP.

69.° da CRP e revelam o desígnio da nossa lei fundamental no sentido de que uma decisão que afecta os direitos de crianças/jovens, na prossecução de um interesse público deve ter sempre em conta os direitos daqueles que se pretende defender e proteger, não criando, através de uma pretensa realização daquele interesse, uma situação totalmente deslocada dos interesses e da pretensão da criança/jovem no sentido de esta poder apontar um caminho para o seu integral desenvolvimento.

6. Princípio da intervenção visando a integração familiar.

Este princípio, que engloba o princípio da responsabilidade parental e da prevalência da família, tem em conta, de acordo com a Convenção Sobre os Direitos da Criança e o preâmbulo que precede a Convenção, que a criança/jovem necessita ter um desenvolvimento harmonioso da sua personalidade, só plenamente possível se "crescer num ambiente familiar, em clima de felicidade, amor e compreensão".

E esse crescimento num "ambiente familiar", sendo preferencialmente desenrolado pelo contacto da criança/jovem com a sua família biológica, não deixa, todavia, também de ser possível de concretizar-se, segundo a Lei, pela integração numa família adoptiva. Daí que as medidas de protecção e apoio à criança/jovem possam levar à sua adopção e enquadramento na família adoptiva, mas tão só e quando se justifique, pelo conjunto de pressupostos que podem fazer terminar, de acordo com a Lei, os vínculos que ligam a criança/jovem à família biológica.

O princípio da tentativa de retorno, pode dizer-se, quase a todo o custo, à família biológica, sendo um dos princípios estruturantes da lei, merece, em nosso entender, ser, porém, revisto, alargando o leque de situações[19] em que o encaminhamento das crianças/jovens para a adopção deve ser ampliado, sobretudo em situações em que a experiência da vida e o quotidiano dos Tribunais têm revelado que o protrair das tentativas de retorno são apenas um meio que retarda a integração em famílias adoptivas e em que o retorno se apresenta com muito poucas possibilidades de se vir a concretizar.

---

[19] Abrangem-se neste leque de situações a toxicodependência e alcoolismo dos progenitores cuja permanência se revela com fortes probabilidades de permanecer durante todo o período de formação e desenvolvimento integral da criança ou do jovem (cfr. neste sentido Acórdão da Relação de Coimbra de 3.5.2006, processo n.° 681/06 de que foi relator o Desembargador Jorge Arcanjo em www.dgsi.pt/jtrc).

A prevalência em aplicar medidas de protecção e apoio à criança/ /jovem que o integrem na família biológica ou adoptiva, não deve, todavia, fazer esquecer que a família só pode funcionar como "grupo" defensor dos seus direitos, quando os pais e todos aqueles que assumam a responsabilidade parental exercerem, efectivamente, os seus poderes/deveres, no sentido do pleno desenvolvimento físico e psíquico da criança ou jovem. Deste modo não pode ser tomada, nem deve ser tomada, uma medida interventiva de defesa e protecção da criança ou jovem favorável à integração familiar biológica quando a família não funciona como um grupo social em que a criança/jovem é guiada no sentido do seu desenvolvimento físico e psíquico, ou quando não seja possível ou previsível que os pais, ou outros responsáveis parentais, por incapacidade ou omissão não podem, ou não querem, exercer o conteúdo de poderes/deveres funcionais, que lhe cabem no exercício das responsabilidades parentais.

O princípio da intervenção, visando a integração familiar (seja ela biológica ou adoptiva) tem um papel preponderante e insubstituível na criação de condições para o desenvolvimento adequado da criança/jovem, como resulta de vários artigos da CRP, como o art. 68.°, n.° 1 e n.° 5 do art. 36.° e de disposições do CC como a constante do artigo 1878.° onde se salienta o papel dos pais na defesa da segurança e saúde dos seus filhos, no seu dever de os sustentar, educar e manter.

A Convenção Sobre os Direitos das Crianças, sublinha, de igual forma, o papel insubstituível da família em situação como as de separação forçada da criança/jovem dos seus pais, impondo aos Estados subscritores a obrigatoriedade de permitir à criança/jovem manter contactos regulares e pessoais com os pais, só susceptíveis de serem afastados em circunstâncias especiais, como, por exemplo, nos casos de maus-tratos dados pelos pais à criança/ /jovem ou dos pais viverem separados sendo necessário tomar uma decisão sobre o lugar da residência da criança (artigo 9.°, n.° 1 da Convenção).

O princípio da prevalência da família leva também a convenção a estabelecer o princípio do reagrupamento familiar, constante do artigo 10.° da Convenção e que hoje faz parte dos princípios do direito de asilo concedido pelos Estados partes.

Este princípio da prevalência da família decorre, ainda do disposto no artigo 67.° da CRP uma vez que deste preceito resulta constituir um direito fundamental dos cidadãos portugueses, o direito a constituir família.

De todo o exposto resulta, neste âmbito, que qualquer medida que seja adoptada no âmbito da intervenção das entidades públicas e privadas para promoção e protecção da criança/jovem em perigo há-de sempre tentar numa primeira fase recuperar a criança/jovem para o seu meio biológico familiar não havendo separação desse meio, senão quando tal se mostre indispensável para ultrapassar a situação de perigo existente; todavia, desde que existam indícios seguros e firmes de que o retorno não é possível, o interesse superior da criança justifica a opção imediata e urgente pela via da adopção. Se falhar o retorno, há que ponderar então, em face do colapso da família biológica, qual é a melhor medida a adoptar para que a criança/jovem, fora da família biológica, possa alcançar o seu desenvolvimento integral e o caminho tenderá a ser, no estádio actual dos conhecimentos pediátricos, que o pleno desenvolvimento da criança/jovem só se conseguirá, com a integração urgente e rápida numa família adoptiva.

Artigo 5.º
Definições

Para efeitos da presente lei, considera-se:

a) Criança ou jovem – a pessoa com menos de 18 anos ou a pessoa com menos de 21 anos que solicite a continuação da intervenção iniciada antes de atingir os 18 anos;

b) Guarda de facto – a relação que se estabelece entre a criança ou o jovem e a pessoa que com ela vem assumindo, continuadamente, as funções essenciais próprias de quem tem responsabilidades parentais;

c) Situação de urgência – a situação de perigo actual ou eminente para a vida ou integridade física da criança ou do jovem;

d) Entidades – as pessoas singulares ou colectivas públicas, cooperativas, sociais ou privadas que, por desenvolverem actividades nas áreas da infância e juventude, têm legitimidade para intervir na promoção dos direitos e na protecção da criança e do jovem em perigo;[20]

e) Medida de promoção dos direitos e de protecção – a providência adoptada pelas comissões de protecção de crianças e

[20] Cfr. art. 108.º, n.º 2 da LPPCJP.

jovens ou pelos tribunais, nos termos do presente diploma, para proteger a criança e o jovem em perigo;

f) Acordo de promoção e protecção – compromisso reduzido a escrito entre as comissões de protecção de crianças e jovens ou o tribunal e os pais, representante legal ou quem tenha a guarda de facto e, ainda, a criança e o jovem com mais de 12 anos, pelo qual se estabelece um plano contendo medidas de promoção de direitos e de protecção.

1. Sob o título de "Definições" este artigo 5.° procede a uma interpretação autêntica da própria LPPCJP.

Definir é estabelecer limites, dar uma significação precisa, o verdadeiro sentido, de certa palavra, expressão ou conceito.

No caso em análise não se está, porém, dentro dos estritos limites de uma definição, pois os limites, ou a significação precisa dos conceitos extravasa a mera interpretação das palavras, para delas extrair consequências jurídicas.

Por outro lado, não se trata de uma interpretação autêntica da Lei em sentido estrito, que se verifica quando uma Lei é interpretada por outra Lei posterior que lhe fixa o seu conteúdo e alcance.

Cremos ser de considerar aqui as "definições" como norma interpretativa do sentido e alcance da própria Lei em que se inserem, no sentido indicado por Baptista Machado[21], considerando-se, assim, que sob o título de "definições" estão aqui assinalados o sentido e o alcance constantes das expressões consignadas e aplicadas na LPPCJP.

2. Criança ou Jovem

A Convenção Sobre os Direitos da Criança logo na parte I no seu art. 1.° adopta um conceito extremamente amplo de criança considerando como tal *todo o ser humano menor de 18 anos, salvo, se, nos termos da lei que lhe for aplicável, atingir a maioridade mais cedo.*

Já referimos anteriormente ter, também, a LPPCJP adoptado um conceito extremamente amplo de criança/jovem podendo concluir-se que nele se abrangem todas as fases da infância e da adolescência, excluindo-se, em princípio relativamente aos adolescentes, a protecção daqueles que já

[21] MACHADO, Baptista – *Introdução ao Direito e ao Discurso Legitimador*, 14.ª reimp., Porto: Almedina, 2004, p. 110.

tenham atingido a maioridade legal (18 anos/16 anos desde que emancipados) e, ainda daqueles em que a maioridade legal já foi atingida, mas em que a protecção e apoio teve lugar antes da ocorrência da maioridade, prolongando-se nestes casos até aos 21 anos.

A Lei brasileira, por exemplo, que dispõe sobre o Estatuto da Criança e do Adolescente e outras Providências[22] considera, no seu artigo 2.°, criança "a pessoa até 12 anos de idade incompletos" e adolescente "aquela entre os 12 e os 18 anos", distinguindo, pois, entre criança e adolescente (não jovem), embora mantendo a possibilidade de aplicação excepcional do referido Estatuto às pessoas entre 18 e 21 anos de idade.

A Lei portuguesa, não distinguindo neste conceito entre criança ou jovem, não deixa, no entanto, de em concreto fazer tal distinção, pois como admite logo na alínea f) destas definições permite apenas às crianças com mais de 12 anos (os adolescentes da Lei brasileira), ter um papel activo no compromisso assumido entre pais, os representantes legais ou quem tenha a guarda de facto do adolescente, e as comissões de protecção e os Tribunais.

O mesmo acontece nos artigos 7.° e 8.° da LPPCJP, face ao estipulado no artigo 10.° da Lei, no artigo 84.°, n.° 1, no artigo 112.° e 114.°, n.° 1.

Por outro lado, e de acordo com a tendencial maturação física e psicológica dos adolescentes, prevê a aplicação da medida de apoio para a autonomia da vida ao jovem/adolescente com mais de 15 anos de idade (artigo 45.° da LPPCJP).

Deve salientar-se que o disposto na alínea a) do art. 5.°, em ligação directa com o princípio da cessação das medidas a que se refere o art. 63.°, n.° 1, alínea d), ao permitir que as medidas de promoção e protecção se mantenham para além da maioridade, visa, fundamentalmente, que a rotura imediata de uma medida que esteja em execução possa ser prejudicial à estabilidade e definição do projecto de vida do jovem, que, veria ou poderia ver sucumbir, pelo simples decurso do tempo, desfocado de todas as razões e motivos que levaram à aplicação da medida, os efeitos benéficos e integradores do jovem na sociedade.

3. Guarda de Facto

Foi explicitada anteriormente[23], o conceito de guarda de facto, por oposição a guarda de direito.

---

[22] Lei Federal 8.069/1990 – Estatuto da Criança e do Adolescente.

[23] Cfr. anotação ao artigo 3.°, ponto 1.

Salienta-se agora, na definição, que na guarda de facto o guardião assume os poderes/deveres característicos do exercício das responsabilidades parentais, como zelar pela segurança, saúde, educação e administração dos bens da criança/jovem – art. 1878.° do CC.

Aquele assumir de funções é realizado de forma permanente e idêntica ao normal exercício das responsabilidades parentais (daí que a guarda de facto tenha que ter a característica de continuidade imanente no exercício dos deveres correspondentes ao exercício das responsabilidades parentais).

Pode e deve considerar-se, por exemplo, como guarda de facto a existente no caso de uma criança ou jovem viver com uma família a quem foi entregue pela segurança social, assumindo essa família os cuidados de saúde, higiene e educação, prestando-lhe cuidados como se fossem os verdadeiros pais, uma vez que a família de acolhimento presta à criança e ao jovem os "cuidados adequados às suas necessidades e bem-estar e a educação necessária ao seu desenvolvimento integral"[24].

Podem ocorrer situações em que a guarda de direito cabe a determinada pessoa ou entidade e a guarda de facto é assumida por um terceiro. Tome-se como exemplo a situação em que os progenitores se ausentam para parte incerta e entregam a criança à guarda de uma instituição ou de uma avó. Ora, naquelas situações, mais importante que a existência de uma guarda de direito é a existência da guarda de facto, pois é a pessoa ou entidade que vem assumindo continuadamente as funções essenciais próprias de quem tem responsabilidades parentais, o responsável directo pela situação de perigo criada para a criança ou o jovem com o exercício dessas funções parentais. Daí que a intervenção dos pais ou dos representantes legais no processo de promoção e protecção não seja essencial, mas seja antes indispensável a intervenção no processo da pessoa que exerce na realidade as funções relacionadas com as responsabilidades parentais.

4. Situação de Urgência

A situação de urgência que justifica a intervenção, é aquela em que de acordo com esta interpretação represente um perigo actual (existente, portanto numa determinada situação, num dado momento) e iminente (não eminente como consta por lapso), uma vez que está prestes a eclodir.

O conceito não apresenta dificuldades, para além da crítica que deve merecer uma "definição" que se pretende para clarificar o pensamento do

---

[24] Cfr. Acórdão do STJ de 15/10/2002, processo n.° 02A2314 em *www.dgsi.pt/jstj* em que foi relator o Conselheiro Pinto Monteiro.

legislador, em que se utilize o termo "eminente" em lugar de "iminente", pois é manifesto que o que se quis fazer sobressair era a situação recorrente de um facto que está prestes a eclodir, e, não, de um facto de especial relevância, sobrelevante em relação a outros factos de que poderia ocorrer dano para a criança/jovem.

5. Entidades

Ao "definir" entidades (que juridicamente e em geral são as sociedades ou organismos que exercem funções de ordem social, administrativa ou política) como apenas as pessoas singulares ou colectivas públicas, pretendeu-se afastar do âmbito do conceito as pessoas colectivas privadas ou sociedades comerciais, ainda que estas últimas pudessem ter para além do espírito lucrativo, a defesa e promoção das crianças/jovens.

Há, todavia, que acrescentar, de acordo com o conceito expresso que todas as "entidades" aqui referidas, na pluralidade da sua natureza jurídica têm que desenvolver actividades nas áreas da infância e juventude, e, reconhecidas como tal daí lhes advir a sua legitimidade para intervir na promoção dos direitos e na protecção da criança/jovem em perigo.

6. Medida de promoção dos direitos e de protecção

A substituição do termo "acção tutelar", utilizada na OTM, por "medida de promoção dos direitos e de protecção" e a própria definição da medida como providência adoptada para proteger a criança/jovem em perigo, evidenciam a ideia de estabelecer um confronto entre o comportamento adoptado pelas comissões de protecção e os Tribunais e a avaliação do perigo que se pretende remover.

Na perspectiva da Lei, o que se pretende não é sancionar os comportamentos da criança ou do jovem, mas criar, com as medidas aplicadas, condições para que a criança ou jovem não reitere esses comportamentos; daí que as medidas pretendam estabelecer uma relação de causa e efeito entre a sua aplicação e o perigo que se pretendeu afastar, tendo em vista o desenvolvimento integral da criança/jovem

As medidas, que são concretizadas no artigo 35.° da LPPJCP têm, normalmente, uma fase administrativa a que correspondem providências adoptadas pelas comissões de protecção de crianças/jovens (artigo 93.° a 99.° da LPPCJP) e uma fase jurisdicional (artigos 100.° a 124.° da LPPCJP).

7. Acordo de promoção e protecção

A ideia assente nesta "definição" do acordo de promoção e protecção como "compromisso" pretende caracterizá-lo como uma promessa mútua de aceitar o estabelecido voluntariamente entre as comissões de protecção ou o Tribunal, os responsáveis parentais (pais, representantes legais ou quem tenha a guarda de facto da criança/jovem), e a própria criança/jovem com mais de 12 anos.

Esta "promessa mútua", que tem de ser reduzida a escrito, não pretende tão só afastar o perigo que surgiu contrário ao desenvolvimento integral da criança/jovem. A "promessa" vai mais longe, procurando com o acordo e a colaboração de todos, estabelecer um plano, em que, para além de se pretender afastar a situação passível de gerar dano para a criança/jovem, se elabora e arquitecta um projecto de vida, visando o seu desenvolvimento integral. Daí que, estabelecendo-se o acordo, como um plano no qual se inserem as medidas adequadas ao desenvolvimento da criança/jovem, esse acordo/plano tenha que ser acompanhado de medidas de execução (artigo 59.° LPPCJP) e que o mesmo tenha períodos de duração, revisão e cessação (artigo 59.° a 63.° da LPPCJP).

CAPÍTULO II

Intervenção para promoção dos direitos e de protecção da criança e do jovem em perigo

Generalidades

Neste capítulo II da Lei estabeleceram-se as regras e os princípios gerais a que tem de obedecer a intervenção das entidades a quem cabe a promoção dos direitos da criança/jovem em perigo.

Indicam-se os três planos em que a actuação do Estado e da comunidade deve actuar na defesa das crianças/jovens em perigo. Assim, num primeiro plano, estão as entidades com competência em matéria de infância e juventude; quando estas entidades, por alguma forma falham a sua intervenção, no sentido de remover o perigo criado para a criança/jovem, aparecem as comissões de protecção e só, em última instância, o Estado, através dos Tribunais, deve intervir para regular a situação que não pode ser controlada pela comunidade.

Depois de se ter em conta que a intervenção da comunidade e/ou Estado deve ser sempre observada tendo em conta o princípio da subsidiariedade, subordina-se a intervenção de todas as entidades aos princípios da audição obrigatória e participação e ao princípio da responsabilidade parental. Efectivamente, todas as intervenções, obedecendo ao princípio da subsidiariedade, devem ser, por outro lado, acordadas, com a participação/colaboração da criança/jovem e daqueles que sobre ela têm responsabilidades parentais.

Do capítulo II emerge a ideia fundamental que não sendo a criança//jovem um objecto do processo administrativo ou judicial, mas um titular de direitos, a sua intervenção (participação) deve ser sempre atendida, desde que tenha capacidade para compreender o sentido e alcance da decisão que sobre ela paira, ainda que se trate de criança a quem civil ou penalmente não são atribuídos direitos (criança/jovem com menos de 12 anos de idade).

A intervenção Estadual aparece apenas legitimada quando as demais entidades ou não existem, ou existem, mas não funcionam ou funcionam ilegal ou inadequadamente (artigo 11.°, al. a), b), d) e) f)), ou quando a criança/jovem se opõe à intervenção da comissão de protecção (artigo 11.° alínea c) ou os pais não prestam o seu consentimento à intervenção e execução da comissão (art. 11.°, al. b)).

SECÇÃO I
Modalidades de intervenção

ARTIGO 6.°
Disposição Geral

A promoção dos direitos e a protecção da criança e do jovem em perigo incumbe às entidades com competência em matéria de infância e juventude, às comissões de protecção de crianças e jovens e aos tribunais.

1. Entidades com competência em matéria de infância e juventude

Do artigo 69.° da CRP resulta, no seu n.° 1, que as crianças têm direito à protecção da sociedade e do Estado, com vista ao seu desenvolvimento integral. A proposta de Lei votada na generalidade na Assembleia da República (Proposta de Lei 265/VI), que aprovou a Lei de Protecção das Crianças e Jovens em Perigo, visou regulamentar essa intervenção social do Estado e da sociedade nas situações em que a criança/jovem se encontra em perigo, e, como tal, carecida de protecção. Trata-se de uma intervenção subsidiária (a do Estado), em relação à intervenção da comunidade, tendo em conta, em primeiro lugar, as entidades (da sociedade ou comunidade), com competência em matéria de infância/juventude.

As entidades ligadas à comunidade, podem ser, nos termos do art. 5.°, alínea d), públicas como privadas, pessoas singulares ou colectivas, "desde que desenvolvam actividades nas áreas da infância e juventude".

A intervenção do Estado, que visa assegurar os direitos cívicos, económicos e culturais da criança/jovem, ameaçados em consequência de situações de incúria, exclusão social ou maus-tratos, constitui, porém, uma intervenção anómala e excepcional, na medida em que o Estado, ao intervir, interfere com a liberdade e a autodeterminação da criança/jovem e com o papel que cabe aos pais, quanto à manutenção e educação dos seus filhos. Por isso se entende que cabe à sociedade (comunidade), representada por essas entidades com competência nas áreas da infância/juventude, dar o primeiro passo no sentido de remover o perigo que afecta a criança/ /jovem, pela sua maior proximidade e sensibilidade para com a criança/ /jovem e para com o meio que os rodeia.

Como exemplos dessas entidades com competência em matéria de infância e juventude podem ser referenciadas as escolas e as instituições particulares de solidariedade social (as misericórdias, as associações de pais, as associações ou organizações privadas que desenvolvem actividades desportivas, culturais ou recreativas, a emergência infantil, o instituto de apoio à criança, os lares, os centros de acolhimento).

Para além das entidades privadas referidas, outras "entidades" que lidam de perto com os problemas relacionados com a infância/juventude, como as escolas, os hospitais, as creches, as câmaras municipais, as juntas de freguesia, o instituto de solidariedade e segurança social têm, também, um importante papel, sobretudo na detecção das situações de risco e o seu encaminhamento para as entidades que podem assegurar os direitos e a protecção da criança/jovem.

É aquele papel de vigilância, de controlo das situações de perigo, do seu encaminhamento e denúncia que cabe, fundamentalmente às entidades com competência em matéria de infância/juventude e o mesmo só pode ser assegurado, nos termos do artigo seguinte, com o consenso das pessoas com responsabilidades parentais sobre a criança/jovem.

2. As comissões de protecção de crianças e jovens

As comissões de protecção de menores foram criadas pelo DL 189/91 de 17 de Maio e são hoje denominadas comissões de protecção de crianças e jovens sendo objecto de regulamentação na Lei ora comentada nos artigos 12.° a 33.°, funcionando em modalidade alargada e restrita (artigo 16.°).

Interessa agora aqui referir, tão só, a génese, as funções e competência atribuídas inicialmente às comissões de protecção pelo DL 189/91 de 17 de Maio e explicitar as razões e fundamentos de alteração do papel inicialmente previsto para aquelas comissões no citado DL 189/91 de 17 de Maio.

Pela Recomendação do Conselho da Europa adoptada pela Resolução (R) 8720 de 1987 foi salientada a necessidade dos novos modelos de justiça de "menores" deverem fazer apelo à participação activa da comunidade.

O DL 189/91, de 17 de Maio, veio, então, na sequência da revisão da Organização Tutelar de Menores efectuada pela Lei 82/77 de 6 de Dezembro (que havia tido uma primeira experiência de protecção de "menores" por via administrativa), salientar que as crianças e jovens negligenciados e maltratados deveriam ser acompanhados a nível local. Com aquela intenção, cada comunidade local deveria ser responsabilizada pelas suas crianças/jovens, em colaboração com a família.

Admitindo-se que aquela intervenção administrativa/local deveria coincidir ao nível territorial, com a área da comarca e que na comissão estaria representado um agente do MP em serviço nessa comarca, partia-se, ao fim e ao cabo, de uma posição em que a intervenção administrativa (não judiciária), ficava subordinada territorialmente ao âmbito de actuação dos Tribunais comarcãos e à área de influência do respectivo operador judiciário (o MP).

Daquela integração territorial das comissões de protecção de menores resultava, pelo menos, a vantagem de ser facilitada a coordenação entre as diferentes entidades administrativas que cooperavam com a comissão e as autoridades judiciárias. O modelo indicado, porém, revelava que a comissão de protecção de menores recebia, directamente, interferências na sua actuação por parte de um órgão judicial, não administrativo. Daí que o MP tenha sido afastado dessa integração nas comissões de protecção de crianças e jovens em perigo.

Como referem Leonor Furtado e Paulo Guerra[25] "o princípio das CPM assentava na necessidade de responsabilizar as comunidades locais pelas suas crianças e jovens, partindo da ideia de que é a comunidade local que, pela sua proximidade e conhecimento, está em melhores condições para responder às questões que se colocam na área da infância e juventude". Essa actuação da CPM como salientaram os mesmos autores assenta no "princípio da solidariedade", mas ao MP não pode caber, nem cabe por imposição legal, actuar no âmbito de um princípio que pressupõe, da parte da comunidade onde as crianças/jovens se inserem, um compro-

---

[25] "*O Novo Direito das Crianças e Jovens: Um Recomeço*". Lisboa: Centro de Estudos Judiciários, Dezembro 2000, p. 59.

misso de umas perante as outras e de cada uma dela perante todas as demais, na defesa e protecção das suas crianças/jovens. Daí a ideia de que ao MP e à comunidade, prosseguindo interesses distintos, caiba um papel interventor da comunidade na fase administrativa e ao MP na fase judicial, devendo ser afastado o MP das comissões de protecção das crianças e jovens.

Resta saber se este afastamento do MP, em função de princípios formais, não afectou o funcionamento e eficácia das novas comissões de protecção das crianças e jovens e se não seria melhor manter o MP como fiscal directo da actividade das LPPCJP e como curador de crianças e jovens presente nas comissões de protecção e participando nos trabalhos das comissões, como sustentavam Leonor Furtado e Paulo Guerra[26].

3. Os Tribunais

Os Tribunais aparecem como "a última instância" na promoção dos direitos e da protecção da criança/jovem em perigo. E era preferível, utopicamente, que não aparecessem na promoção dos direitos e da protecção da criança/jovem. Efectivamente, no âmbito do direito de família e particularmente do direito relativo às crianças jovens, mal vai o caso quando os interesses do grupo "família" e do núcleo de pessoas que a integram não conseguem ultrapassar os litígios que os desunem e alcançar o objectivo de afastar a criança/jovem dos perigos que a afectam.

Se os pais e o núcleo familiar não podem ou não querem delinear as linhas de formação intelectual, moral e profissional dos filhos, se a comunidade onde eles se inserem, por solidariedade, também não alcança, em colaboração com os pais, estes objectivos, dificilmente um órgão pesado, burocrático e coercitivo como os Tribunais alcançará tal desiderato. Daí o pendor conformista e desalentado que impende sobre os operadores judiciários como o MP ou os Magistrados Judiciais, quando as questões das crianças/jovens chegam ao seu conhecimento e apreciação e o sentido de perda quanto à aplicação de medidas que sendo em princípio, urgentes, surgem, quase sempre, inevitavelmente atrasadas, quando determinadas pelos Tribunais.

---

26 *Ob. cit.*, p. 62.

Artigo 7.°
Intervenção de entidades com competência em matéria de infância e juventude

A intervenção das entidades com competência em matéria de infância e juventude é efectuada de modo consensual com os pais, representantes legais ou com quem tenha a guarda de facto da criança ou do jovem, consoante o caso, de acordo com os princípios e nos termos do presente diploma.

1. Já se viu anteriormente que a razão de ser da intervenção prioritária das entidades com competência em matéria de infância e juventude é determinada devido à sua proximidade com a criança/jovem e com o grupo familiar onde a criança/jovem se insere.

A actuação das entidades com competência em matéria de infância e juventude está, todavia, condicionada.

Depende em primeiro lugar, de existir "consenso" com os responsáveis parentais e da não oposição do jovem com mais de 12 anos ou menos de 12, desde que tenha capacidade para compreender o sentido da intervenção (artigo 10.° da LPPCJP).

Depende ainda, por outro lado, da observância dos princípios estabelecidos no artigo 4.° (interesse superior, privacidade, precocidade intervenção mínima, proporcionalidade e actualidade, prevalência da família).

Os outros princípios (responsabilidade parental, obrigatoriedade da informação, audição obrigatória e participação e subsidiariedade), constituem condicionantes da própria intervenção das entidades com competência em matéria de infância e juventude, que, quando actuam no âmbito do presente diploma têm como pressuposto para poderem actuar, de ter em conta, a necessidade de ouvir a criança, os seus representantes, de procurar que os pais assumam os seus deveres para com o filho e designadamente de não estar em curso outra intervenção de outra entidade com competência em matéria de infância e juventude.

2. A Lei fala em a intervenção ser efectuada "de modo consensual", o que pressupõe concordância ou uniformidade de opinião entre as entidades, os pais, os representantes legais ou quem tem a guarda de facto da criança/jovem, sobre a forma de remover o perigo que incide sobre a criança/jovem.

Como as entidades em causa não podem aplicar medidas de promoção e protecção às crianças/jovens, e sabendo-se que as situações de perigo iminente e actual para a criança/jovem tendem a prolongar-se no tempo (como as assinaladas a título exemplificativo no artigo 3.°, n.° 2 da LPJCP), dificilmente se antevê ser possível, em tais situações, obter concordância ou uniformidade de opiniões, muitas vezes dispares, como as que terão os representantes parentais da criança/jovem e a própria criança//jovem.

Entende-se, por isso, que a intervenção das entidades com competência em matéria de infância/juventude estará, na maioria dos casos em risco de não se poder concretizar, já que as IPSS[27] ou outras entidades estão à partida, limitadas na sua actuação pela existência de consenso necessário entre todos os interessados, face à existência de uma situação de perigo existente sobre a criança/jovem.

3. Embora se julgue difícil, como referido anteriormente, que as entidades com competência em matéria de infância e juventude consigam alcançar o "consenso" exigido pela Lei, coloca-se, no entanto, a hipótese de esse "consenso" poder ser obtido.

Como a lei exige o "consenso" e a não oposição da criança/jovem ao "consenso" estabelecido, julgamos que em tais hipóteses "o consenso" obtido entre a entidade interventora, os representantes parentais, e a não oposição da criança/jovem podem constar, igualmente, de compromisso escrito, à semelhança do que está estabelecido para os acordos de promoção e protecção, face ao disposto no próprio artigo 7.° da Lei (o "consenso" deve ser fixado de acordo com os princípios e os termos da Lei) e ao disposto no artigo 5.°, alínea f). Assim, o "consenso" reduzido a escrito deverá ser assinado pelos intervenientes, contendo os elementos referidos nos artigos 55.° da LPPCJP, sem prejuízo de se ter em conta que em caso algum as entidades a que se refere o artigo 7.° podem aplicar medidas de promoção e protecção (artigo 38.° da Lei).

4. Nas hipóteses restantes, em que não foi possível obter o consenso, o contacto entre as entidades com competência em matéria de infância//juventude, que conduziu a não ser adoptada qualquer posição que permi-

27 Instituições Particulares de Solidariedade Social (cfr. artigo 6.° anotação 1).

tisse afastar o perigo que incidia sobre a criança/jovem, deve ser levado ao conhecimento das comissões de protecção e/ou face à urgência, deve ser dado conhecimento das diligências efectuadas e da situação em que se encontra a criança/jovem em perigo ao MP.

5. Deve, no entanto, sublinhar-se, não obstante tudo o que foi referido, que não se tratando de uma situação de urgência, em que não se torne necessário tomar uma medida de protecção imediata, o envolvimento das entidades com competência em matéria de infância e juventude, deve ser em regra, informal, como salienta Teresa Magalhães[28], e que nessa intervenção se deve assegurar, pela instituição que detectou a situação de perigo, o acompanhamento familiar da criança ou do jovem, o controlo médico da criança ou do jovem e a aceitação, pela família, do suporte social disponibilizado.

Se a rede informal falhar, impõe-se então, como decorre da Lei, a sinalização da situação à comissão de protecção competente para acompanhar o caso, disponibilizando a entidade com competência em matéria de infância e juventude os dados, entretanto apurados, para diagnosticar a medida que deveria ser aplicada.

Artigo 8.º
Intervenção das comissões de protecção de crianças e jovens

A intervenção das comissões de protecção de crianças e jovens tem lugar quando não seja possível às entidades referidas no artigo anterior actuar de forma adequada e suficiente a remover o perigo em que se encontram.

1. Este artigo representa uma consequência directa e imediata do princípio da subsidiariedade, uma vez que estabelece, que, falhada a intervenção das entidades com competência em matéria de infância e juventude, a intervenção deve ser efectuada pelas comissões de protecção de crianças e jovens, em aplicação do estabelecido no artigo 4.º, alínea j) da Lei em anotação.

---

[28] Magalhães, Teresa – *Maus Tratos em Crianças e Jovens: Guia Prático para Profissionais*, 3.ª ed., Coimbra: Quarteto, 2004, p. 142. [Saúde e sociedade]. P. 79. ISBN 972-87-17-39-3.

2. O artigo estabelece que a intervenção das comissões de protecção de crianças e jovens, em consequência da aplicação do princípio da subsidiariedade, deve, no entanto, apenas e tão só verificar-se nos casos em que às entidades com competência em matéria de infância e juventude "não seja possível actuar de forma adequada e suficiente a remover o perigo" em que as crianças/jovens se encontrarem.

Todavia, a intervenção das comissões de protecção às crianças/jovens não depende apenas da "falha" da mediação das entidades com competência em matéria de infância e juventude.

Interessa, desde logo, salientar que as entidades com competência em matéria de infância e juventude devem ser elas próprias a participar e a comunicar às comissões de protecção que não foi possível, com a sua actuação, remover o perigo que incidia sobre a criança/jovem, explicitar as razões da sua intervenção e do seu "falhanço" e explicar porque as medidas tentadas para remover o perigo não foram "adequadas" e "suficientes" para o remover. Esta comunicação colocará as comissões de protecção numa posição privilegiada para, desde logo, tentar medidas alternativas às medidas "falhadas".

Por outro lado, convém também salientar, que, mesmo que as comissões, intervenham por inexistência de entidades com competência em matéria de infância e juventude, a sua intervenção está sempre condicionada, nos termos dos artigos seguintes, ao consentimento dos responsáveis parentais e à não oposição da criança/jovem (artigos 9.º e 10.º).

3. A intervenção das entidades com competência em matéria de infância e juventude deve ser considerada como inadequada e insuficiente se perante qualquer das situações referidas no n.º 2 do artigo 3.º da LPPCJP, a mesma não se revelou a resposta necessária e causal para evitar que a criança/jovem pudesse superar qualquer das situações aí enumeradas ou similares. Assim, a resposta daquelas entidades não será adequada, se numa situação de abandono ou da criança e do jovem se encontrar entregue a si próprio, com a intervenção não se afastar aquela situação perigosa para a criança ou para o jovem, que continua a manter-se abandonado ou entregue a si próprio.

Já a resposta daquelas entidades não será "suficiente" se, alcançado um primeiro estádio em que se conseguiu evitar que a criança/jovem deixasse de ser submetida a maus-tratos físicos ou psíquicos ou a ser vítima de abusos sexuais, permanece a possibilidade de essa situação se vir a concretizar.

4. Intervindo as comissões de protecção, o seu conhecimento do perigo para a criança/jovem deve levá-las a dar conhecimento a outras entidades de situações que transcendam a sua área de competência de intervenção. Assim, impõe-se que as comissões de protecção dêem conhecimento aos organismos de segurança social das situações a que se refere o artigo 1978.° do CC (confiança com vista a futura adopção) quando estejam em causa crianças/jovens filhos de pais incógnitos ou falecidos, da situação em que os pais biológicos deram consentimento prévio para as crianças/jovens serem adoptadas, os pais tiverem abandonado a criança/ /jovem, e outras aí fixadas (vide artigo 67.° da Lei).

De igual forma as comissões, nos termos do artigo 68.° e 69.° da LPPCJP devem dar conhecimento ao MP das situações a que se referem aqueles artigos.

Especialmente relevante é o dever de as comissões darem a conhecer ao MP e às autoridades policiais as situações em que a situação de perigo em que se encontra a criança/jovem foram determinadas por factos que constituem crime (artigo 70.° da LPPCJP).

Artigo 9.°
Consentimento

A intervenção das comissões de protecção das crianças e jovens depende do consentimento expresso dos seus pais[29], do representante legal ou da pessoa que tenha a guarda de facto, consoante o caso.

1. As comissões de protecção de crianças e jovens não têm, nem devem ter, que aguardar o consentimento dos titulares das responsabilidades parentais ou similar para intervir nas situações em que a criança/jovem se encontra em perigo actual e iminente para a sua vida ou integridade física, uma vez que de acordo com o art. 91.° da Lei, as comissões podem, nessas situações, tomar as medidas adequadas para a protecção imediata da criança/ /jovem e solicitar a intervenção do Tribunal ou das entidades policiais.

A "intervenção" aqui prevista não significa, pois, que as comissões de protecção das crianças e jovens não possam interferir no desenrolar das situações perigosas para a criança/jovem nos casos em que se verificam situações de urgência como os relatados, mas tão só que, nesses casos,

[29] Cfr. art. 4.°, als. f) e i).

para além das medidas adequadas para afastar aquele perigo urgente, não podem aplicar as medidas de promoção e protecção previstas no art. 35.° da lei sem o consentimento dos representantes parentais e o consentimento da criança/jovem.

3. Tendo em conta o anteriormente explanado, o conceito de intervenção aqui expresso tem de ser interpretado restritivamente, entendendo-se, de acordo com o artigo 21.° da LPPCJP, por confronto das suas alíneas a), b) e c), que o consentimento expresso dos pais, do representante legal ou da pessoa que tenha a guarda de facto sobre a criança/jovem, pressupõe o início da intervenção do processo que há-de levar a comissão de protecção a aplicar uma medida à criança/jovem. De facto, "o consentimento" como condição de validade para a medida que venha eventualmente a ser aplicada à criança/jovem, implica perda das responsabilidades parentais, já que é a partir do início do processo aberto na comissão, que, de certa forma, se faz a devassa da intimidade da criança/jovem e dos seus representantes legais. Acresce que a Lei ao falar em consentimento (ou autorização) expresso dos representantes legais da criança/jovem, inculca que a mesma se traduza numa vontade directa daqueles representantes em não se oporem à intervenção das comissões de protecção, a qual, embora não dependente de qualquer forma, pressupõe, no entanto, a sua redução a escrito, que deverá constar do processo iniciado, quer seja elaborado à parte ou incorporado no mesmo (por auto).

4. O consentimento (ou autorização) expresso, constante do processo, com a assinatura dos representantes legais da criança/jovem pode ser sempre retirado em qualquer altura (artigo 95.° da LPPCJP), o que implica o fim da legitimidade de intervenção das comissões de protecção, e, de acordo com o princípio da subsidiariedade, leva a que o processo seja remetido ao MP, a não ser que haja cessado o perigo que incidia sobre a criança ou o jovem e não se mostre necessário activar qualquer procedimento para evitar a repetição de tal situação.

Se o consentimento se mantiver, e não se verificar igualmente, a não oposição da criança/jovem à medida proposta pela comissão de protecção, haverá então, lugar à elaboração do acordo de promoção e protecção, com observância do estatuído no artigo 5.°, alínea f) da LPPCJP e 55.°, n.ºs 1 e 2 da mesma Lei.

5. Como referimos na introdução ao comentário da Lei, "de jure condendo" julgamos preferível e possível a actuação das comissões aquando da aplicação de medidas no meio natural de vida mesmo sem o consentimento dos representantes parentais ou a oposição da criança e do jovem, dado que a criança ou o jovem se mantém, ainda, junto do seu núcleo familiar, com uma intervenção mínima da comissão, evitando-se, deste modo, a ingerência mais onerosa e distante dos Tribunais, a quem ficaria reservada a apreciação das impugnações interpostas das medidas impostas nesse domínio pelas comissões e a aplicação das medidas de institucionalização ou de confiança a pessoa idónea ou a instituição com vista a futura adopção, quando não existisse consenso sobre a sua aplicação.

Artigo 10.°
Não oposição da criança e do jovem

1. A intervenção das entidades referidas nos artigos 7.° e 8.° depende da não oposição da criança ou do jovem com idade igual ou superior a 12 anos[30].

2. A oposição da criança com idade inferior a 12 anos é considerada relevante de acordo com a sua capacidade para compreender o sentido da intervenção.

1. Considera-se, desde há muito, na nossa legislação sobre crianças/ /jovens, que a criança não portadora de deficiências, a partir dos 12 anos, e independentemente da lei civil prever outros estádios da capacidade civil de exercício de direitos (7 e 16 anos)[31], atinge um período de desenvolvimento que a faz entrar na adolescência, após ter adquirido, tanto a nível biológico, como psicológico e social um desenvolvimento e maturidade que a permitem compreender e actuar de acordo com o meio envolvente.

A criança a partir dos 12 anos, numa situação de padrão normal, fala, anda, tem ideia do seu próprio ego, a noção de espaço e do tempo, conhece e coordena os seus hábitos, os seus conhecimentos familiares e escolares. Daí que ao jovem com essa capacidade de discernir e de expressar-se voluntariamente se permita ter uma palavra sobre a forma de superar a situação de perigo em que se encontra e de contribuir para a solução de um problema que é seu, da comunidade em que se insere e do ambiente familiar que a rodeia.

---

[30] Cfr. art. 11.°, al. b).

[31] Arts. 488.°, n.° 2, 133.°, 127.°, n.° 1, al. a), 1601.°, al. a) do CC.

2. A norma não quis, porém, deixar de salientar que mais importante que estabelecer um padrão fixo de idade para o jovem se pronunciar sobre o seu próprio desenvolvimento é a circunstância de, independentemente da idade, ele estar em condições de exprimir a sua vontade no sentido de contribuir para o seu futuro desenvolvimento.

O preceito em causa, é, porém, cauteloso, uma vez que a aplicação da criança com idade inferior a 12 anos é sempre avaliada caso a caso, em função do perigo a remover, do discernimento da criança em ter conhecimento da situação em que se encontra, dos meios pelos quais se pretende superar a situação de perigo e da avaliação (possível), que a criança pode fazer dos meios ou medidas a adoptar.

3. Aquele preceito não faz mais que concretizar os princípios que a intervenção para a promoção dos direitos e protecção de criança/jovem deve alcançar como o da obrigatoriedade da informação à criança/jovem dos direitos que tem, das razões que conduziram à intervenção e da forma como esta irá ter lugar (artigo 4.° alínea h)) e da necessidade desta ser ouvida e participar nos actos e na definição das medidas de promoção e protecção que pretendem ser adequadas a afastar ou remover o perigo que a afecta (artigo 4.°, alínea i) da LPPCJP).

4. Não refere a Lei como deve ser efectuada a oposição por parte da criança/jovem.

Entendemos que aqui há que distinguir entre situações previstas no artigo 10.°, n.° 1 da LPPCJP e as situações previstas no n.° 2 do mesmo artigo. Efectivamente, nas situações contempladas no artigo 10.°, n.° 1 em que o jovem tem idade igual ou superior a 12 anos, em princípio, a sua oposição deve ser reduzida a declaração escrita que poderá ser redigida e assinada pelo próprio jovem, ou, então reduzida a auto, que o jovem assinará caso o faça junto da comissão de protecção, pois que, junto do Tribunal, sendo a mesma proferida perante o Juiz ficará lavrada em acta.

Quando a oposição é deduzida por criança com idade inferior a 12 anos, quer perante a comissão quer perante o Tribunal, importará então, e necessariamente, reduzir a auto ou transcrever em acta a sua declaração, dela constando as razões e fundamentos pelos quais se avaliou que a oposição prestada o foi consciente e voluntariamente, com o sentido da criança haver compreendido o alcance da sua oposição à intervenção, que as entidades com competência em matéria de infância e juventude e comissões de protecção, pretendiam efectuar.

5. No caso de oposição da criança/jovem a respectiva declaração escrita de oposição, constante do processo, deverá ser remetida com o processo ao MP, nos termos do artigo 95.° da LPPCJP.

6. O consentimento e a não oposição do jovem ou da criança que se encontra previsto neste artigo não é relevante em casos em que está em causa a sua não oposição a qualquer acto que seja criminalmente ilícito, como no caso do jovem pretender abortar ou pretender morrer, por exemplo, pretendendo que a máquina que o liga à vida, encontrando-se em estado de coma, seja desligada.

Quando se verifique qualquer uma das situações referidas ou análogas, há que ter em conta que a não oposição ao acto em princípio criminalmente punido só é eficaz por quem tiver mais de 16 anos e face aos princípios contidos no art. 38.° do CP, tendo em conta os interesses jurídicos livremente disponíveis e o facto em causa não ofender os bons costumes (art. 38.°, n.° 1 do CP). Importa, para além do mais, salientar que nestes casos o direito de não oposição pertence ao jovem, pois que o consentimento para a não oposição ao acto é atribuído ao titular do interesse juridicamente protegido e, não, ao seu representante legal.

ARTIGO 11.°
Intervenção Judicial

A intervenção judicial tem lugar quando:

a) Não esteja instalada comissão de protecção de crianças e jovens com competência no município ou na freguesia da respectiva área da residência ou a comissão não tenha competência, nos termos da lei, para aplicar a medida de promoção e protecção adequada;

b) Não seja prestado ou seja retirado o consentimento necessário à intervenção da comissão de protecção ou quando o acordo de promoção de direitos e de protecção seja reiteradamente não cumprido;

c) A criança ou o jovem se oponham à intervenção da comissão de protecção, nos termos do artigo 10.°;

d) A comissão de protecção não obtenha a disponibilidade dos meios necessários para aplicar ou executar a medida que considere adequada, nomeadamente por oposição de um serviço ou entidade;

e) Decorridos seis meses após o conhecimento da situação pela comissão de protecção não tenha sido proferida qualquer decisão;

f) O Ministério Público considere que a decisão da comissão de protecção é ilegal ou inadequada à promoção dos direitos ou à protecção da criança ou do jovem;

g) O tribunal decida a apensação do processo da comissão de protecção ao processo judicial, nos termos do n.° 2 do artigo 81.°.

1. Neste artigo enumeram-se os casos em, que, de acordo com o princípio da subsidiariedade, os Tribunais devem intervir na defesa e protecção das crianças/jovens em perigo.

Nas situações em que se julga necessária a intervenção judicial, que opera, através do MP (vide arts. 91.° quanto aos procedimentos de urgência e seu n.° 2 e art. 73.° da Lei), distingue-se, em primeiro lugar, os casos em que a intervenção é a única forma de accionar a protecção das crianças/jovens (por não existir instalada comissão de protecção na área do município ou da residência da criança/jovem e não ter sido possível obter o acordo consensual entre as entidades com competência em matéria de infância e juventude, os representantes parentais e a criança/jovem (artigo 11.° **alínea a)**).

Em segundo lugar, pressupõe-se a existência e instalação das comissões de protecção, mas que a sua acção na defesa e protecção da criança//jovem não foi possível (por falta de acordo com os representantes legais da criança/jovem ou pela sua oposição (artigo 11.° **alíneas b) e c)**).

As hipóteses contempladas nas **alíneas d)** e **e)** têm a ver com a ineficácia das comissões de protecção, que intervieram, não tinham obstáculos jurídicos à sua intervenção (como o consentimento dos representantes parentais e a oposição da criança/jovem), e, no entanto, não conseguiram os meios, que tempestivamente, seriam adequados para remover o perigo que justificou a sua intervenção.

Neste aspecto deve ser salientado o comportamento que foi adoptado inicialmente se entende de criticar, quanto à abordagem, por algumas comissões de promoção e protecção, dos problemas que lhes eram colocados. Efectivamente, existiam comissões em que sinalizada uma situação de perigo as mesmas se limitavam a aguardar o prazo de 6 meses, sem efectuar qualquer diligência no sentido de superar a questão colocada, enviando posteriormente o processo para Tribunal. Por outro lado, verifica-se ainda hoje, em alguns casos, falta de sensibilidade para "gerir" o caso pendente nas comissões por parte de alguns dos membros da comissão restrita. A abordagem das questões, por exemplo, quando efectuada pelos membros das comissões originários da segurança social, é, normalmente, mais eficaz, do que a efectuada por outros membros com outras valência profissionais. Convirá, por isso, que o "gestor" do caso mantenha sempre com o técnico do serviço social uma troca de experiências como forma de superar, desde logo, nas comissões, alguns problemas, que, a não ser assim, posteriormente terão de ser equacionados e apreciados pelo Tribunal.

Finalmente, as hipóteses contidas nas **alíneas f)** e **g)** contendem com o papel que cabe ao MP como membro para-judicial e ao próprio órgão judicial, que são os Tribunais, de poderem fazer prevalecer a sua posição na defesa e promoção dos direitos da criança/jovem, quando se trata de problemas jurídicos relacionados, ou que interferem, com as decisões das comissões de protecção. Tais serão os casos, por exemplo, de apensação do processo de promoção e protecção a processo tutelar cível, como o de regulação das responsabilidades parentais, inibição das responsabilidades parentais, ou outro similar.

Em resumo, a intervenção judicial, como última instância na defesa e protecção da criança/jovem, é justificada:

a) Quando inexistir na comunidade qualquer entidade que possa remover o perigo criado à criança/jovem;

b) Quando não é possível obter acordo entre os intervenientes da comunidade, os representantes legais da criança/jovem e a própria criança/jovem;

c) Quando a comunidade, representada pela comissão de protecção local, não diligenciou, ou não teve meios adequados por si, ou por falta de colaboração de outras entidades, para conseguir remover o perigo criado à criança/jovem.

d) Quando a comissão de protecção actuou, mas a sua actuação é considerada violadora da Lei ou inadequada ao fim pretendido alcançar, ou o Tribunal entende que deve ser preterida a medida adoptada pela medida judicial julgada conveniente (art. 81.°, n.° 2 da LPPCJP).

2. Flui do referido n.° 1 que a intervenção dos Tribunais, ainda que em última instância, prevaleça sempre e com ela as decisões judiciais que foram adoptadas, sobre os interesses familiares ou invocados pela criança/ /jovem, uma vez que a ingerência do Estado e com ela a dos Tribunais, sendo subsidiária e supletiva, não deve deixar de poder ser imposta perante o papel que a CRP atribui ao Estado na defesa da criança/jovem e do núcleo familiar onde ela se integra. É por isso que a intervenção dos Tribunais se justifica e verifica sempre e ainda que inexista acordo entre as partes intervenientes sobre a medida adequada a adoptar, tendo sempre em conta o interesse superior da criança/jovem. É esse mesmo interesse superior da criança/jovem, a implementar pelo Estado e directamente pelos Tribunais, que leva à intervenção do Tribunal como forma de superar quaisquer empecilhos que se oponham à fixação da medida adequada a remover o perigo para a criança/jovem, quer estes sejam financeiros ou de mera inércia (alínea d) e e) do citado artigo 11.°).

Por outro lado, a defesa da legalidade pelo MP constitui, de acordo com o seu Estatuto[32] uma das suas funções.

Incumbe ao MP como impulsionador da defesa e promoção dos direitos da criança/jovem em perigo, actuar junto do Tribunal (artigo 72.°) e não só accionar os meios judiciais adequados, como ter uma visão de conjunto sobre a problemática que rodeia a criança/jovem nas suas variadas vertentes (processos de promoção e protecção, providências tutelares cíveis ou medidas tutelares educativas). Daí que o papel do MP, ainda que agora, não fazendo parte directamente das comissões de protecção, continue a ser o ponto de partida quanto à iniciativa de medidas judiciais que devem ser procuradas para defesa e protecção da criança/jovem em perigo.

3. O artigo 11.°, alínea a) fala em instalação da comissão de protecção de crianças e jovens com competência no município ou na freguesia da respectiva área de residência.

A instalação das comissões de protecção é o culminar de um processo em que se criam condições necessárias ao exercício das respectivas funções e obedece a um formalismo de regulamentação que consta das respectivas portarias de instalação, publicadas no DR 2.° suplemento.

---

32 Cfr. Lei n.° 47/86, de 15 de Outubro com as modificações introduzidas pela Lei n.° 2/90, de 20 de Janeiro, 23/92 de 20 de Agosto, Lei n.° 10/94, de 5 de Maio e Lei n.° 60/98, de 27 de Agosto).

São inúmeras as comissões de protecção já instaladas, quer ao nível do município, quer ao nível da área das referidas freguesias[33], sendo certo que a sua existência, quer ao nível do município, quer da freguesia, está de acordo com o dispositivo constante do artigo 15.° deste diploma.

4. É de referir, em particular, na análise deste artigo, a hipótese prevista na sua **alínea e)**, especialmente porque nestes casos e ao contrário do que normalmente ocorre, é dada a possibilidade aos representantes parentais e à própria criança/jovem de serem eles próprios e não o MP a requerer a intervenção do Tribunal (art. 105.°, n.° 2).

Entende-se, então, naqueles casos, que a inércia da comissão de protecção e a inércia do próprio MP, como impulsionador do processo junto do Tribunal, possa ser suprida por intervenção directa dos interessados na adopção de medidas não tomadas pela comissão de protecção. Nestes casos e sem dispensar a ulterior intervenção do MP, é o próprio Tribunal, através do julgador, que avoca ou requisita o processo, em função da iniciativa dos interessados, e tomará as medidas ou dará conhecimento de factos que levem o MP a tomar a posterior iniciativa processual.

5. A **alínea b)** do artigo 11.° fala em acordos de promoção e de protecção reiterada e repetidamente não cumpridos. Compreende-se e justifica-se, aqui, também, a intervenção do Tribunal.

A repetição de acordos não cumpridos é índice seguro de que só por meios coercitivos, e ao dispor do Tribunal, se poderá impor a medida adequada a remover a situação de perigo em que se encontra a criança/jovem.

Quando o "consenso", o acordo de vontades, não é conseguido, só através do Tribunal se pode compor um litígio tendo em conta o interesse superior da criança/jovem.

6. A falta de disponibilidade de meios necessários para aplicar ou executar a medida que se considera adequada, pressupõe que a comissão de protecção conseguiu obter o consenso, o acordo entre os intervenientes envolvidos para ultrapassar a situação de perigo em que a criança/jovem se encontrava. O que acontece é que a comissão não pode actuar para implementar a medida ou por dificuldades próprias ou de terceiros (oposição de um serviço ou terceiro à medida decidida).

---

[33] Vide www.cnpcjr.pt (*site* da Comissão Nacional de Protecção de Crianças e Jovens em Perigo) para consulta da lista das comissões de protecção actualmente instaladas.

Tal verificar-se-á, por exemplo, se o apoio a conceder aos pais da criança/jovem passe pela sua instalação em habitação social com condições condignas para preservar a intimidade dos pais e da criança/jovem e os pais e a criança estarem de acordo no sentido da atribuição pelo município de uma casa social a que concorreram, permitir ultrapassar a circunstância da criança/jovem passar a maior parte do tempo fora da sua residência em contacto com outras crianças/jovens que se dedicam a actividades marginais. O que foi dito, não significa que caiba ao Tribunal alcançar a disponibilidade de meios que a comissão não conseguiu obter, como arranjar a casa que a câmara não pode, ou não quis atribuir. A intervenção do Tribunal, em casos como o referido, significa, tão só, tentar obter por via de um órgão detentor de poderes de soberania aquilo que não foi possível alcançar às comissões, através do mero dever de colaboração a que se refere o art. 13.º da Lei[34].

7. A **ilegalidade** da decisão proferida pela comissão de protecção pode ser constatada pelo MP quando a comissão impõe uma medida não prevista no artigo 35.º da Lei.

É também ilegal a decisão que aplica uma medida prevista no artigo 35.º sem ter em conta os pressupostos existentes na Lei para a sua aplicação, como será a hipótese de celebração de um acordo de promoção e protecção de apoio junto dos pais, com a concordância destes e a criança ou jovem manifestar a sua oposição a manter-se junto dos pais, invocando a existência de abuso sexual do progenitor.

Já na **inadequação** da medida, a mesma considera-se tomada de acordo com os pressupostos legais, mas, perante a situação fáctica existente e os princípios orientadores da intervenção (designadamente os constantes do artigo 4.º da LPPCJP), deve ser julgada como não sendo a mais

[34] Pode colocar-se a questão relativa à possibilidade de ultrapassagem de certas normas legais que impedem a execução de medidas decretadas em função do interesse da medida a aplicar para ultrapassar as situações de perigo para a criança ou jovem. Assim, o direito constitucionalmente estabelecido de a criança ou jovem ter acesso à escola parece dever sobrepor-se a uma norma que estabeleça a impossibilidade de frequência de ensino nocturno ou especializado (currículos alternativos) por parte de crianças e jovens com menos de 16 anos; será o caso de uma jovem de 15 anos de etnia cigana que não cumpre a escolaridade obrigatória no período diurno mas que aceita a frequência escolar em horário nocturno com o acento e concordância dos seus pais ou familiares, de quem depende e que frequentam, igualmente, o referido ensino.

indicada para remover o perigo. Na hipótese atrás referida da aplicação da medida de apoio junto dos pais, a medida será inadequada, se, obtido o consentimento dos representantes parentais e não se verificar oposição da criança ou do jovem, existir uma situação de perigo derivada de abuso sexual do progenitor e com a medida a criança ou o jovem se mantiver junto ou próximo do progenitor que cometeu o abuso.

8. A apensação do processo da comissão de protecção ao processo /ou processos judiciais existentes, tem em conta a necessidade de ter uma visão global da situação de perigo em que se encontra a criança/jovem e destina-se a tomar providências mais adequadas, quer sejam tutelares cíveis, quer sejam de protecção da criança/jovem.

A apensação tem que ser sempre justificada, quando ordenada pelo julgador, com fundamento da previsibilidade de existir ou poder existir incompatibilidades entre as decisões a adoptar e as medidas já adoptadas ou a adoptar (artigo 81.°, n.° 2 da LPPCJP).

Acresce que, em geral, a adopção de medidas tutelares cíveis, como a regulação das responsabilidades parentais ou a instituição da tutela, podem corresponder a uma forma de protecção definitiva da criança/ /jovem e não meramente cautelar, como são as medidas de promoção e protecção.

Se a criança se encontrar sem pais ou representantes legais, por morte dos mesmos ou por abandono, a criança ou o jovem, estando numa situação de perigo, como tal enunciada no art. 3.° da Lei, acaba por ver, pela nomeação de um tutor, no processo tutelar, simultaneamente afastado o perigo de estar abandonada ou viver entregue a si própria, passando a ter, desde logo, um representante legal, que tem a seu cargo a sua defesa e protecção.

SECÇÃO II
Comissões de protecção de crianças e jovens

Generalidades

Nesta secção do Capítulo II, depois de se indicarem as entidades interventoras na promoção dos direitos e protecção da criança/jovem (entidades com competência em matéria de infância e juventude, comissões de protecção das crianças e entidades judiciais), define-se a natureza jurídica das comissões de protecção de crianças e jovens, os meios de que as comissões dispõem para actuar (apoio logístico e colaboração com outras entidades – artigos 13.° e 14.°), para depois, em subsecções individualizadas, se fazer referência à competência e composição das comissões alargada e restrita, aos seus modos de funcionamento, ao "estatuto" dos membros das comissões, duração dos seus mandatos, à força vinculativa das deliberações adoptadas, para se concluir quanto ao formalismo a que devem obedecer as deliberações adoptadas pelas comissões (artigo 29.°).

Na subsecção III da secção II indica-se o papel que cabe à comissão nacional de protecção das crianças e jovens em risco, como entidade que não só orienta superiormente as comissões de protecção, como as avalia e inspecciona.

A comissão nacional de protecção das crianças e jovens em risco instituída pelo DL 98/98, de 18 de Abril, foi criada na dependência dos Ministros da Justiça e do Trabalho e da Solidariedade, nela estando representadas as entidades públicas e privadas com acção específica na área.

A comissão nacional de protecção das crianças e jovens é assim, um órgão do Estado, dependente conjuntamente de dois ministros (o da justiça e o do trabalho e solidariedade social), com composição mista (com representantes de outros órgãos do Estado e de entidades particulares – como a união das instituições particulares de solidariedade social, união das misericórdias e união das mutualidades).

Cabendo à comissão nacional de protecção das crianças e jovens em risco, entre outras atribuições, "acompanhar" e "apoiar" as comissões de protecção de *menores*, permitindo-lhes melhorar a qualidade do seu desempenho (artigo 1.°, al. i), do DL 98/98, de 18 de Abril), certo é que, de acordo com a Lei comentada, cabe à comissão nacional não só acompanhar e apoiar as comissões de protecção, como "avaliá-las", o que, ligado ao princípio constante do artigo 33.° da Lei, que permite à comissão nacional fazer auditoria e inspeccionar as comissões de protecção, dá a ideia de que as comissões de protecção não só são orientadas e apoiadas pela comissão nacional, como esta última exerce sobre aquelas poderes de superintendência e supervisão, características de um órgão superior sobre um órgão tutelado da administração pública do Estado.

SUBSECÇÃO I
Disposições gerais

Artigo 12.°
Natureza

1. As comissões de protecção de crianças e jovens, adiante designadas comissões de protecção, são instituições oficiais não judiciárias com autonomia funcional que visam promover os direitos da criança e do jovem e prevenir ou pôr termo a situações susceptíveis de afectar a sua segurança, saúde, formação, educação ou desenvolvimento integral.

2. As comissões de protecção exercem as suas atribuições em conformidade com a lei e deliberam com imparcialidade e independência.

3. As comissões de protecção são declaradas instaladas por portaria conjunta do Ministro da Justiça e do Ministro do Trabalho e da Solidariedade.

1. De acordo com os princípios fixados na presente Lei procura-se estabelecer um equilíbrio entre a intervenção do Estado – através dos Tribunais – e a intervenção da comunidade (através das entidades com competência em matéria de infância e juventude e as comissões de protecção de crianças e jovens) na protecção das crianças/jovens em perigo.

No "equilíbrio" agora tentado pela Lei foi-se mais longe do que anteriormente quanto ao papel que cabe às comissões de protecção das crianças/jovens, como forma de evitar o mais possível, a sua intervenção. Efectivamente, depois de haver sido tentada em Portugal a protecção de *menores* por via administrativa, através dos centros de observação e acção social (COAS), que existiam em Lisboa, Porto e Coimbra, os mesmos eram considerados como instituições oficiais não judiciárias de protecção das crianças, e, foi ao abrigo do DL 314/78, que foram criados como órgãos de gestão dos centros, as primeiras comissões de protecção de *menores*. Estas comissões, porém, constituíram-se como órgãos de gestão dos centros de observação e acção social e eram formadas exclusivamente por representantes dos serviços públicos, além de funcionarem, apenas, junto dos Tribunais de Menores.

Com o DL 184/91, de 17 de Maio, é, pela primeira vez, assumida a necessidade de responsabilizar as comunidades locais pelas crianças e jovens, ao lado do papel institucional que cabe ao Estado na sua protecção.

A protecção "local" e administrativa das crianças/jovem, com a Lei de 1991 assentava na "comarca", como forma de estabelecer, directamente uma ligação entre a via administrativa e a via judicial de protecção dos *menores* que ressalta, igualmente, do papel que nessa protecção cabia ao MP. As comissões de protecção possuíam, então, autonomia funcional, efectuando diligências com as quais os seus representantes entravam em contacto directo com a comunidade local.

Nessa altura já se estabelece a necessidade de consentimento expresso dos representantes dos *menores* para serem tomadas medidas pelas comissões de protecção e a necessária articulação entre as comissões e o Tribunal é fixada para que o Tribunal procure ultrapassar as dificuldades que as comissões de protecção não conseguissem superar.

Do DL 189/91 de 17 de Maio, em relação aos dispositivos que agora estão previstos na Lei, é de salientar que naquele se estabelecia de forma expressa, num só articulado, a autonomia funcional das comissões de protecção, referindo que essa autonomia resultaria do facto de as comissões não estarem subordinadas nas suas decisões às ordens ou instruções de quaisquer entidades.

2. Comparando e cotejando o articulado do DL 189/91, de 17 de Maio com o artigo em análise, sublinhe-se que já o artigo 3.° daquele DL falava em que as comissões de protecção eram "instituições oficiais não judiciárias" (artigo 3.°); instituições que tinham autonomia funcional (artigo 5.°); que as comissões visavam "prevenir ou pôr termo" a situações susceptíveis de afectar a integridade física ou moral da criança ou do jovem ou de pôr em risco a sua inserção na família e na comunidade (artigo 3.°, n.° 1), mas não se referiam ao seu papel, constante da nova Lei, de que, "visam promover os direitos da criança e do jovem". Por outro lado, enquanto no DL 189/91, de 17 de Maio se salientava que as comissões de protecção exerciam as suas atribuições em conformidade com a Lei e tendo em vista o bem do *menor*, acentuou-se, na nova Lei, o papel da independência e da imparcialidade nas deliberações adoptadas, o que já resultava da lei anterior, que, no entanto se limitava a referir que as comissões não estavam "subordinadas nas suas decisões às ordens ou instruções de quaisquer autoridades" (artigo 5.° do DL 189/91).

3. No relatório-síntese da avaliação da actividade das comissões de protecção de menores de 1998 da comissão nacional, volume II, Maio/ /Junho de 1999, dá-se conta das principais dificuldades e constrangimentos por que passaram as comissões de protecção de menores desde o seu nascimento, situação que segundo os elementos adiante indicados pouco evoluíra até ao ano de 2002, apesar da nova designação e composição das actuais comissões de promoção e protecção das crianças e jovens. Assim, àquela data continuava a não existir comissões de protecção de crianças/jovens instaladas em todos os municípios, mantinha-se a falta de assiduidade às reuniões das comissões do instituto português da juventude e das associações de pais; verificava-se a falta de elementos na área da psicologia e medicina, mantinha-se o papel decisivo que as escolas tinham tido como as principais sinalizadoras das situações de perigo às comissões de protecção.

Quanto às instalações de apoio mantinham-se e mantém-se o número inexistente e/ou insuficiente de centros de acolhimento temporário, a falta de equipamentos para grupos etários (jovens mães adolescentes), e de ateliers, apoios pedagógicos e formação profissional.

Ao nível dos problemas que as comissões de menores, como as actuais comissões de protecção de crianças e jovens têm que socorrer, verificava-se, quanto aos pais, a elevada percentagem de problemas relacionados com a sua alcoolemia, a prostituição e com o consumo de estupefacientes.

Quanto às crianças/jovens, a negligência, o abandono e os maus-tratos físicos e psicológicos, agora mais recentemente com o relevo assumido com os abusos sexuais, constituíam e constituem as principais situações detectadas e justificativas da criação e actuação das comissões de protecção de menores, como das actuais comissões de promoção e protecção das crianças e jovens em perigo[35].

4. Já se referiu que os centros de observação e acção social (COAS), antecessores das comissões de protecção de menores tinham como órgãos de gestão dos centros as primeiras comissões de protecção de menores representando essas comissões a primeira experiência de protecção de menores, em Portugal, por via administrativa.

As experiências de intervenção não judicial têm sido objecto, no estrangeiro, de várias fases, como no caso da Suécia, onde o sistema em vigor vai desde a prevalência das medidas administrativas, ao ponto de se conferir aos próprios Tribunais Administrativos a função que em Portugal sempre coube aos Tribunais Comuns[36].

---

[35] Cfr. anotação 4 ao art. 14.°

[36] Vide "A Justiça de Menores: As crianças entre o risco e o crime: Vol. IV: Relatório do Observatório Permanente da Justiça Portuguesa", Centro de Estudos Sociais, Faculdade de Economia Universidade de Coimbra, Março de 1998, p. 243.

Também nos sistemas belga e canadiano[37], se veio a reconhecer, a pouco e pouco, que à comunidade cabe um importante papel na protecção das crianças/jovens, sem prejuízo de determinadas competências serem confiadas ao poder judiciário.

De qualquer forma, quer as comissões de protecção, que funcionavam junto dos COAS, quer as que passaram a funcionar ao abrigo do DL 189/91 de 17 de Maio, e, agora as comissões de protecção, sempre se referiram às comissões de protecção como "instituições oficiais não judiciárias".

Há que sublinhar, em primeiro lugar, que, tratando-se de instituições, nelas se incluem estruturas humanas organizadas para realizar acções de interesse social e colectivo.

Essas "estruturas humanas" segundo a Lei, são estruturas "oficiais", o que implica que se trata de estruturas a quem é reconhecida autoridade para exercerem parte ou alguma das funções prosseguidas pelo Estado; nessas estruturas estão agrupados representantes de pessoas colectivas públicas e associações privadas, pelo que devem ser consideradas **associações públicas de carácter misto**.

Essas associações públicas de carácter misto, que exercem funções de interesse público, com autonomia funcional, exercem a sua competência na área do município onde têm sede (art. 15.°, n.° 1 da Lei), tendo os membros dessas estruturas poderes de representação e de vinculação dos serviços e das entidades que os designam (art. 25.°, n.° 1), sendo consideradas órgãos da administração pública para efeitos da aplicação do Código do Procedimento Administrativo (art. 2.°, n.° 2 alínea b) do CPA).

Se se atender, ainda, que as comissões de protecção local são acompanhadas, apoiadas e avaliadas pela comissão-nacional de protecção das crianças e jovens em risco e que esta última depende conjuntamente dos ministros da justiça e do trabalho e da solidariedade social (art. 2.° do DL 98/91 de 18 de Abril), pode concluir-se que as comissões de protecção de crianças e jovens são associações públicas de carácter misto, consideradas para efeitos do CPA como órgãos da administração pública, independentes da administração local do Estado, sujeitas, todavia, no campo meramente administrativo e de gestão (que não das deliberações tomadas quanto às suas atribuições na promoção e prevenção dos direitos de protecção das crianças/jovens,) à tutela e superintendência da comissão nacional de protecção de crianças e jovens.

---

37 *Ob. cit.*

Sendo das atribuições da comissão nacional planificar, coordenar, acompanhar e avaliar as comissões de protecção (art. 1.° do DL 98/98 de 18 de Abril), cabe-lhe, nesse âmbito, poderes de superintendência sobre as comissões e, podendo a comissão nacional ordenar auditorias e inspecções às comissões de protecção, correspondentes a poderes de tutela, as comissões só podem deliberar com imparcialidade e independência e terem autonomia funcional, se no âmbito das decisões a aplicar e a rever, quanto às medidas de promoção e protecção das crianças/jovens, agirem como órgãos com poder decisório exclusivo no âmbito administrativo, sujeito à apreciação judicial dos Tribunais de Família e de Menores, mas sem recurso das suas decisões administrativas para a comissão nacional, ainda que esta última, mantenha sobre aquelas, poderes de direcção e supervisão (sobre a respectiva gestão), mas não sobre a sua competência administrativa e para judicial, exclusiva, na área das medidas de protecção e defesa de crianças e jovens.

A desconcentração absoluta de poderes em relação à comissão nacional, no caso das comissões funciona, assim, como forma de tornar as comissões de protecção órgãos independentes, e, daí, a Lei falar em autonomia funcional e em deliberações imparciais e independentes, ainda que os membros que fazem parte da comissão, como representantes dos seus serviços, expressem as suas opiniões e defendam os seus respectivos interesses. Por isso deve ser repudiada, veementemente, face à actual redacção legal, qualquer interferência, designadamente das Câmaras Municipais, de fixarem os objectivos e o acompanhamento das situações das crianças e jovens em perigo em função de critérios de cariz político e na prossecução dos objectivos directos ou indirectos das câmaras e, não dos objectivos específicos das comissões.

As comissões, ao contrário de certos comportamentos adoptados pelas Câmaras que mais directamente estão ligadas aos seus aspectos logísticos, devem, sempre e em todo o caso, funcionar como estruturas humanas particulares e especialmente vivenciadas para a avaliação, para a discussão e debate e para a tomada de decisões que afectam as crianças e os jovens de certa comunidade.

Nessa avaliação, discussão e tomada de decisões, é particularmente relevante o seu aspecto multidisciplinar, onde se complementam os diversos saberes das entidades representadas nas comissões, autonomizados das entidades representadas, sem prejuízo do dever de acentuarem a perspectiva da visão do problema e o modo de o superar, por parte de cada entidade representada.

5. Já se salientou que as comissões de protecção aparecem como inovadoras, quanto às suas atribuições no papel que agora lhes cabe de promover os direitos da criança e do jovem, agora que a criança/jovem é vista não só como carente de protecção mas, também, como devendo ser apoiada nas várias fases do deu desenvolvimento humano. Mas, repare-se que, nem em todas as situações, em que, segundo os padrões sociais, a criança ou o jovem trilha caminhos que os seus representantes parentais reprovam, se justifica a intervenção das comissões de protecção ou das outras entidades.

A criança/jovem pode ter opções na sua fase mais avançada de maturação física ou psicológica e em que é pedida a intervenção das comissões ou de outras entidades, mas em que não deverá ter lugar essa intervenção. Assim, por exemplo, a criança/jovem pode discordar do encaminhamento educacional pretendido pelos progenitores, sem que isso ponha em causa o direito à educação que lhe é garantido pela CRP.

A criança/jovem pode ainda, por razões ligadas ao seu desenvolvimento sexual, como na homossexualidade, ter opções que não contendam com o seu desenvolvimento integral ou com os outros factores referenciados no artigo. O que tudo significa que haverá sempre que justificar a intervenção das comissões de protecção com os factos concretos que justificam os juízos de valor pelos quais se pretende ou pode concluir que a criança/jovem se encontra em situações susceptíveis (capazes, adequadas) de pôr em causa (a afectar), a sua segurança, formação, educação ou desenvolvimento integral.

6. O número 2 do art. 12.° da Lei fala em exercício de "atribuições", das comissões de protecção, e os arts. 18.° a 21.° referem-se às competências que estão fixadas às comissões alargada e restrita. Efectivamente, as associações públicas mistas, que são as comissões, exercem os objectivos que no n.° 1 do artigo vêm indicados (promoção de direitos, prevenção e extinção de situações de perigo para a criança/jovem). Exercem tais atribuições (funções) de acordo com a lei que lhes confere a prossecução desses objectivos, deliberando (como órgãos colegiais que o são), com imparcialidade (abstendo-se de tomar partido por qualquer interveniente em litígio) e com independência (que decorre da sua autonomia funcional (sem imposição de ordens e instruções) como se sublinhava no art. 5.° do DL 189/91 de 17 de Maio.

7. O número 3 estabelece a forma legal pela qual as comissões de protecção são consideradas como estando aptas para exercer as suas atribuições e competências, através de Portaria que declare que estão criadas as condições legais para o seu funcionamento (portarias de instalação dos Ministros da Justiça e do Ministro do Trabalho e da Solidariedade).

ARTIGO 13.°
Colaboração

1. As autoridades administrativas e entidades policiais têm o dever de colaborar com as comissões de protecção no exercício das suas atribuições.

2. O dever de colaboração incumbe igualmente às pessoas singulares e colectivas que para tal sejam solicitadas.

1. O dever de colaboração (ou coadjuvação), entre autoridades administrativas e, em particular, das entidades policiais, não é, em geral, um dever de coadjuvação total e pleno[38], pelo que o dispositivo em causa tem a virtualidade de fixar, expressamente, tal dever de colaboração.

Como se trata de actividades ou acções de colaboração entre uma autoridade administrativa (as comissões de protecção), outras autoridades administrativas e entidades públicas, a imposição do dever de colaborar implica que todas as solicitações que forem feitas pelas comissões de protecção devem ser prestadas pelas autoridades a quem forem solicitadas, e, no caso de as mesmas não poderem ser prestadas, impõe-se que as autoridades a quem foi pedida a colaboração respondam aos pedidos formulados indicando as razões de facto e/ou de direito que levaram à impossibilidade de satisfazer os pedidos de colaboração formulados.

Pode-se, assim, concluir, que no âmbito do exercício das suas atribuições e atenta a norma em análise, que expressamente confere às comissões de protecção o poder de "exigir" a colaboração das demais autoridades administrativas como contraposta ao dever de colaborar daquelas, que as comissões de protecção, no exercício da sua actividade de promoção dos direitos da criança/jovem, de prevenção ou extinção de situações perigosas para a criança/jovem, têm o direito de ser coadjuvadas pelas outras autoridades administrativas, similar ao direito que os Tribunais, têm à coadjuvação das outras autoridades (art. 202.°, n.° 3 da CRP).

---

[38] OLIVEIRA, Mário Esteves; [et al] – "*Código de Procedimento Administrativo*", 2.ª ed., Almedina, Fevereiro 1997, p. 429.

2. A falta de colaboração ou "coadjuvação" das autoridades administrativas e entidades policiais, pode levar à inoperacionalidade da actuação das comissões de protecção, o que implica que na falta de meios adequados para promover os direitos e a protecção da criança/jovem levará, ou poderá levar, a que tenha lugar a intervenção judicial (art. 11.°, alínea d) da Lei em comentário).

Deve, no entanto, a falta de colaboração das autoridades administrativas e das entidades policiais ser comunicada aos superiores hierárquicos dos órgãos administrativos ou policiais não colaborantes, para accionamento de medidas e não repetição das situações de falta de colaboração, bem como ao MP e à comissão nacional de protecção.

3. O dever de colaboração que existe entre todas as autoridades administrativas, as comissões de protecção e as entidades policiais, de que é um exemplo as comunicações, que, nos termos do art. 64.° da Lei, devem ser trocadas entre todas aquelas entidades, não exclui, também, a necessidade de haver uma inter-colaboração entre as comissões e os Tribunais, como resulta do n.° 2 do artigo 64.° da Lei, quando as comissões de protecção comunicam às autoridades judiciárias a existência de situações que exijam a tomada de posições que só o Tribunal pode adoptar como as providências tutelares cíveis ou criminais adequadas.

De qualquer forma, o poder/dever de colaboração entre entidades judiciárias, autoridades administrativas e policiais e de toda e qualquer pessoa, singular ou colectiva (n.° 2 do art. 13.°), tem um ponto de contacto comum que respeita à intervenção e conhecimento das situações de perigo para a criança/jovem, por parte do MP, que acompanha a actividades das comissões (art. 72.°, n.° 2 da Lei), que representa as crianças e jovens em perigo, que usa de todos os meios judiciais, necessários à protecção e defesa da criança/jovem (art. 72.°, n.° 3 da Lei) e que nos processos urgentes surge como fonte da tomada de providências aptas à defesa e protecção da criança/jovem, logo que se concretize a sua possibilidade de intervenção.

4. Ponto que pode ser controverso é, se efectuada a instauração judicial de protecção da criança/jovem, as autoridades judiciárias e entre elas o MP e o Juiz podem "exigir" a colaboração das comissões de protecção para efectuar diligências instrutórias ou outras do processo que já se encontra afecto ao poder judicial.

Naquele aspecto, há que salientar, em primeiro lugar, que tendo em conta o princípio da subsidiariedade, quanto à intervenção das entidades que promovem a protecção dos direitos e da criança/jovem em perigo, não se justifica, em princípio[39], que o Tribunal, que já interveio, em última instância, venha a confrontar a criança/jovem com outros interventores, que, ou falharam na sua intervenção, ou não puderam alcançar os objectivos pretendidos, quando lhes foi possível actuar na defesa e protecção da criança/jovem.

Por outro lado, o processo judicial tem previstas as fases da instrução, debate judicial, decisão e execução das medidas adequadas a remover o perigo para a criança/jovem (art. 106.°, n.° 1), podendo o julgador obter informações sobre a situação da criança/jovem e solicitar tais informações às próprias comissões de protecção, e, até apensar o processo que correu nas comissões ao processo judicial.

A tudo o referido acresce que sendo as comissões de protecção pessoas colectivas públicas, órgãos independentes do poder local do Estado, que deliberam com imparcialidade e independência, com dificuldade se pode descortinar que o dever de coadjuvação a que os Tribunais têm direito (art. 202.°, n.° 3 da CRP) vá ao ponto de nessa coadjuvação se inserir o dever de colaborar com a instância judicial quando esta dispõe dos meios para poder actuar sem interferência com a autonomia da autoridade administrativa em causa. Daí que se conclua, como se concluiu no Acórdão da Relação de Lisboa de 19.5.2005 de que foi relator o Desembargador Manuel Gonçalves[40] "que não encontra apoio legal... de que as comissões de protecção terão que efectuar diligências processuais ordenadas pelo Tribunal quando o processo já se encontra pendente em juízo", até por que esse apoio, na maior parte dos casos, terá de ser dado, antes, pela segurança social.

---

[39] A não intervenção de outras entidades quando o Tribunal já interveio é justificada pelo princípio da subsidiariedade. Tal princípio porém não significa que outras entidades já intervenientes na fase administrativa ou não intervenientes nessa fase não coadjuvem o Tribunal quando da aplicação de quaisquer medidas tomadas pelo Tribunal no âmbito do processo de promoção e protecção. Assim, por exemplo, se a mãe da criança ou jovem em perigo se tiver ausentado para local fora da jurisdição do Tribunal, se existir necessidade de intervenção de imediato, pode ser solicitada às comissões de protecção, melhores conhecedoras do meio social, a sua colaboração por estarem numa relação privilegiada e mais expedita para solucionar a questão colocada ao Tribunal que a segurança social.

[40] Processo n.° 3657/2005-6 em www.dgsi.pt/jtrl

Artigo 14.°
Apoio Logístico

1. As instalações e os meios materiais de apoio, nomeadamente um fundo de maneio, necessários ao funcionamento das comissões de protecção são assegurados pelo município, podendo, para o efeito, ser celebrados protocolos de cooperação com os serviços do Estado representados na Comissão Nacional de Protecção de Crianças e Jovens em Risco.

2. O fundo de maneio destina-se a suportar despesas ocasionais e de pequeno montante resultantes da acção das comissões de protecção junto das crianças e jovens, suas famílias ou pessoas que têm a sua guarda de facto.

1. De acordo com o Despacho Normativo n.° 29/2001 de 5.6.2001 o "fundo de maneio" aqui referido é da responsabilidade do Ministério do Trabalho e da Solidariedade.

Para ser obtido o "fundo de maneio", que cabe a cada comissão de protecção, as comissões devem indicar à comissão nacional os montantes julgados indispensáveis ao exercício das suas atribuições, sendo a comissão nacional que fixa o respectivo montante, que é, depois, indicado ao presidente do instituto de solidariedade e segurança social, IP.

Cabe, depois, aos centros distritais de solidariedade e segurança social disponibilizar o montante de fundo de maneio fixado anualmente para cada comissão de protecção, cabendo às comissões de protecção manter um registo comprovativo das despesas efectuadas que deverá ser remetido às entidades financiadoras do fundo e cabendo à comissão nacional dar conta da forma como foi utilizado o fundo de maneio.

2. As comissões têm sede na área do município onde se encontram instaladas (art. 15.°, n.° 1) e a maior parte delas funcionam nas instalações da própria autarquia, dispondo em geral, de um conjunto de salas preparadas e mobiladas pelas próprias autarquias para exercerem a sua actividade, utilizando muitas vezes os veículos que lhes são disponibilizados pelos órgãos da administração local.

No aspecto orçamental, antes da LPPCJP, as comissões limitavam-se a ter um suporte ocasional de despesas de pequenos montantes "resultantes da acção das comissões de protecção junto das crianças e jovens suas famílias ou pessoas que têm a sua guarda"[41].

A inexistência de uma quantia para se fazer face a despesas imprevistas das comissões de protecção constituía, por isso, um importante óbice à actuação das comissões, face, por exemplo, à necessidade de efectuar deslocações de pessoas para remover com eficácia e urgência as situações de perigo em que as crianças/jovens se pudessem encontrar.

3. Do que foi referido anteriormente e como se salientava no relatório/síntese de avaliação da comissão nacional de protecção de menores, em Maio/Junho de 1999, naquela altura como ainda hoje, tem faltado apoio (administrativo) às comissões de protecção com falta de pessoal para exercer as funções de carácter burocrático mas, também, em alguns casos, do próprio equipamento necessário ao trabalho do pessoal das comissões de protecção, com falhas a nível de computadores e de instalações. O regime de "voluntariado" servia, então, para suprir a falta de colaboradores existentes e os próprios particulares substituíam por vezes, a falta de viaturas necessárias às visitas domiciliárias, que o pessoal das comissões tinha que efectuar para fazer o acompanhamento das situações que deviam seguir e accionar as providências adequadas para remover as crianças/jovens do perigo em que se encontravam.

4. No último relatório da actividade das comissões relativo a 2009 e disponibilizada na internet é referida uma substancial melhoria quanto à utilização dos meios informáticos e às instalações disponibilizadas às comissões e quanto à utilização de viaturas mantendo-se, no entanto, algumas limitações quanto ao apoio administrativo que tem melhorado, quer por parte dos municípios quer da segurança social.

5. Referindo-se este artigo ao apoio "logístico", aqui se enquadram não só os próprios edifícios onde as comissões estão instaladas, como todos os meios materiais de apoio, uma vez que se pretende assegurar às comissões de protecção a satisfação de todas as condições, quer em quantidade, quer em qualidade, que são indispensáveis para que exerçam as suas atribuições. Daí que o artigo, embora especifique o caso de "fundo de maneio" engloba como necessários os "apoios logístico" das comissões,

---

[41] Cfr. artigo 4.° do DL 332-B/2000, de 30 de Dezembro que regulou a Lei n.° 147/99, de 1 de Setembro, que aprovou a Lei de Protecção de Crianças e Jovens em Perigo.

os técnicos, designadamente das áreas de psicologia, de saúde e do serviço social indispensáveis ao respectivo funcionamento. A circunstância de fazerem parte, quer nas comissões alargadas, quer nas comissões restritas, técnicos de serviço social, de psicologia e direito, de educação e de saúde, não dispensa, em muitos casos, sobretudo nos núcleos populacionais mais densos, que existam técnicos daquele tipo de serviço permanente das comissões. Efectivamente, funcionando as comissões alargadas com período de intervalo mínimos de 2 meses (art. 19.º, n.º 2 da Lei) e a comissão restrita em permanência, o certo é que o plenário da comissão restrita tem de ser convocado pelo presidente e com periodicidade quinzenal (art. 22.º, n.º 2), sendo, em todo o caso os técnicos das áreas de serviço social, psicologia, saúde ou direito, membros da comissão alargada (art. 17.º alínea m)), membros, em princípio, também da comissão restrita (arts. 20.º, n.ºs 3 e 4 da Lei).

5. O artigo fala em as "instalações e os meios materiais de apoio" serem assegurados (garantidos), pelo município. Já vimos em relação ao "fundo de maneio" que o mesmo é assegurado pelos centros distritais de solidariedade e segurança social, já que são estes e não os municípios que "disponibilizam o montante do fundo de maneio fixado anualmente para cada comissão de protecção (art. 3.º, n.º 1 do Despacho Normativo n.º 29/2001, de 5 de Junho de 2001, n.º 150 do DR Série I-B publicado em 30.6.2001).

Aos municípios é facultado, no entanto, face ao disposto neste artigo, celebrar acordo entre os municípios e os Ministérios da Justiça e do Trabalho e Solidariedade, a Presidência do Conselho de Ministros, através dos serviços de promoção da igualdade e da família, o Ministério da Educação, o Ministério da Saúde, a Procuradoria Geral da República, a Provedoria da Justiça, a Secretaria de Estado da Juventude, as Regiões Autónomas da Madeira e dos Açores, a Associação Nacional dos Municípios Portugueses, a Associação Nacional de Freguesias, atenta a circunstância de serem os serviços do Estado referidos que, de acordo com o art. 2.º do DL 98/98 de 18 de Abril, fazem parte da comissão nacional de protecção das crianças e jovens em risco.

Dos "protocolos de cooperação" entre os municípios e os diversos serviços do Estado devem constar o conjunto de normas que indiquem as formas de colaboração estabelecidas, finalidade e objectivos da cooperação, meios colocados por ambos os cooperantes ao serviço dos objectivos fixados, prazo e condições (termo, início, da colaboração) e todos os elementos que atentas as atribuições das comissões de protecção lhes possam fornecer, através desses protocolos e meios para disponibilizarem as acções que as comissões devem prosseguir.

7. Como é típico de um "fundo de maneio", as verbas que são disponibilizadas às comissões de protecção pelos centros distritais de solidariedade e segurança social, visam permitir-lhes autonomia financeira para ocorrer a todas as situações em que a criança jovem se encontre em situação de perigo; todavia também "o fundo de maneio" é usado para permitir que aqueles que por estarem mais próximos da criança/jovem, pela sua relação biológica ou jurídica com a criança/jovem lhe possam prestar, eventualmente, o apoio material indispensável e urgente que vai permitir às famílias ou às pessoas que tem a seu cargo a guarda de facto da criança/ /jovem, possam remover o perigo em que a criança/jovem se encontra. Daí que o artigo fale em suporte de despesas imprevisíveis e ocasionais pelas comissões de protecção, que vão ser utilizados pelas comissões de protecção como suporte indirecto à criança/jovem, através das suas famílias ou das pessoas que têm a sua guarda de facto.

São de afastar as utilizações do "fundo de maneio" com o pagamento de despesas de funcionamento logístico das comissões de protecção (com água, luz, arrendamento de instalações, etc.).

SUBSECÇÃO II
Competências, composição e funcionamento

ARTIGO 15.°
Competência territorial

1. As comissões de protecção exercem a sua competência na área do município onde têm sede.

2. Nos municípios com maior número de habitantes, podem ser criadas, quando se justifique, mais de uma comissão de protecção[42],

[42] Como exemplo de comissões de protecção com competência em mais de que uma freguesia pode citar-se o caso das comissões de protecção criadas na área do município de Lisboa que abrangem várias freguesias, (Portaria n.° 1226-GG/2000, DR n.° 300, série I-B, 4.° suplemento de 30 de Dezembro de 2000, alterada pela Portaria n.° 294/2001, DR n.° 76, Série I-B, de 30 de Março de 2001).

com competências numa ou mais freguesias, nos termos a definir na portaria de instalação.

1. Contrariamente ao estabelecido no DL 189/91 de 17 de Maio as comissões de protecção passaram, agora, como regra, a ter a área de exercício da sua competência adentro da área geográfica abarcada pelo município, onde têm os seus serviços instalados.

O DL 189/91 estabelecia como regra que as comissões podiam ser competentes na área de um município ou de vários municípios "de uma comarca", o que desde logo fazia impender a ligação umbilical entre o trabalho desenvolvido pelas comissões e a esfera judicial.

Naquele DL ao mesmo tempo que se delimitava territorialmente a área de competência das comissões fixava-se, desde logo, o momento em que a competência era fixada e o factor de que dependia a fixação de residência (residência do *menor*, ou se esta não fosse conhecida do local onde fosse encontrado – art. 9.°, n.os 2 e 3 do DL 189/91 de 17 de Maio).

Na nova lei agora em análise, preferiu fixar-se a competência territorial específica de cada comissão de protecção nas "disposições processuais gerais" onde se estabeleceram normas de competência, naquele âmbito, no artigo 79.° da Lei.

2. Nas portarias de instalação das comissões de protecção, que são portarias conjuntas dos Ministros da Justiça e do Trabalho e da Solidariedade Social, além de se indicarem os elementos da comissão alargada, seguindo de perto o estatuído no art. 17.° da Lei, refere-se o início do exercício de funções pela comissão, a forma de eleição do presidente da comissão alargada, os membros da comissão restrita que exercem funções em regime de tempo parcial ou em tempo completo e fixa-se um prazo (30 dias) para que os membros (representantes das entidades indicadas no artigo 17.°), sejam indicados pelos serviços que irão representar.

ARTIGO 16.°
Modalidade de funcionamento da comissão de protecção

A comissão de protecção funciona em modalidade alargada ou restrita, doravante designadas, respectivamente, de comissão alargada e de comissão restrita.

1. Como conjunto de pessoas que na pessoa colectiva pública deliberam sobre os assuntos que cabem na sua competência, o número de elementos que a compõem e a diversidade de pontos de vista e de opinião que expressam os seus componentes, são, naturalmente, fonte de dificuldades para tomar decisões que precisam de ser céleres e expeditas, sob pena de perderem a sua plena eficácia. Daí que a nova lei, perante uma comissão pesada no seu funcionamento, como será inevitavelmente uma comissão constituída, em princípio, por mais de 15 membros, tivesse que optar, em relação à lei anterior, entre um órgão que está mais voltado para publicitar a actividade das comissões e colaborar, em termos gerais, com as entidades que trabalham no campo da protecção da criança/jovem (a comissão alargada), e um órgão interventor que se destina, directamente, a acudir às situações de perigo em que se encontram as crianças/jovens (comissão restrita).

2. A lei considera o exercício da actividade da comissão (uma só comissão) em modalidade alargada (com todos os membros que fazem parte da comissão depois de instalada) e/ou em modalidade restrita.

O funcionamento em comissão alargada ou em comissão restrita pressupõe diferentes finalidades e objectivos.

O funcionamento da comissão alargada visa reunir o maior número de pessoas com visões diferenciadas sobre os problemas que se deparam às comissões e estabelecer directrizes gerais de actuação e de colaboração com outras entidades que pretendam alcançar os objectivos de bem-estar e de desenvolvimento integral da criança/jovem.

A comissão restrita, entidade interventora, funcionando permanentemente, actua directamente perante as situações que lhe são colocadas, como órgão de gestão directa, tendo como finalidade última decidir sobre a aplicação ou não aplicação das medidas de promoção e protecção e sobre o seu acompanhamento.

Artigo 17.°
Composição da comissão alargada

A comissão alargada é composta por:

a) Um representante do município, a indicar pela câmara municipal, ou das freguesias, a indicar por estas, no caso previsto

no n.° 2 do artigo 15.°, de entre pessoas com especial interesse ou aptidão na área das crianças e jovens em perigo;

b) Um representante da segurança social, de preferência designado de entre técnicos com formação em serviço social, psicologia ou direito;

c) Um representante dos serviços do Ministério da Educação, de preferência professor com especial interesse e conhecimentos na área das crianças e dos jovens em perigo;

d) Um médico, em representação dos serviços de saúde;

e) Um representante das instituições particulares de solidariedade social ou de outras organizações não governamentais que desenvolvam, na área de competência territorial da comissão de protecção, actividades de carácter não institucional, em meio natural de vida, destinadas a crianças e jovens;

f) Um representante das instituições particulares de solidariedade social ou de outras organizações não governamentais que desenvolvam, na área de competência territorial da comissão de protecção, actividades em regime de colocação institucional de crianças e jovens;

g) Um representante das associações de pais existentes na área de competência da comissão de protecção;

h) Um representante das associações ou outras organizações privadas que desenvolvam, na área de competência da comissão de protecção, actividades desportivas, culturais ou recreativas destinadas a crianças e jovens;

i) Um representante das associações de jovens existentes na área de competência da comissão de protecção ou um representante dos serviços de juventude;

j) Um ou dois representantes das forças de segurança, conforme na área de competência territorial da comissão de protecção existam apenas a Guarda Nacional Republicana ou a Polícia de Segurança Pública, ou ambas;

l) Quatro pessoas designadas pela assembleia municipal, ou pela assembleia de freguesia, nos casos previstos no n.° 2 do artigo 15.°, de entre cidadãos eleitores preferencialmente com especiais conhecimentos ou capacidades para intervir na área das crianças e jovens em perigo;

m) Os técnicos que venham a ser cooptados pela comissão, com formação, designadamente, em serviço social, psicologia, saúde ou direito, ou cidadãos com especial interesse pelos problemas da infância e juventude.

1. A composição da comissão alargada das CPPCJP apresenta alterações significativas em relação às comissões de protecção de crianças e jovens em risco instituídas pelo DL 189/91 de 17 de Maio.

Antes de mais saliente-se o desaparecimento do agente do MP como elemento da comissão, atento o papel, anteriormente referido, que se entendeu de atribuir às novas comissões como representantes da comunidade em que se inserem, desvinculadas em relação aos elementos do poder judicial.

Significativas, são, ainda, as alterações que visaram uma maior amplitude de participação de outros membros da comunidade como os representantes das instituições particulares de solidariedade social, quer ligadas a actividades de carácter não institucional (alínea e) do preceito comentado), quer a actividades relacionadas com a colocação institucional de crianças e jovens (alínea f)), quer, ainda e finalmente, as relativas à representação de organizações privadas relacionadas com actividades desportivas, culturais ou recreativas destinadas a crianças e jovens (alínea h)) e representantes das associações de jovens (1.ª parte da alínea i)).

Algumas das alterações introduzidas, quanto à composição das comissões, não são tão claras quanto ao tipo da actividade de origem a que os representantes das entidades aí referidas se dedicam. Assim, na Lei antiga referia-se que o representante do município deveria ser indicado de entre pessoas "com sensibilidade, conhecimento e gosto pela problemática da criança, do jovem e da família", o que é mais claro e abrangente que o referido na nova Lei, quando apenas menciona "pessoas com especial interesse ou aptidão na área das crianças e jovens em perigo".

A anterior Lei sublinhava, igualmente, o carácter de representatividade dos serviços locais (quer do centro regional de segurança social, quer do Ministério da Educação, quer do médico), enquanto a nova Lei fala, apenas, em representantes da segurança social, dos serviços do Ministério da Educação e dos serviços de saúde.

2. O município (alíneas a) e l))

A forma como foi composta a comissão alargada das CPCJP demonstra a intenção de fazer participar nas decisões das comissões todas as instituições oficiais e particulares onde a CPCJP se encontra inserida e com ligações ao desenvolvimento físico e psíquico das crianças/jovens.

O município, correspondente à área onde as CPCJP têm a sua sede e exercem as suas atribuições, aparece naturalmente, como o órgão local institucionalizado com especial interesse em zelar e acompanhar o desenvolvimento integral da criança/jovem e em afastá-la das situações que possam obstar a esse desenvolvimento.

O representante do município é indicado pelo órgão colegial da câmara municipal, e, como tal, a indicação deve ser efectuada após deliberação da câmara, assente em acta, a remeter às CPCJP, donde conste a indicação da pessoa e as regras que levaram a câmara a atender ao perfil do seu representante como "pessoa com especial interesse ou aptidão na área das crianças e jovens em perigo".

A "latere" sempre se dirá que as pessoas indicadas pela câmara municipal hão-de ser pessoas que hajam chamado a atenção pelo seu empenho e solicitude em tratar de problemas relacionados com questões que afectam a criança/jovem, ou que tenham ou hajam demonstrado capacidade, competência ou idoneidade para tratar e resolver situações de crianças//jovens que se encontravam ou possam vir a encontrar-se em situação de perigo para o seu desenvolvimento.

Haverá que ter grande cuidado na indicação de tais pessoas pelas câmaras, já que são os representantes das câmaras que na sua maioria têm assumido a presidência das CPCJP e a indicação de pessoas, como já sucedeu, que se vêm a revelar, elas próprias, como potenciadoras da criação de situações perigosas para as crianças/jovens (estamos a referir-nos a casos em que a Câmara designou elementos pedófilos como seus representantes para as comissões), podem pôr em causa de forma definitiva, o prestígio e o papel que cabe às comissões.

3. O município encontra-se, ainda, duplamente representado nas comissões de protecção.

Além do órgão deliberativo, o executivo que é, a Câmara Municipal, a assembleia municipal, como colégio alargado dos eleitos na área do município e a quem cabe a prática dos actos mais importantes da vida municipal, designa ainda 4 pessoas de entre os cidadãos com direitos a voto (eleitores), que tenham especiais conhecimentos ou capacidades para intervir na área das crianças e jovens em, perigo. É de sublinhar, aliás, que estas quatro pessoas com "especiais conhecimentos ou capacidades" serão pessoas que devem ter noção dos fins e propósitos das comissões de protecção e das formas de ultrapassar as situações de perigo em que a criança/jovem se pode encontrar, ou qualidades para enfrentar e ultrapassar tais situações, o que não andará muito longe daquilo que o DL 189/91 de 17 de Maio referia no artigo 13.°, al. b), ao falar em "pessoas com sensibilidade, conhecimento e gosto pela problemática da criança e do jovem".

Tais pessoas não terão de ter, necessariamente, formação em "serviço social, psicologia ou direito" a que se refere a al. m) do preceito agora comentado.

4. A segurança social (alínea b))

O representante da segurança social, como instituição que assegura um sistema unificado de coordenação da solidariedade e manutenção dos meios de existência da população, na eventualidade de insuficiência ou carência de recursos, assume um papel detector privilegiado na determinação das situações de carência de recursos por parte da comunidade.

Situações de carência que são, muitas vezes, a causa profunda das situações geradoras de perigo para o desenvolvimento da criança/jovem, e, daí o papel relevante e fundamental assumido pelos serviços de segurança social nas comissões.

Embora a Lei não o diga, o representante da segurança social deverá ser o do órgão do serviço de segurança social que funcione mais próximo do município, uma vez que a proximidade é sempre factor benéfico da urgência e precocidade no tratamento das situações perigosas para a criança/jovem em situações de perigo.

O representante da segurança social deverá ser um técnico (de preferência) com formação de serviço social, psicologia ou direito. Assim, deverá ser indicada pessoa que possua ou saiba aplicar os conhecimentos exigidos para pôr as pessoas em condições de resolver por si mesmas os problemas que apareçam (serviço social a prestar por assistentes sociais ou auxiliares sociais), ou que saiba interpretar os factos comportamentais que levaram à criação das situações de perigo, quer por dar apoio, designadamente, a estabelecimentos de ensino (psicológico escolar), ou por se dedicar ao desenvolvimento e maturação da criança/jovem (psicólogo infantil).

A formação em direito aparece conexionada com o interesse em ultrapassar os obstáculos jurídicos que levam à actuação das CPCJP, à ligação entre esta últimas e os tribunais, a dimensionar o grau de atribuições conferidas às CPCJP, etc.

5. O ministério da educação (alínea c))

Quanto ao representante dos serviços do Ministério da Educação, a nova Lei substituiu a menção de professor "ligado a acções no domínio da prevenção no insucesso escolar", por professor "com especial interesse e conhecimento na área das crianças e dos jovens em perigo". Entende-se a ideia da Lei de alargar o leque de representatividade dos professores, que deverão ser de escolas localizadas na área do município, em princípio, embora a lei o não exija. No entanto, substituiu-se uma forma clara, justificadora da intervenção do professor, objectiva e que se relaciona com grande parte da problemática que aflige a criança/jovem, por uma expressão sem sentido directo com o aproveitamento escolar das crianças/jovens, que é, de certa forma e em grande parte a justificação para que o professor, representante local dos serviços do Ministério da Educação, intervenha e influencie as deliberações da CPPCJP.

6. O médico (alínea d))

O médico é o técnico que em representação dos serviços de saúde locais (a lei antiga falava em médico "em representação dos centros de saúde"), deve zelar pela satisfação directa das necessidades locais ligadas ao desenvolvimento físico e psíquico da criança/jovem e tem o seu lugar numa comissão onde os maus-tratos físicos, o abandono e a negligência dos cuidados de saúde prestados à criança/jovem, são determinantes como causas de intervenção da CPPCJP.

7. As instituições particulares de solidariedade social e outras organizações não governamentais que exerçam actividades de carácter não institucional em meio natural de vida (alínea e))

As instituições particulares de solidariedade social e outras organizações não governamentais, tem de comum o serem entes colectivos ou associações de pessoas e bens agrupadas com fins sociais, de auxílio material ou moral à integração das crianças/jovens na vivência comunitária. Sendo, necessariamente, organismos particulares, deverão desenvolver de acordo com o artigo comentado "actividades de carácter não institucional em meio natural de vida, destinadas a crianças/jovens". Terão que ser, por isso, instituições, que, pelo conjunto de objectivos que prosseguirão deverão garantir à criança/jovem o apoio psíquico, pedagógico, económico e social, para que as medidas de promoção e protecção em meio natural de vida (apoio junto dos pais, de outro familiar de confiança a pessoa idónea e apoio para a autonomia de vida) possam ser implementadas e concretizadas com êxito pelas CPCJP.

Como instituições de solidariedade social do tipo previsto na alínea pode citar-se a emergência infantil, com sede em Faro ou o instituto de apoio à criança, ambas vocacionadas a desenvolver condições destinadas a contribuir para o desenvolvimento integral da criança e do jovem e defesa e protecção dos seus direitos.

8. Instituições particulares de solidariedade social e outras organizações não governamentais que desenvolvam actividades em regime de colocação institucional (alínea f))

A alínea f) atribui representação às instituições particulares de solidariedade social e outras organizações não governamentais, à semelhança do referido na alínea e) do artigo, mas, neste caso, as instituições deverão desenvolver actividades em regime de colocação institucional.

Conforme resulta do artigo 52.° do diploma legal estão aqui enquadradas as cooperativas sociais ou privadas, estas últimas também instituições particulares de solidariedade social, que tenham acordos de cooperação com o Estado. Cooperativas essas que poderão dispor de lares de acolhimento de crianças e jovens, e que serão geridas pelas próprias instituições particulares de solidariedade social (art. 11.°, n.° 2 do DL 2/86 de 2 de Janeiro).

Existe inequivocamente interesse em que as referidas instituições como "partes" nas medidas determinadas pelas CPCJP façam ouvir junto da comissão alargada, os problemas com que se deparam na aplicação e concretização da medida de colocação institucional, e, reciprocamente, que as comissões de protecção tenham um interlocutor directo representado na comissão alargada para seguir e acompanhar as medidas de colocação institucional adoptadas.

9. Associações de pais (alínea g))

Fala-se, nesta alínea, nas associações de pais que deveriam ser particularmente empenhadas quanto à participação e intervenção nas comissões de protecção.

Os sucessivos relatórios do CNPCJP dão, porém, conhecimento que, infelizmente, as associações de pais têm sido os agrupamentos de pessoas mais dissociados e afastados das decisões tomadas pelas comissões de protecção, ao lado das associações de juventude.

10. Entidades particulares que desenvolvem actividades desportivas, culturais ou recreativas destinadas a crianças e jovens (alínea h)) e associações de jovens (alínea i))

A alínea h) prevê a participação na comissão alargada de outras entidades particulares ligadas ao desenvolvimento físico da criança/jovem, como as actividades que implicam o exercício físico (actividades desportivas) e psíquico (actividades culturais) e de entretenimento (recreativas) tanto no caso da alínea h) como da alínea i). Trata-se de haver representação de um conjunto de particulares que prosseguem interesses comuns, sem fins lucrativos (como as associações de jovens), surgindo essas associações com representação preferencial em relação à que é efectuada pelos serviços públicos através do instituto da juventude ou qualquer outro representante dos serviços de juventude.

A representação destas associações e outras organizações privadas tem como função essencial trazer às comissões pessoas com conhecimentos na dinamização dos tempos livres das crianças e dos jovens, como elementos redutores das situações de perigo, já que o preenchimento dos tempos livres, como tempos de lazer e de relaxamento da criança e do jovem, constitui uma forma de aprendizagem e de desenvolvimento e de afastamento das situações de tédio, propiciadoras da delinquência.

Em ligação directa com o interesse na representação nas comissões dessas entidades, o art. 58.°, alínea b) considera, especificamente, como um direito da criança e do jovem, o de "participação em actividades culturais, desportivas e recreativas".

11. Forças de segurança (alínea j))

A representação dos serviços de segurança dependerá da área do município abranger área rural e área urbana. Efectivamente, de acordo com a legislação aplicável, em regra, a PSP actua nas áreas urbanas e a GNR nas áreas rurais, pelo que um município, que abranja as duas áreas e em que existam os dois serviços de segurança, os mesmos estarão representados nas comissões por dois membros.

12. Membros cooptados (alínea m))

A lei prevê que a comissão "coopte membros", o que significa que, para além dos membros anteriormente indicados poderão ser designados novos membros com formação nas áreas do serviço social, psicologia, saúde ou direito, desde que a comissão delibere através dos seus membros designar esses outros membros. Atendendo, porém, a que já existe necessariamente, na comissão alargada um médico em representação dos serviços de saúde (alínea d) do art. 17.°), que o representante dos serviços de segurança social deverá ter formação em serviço social, psicologia ou direito (art. 17.°, alínea d)), parece de todo inadequado, que entre os membros cooptados pelas comissões venham a ser designados membros com formação idêntica à já existente na comissão, pelo que se impõe tanto quanto possível, que os membros cooptados tragam novas formações, novas vocações profissionais, para ampliarem à valência de conhecimentos colocados à disposição das CPCJP.

Artigo 18.°
Competência da comissão alargada

1. À comissão alargada compete desenvolver acções de promoção dos direitos e de prevenção das situações de perigo para a criança e jovem.

2. São competências da comissão alargada:

a) Informar a comunidade sobre os direitos da criança e do jovem e sensibilizá-la para os apoiar sempre que estes conheçam especiais dificuldades;

b) Promover acções e colaborar com as entidades competentes tendo em vista a detecção dos factos e situações que, na área da sua competência territorial, afectem os direitos e interesses da criança e do jovem, ponham em perigo a sua segurança, saúde, formação ou educação ou se mostrem desfavoráveis ao seu desenvolvimento e inserção social;

c) Informar e colaborar com as entidades competentes no levantamento das carências e na identificação e mobilização dos recursos necessários à promoção dos direitos, do bem-estar e do desenvolvimento integral da criança e do jovem;

d) Colaborar com as entidades competentes no estudo e elaboração de projectos inovadores no domínio da prevenção primária dos factores de risco e no apoio às crianças e jovens em perigo;

e) Colaborar com as entidades competentes na constituição e funcionamento de uma rede de acolhimento de crianças

e jovens, bem como na formulação de outras respostas sociais adequadas;

f) Dinamizar e dar parecer sobre programas destinados às crianças e aos jovens em perigo;

g) Analisar a informação semestral relativa aos processos iniciados e ao andamento dos pendentes na comissão restrita;

h) Aprovar o relatório anual de actividades e avaliação elaborado pelo presidente e enviá-lo à Comissão Nacional de Protecção de Crianças e Jovens em Risco, à assembleia municipal e ao Ministério Público.

1. Uma das críticas que era feita ao DL 189/91, de 17 de Maio, residia na circunstância de não ser indicado no diploma, quer as atribuições, quer a competência das comissões de protecção de *menores*. Agora, de acordo com a exposição de motivos que precedeu a Proposta de Lei 265//VII, a comissão alargada aparece vocacionada "para desenvolver acções de âmbito geral de promoção dos direitos e de prevenção das situações de perigo", enquanto a comissão restrita aparece como tendo competência "para intervir nas situações concretas em que uma criança ou jovem está em perigo".

2. As atribuições das comissões de protecção já haviam sido delineadas no n.º 1 do art. 12.º da Lei e consistem em promover os direitos de criança e do jovem e prevenir ou pôr termo a situações susceptíveis de afectar a sua segurança, saúde, formação ou desenvolvimento integral".

O artigo em análise reafirma essas atribuições da comissão alargada, concretizando nas alíneas a) a h) as competências em que essas atribuições se especificam, que são indicadas de forma taxativa.

Num plano global, informar, detectar, colaborar, dinamizar, analisar e dar conta das actividades de promoção dos direitos e da prevenção das situações de perigo para a criança e jovem, constituem pormenores de uma actividade que se pretende atenta, interdisciplinar, auto-censurada, destinada a abrir caminhos e soluções que respondam com eficácia, ao afastamento da criança/jovem de situações perigosas e dos perigos que possam impedir a criança de se desenvolver integralmente.

A comunicação e chamada de atenção para os problemas suscitados por parte da comissão alargada à comunidade; o assinalar de focos que possam ser potenciadores de situações de perigo; a inter-colaboração entre todos os intervenientes na prevenção de tais situações; a criação de meios e recursos para afastar o perigo potencial que possa incidir sobre a criança/ /jovem; a reflexão sobre a própria actividade desenvolvida constituem pólos de actuação da comissão alargada.

3. No relatório de actividades das CPCJP de 2004[43], a divulgação e sensibilização dos direitos da criança configura-se com o índice de percentagem mais elevado (56,4%) das actividades desenvolvidas pelas comissões alargadas; os estudos e elaboração de projectos de prevenção aparecem com uma percentagem de 26% das actividades da CPCJP; a elaboração e divulgação de instrumentos de marketing social corresponde a 46,6 por cento da actividade das CPCJP; finalmente a constituição da rede local de recursos sociais aparece configurada com uma percentagem de actuação de 33,8 %[44].

No mesmo relatório salienta-se que os panfletos e as brochuras, as instituições representadas nas comissões de protecção e os meios de comunicação social têm tido o papel principal na divulgação das CPCJP junto da comunidade.

No que respeita às articulações entre CPCJP e outras entidades, quanto ao nível de prevenção e diagnóstico de necessidades e de formação, verifica-se serem os agrupamentos de escola e os núcleos locais de inserção do rendimento social de inserção, que mais têm contribuído para as acções da CPCJP, evidenciando-se, ainda, nesse campo, as outras comissões de protecção e o instituto de emprego e formação profissional.

As percentagens indicadas e a referência aos organismos que mais têm colaborado com as comissões de protecção alargada, demonstram pouco entusiasmo dos órgãos locais na divulgação do trabalho das comissões de protecção, pequena e diminuta participação da população local e das próprias comissões de protecção na divulgação do trabalho desenvolvido.

4. À comissão alargada, concretizando, agora, as competências indicadas no n.° 2 al. a) do art. 18.°, cabe divulgar e chamar a atenção da

[43] GASPAR, Ana; GIL, Ana Paula; ALVARENGA, Filipa – "Avaliação da Actividade das Comissões de Protecção de Crianças e Jovens em 2002". Instituto da Segurança Social, 2004.

[44] Cfr. fls. 64 do relatório de actividades onde é esclarecido que por se tratar de uma questão de resposta múltipla, i.e., podem ocorrer diversas situações em simultâneo, pelo que o somatório dos valores excede os 100%.

comunidade sobre os direitos da criança e do jovem, ajudando-os a vencer as dificuldades que se lhes deparam; assinalar as situações que afectem os direitos e interesses da criança (detectar tais situações) (al. b)), mobilizando os recursos, em colaboração com outras entidades para uma prevenção precoce das situações de perigo (als. c), d) e e)).

Para além de uma actividade essencialmente dinâmica, à comissão alargada cabe um papel de ponderação e reflexão sobre as actividades adequadas a remover as situações perigosas para a criança/jovem (dando pareceres sobre a adequação dos programas criados para remover o perigo (al. f) do n.° 2 do art. 18.°).

Um papel de reflexão e ponderação cabe, ainda, à comissão alargada quando tem uma acção fiscalizadora do andamento dos processos instaurados na comissão restrita (ponderando, designadamente, as razões do não andamento e resolução dos processos instaurados, empecilhos à resolução dos processos instaurados, etc (al. g) do art. 18.°).

Finalmente, compete ao presidente da comissão alargada elaborar o relatório minucioso e descritivo das acções desenvolvidas pela comissão, o qual é aprovado por maioria (art. 27.°, n.° 1).

O relatório apresentado deve ser remetido à comissão nacional de protecção de crianças e jovens em perigo, à assembleia municipal e ao MP.

Porquê o envio, a estas entidades e não a outras representadas na comissão de protecção alargada?

Quanto à comissão nacional, o envio do relatório é justificado, além do mais, por que, segundo o art. 1.°, n.° 1 al. i) do DL 98/98 de 18 de Abril, cabe à comissão nacional "Acompanhar e apoiar as comissões de protecção de menores, permitindo-lhes melhorar a qualidade do seu desempenho".

Quanto à assembleia municipal compreende-se que tendo esta quatro dos seus membros a trabalhar na comissão alargada e existindo, ainda, um outro representante do município nas comissões de protecção, funcionando os municípios, em geral, como impulsionadores das comissões de protecção, que seja dado conhecimento a essas entidades das actividades desenvolvidas pela comissão.

O MP, por último, como entidade que acompanha a actividade das comissões e aprecia a legalidade e a adequação das decisões, e a fiscalização da sua actividade processual, aparece, com naturalidade, envolvido como uma das entidades a quem o relatório da comissão alargada deve ser remetida.

Julgamos, todavia, que o relatório deveria ser remetido a todos os serviços e entidades representados nas comissões, uma vez que, de acordo com o artigo 28.°, n.° 1 da Lei "as deliberações da comissão de protecção são vinculativas e de execução obrigatória para os serviços e entidades nela representados, salvo oposição devidamente fundada" e o envio do relatório com a descriminação das oposições à execução das deliberações, ou com a referência à existência de deliberações não executadas e sem oposição, constitui um elemento vinculativo de pressão das deliberações tomadas pelas CPCJP sobre as entidades nela representadas.

5. No último relatório da actividade das comissões relativo a 2009 é referida que apesar da disposição legal que impõe a revisão em plenário da modalidade alargada de 2 em 2 meses, somente cerca de metade das comissões respeita o dispositivo legal, invocando os membros da comissão o facto das reuniões terem lugar em horário laboral e a indisponibilidade dos seus membros, aliada à sobrecarga de trabalho, como as razões para o não cumprimento do legalmente estabelecido.

ARTIGO 19.°
Funcionamento da comissão alargada

1. A comissão alargada funciona em plenário ou por grupos de trabalho para assuntos específicos.

2. O plenário da comissão reúne com a periodicidade exigida pelo cumprimento das suas funções, no mínimo de dois em dois meses.

1. O funcionamento da comissão em "plenário" significa que nela participam, em princípio, todos os membros que fazem parte da comissão. Todavia, a Lei não exige para a validade das deliberações a presença de todos os membros representados na comissão alargada, como resulta do art. 27.°, n.° 2, bastando a presença do presidente ou do seu secretário (arts. 23.°, n.° 3 e 27.°, n.° 2) e da maioria dos membros da comissão de protecção.

O funcionamento por grupos de trabalho específicos pressupõe a existência de deliberações do plenário da comissão donde constem os membros que fazem parte do grupo de trabalho e qual ou quais os temas a que esse grupo de trabalho se irá dedicar e estudar.

2. Resulta do n.° 2 do artigo em análise que o plenário tem um período mínimo para realizar as suas reuniões (de dois em dois meses), mas pode ser convocado, em qualquer altura, para abordar e deliberar sobre questões que se prendam com a sua actividade, o que terá, em primeiro lugar, que ser definido pelo presidente da comissão de protecção.

3. Questão delicada é a relativa às deliberações da comissão de protecção obtidas em plenário, mas em que não estejam presentes os membros que fazem parte da comissão, uma vez que a Lei estabelece a vinculação para os serviços e entidades representados na comissão (art. 28.°, n.° 1), mas não exige que os serviços representados estejam presentes aquando das deliberações que, porventura, possam vir a ser vinculativas para os serviços representados. Assim, se os membros da comissão não estão presentes ou estando presentes não fundamentarem a sua oposição às deliberações as mesmas são vinculativas e de execução obrigatória para os serviços e entidades representadas (vide anotação 5 do art. 29.° da Lei).

Impõe o bom senso, que quando as comissões de protecção alargada funcionem por maioria de votos e sem a presença de serviços a quem a deliberação possa directamente respeitar, que, em princípio, se evitem deliberações na ausência de tais membros, embora razões de urgência e premência as possam justificar.

3. De acordo com o relatório de actividade da CPCJP de 2004, o plenário da comissão alargada constitui o modelo de funcionamento de organização mais utilizada pelas comissões de protecção, dedicando-se os grupos de trabalho, com mais frequência, ao estudo das questões da sensibilização e divulgação do seu trabalho e à prevenção das situações de risco.

Os membros mais participativos nas deliberações são os municípios, a segurança social, os elementos cooptados e os ministérios da educação e da saúde, sendo menos participativas as associações de pais, as associações desportivas, culturais e recreativas e o instituto da juventude.

Existe na maior parte das comissões alargadas um regulamento interno e pelo menos metade das comissões elabora planos de acção, limitando-se as comissões alargadas, na maioria dos casos, a funcionar trimestralmente.

Trata-se da constatação oficial de uma realidade preocupante, demonstrativa de desinteresse por parte dos órgãos oficiais e da comunidade da sua falta de sensibilidade perante os problemas do desenvolvimento integral das crianças/jovens do nosso país, devendo ser adoptadas medidas urgentes que possam combater a desmotivação assinalada.

Artigo 20.°
Composição da comissão restrita

1. A comissão restrita é composta sempre por um número ímpar, nunca inferior a cinco dos membros que integram a comissão alargada.

2. São, por inerência, membros da comissão restrita o presidente da comissão de protecção e os representantes do município ou das freguesias, no caso previsto no n.° 2 do artigo 15.°, e da segurança social, quando não exerçam a presidência.

3. Os restantes membros são designados pela comissão alargada, devendo a designação de, pelo menos, um deles ser feita de entre os representantes de instituições particulares de solidariedade social ou de organizações não governamentais.

4. Os membros da comissão restrita devem ser escolhidos de forma que esta tenha uma composição interdisciplinar e interinstitucional, incluindo, sempre que possível, pessoas com formação nas áreas de serviço social, psicologia e direito, educação e saúde.

5. Não sendo possível obter a composição nos termos do número anterior, a designação dos membros aí referidos é feita por cooptação, nomeadamente de entre os técnicos a que se refere a alínea m) do artigo 17.°.

1. Por inerência o presidente da comissão de protecção alargada é o presidente da comissão restrita; o representante do município é a pessoa indicada pela câmara municipal (art. 17.°, al. a)); o representante da segurança social é a pessoa indicada por aquela entidade. Faltam, assim, apenas dois membros para ser atingido o número ímpar (5) mínimo, para a composição da comissão restrita.

Aqueles dois membros não inerentes (por não serem titulares da comissão alargada), são todavia, nos termos do n.° 3 do artigo, designados (através de votação maioritária da comissão alargada, para constituírem a comissão restrita. Só que um desses membros não inerentes deverá, nos termos do n.° 3 do artigo, ser um representante das instituições particulares de solidariedade social ou de organizações não governamentais, podendo o outro membro ser, ainda, um representante de organizações governamentais. Assim, se se tiver em conta que cabe à comissão restrita o papel principal interventor nas situações em que a criança/jovem se encontra em perigo, verifica-se, pela composição mínima da comissão restrita, que esta é amplamente dominada pelos representantes dos órgãos do poder local e do poder central que têm, ainda, uma palavra a dizer quanto à indicação dos membros das associações não governamentais e entidades privadas que participam na gestão das comissões restritas.

Do exposto resulta que o órgão que efectivamente actua para decidir e aplicar e acompanhar e rever as medidas de protecção e promoção da criança/jovem continua a ser, mau grado a intenção que presidiu à criação das novas comissões de protecção, amplamente dominado e coordenado e dirigido pelos órgãos da administração local e central do Estado.

2. Com boas intenções a Lei estabelece no seu n.º 4 a vantagem que resultará da composição das comissões restritas interdisciplinares e interinstitucionais.

Sabe-se que a interdisciplinaridade funciona como modo de convergência e cruzamento de diferentes perspectivas sobre a forma de abordar os problemas que podem afligir a criança/jovem.

A interinstitucionalidade pretende trocar experiências e estabelecer intercâmbios de acção e de actividades entre vários organismos de utilidade pública que se dedicam à promoção e protecção da criança/jovem. Só que atenta a composição mínima das comissões restritas e o número de lugares suplentes, a necessidade de conjugar as experiências dos técnicos de serviço social, da área da educação, da psicologia, da saúde, implicará, necessariamente, que essa composição mínima dos elementos seja ultrapassada.

Aliás, tem sido essa a experiência na prática do dia à dia das comissões restritas, que, para funcionarem com regularidade, segundo o relatório de 2004, têm uma composição média de dois técnicos do serviço social, dois técnicos da área de educação, um técnico de psicologia ou um técnico de saúde, salientando-se naquele relatório a necessidade de reforço técnico das comissões de protecção funcionando restritamente[45].

3. A prática de funcionamento das comissões restritas veio salientar que a composição interdisciplinar e interinstitucional de pessoas com formação nas áreas de serviço social e educação (professores, educadores de infância educadores sociais), de psicólogo e da área de saúde (médicos,

45 "Avaliação da actividade das CPCJP em 2002", ob. cit., p. 90.

enfermeiros terapeutas de fala e fisioterapeutas), tem vindo a ser obtida através da cooptação, ou designação pelos membros da comissão dos técnicos que ali vão prestar serviço, em vez da escolha prevista no n.° 4 do citado artigo 20.°, e que são os técnicos cooptados aqueles que mais tempo de trabalho disponibilizam para actuar nas comissões restritas.

4. A lei não fala directamente que da composição da comissão restrita faça parte o secretário.

Atento o disposto no art. 23.° pressupõe-se que o secretário da comissão restrita é o mesmo secretário da comissão alargada e que o secretário, também substitui na comissão restrita o presidente, nos seus impedimentos, como resulta aliás do artigo 23.°, n.° 3 da Lei.

Como da comissão alargada faz parte um representante do município a indicar pela câmara municipal (art. 17.°, al. a)); como são quatro as pessoas designadas pela assembleia municipal (art. 17.°, al. l)); como o presidente da comissão alargada e restrita pode ser um representante do município ou da câmara e pode, igualmente, designar o seu secretário, resulta das disposições legais a possibilidade de existir uma prevalência e ascendente dos membros da câmara municipal e da assembleia municipal sobre os demais membros das comissões.

Artigo 21.°
Competência da comissão restrita

1. À comissão restrita compete intervir nas situações em que uma criança ou jovem está em perigo.

2. Compete designadamente à comissão restrita:

a) Atender e informar as pessoas que se dirigem à comissão de protecção;

b) Apreciar liminarmente as situações de que a comissão de protecção tenha conhecimento, decidindo o arquivamento imediato do caso quando se verifique manifesta desnecessidade de intervenção ou a abertura de processo de promoção de direitos e de protecção;

c) Proceder à instrução dos processos;

d) Solicitar a participação dos membros da comissão alargada nos processos referidos na alínea anterior, sempre que se mostre necessário;

e) Solicitar parecer e colaboração de técnicos ou de outras pessoas e entidades públicas ou privadas;

f) Decidir a aplicação e acompanhar e rever as medidas de promoção e protecção, com excepção da medida de confiança a pessoa seleccionada para a adopção ou a instituição com vista a futura adopção;

g) Informar semestralmente a comissão alargada, sem identificação das pessoas envolvidas, sobre os processos iniciados e o andamento dos processos pendentes.

1. Neste art. 21.° apontam-se as diversas modalidades de actuação das comissões restritas no sentido de enfrentar as situações perigosas detectadas e obstar ao seu desenvolvimento, desde actuações das comissões restritas no sentido de intervenção indirecta, através do aconselhamento das pessoas que procuram informar-se das formas de ultrapassar situações perigosas para a criança/jovem (al. a) do n.° 2), até à proposta de aplicação de medidas de promoção e protecção (al. f) do n.° 2)).

Enquanto na al. b) do n.° 2 as comissões afastam a possibilidade da sua intervenção (que foi colocada desnecessariamente), rejeitando à partida e liminarmente, a necessidade de qualquer actuação, já na al. c) do n.° 2, detectada e constatada a situação de perigo, impõe-se que a comissão analise as circunstâncias de tempo, modo e lugar em que se verificou a situação sinalizada, com a abertura do processo, a realização de diligências necessárias e indispensáveis ao esclarecimento da situação.

As als. d) e e) do n.° 2 do art. têm mais a ver com a participação e a colaboração, de todos os membros da comissão (incluindo os da comissão alargada), impondo-se que todos colaborem, nos termos do art. 13.° da Lei, na forma das soluções mais adequadas para proteger e defender os direitos da criança/jovem.

A al. f) do n.° 2 do artigo corresponde à fase final dos processos que, fundadamente, a comissão de protecção investigou, com a colaboração eventual de outras entidades, a qual culmina com a indicação das medidas de promoção e protecção previstas no art. 35.° da Lei, atentos os pressupostos fixados nos arts. 93.° a 98.° do diploma[46].

---

[46] Cfr. a anotação 1 ao artigo 59.° da Lei, onde é esclarecido que é a partir da celebração do acordo de promoção e protecção que decorrem todos os efeitos executivos que dele resultam.

Finalmente, a informação semestral prestada à comissão alargada (n.° 2 al. a)), está directamente conexionada com a alínea j) do art. 18.° da Lei, contribuindo para uma fiscalização da actuação da comissão restrita por parte da actuação da comissão alargada.

2. De acordo com o relatório das actividades das comissões de protecção de crianças e jovens de 2004[47] constata-se que a maioria dos procedimentos processuais preliminares desencadeados junto das comissões restritas, após a sinalização do perigo, processa-se através do contacto com a entidade sinalizadora do perigo, seguindo-se a sua caracterização, os contactos com os representantes legais das crianças ou jovem e com este, com vista à obtenção dos consentimentos necessários à intervenção da comissão de protecção.

Seguem-se, depois, os contactos com outras entidades.

O primeiro contacto com os representantes legais da criança/jovem é feito por escrito ou através de visita domiciliária. Certo é que este procedimento, não pode nem deve ter lugar, pelo menos nos procedimentos de urgência (art. 91.° da Lei e seu n.° 1), uma vez que, perante a existência de perigo actual ou iminente para a vida ou integridade física da criança/jovem, as comissões de protecção têm que tomar as providências imediatas (o que pressupõe uma actuação célere, e expedita sem constrangimento), embora, depois, as comissões solicitem a intervenção do tribunal e/ou das entidades policiais.

3. Atento o advérbio "designadamente" utilizado no artigo, não se delimita taxativamente a competência da comissão restrita, e, daí que o art. 21.° funcione como delimitador, pela positiva, da competência das comissões restritas (terão competência para intervir em situações em que a criança/jovem se encontre em perigo), e o art. 18.° como delimitador pela negativa, já que à comissão restrita, ainda que se proponha intervir nas situações em que a criança/jovem se encontra em perigo, estão vedadas as actividades que nos termos do art. 18.°, n.° 2 são da competência exclusiva da comissão alargada.

Os actos administrativos praticados por qualquer das comissões (restrita ou alargada), que exorbitem as respectivas competências ou sejam

---

[47] Ob. cit. "Avaliação da Actividade das Comissões de Protecção de Crianças e Jovens em 2002", p. 90.

estranhos às suas atribuições podem vir a ser anulados ou declarados nulos, nos termos do arts. 135.° e 133.°, n.° 2, al. b) do Código de Procedimento Administrativo.

Excluem-se dessa nulidade ou anulabilidade meramente administrativa, os actos processuais praticados no âmbito dos processos de promoção e protecção e as medidas aplicadas para promoção dos direitos e protecção da criança/jovem que o MP submete à apreciação judicial comum, por as julgar ilegais ou inadequadas, nos termos do art. 76.°, n.° 1 da presente Lei, bem como todos os demais actos conexionados com o processo de promoção e protecção tendo em vista a protecção e defesa da criança e do jovem.

4. Deve salientar-se, que o pedido de parecer e colaboração de técnicos de outras pessoas ou entidades públicas e privadas, correspondendo ao dever de colaboração previsto no art. 13.° da Lei, deve ser feito só em última instância, uma vez que tendo as comissões restrita e alargada técnicos relacionados com o tipo de actividade que desenvolvem, não fará sentido o recurso sistemático à coadjuvação de técnicos ou outros colaboradores, quando as comissões dispõem dos quadros técnicos e de colaboradores já conexionados com o tipo de actividade em causa.

5. Uma última chamada de atenção para a forma como as comissões e os seus membros devem tratar as pessoas e as questões que lhes são colocadas, quanto ao seu atendimento, instrução de processos e informação das pessoas que se dirigem às comissões.

Os membros das comissões restritas desempenham um papel de mediação e de auxílio às pessoas, pais, jovens e crianças e demais familiares, que devem encontrar nas comissões apoio para as situações perigosas em que a criança ou o jovem se encontra. O tratamento dado a essas pessoas devendo ser firme e correcto, deve ser prestado de boa fé, estabelecendo com as pessoas carenciadas laços de confiança e empatia, numa efectiva relação de mediação familiar, em que os membros da comissão prestam os seus serviços com espírito de solidariedade, de entrega à família cujo núcleo se encontra em crise, sem processos intimidatórios, que serão sempre e em todo o caso abusivos. O recurso à ameaça, à intimidação, à violência psicológica, como meio, por exemplo, para forçar soluções negociadas, constitui um total desvirtuamento do sentido esperado pela Lei no que respeita à actuação das pessoas que prestam serviço nas comissões restritas.

Artigo 22.º
Funcionamento da comissão restrita

1. A comissão restrita funciona em permanência.

2. O plenário da comissão restrita reúne sempre que convocado pelo presidente, no mínimo com periodicidade quinzenal, e distribui entre os seus membros as diligências a efectuar nos processos de promoção dos direitos e protecção das crianças e jovens em perigo.

3. Os membros da comissão restrita exercem funções em regime de tempo completo ou de tempo parcial, a definir na respectiva portaria de instalação.

4. A comissão restrita funcionará sempre que se verifique situação qualificada de emergência que o justifique.

1. Sintomático da nova perspectiva com que foram encaradas as comissões de protecção em relação às antecedentes comissões previstas no DL 189/91 de 17 de Maio, é a afirmação de que a comissão restrita funciona "em permanência", por oposição ao estabelecido no DL 189/91 onde a comissão reunia "sempre que convocada pelo presidente".

A "permanência" do funcionamento da comissão significa que esta deve estar disponível continuamente, sem hiatos, independentemente da permanência física nas instalações, dado que as situações em que a criança/ /jovem se pode encontrar em perigo, devem ser "sinalizadas" precocemente e exigir um tratamento urgente e imediato.

De acordo com o relatório de actividades das CPCJP de 2004, os meios para assegurar o funcionamento em "permanência" das comissões, haviam sido em 2003, por ordem decrescente, o sistema de atendimento "via telemóvel", seguido do sistema "voice mail" e através de mensagens gravadas e o sistema de "voice mail" com encaminhamento de chamadas.

Segundo o mesmo relatório, apenas cerca de um quarto das comissões restritas (25,3 %) funciona em "permanência", pelo que, contrariamente ao disposto na Lei e aos meios que seria necessário disponibilizar, se afigura como manifestamente insuficiente e ilegal, que mais de metade das CPCJP (53,3 %) funcione apenas durante os dias úteis em horário laboral.

2. É ao presidente da comissão que cabe convocar o conjunto dos membros que fazem parte da comissão (o seu plenário), resultando da conjugação deste preceito com o estatuído no CPA, que cabe ao presidente, igualmente, abrir e encerrar as reuniões e dirigir os trabalhos, sendo certo que as convocatórias ordinárias (que se efectuarão com periodicidade quinzenal), devem indicar a ordem das questões a tratar (ordem do dia), assim como quaisquer reuniões extraordinárias, que, nos termos do art. 17.° do CPA poderão ser convocadas pelo presidente em função de petição dirigida, por escrito, nesse sentido por um terço dos membros da comissão restrita (art. 17.°, n.° 2 do CPA).

No âmbito do funcionamento daquele órgão colegial e a não ser que a Lei ora em análise disponha em sentido contrário, é aplicável o CPA, nos termos do seu art. 2.°, n.° 2, al. b), dado que as comissões devem ser consideradas como associações públicas mistas (instituições oficiais não judiciárias com autonomia funcional, como estipula o art. 12.°, n.° 1 da Lei).

3. Segundo o estatuído, o presidente da comissão "distribui entre os seus membros as diligências a efectuar nos processos de promoção dos direitos e protecção das crianças e jovens em perigo".

A prática do funcionamento das comissões restritas leva, no entanto, a concluir, que o modo de funcionamento mais usual é o das deliberações tomadas em plenário (45,3 %), seguida da atribuição dos processos a um gestor do caso (36,4 %), cabendo 18,3% ao funcionamento por equipas de trabalho.

Considerando que o trabalho das comissões deve ser, tanto quanto possível interdisciplinar, o funcionamento através do "gestor do caso", tem de ser completado pela apreciação em plenário do caso estudado pelo gestor, após distribuição do mesmo pelo plenário da comissão.

A atribuição do processo ao gestor do caso não deve deixar de ter em atenção a hipótese, provavelmente frequente, de aquele estar impedido ou incapacitado, por qualquer razão, de concluir o processo de que foi incumbido. Revela-se, pois, da melhor utilidade, a nomeação, com o gestor do caso, de um adjunto que o deverá substituir nos seus impedimentos ou incapacidades. Com a nomeação do adjunto ganhar-se-á melhor operacionalidade do sistema e possibilitar-se-á, desde logo, que outra pessoa esteja envolvida no processo e seja conhecedor do seu andamento, trâmites e dificuldades, não colocando a substituição do gestor do caso obstáculos à conclusão do processo.

O trabalho do "gestor do caso", que se apresenta como forma de gestão mais corrente e que será, sem dúvida, mais exequível e eficaz, não pode deixar de ter em conta e deve ter em conta, as várias sensibilidades técnicas que se projectam sobre o caso, designadamente, dos interventores da acção social, psicológica, educativa ou médica.

Mais adequado, parece, ser, assim, que o trabalho do "gestor do caso" seja completado pelo funcionamento de "equipas de trabalho", decididas no plenário da comissão restrita "e que, constituídas por pessoas com diversas sensibilidades, poderão e deverão à partida ter uma perspectiva mais ampla e adequada de apresentação da medida a propor à comissão tendo em vista afastar o perigo em que se encontra a criança/jovem.

4. O exercício de funções pelos membros da comissão restrita pode ser feito em regime de tempo completo ou em tempo parcial, de acordo com o regime definido pela portaria que declarou instalada a comissão.

As queixas das comissões quanto ao trabalho prestado incidem sobre o pouco tempo disponibilizado pelos técnicos, que, já de *per si*, trabalham em tempo parcial (por norma apenas disponibilizam uma manhã ou uma tarde da sua semana de trabalho para o trabalho de acompanhamento dos processos da CPCJP), o que sobretudo, nas áreas de psicologia, do direito e do serviço social, dá uma ideia das dificuldades extremas em que as comissões têm de trabalhar e do pouco valor, dado pelas entidades representadas nas comissões, aos processos que têm por finalidade assegurar a protecção e a defesa da comunidade vindoura.

5. O funcionamento das comissões, logo que se verifique uma situação "de emergência" é justificado por estar em causa o interesse superior da criança/jovem em que a intervenção da comunidade, através da comissão, seja uma "intervenção precoce", ou seja, deve ser "efectuada logo que a situação de perigo seja conhecida" (art. 4.°, al. b)).

Não, é, porém, qualquer situação de perigo, logo que conhecida pela comissão, que justificará a qualificação de "emergência". A situação só pode ser qualificada "de emergência" quando se apresente como de gravidade especial ou excepcional, obrigando a comissão a tomar medidas adequadas. Serão, por isso situações a qualificar de "emergência" todas aquelas que a lei considerar mais à frente como situações de "urgência", em que existe um perigo actual e iminente para a vida ou integridade física da criança/jovem, havendo oposição dos detentores dos poderes parentais a que as comissões de protecção tomem as medidas adequadas à protecção imediata, solicitando a intervenção do Tribunal ou das entidades policiais.

Serão, todavia, de qualificar como situações de emergência, para além daquelas, todas as situações em que, não estando em causa a integridade física da criança/jovem, se verifiquem situações irreversíveis de abandono ou incúria dos titulares dos deveres parentais, situações de afastamento da criança/jovem de locais de alcoolismo ou consumo de estupefacientes onde se encontram os seus pais ou representantes legais, e, de uma forma geral, todas as situações anómalas e excepcionais, que podendo afectar de forma irremediável o desenvolvimento físico e psíquico da criança/jovem, exijam a adopção de medidas imediatas, céleres e precoces para afastar tais perigos.

ARTIGO 23.°
Presidência da comissão de protecção

1. O presidente da comissão de protecção é eleito pelo plenário da comissão alargada de entre os seus membros.

2. O presidente designa um membro da comissão para desempenhar as funções de secretário.

3. O secretário substitui o presidente nos seus impedimentos.

1. Declarada por portaria instalada a comissão e indicados pelos organismos que fazem parte da mesma os seus representantes, haverá que na primeira reunião após a declaração de instalação, apreciar os documentos que atestam a representatividade dos vários membros, o que deverá ser efectuado por uma comissão *"ad hoc"* designada para apreciar aqueles elementos.

Comprovada a representação dos vários membros da comissão deverá proceder-se à eleição do presidente, mediante voto secreto, atento o disposto no art. 24.°, n.° 2 do Código de Procedimento Administrativo, uma vez que está em causa apreciar a qualidade de um dos membros da comissão para a poder representar.

Em princípio, a ordem de votação secreta deverá acompanhar a indicada na Lei (e fixada no art. 17.°) devendo votar, primeiro, o representante do município ou da freguesia e, em último, as quatro pessoas designadas pela assembleia municipal ou pela junta de freguesia.

Eleito o presidente do plenário, depois de dado a conhecer o sentido de voto do colégio eleitoral, cabe ao presidente designar um secretário. secretário, que ao contrário do estabelecido no CPA (art. 14.°, n.° 1) não é eleito pelos membros da comissão, mas, antes, designado pelo presidente. Entendemos, no entanto, que sendo o secretário que substitui o presidente nos seus impedimentos (n.° 3 do art. 23.°), o mesmo deveria ser eleito pelo plenário, e, não, designado pelo presidente, dado o complexo de poderes que lhe são automaticamente conferidos em caso de impedimentos legais (por suspeição ou escusa do presidente), ou impedimentos factuais (por doença ou qualquer outra impossibilidade física do presidente estar presente nas reuniões).

2. A Lei apenas indica que um membro da comissão desempenhará as funções de secretário, não concretizando quais são essas funções.

O CPA (art. 27.°), como funções do secretário indica que o mesmo "lavra" actas de cada reunião que devem conter um resumo de tudo o que nelas tiver ocorrido e que as mesmas devem ser assinadas pelo presidente e pelo secretário. O secretário, em princípio, tem por função apoiar de facto e de direito, pessoas de quem está dependente hierarquicamente. Não havendo dependência hierárquica entre o presidente da comissão e os seus membros, no entanto, o secretário deverá exercer as suas funções não só lavrando e assinando as actas das reuniões da comissão, como, também, dando o apoio escrito ao presidente para convocar as reuniões da comissão quer ordinárias, quer extraordinárias, dando conhecimento escrito aos demais membros da comissão dos assuntos para que são convocados pelo presidente.

Ao secretário caberá, ainda e por exemplo, garantir o conteúdo das deliberações expressas em acta, para além de indicar e lavrar documentalmente as razões de facto e de direito, que, no impedimento do presidente, o levaram a assumir a presidência da comissão de protecção.

3. A Lei fala em que o secretário substitui o presidente nos seus impedimentos, não prevendo que o próprio secretário, ou ambos estejam impedidos. Também aqui é de aplicar o art. 15.° do CPA onde está previsto que o presidente e o secretário de qualquer órgão colegial são substituídos pelos membros (a Lei fala em vogais), mais antigos.

Na situação em que a presidência da comissão é exercida pelo vogal mais antigo da comissão, na ausência ou impedimento do presidente eleito e do secretário designado pelo presidente, o presidente da comissão em exercício de funções designará nos termos do art. 23.°, n.° 2 o seu próprio secretário, não havendo lugar então à aplicação do art. 15.° do CPA (o secretário não será o membro mais moderno da comissão mas o membro designado pelo presidente substituto).

ARTIGO 24.°
Competências do presidente

Compete ao presidente:

a) Representar a comissão de protecção;

b) Presidir às reuniões da comissão alargada e da comissão restrita e orientar e coordenar as suas actividades;

c) Promover a execução das deliberações da comissão de protecção;

d) Elaborar o relatório anual de actividades e avaliação e submetê-lo à aprovação da comissão alargada;

e) Autorizar a consulta dos processos de promoção dos direitos e de protecção;

f) Proceder às comunicações previstas na lei.

1. Representação (alínea a))

Cabe ao presidente da comissão actuar em nome desta, tendo poderes, como tal, para praticar actos da competência da comissão de protecção, dentro dos limites dos poderes que a própria comissão, funcionando em modalidade alargada, ou restrita, lhe confere.

A actuação do presidente excedendo esses limites implica que os actos efectuados sejam ineficazes em relação à comissão, a não ser que, nos termos gerais, dos actos administrativos, venham a ser ratificados, quer pela comissão alargada, quer restrita, de acordo com as respectivas competências.

Trata-se de uma situação em que o presidente pode actuar em nome da comissão, em função do referido dispositivo (representação legal). Todavia, para além de actos em que o presidente actua em função de poderes que lhe foram conferidos quer pela comissão restrita, quer alargada, os actos meramente formais em que a comissão seja convocada a participar, terão no seu presidente, de acordo com a Lei, o seu representante.

2. Presidir e orientar (alínea b))

O presidente não só preside às reuniões da comissão alargada e da comissão restrita, como tem em relação às deliberações a tomar voto de qualidade em caso de empate na contagem dos votos expressos em relação às deliberações a adoptar (art. 27.°, n.° 1).

Sintomático é o papel que é atribuído ao presidente quanto a orientar e coordenar as actividades quer da comissão alargada, quer da comissão restrita. Designadamente, o papel de orientar a actividade da comissão restrita, associado ao papel que lhe cabe de distribuir entre os seus membros as diligências a efectuar nos processos de promoção e protecção das crianças e jovens em perigo (art. 22.°, n.° 2 da Lei), conduz a que seja o presidente a pessoa que dirige superiormente a instrução dos processos de promoção e protecção, como aliás salientava de forma mais visível e clara, o art. 18.°, n.° 2 do DL 189/91 de 17 de Maio. E, bem preciso é que exista um membro da comissão restrita que oriente e superintenda a instrução do processo perante as diligências de instrução efectuadas pelos vários membros da comissão (na hipótese de não ter sido nomeado, como será normal e cremos que usual, a nomeação de um gestor para o processo) sob pena de se perder o fio orientador da investigação a efectuar, das conclusões a adoptar e da medida adequada a resolver as situações de perigo detectadas.

O facto de o presidente presidir às duas comissões permite-lhe ter uma visão abrangente de toda a actividade da comissão, quer na perspectiva da publicitação da actividade da comissão, quer das intervenções desencadeadas pela comissão, permitindo-lhe conjugar esforços no sentido de plenamente atingir os objectivos prosseguidos pelas comissões alargada e restrita.

3. Em 2002 a maioria das comissões de protecção era presidida pelos representantes do município (60,6%), seguida pela segurança social (14,9%), pelo ministério da educação nacional (7,1%), e pelas instituições particulares de solidariedade social (4,1%) de colocação institucional[48].

Se se atender, ainda, que o próprio secretário é originário em 42,9% dos casos do município, afigura-se que a representatividade dos municípios, por alheamento ou incapacidade das outras instituições, é demasiado pesada para uma comissão que pretende representar a comunidade

[48] Cfr. ob. cit. "Avaliação da Actividade das Comissões de Protecção de Crianças e Jovens em 2002", p. 46.

junto dos jovens, liberta do peso excessivo, quer do poder central, quer do poder local, quer do próprio poder judicial.

4. Promover a execução das deliberações (alínea b))
Estabelecendo o art. 28.° da Lei que as deliberações das comissões de protecção são vinculativas e de execução obrigatória para os serviços e entidades nela representados, salvo oposição devidamente fundamentada, é ao presidente que cabe proceder às diligências necessárias para que as deliberações tomadas sejam adoptadas pelos serviços e entidades representadas na comissão e, daí que se afirme que ao presidente caiba "promover a execução das deliberações".

A "execução das deliberações" pressupõe, por isso, que os membros da comissão, representantes das pessoas colectivas públicas ou privadas, ou outras entidades, não hajam votado "vencido" quanto à deliberação tomada e que uma vez verificado esse pressuposto o presidente pratique actos destinados a impor coercivamente junto das entidades representadas, as deliberações a que os seus representados não se opuseram nas reuniões da comissão.

5. No âmbito da execução das deliberações da comissão de protecção tem existido uma boa articulação entre as medidas decretadas e a sua execução pelos núcleos locais de inserção (NLI) do rendimento social de inserção, com os agrupamentos escolares, com os conselhos locais de acção social da rede social, com o programa para a eliminação do trabalho infantil, instituto de emprego e formação profissional, programa ser/criança, projectos de luta contra a pobreza e programa de apoio à família e à criança[49].

6. Elaborar o relatório anual (alínea d))
Como principal gestor da comissão, cabe ao presidente elaborar o relatório anual de actividades (com o apoio do respectivo secretário e demais pessoal logístico), onde, para além de descrever as actividades desenvolvidas pela comissão alargada deverá referenciar os processos relativos às medidas de promoção e protecção aplicadas, acompanhadas e revistas, para além de referir o seu juízo de valor (avaliação) sobre as actividades desenvolvidas, insuficiências detectadas e resultados obtidos. O documento é, depois, submetido à aprovação da comissão alargada.

---

49 Ob. citada relatório de "Avaliação das Actividade da Comissão de Protecção de Crianças e Jovens em 2002", p. 86.

Se a comissão alargada não concordar com o relatório avançado ou com algum ou alguns dos seus pontos, caberá, então, à comissão alargada em deliberação maioritária (art. 27.°, n.° 1 da Lei), aprovar o seu próprio relatório a remeter às entidades referidas no art. 18.°, al. h) da Lei.

7. Autorizar a consulta do processo (alínea e))

O processo de promoção e protecção tem carácter reservado (art. 88.° da Lei), podendo, todavia, ser autorizada a sua consulta, nos termos do citado artigo, aos pais, detentores das responsabilidades parentais, advogado destes, e todas as pessoas que demonstrem ter interesse legítimo na sua consulta.

Enquanto, porém, a consulta a efectuar pelos representantes legais ou voluntários da criança/jovem não carece de ser exteriorizada por escrito, o acesso ao processo daqueles que demonstrem ter interesse legítimo no seu manuseamento deverá constar de requerimento escrito onde serão indicadas as razões de facto e de direito em que se funda aquele interesse.

Ao presidente cabe autorizar a consulta dos processos de promoção em qualquer das situações indicadas, mas o presidente deverá fazer constar de documento, as razões de facto e de direito por que autoriza a respectiva consulta, seja qual for o fundamento invocado para a mesma poder ser autorizada[50].

O presidente pode não autorizar a consulta de determinadas peças do processo fundamentando as razões por que o faz e entre as quais se podem considerar a título exemplificativo, o não referenciar a fonte que sinalizou o processo (como no caso da denúncia de pessoa que solicitou anonimato) ou em situações de cariz sexual ou de violência doméstica, em que a preservação da identidade das pessoas ou de outros elementos que possam pôr em causa a investigação do processo crime, ou a própria salvaguarda física e psicológica da criança ou jovem.

As decisões proferidas pelo presidente são apenas sindicáveis através do competente recurso para o Tribunal Administrativo, uma vez que o presidente da comissão nacional de crianças e jovens em risco não é superior hierárquico dos presidentes das comissões de protecção.

---

[50] Cfr. anotação ao art. 88.° da Lei quanto à passagem de cópias e certidões do processo.

8. Proceder às comunicações legais (alínea f))

O capítulo IV da Lei em comentário (arts. 64.° a 71.°) enumera as comunicações a que todos os órgãos que se dedicam à promoção e protecção da criança/jovem devem proceder.

Quanto às comunicações que cabem efectuar às comissões de protecção e que este artigo impõe como ónus ao seu presidente, refere-se o art. 28.°, n.° 2 às situações em que um serviço ou entidade se opõe à execução das suas deliberações; por sua vez, o art. 67.° respeita às comunicações que as comissões devem efectuar aos organismos de segurança social, nos termos do art. 1978.° do CC; por último, o art. 68.° reporta-se às comunicações a efectuar ao MP, nos termos desse artigo e do art. 69.° da Lei, para efeitos de procedimento cível, além da participação de crimes cometidos por crianças/jovens ao MP e às entidades policiais.

Como refere, expressamente, o art. 71.° da Lei, as comunicações a outras entidades das situações atrás referidas, fazem parte do dever de inter-colaboração entre todas as instituições que visam proteger a criança/jovem e não têm por finalidade, a não ser nos casos expressamente previstos na lei, fazer cessar a actividade desenvolvida pelas comissões de protecção.

Na hipótese de ter chegado ao conhecimento das comissões de protecção a existência de processos tutelares cíveis ou tutelares educativos ou de outros processos de promoção e protecção é do maior interesse que o presidente da comissão dê conhecimento da existência do processo de promoção e protecção pendente na sua comissão, não só por que existindo vários processos desse tipo a correr contra a mesma criança/jovem os mesmos devem ser apensos ao processo instaurado em primeiro lugar (art. 81.°, n.° 1[51]), como deverá, conjuntamente com essa comunicação, remeter um relatório sumário da situação perigosa que chegou ao seu conhecimento e das medidas que entretanto foram adoptadas, de acordo com o art. 66.° da Lei.

A comunicação em causa é também relevante para as comissões de protecção, por que poderá, por exemplo, justificar que as medidas a acordar nos processos de promoção e protecção no âmbito da sua competência não sejam, ou não possam ser já adoptadas, face às providências cíveis, tutelares educativas ou em processos de promoção e protecção, entretanto tomadas.

---

[51] Cfr. anotação 12. ao art. 81.° da LPPCJP.

Artigo 25.°
Estatuto dos membros da comissão de protecção

1. Os membros da comissão de protecção representam e obrigam os serviços e as entidades que os designam.

2. As funções dos membros da comissão de protecção, no âmbito das competências desta, têm carácter prioritário relativamente às que exercem nos respectivos serviços.

1. A Lei ao falar em "estatuto" dos membros da comissão não pretendeu fazer uma enumeração do conjunto de direitos e deveres pelos quais se rege a participação dos membros da comissão.

Também não se quis indicar os princípios pelos quais se rege a própria comissão, mas, antes, salientar o aspecto primordial da participação dos membros que representam, na comissão, outras entidades, ou seja, de que os mesmos, enquanto representantes, actuam na tomada de deliberações pela comissão como se agisse a própria entidade representada.

Daí a limitação à representação e obrigação vinculativa dos serviços em função dos membros agirem como se fossem a própria pessoa colectiva representada.

Efectivamente, os membros da comissão têm entre os poderes e deveres que constituem o seu "estatuto", o direito de serem investidos no cargo para que foram designados, o direito de requerer a inclusão dos assuntos na ordem do dia, o direito de assistirem às reuniões, o direito de apresentarem propostas, o direito de voto, etc[52].

2. Estipulando, expressamente, a Lei, que os membros da comissão de protecção exercem funções com carácter prioritário, em relação aos serviços ou entidades que representam, quis-se salientar que o exercício de tais funções deveria ter a primazia sobre a sua própria actividade desenvolvida nos organismos representados.

A verdade nua e crua sobre o funcionamento das comissões, demonstra um total desvirtuamento do dispositivo constante do n.° 2 do artigo em análise, uma vez que entre os principais constrangimentos que obstam ao bom funcionamento da comissão se destaca a insuficiência e indisponibilidade dos membros das entidades representadas nas comis-

---

[52] No sentido apontado Oliveira, Mário Esteves [et al] – "Código de Procedimento Administrativo", 2.ª ed, Almedina, Fevereiro 1997, p. 149.

sões, a sua falta de participação e a ausência do reconhecimento da importância do trabalho desenvolvido pelas entidades representadas na comissão relativamente aos seus elementos representativos[53].

Estes constrangimentos ao funcionamento pleno das comissões ainda se mantinham, segundo o relatório da comissão de 2009, onde a indisponibilidade dos técnicos e a falta de priorização de trabalho por parte dos serviços continuavam a existir.

Artigo 26.º
Duração do mandato

1. Os membros da comissão de protecção são designados por um período de dois anos, renovável.

2. O exercício de funções na comissão de protecção não pode prolongar-se por mais de seis anos consecutivos.

1. Os membros da comissão, representam, na comissão, as entidades representadas, atentas as atribuições das mesmas e com o duplo objectivo de fazer valer os interesses que representam, perante o contexto mais amplo da prossecução do interesse de salvaguardar a criança/jovem de situações de perigo que possam afectar o seu desenvolvimento integral.

O mandato que é conferido aos membros pressupõe, como refere a Lei, que o mandatário seja indicado ou designado pelas entidades representadas, garantidas as formalidades legais exigíveis para que a "indicação" ou a "designação" tenham lugar.

Já em relação aos membros "cooptados", nos termos da al. m) do art. 17.º, a sua "indicação" ou "designação" há-de constar de deliberação da própria comissão, contando-se o período de 2 anos de exercício de funções a partir da deliberação tomada pela comissão, pressupondo-se que para ser renovado o mandato exista nova deliberação da comissão.

2. A Lei estabeleceu em relação a todos os mandatos um prazo mínimo (2 anos) e um prazo máximo (6 anos consecutivos), deixando em aberto a possibilidade do mandato ser superior a 6 anos, desde que se trate de mandatos não sucessivos (consecutivos).

---

53 "Avaliação da Actividade da Comissão de Protecção de Crianças e Jovens em Perigo em 2002", ob. cit., p. 100.

3. Como mandatários das entidades que representam, os membros da comissão devem ter nesta uma actividade de acordo com as instruções dos mandantes, prestando às entidades representadas as informações que lhes foram pedidas e esclarecê-las sobre o sentido dos votos e orientações expressas nas deliberações, justificando, eventualmente, em casos concretizados, as razões das opções tomadas nas deliberações, e, até, devem elaborar um relatório sucinto e anual da actividade desenvolvida na comissão (relatório esse a apresentar junto da entidade representada).

A entidade representada, por sua vez e ao contrário do que tem vindo a suceder, deverá disponibilizar ao mandatário todos os meios necessários ao cumprimento do mandato, designadamente disponibilizando o seu representante para trabalhar e exercer as suas funções com carácter prioritário em relação às funções exercidas nas entidades representadas, como, aliás, impõe o art. 25.º, n.º 2 do diploma comentado.

O que ficou exposto não corresponde, aliás, mais ao que é exigido, nos termos dos arts. 1157.º e segs. do CC, às obrigações e direitos, em geral dos mandantes e dos mandatários.

4. A fixação de prazo de duração mínima e máxima dos mandatos parece ter sido exigida como forma de não habituar os membros da comissão às situações que devem resolver, criando-lhes, insensibilidade e rotinas perante casos que exijam dinâmica, sensibilidade, precocidade e celeridade, muitas das vezes desgastantes.

Pode colocar-se o problema de saber se o exercício de funções por mais de 6 anos consecutivos só é imposto pela Lei quando se trate de funções exercidas na mesma comissão. Nada impede que um membro de uma comissão de uma determinada localidade passe a ser membro de uma comissão de outra localidade uma vez que as comissões tem âmbito local e a *ratio legis* do n.º 2 do art. 26.º pretende evitar situações de estabelecimento de laços de familiaridade entre os membros da comissão e a comunidade em que se inserem e até a própria "ligação" entre os membros da comissão.

Por outro lado, o exercício de funções nas comissões de protecção pode constituir uma experiência válida para actuação dos membros das comissões noutras localidades.

ARTIGO 27.°
Deliberações

1. As comissões de protecção, alargada e restrita, deliberam por maioria de votos, tendo o presidente voto de qualidade.

2. Para deliberar validamente é necessária a presença do presidente ou do seu substituto e da maioria dos membros da comissão de protecção.

ARTIGO 28.°
Vinculação das deliberações

1. As deliberações da comissão de protecção são vinculativas e de execução obrigatória para os serviços e entidades nela representados, salvo oposição devidamente fundamentada.

2. A comissão de protecção comunica ao Ministério Público as situações em que um serviço ou entidade se oponha à execução das suas deliberações.

ARTIGO 29.°
Actas

1. As reuniões da comissão de protecção são registadas em acta.

2. A acta contém a identificação dos membros presentes e indica se as deliberações foram tomadas por maioria ou por unanimidade.

1. Nestes três últimos artigos da subsecção II (27.°, 28.° e 29.°), indica-se a forma como as comissões adoptam as suas decisões (deliberando, como órgãos colegiais que o são), a percentagem de votos necessários para serem tomadas as deliberações e o desempate (a existir), nas votações, para além de aspectos formais e substanciais das deliberações, que deverão ser, sempre, tomadas perante o presidente do órgão colegial ou o seu substituto e a maioria dos membros da comissão de protecção.

2. No art. 28.° atende-se às consequências das deliberações, que, contrariamente ao regime geral constante do CPA, não vinculam os serviços e entidades nelas intervenientes desde que as mesmas tenham votado vencidas, obrigando, todavia a que o voto de vencido expresso tenha que ser devidamente fundamentado.

A comunicação ao MP da oposição do serviço ou entidade à execução das deliberações tomadas visa, sobretudo, apurar se existia fundamento legal para a oposição à execução das deliberações tomadas, tendo em conta a sua adequabilidade para resolver a situação perigosa detectada e a superintendência do MP sobre a legalidade e a adequação das medidas adoptadas pelas comissões de protecção.

O art. 29.° trata do formalismo exigido para que as deliberações adquiram eficácia externa, impondo que as deliberações sejam exaradas por escrito (em acta) e contendo a identificação dos membros presentes e o sentido das votações (maioritárias ou unânimes).

3. A tomada de deliberações por maioria de votos pressupõe a presença de uma maioria dos membros da comissão às reuniões convocadas, sem contar com o presidente da comissão.

Não se verificando, na primeira convocação, esse número mínimo de votantes (quorum) é convocada nova reunião, com o mesmo objecto e com intervalo de pelo menos 24 horas (art. 22.°, n.° 2 do CPA).

Sem o número de votantes que foi indicado não é possível estabelecer o "quorum", pelo que a parte final do n.° 2 do art. 22.° do CPA que prevê a presença de um terço dos membros com direito a voto, em número não inferior a 3, não é, aqui, aplicável.

4. O voto atribuído ao presidente da comissão, é um voto de qualidade o que significa, nos termos do art. 24.° do CPA, que é um voto emitido depois dos restantes membros da comissão votarem e representa e vale como se a sua declaração de voto valesse por dois votos.

O voto do presidente é, ainda, um voto de qualidade, quando, em caso de empate de votos, uma segunda declaração de voto do presidente, permite desempatar uma primeira votação e em que o novo voto do presidente pode ser diferente do primeiro voto expresso[54].

5. A vinculação dos membros da comissão às deliberações tomadas existe desde que os membros da comissão, ainda que votem vencidos, não

---

[54] OLIVEIRA, Mário Esteves [et al.] – "Código de Procedimento Administrativo", 2.ª ed., Almedina, Fevereiro 1997, p. 182.

expressem os fundamentos do seu vencimento. Mas se o membro da comissão expressar, fundadamente o seu vencimento, ao contrário do regime geral, as deliberações tomadas não são vinculativas (não obrigam, criando deveres) para as entidades representadas serem coercivamente compelidas ao cumprimento das deliberações tomadas (não são de execução obrigatória por parte dessas entidades).

O registo do voto de vencido ficará, no entanto, sujeito ao regime geral fixado no art. 28.° do CPA, uma vez que o membro que se declarar vencido ficará, pessoalmente, isento da responsabilidade que resultar da deliberação assumida.

6. Embora a Lei fale que da acta que regista a deliberação deva constar tão somente a identificação dos membros presentes e se as suas deliberações foram tomadas por maioria ou unanimidade, as mesmas devem, ainda, conter um resumo de tudo o que tiver ocorrido nas reuniões onde a deliberação foi tomada, indicando-se a data e hora da reunião e os assuntos apreciados.

As actas, por sua vez, só adquirirão plena eficácia depois da sua aprovação em deliberação posterior da comissão ou depois de assinadas as minutas das actas na própria reunião onde a deliberação foi tomada, tudo nos termos do art. 27.° do CPA.

SUBSECÇÃO III
Acompanhamento, apoio e avaliação

ARTIGO 30.°
Acompanhamento, apoio e avaliação

As comissões de protecção são acompanhadas, apoiadas e avaliadas pela Comissão Nacional de Protecção das Crianças e Jovens em Risco, adiante designada por Comissão Nacional.

ARTIGO 31.°
Acompanhamento e apoio

O acompanhamento e apoio da Comissão Nacional, consiste nomeadamente, em:

a) Proporcionar formação e informação adequadas no domínio da promoção dos direitos e da protecção das crianças e jovens em perigo;

b) Formular orientações e emitir directivas genéricas relativamente ao exercício das competências das comissões de protecção;

c) Apreciar e promover respostas às solicitações que lhe sejam apresentadas pelas comissões de protecção sobre questões surgidas no exercício das suas competências;

d) Promover e dinamizar as respostas e os programas adequados ao desempenho das competências das comissões de protecção;

e) Promover e dinamizar a celebração dos protocolos de cooperação entre as entidades referidas na alínea d) do artigo 5.° e as comissões de protecção necessários ao exercício das suas competências.

Artigo 32.°
Avaliação

1. As comissões de protecção elaboram anualmente um relatório de actividades, com identificação da situação e dos problemas existentes no município em matéria de promoção dos direitos e protecção das crianças e jovens em perigo, incluindo dados estatísticos e informações que permitam conhecer a natureza dos casos apreciados e as medidas aplicadas, avaliar as dificuldades e a eficácia da intervenção.

2. O relatório é remetido à Comissão Nacional, à assembleia municipal e ao Ministério Público, até 31 de Janeiro do ano seguinte àquele a que respeita.

3. O relatório relativo ao ano em que se inicia a actividade da comissão de protecção é apresentado no prazo previsto no número anterior.

4. As comissões de protecção fornecem à Comissão Nacional os dados estatísticos e as informações que lhe sejam solicitados.

5. A Comissão Nacional promoverá a realização anual de um encontro de avaliação das comissões de protecção.

Artigo 33.º
Auditoria e inspecção

As comissões de protecção são objecto de auditorias e de inspecção sempre que a Comissão Nacional o entenda necessário ou a requerimento do Ministério Público.

1. Já foi referido que as comissões de protecção, como instituições oficiais não judiciárias com autonomia funcional, exercendo as atribuições legalmente conferidas e deliberando com imparcialidade e independência, devem ser consideradas como associações públicas de carácter misto (agrupando representantes de pessoas colectivas públicas e associações privadas), criadas para assegurar o desenvolvimento de acções de promoção dos direitos e de prevenção das situações de perigo para a criança e para o jovem e intervir no sentido da promoção e prevenção dessas situações.

Trata-se de associações públicas que sendo instituições oficiais têm competência sobre determinadas matérias, sendo representadas por determinados titulares e mantendo relações específicas com o Estado, são consideradas pelo CPA como órgãos da administração pública, embora nela não integrados.

A equiparação das comissões a órgãos da administração pública para efeitos do CPA (art. 2.º, n.º 2, al. b) daquele código) e permite-lhes que ao exercerem funções de interesse público, constituam centros autónomos de decisões materialmente administrativas, emanadas de uma vontade própria, que se projecta nos seus efeitos externos e internos, como resulta das suas deliberações serem vinculativas para os serviços e entidades nela representadas (art. 28.º da Lei) e, poderem ser produzidos efeitos sobre as situações das crianças e jovens em perigo e sobre os particulares com poderes de representação dessas crianças e jovens, independentemente do seu acordo e anuência, como acontece nas situações de urgência (art. 91.º da lei) e nas situações de emergência (art. 22.º, n.º 4).

2. Pese embora a natureza das comissões, assinalada em 1., neste artigo indicam-se algumas das limitações de carácter público que incidem sobre as comissões. Assim, quando se estabelece que uma associação pública está sujeita ao acompanhamento, ao apoio, à avaliação, às auditorias e à inspecção da comissão nacional e, noutro capítulo (V), se sujeita a apreciação da legalidade da adequação das suas decisões e à apreciação da sua actividade processual e promoção dos procedimentos judiciais adequados (art. 72.°, n.° 3) estão-se a fixar indirectamente os limites da autonomia funcional das comissões.

3. No que respeita aos limites da autonomia das comissões perante a comissão nacional, que são indicados nos arts. 30.° e 33.° agora em análise, verifica-se uma concordância entre esses limites e a área das atribuições conferidas à comissão nacional pelo DL 98/98, de 18 de Abril, quando se estabelece no seu art. 2.°, al. i) que são atribuições da comissão nacional, "acompanhar e apoiar as comissões de protecção de menores, permitindo-lhes melhorar a qualidade do seu desempenho" ou dinamizar "os protocolos entre as comissões de protecção" (art. 1.°, n.° 2, alínea b) do DL 98/98).

4. Os artigos em análise vieram concretizar as medidas de acompanhamento e apoio da comissão nacional, quando, no art. 3.° do diploma que a criou, se referiam indicar algumas das medidas que deviam ser prosseguidas pela comissão nacional.

A esta cabe transmitir os conhecimentos acumulados pelas várias comissões, de acordo com a sua prática, a investigação de casos, a experiência das situações analisadas, proporcionando às comissões informações e criando condições para a divulgação dos conhecimentos obtidos.

Por outro lado, o acompanhamento e apoio traduz-se, igualmente, na indicação dos caminhos mais adequados a solucionar os problemas colocados às comissões, formulando orientações genéricas e tornando públicas instruções gerais sobre o modo de prosseguir as atribuições das comissões, emitindo directivas.

De acordo com a al. c) do art. 31.°, outra função da comissão nacional será a de assegurar com celeridade e clareza, os pedidos de esclarecimento que as comissões lhes coloquem, efectuando diligências para que as questões colocadas possam ser solucionadas com celeridade, fazendo avançar programas ou projectos adequados à solução geral dos problemas equacionados, mas sem a possibilidade de impor soluções concretas, para o caso específico, que serão sempre da competência exclusiva da comissão de protecção.

O acompanhamento e apoio subentendem, também (al. e) do art. 31.°), fazer avançar os acordos entre as entidades e serviços envolvidos, através de protocolos, visando alcançar os objectivos das comissões, em colaboração com as entidades que desenvolvem actividades na área da infância e juventude indicadas no art. 5.°, al. d) da Lei.

5. O conhecimento da actuação das mais de 240 comissões existentes é dado a conhecer através de um documento-síntese que é o seu relatório anual, o qual, não obstante o dispositivo expresso no art. 32.°, n.° 4 não era remetido por todas as comissões de protecção, de acordo com o relatório de "Avaliação da Actividade das Comissões Protecção de Crianças e Jovens de 2002".

Nesse documento, onde devem ser pormenorizadas as situações e problemas trabalhados pelas comissões, deve ser incluída a informação necessária para caracterizar quantitativamente as realidades ou situações de perigo detectadas e as acções tomadas para as remover (dados estatísticos) que permitam compreender à comissão nacional a lógica de funcionamento das comissões e o enquadramento dos seus parâmetros de actuação de forma a apurar a eficácia dos resultados.

A comissão nacional tem indicado no relatório anual elementos que permitem atestar a eficácia das actividades desenvolvidas como "factores positivos" e "boas práticas", ao lado dos "constrangimentos" ou dificuldades em atingir os objectivos propostos. Assim, por exemplo, são indicados no relatório de 2004 como factores positivos, a possibilidade das comissões terem equipas multidisciplinares, a intervenção precoce e a sensibilização e envolvimento da comunidade na problemática das crianças e jovens em perigo.

Como "boas práticas" são indicadas a possibilidade de trabalhar com as famílias das crianças e dos jovens, a articulação com os outros serviços da comunidade e a participação no diagnóstico das necessidades "promovendo a dinamização das respostas sociais".

Como "constrangimentos" à sua actuação, as comissões têm indicado a indisponibilidade e insuficiência dos seus membros, a escassez das respostas aos problemas colocados, a ausência de prioridade atribuída ao trabalho desenvolvido pelos membros da comissão e a ausência de reconhecimento, por parte da comunidade, do trabalho desenvolvido.

6. O cálculo e o valor do trabalho desenvolvido, constante dos vários relatórios das comissões é depois, remetido à comissão nacional, à assembleia municipal e ao MP, devendo o mesmo, como já se referiu, ser enviado, igualmente, a todas as entidades representadas nas comissões alargadas.

7. De acordo com o art. 33.°, à comissão nacional caberá, ainda, efectuar exames periciais sobre a contabilidade das comissões, realizar balanços finais e anuais para avaliar a correcção das contas apresentadas. Situação em que não será difícil detectar situações carecidas de esclarecimento, como consta do próprio relatório de 2004, quando o fundo de maneio é utilizado para o pagamento de despesas correntes de consumo de água, electricidade, etc...

Ao lado das auditorias, com exames à contabilidade, a comissão nacional há-de averiguar com minúcia o funcionamento global das comissões e cabe-lhe, também, através de inspecções, verificar o cumprimento, pelas comissões, das normas aplicáveis ao respectivo funcionamento.

8. Os poderes da comissão nacional sobre as comissões, de auditoria, de inspecção, de apoio e acompanhamento, correspondem a poderes de tutela inspectiva directa e indirecta de um órgão do Estado sediado na dependência directa e conjunta dos Ministros da Justiça e do Trabalho e da Solidariedade Social. De facto, sendo a tutela em sentido próprio, o conjunto de poderes de intervenção de uma pessoa colectiva pública na gestão de outra pessoa colectiva pública, a fim de assegurar o mérito ou a legalidade da sua actuação, não existem poderes de tutela efectiva entre a comissão nacional e as comissões. Todavia, a coordenação e a fiscalização, pela comissão nacional, das actividades desenvolvidas pelas comissões, revela o propósito de assegurar a gestão das comissões dentro de determinados padrões de mérito e legalidade, ao lado de poderes que podem ser considerados como poderes de superintendência, na medida em que a comissão nacional define os objectivos e guia a actuação das comissões, concertando a acção de todas as comissões de forma a reforçar estratégias de cooperação e racionalização de recursos (art. 1.°, n.° 2, alínea n) do DL 98/98 de 18 de Abril).

CAPÍTULO III
Medidas de promoção dos direitos e de protecção

Generalidades

O capítulo III constitui um dos capítulos mais importante da Lei, apresentando uma sequência linear no que respeita às medidas de promoção e protecção (Secção I), seguida de uma secção II onde são especificadas as características das medidas a adoptar no meio natural de vida (arts. 39.° a 45.°), e de uma secção (III) caracterizando as medidas de colocação.

Já a abertura de uma secção IV relativa à natureza e funcionamento das instituições de acolhimento nos parece um pouco deslocada, e, sobretudo, a criação da secção V onde se estabelece a regulamentação obrigatória ou facultativa dos acordos de promoção e protecção e a disposição relativa à execução das medidas, deveriam ser remetidas, a primeira, para a secção I, relativa às medidas a aplicar, distinguindo-se entre as aplicadas voluntariamente pelos intervenientes e as impostas judicialmente e, as segundas, para as disposições processuais gerais (arts. 77.° a 90.°).

SECÇÃO I
Das medidas

ARTIGO 34.°
Finalidades

As medidas de promoção dos direitos e de protecção das crianças e dos jovens em perigo, adiante designadas por medidas de promoção e protecção, visam:

a) Afastar o perigo em que estes se encontram;

b) Proporcionar-lhes as condições que permitam proteger e promover a sua segurança, saúde, formação, educação, bem-estar e desenvolvimento integral;

c) Garantir a recuperação física e psicológica das crianças e jovens vítimas de qualquer forma de exploração ou abuso.

1. Este artigo responde à problemática relativa às situações em que a comunidade (através das comissões de protecção) e o Estado (através dos Tribunais), devem intervir na promoção e protecção da criança/jovem.

A intervenção (como providência, em princípio, anómala) encontra-se legitimada, quando pretende prosseguir os princípios constantes do art. 4.° da Lei, e, as medidas a adoptar nessa intervenção, visam a tomada de decisões que evitem ou possam modificar situações, como as indicadas a título exemplificativo no artigo 3.°, n.° 2 da Lei.

As medidas a adoptar têm, porém, um âmbito mais vasto que o de remover o perigo em que a criança/jovem se encontra, uma vez que além de se desejar, com as decisões tomadas, afastar o perigo existente para a criança/jovem, se pretende, também, que as mesmas medidas sejam aptas (idóneas) a proporcionar as condições e os meios indispensáveis ao desenvolvimento integral da criança/jovem (alínea b) do artigo) e, ainda a assegurar que a criança/jovem possa voltar a ter equilíbrio físico, emocional e psicológico abalado por atitudes e comportamentos que puseram em causa esse equilíbrio.

2. Da análise da finalidade das medidas a adoptar e dos seus objectivos resulta, desde logo, que, fora das situações de emergência, apenas deveriam as medidas indicadas na **alínea a)** do art. 34.° ("afastar o perigo em que estas" – criança/jovens – "se encontram"), poder ser objecto das medidas provisórias constantes do art. 37.°.

Efectivamente, sendo as medidas provisórias só aplicáveis nas situações de emergência ou enquanto "se procede ao diagnóstico da situação da criança e à definição do seu encaminhamento subsequente", as medidas que visam, como as das als. b) e c) proporcionar condições que permitam proteger e promover a segurança, saúde, formação, educação, bem-estar e desenvolvimento integral e garantir a recuperação física e psicológica das crianças e jovens vítimas de qualquer forma de exploração ou abuso, pressupõem o prévio estudo da situação que se apresenta às comissões de protecção e aos Tribunais, e, só depois desse estudo será possível adoptar as medidas adequadas e ajustadas ao projecto definitivo de vida da criança ou do jovem, com as finalidades pretendidas prosseguir pelo artigo 34.°, als. b) e c) da Lei.

Pode-se, no entanto, argumentar, no sentido de nada obstar à aplicação de uma medida provisória destinada a proporcionar à criança ou jovem condições que visassem o seu desenvolvimento integral ou a garantir a sua recuperação física e psicológica, apesar de não estar feito o diagnóstico da situação e definido o futuro projecto de vida da criança/jovem, numa fase transitória.

A interpretação conjugada do art. 34.° e do art. 37.° da Lei admite tal entendimento, mas razões lógicas, relacionadas com o objectivo das medidas provisórias e definitivas, não deviam conduzir, naqueles casos, à aplicação de medidas provisórias.

Vejamos.

As medidas provisórias ou são aplicadas em caso de emergência, ou em casos em que não está feito o diagnóstico (definitivo) da situação da criança e de acordo com esse diagnóstico, o projecto (definitivo) da sua vida futura.

Se não está feito o diagnóstico definitivo sobre a criança/jovem e decidido o seu encaminhamento futuro, as medidas que se destinem a proporcionar à criança/jovem o seu desenvolvimento integral ou a garantir a sua recuperação (total) física e psicológica, só deveriam ser justificadas em função de situações de emergência, pois não é de todo fundamentado que possam ser tomadas medidas provisórias, naquele domínio, se se visa garantir/de forma definitiva a recuperação da criança/jovem e não está completado o estudo que defina o projecto definitivo de vida da criança/ /jovem.

A aplicação de medidas provisórias, naqueles casos, são como subprojectos de um projecto definitivo, que poderão comprometer, de forma irremediável, o desenvolvimento e bem-estar integral da criança e do jovem.

Garantir de forma provisória a recuperação física e psicológica de crianças/jovens ou proporcionar condições para um desenvolvimento integral futuro, com base em estudos não ponderados nem definidos, poderá garantir a celeridade de medidas, mas, não a sua profundidade e acerto.

Uma vez que o art. 37.° admite que possam ser tomadas medidas provisórias fora das situações de emergência, essas situações só deveriam ser, por isso, aquelas situações em que não estando efectuado o diagnóstico definitivo da situação da criança/jovem e a definição do seu projecto de vida, se visa a protecção da criança/jovem, independentemente desse diagnóstico definitivo estar feito. O que tudo se reconduz a que, para além das situações de emergência, as medidas provisórias só deveriam ser aplicadas, para afastar a criança/jovem do perigo em que se encontram (al. a) do art. 34.°), mas já não para proporcionar o desenvolvimento integral da criança/jovem ou a garantir a sua recuperação física e psicológica (art. 34.° als. b) e c)), pois tais medidas pressupõem um estudo definitivo da situação da criança/jovem e do adequado projecto de vida para solucionar, definitivamente, o futuro desenvolvimento integral da criança/jovem.

3. As decisões a tomar, previstas na **alínea b)**, têm por finalidade dar meios e possibilidades à criança/jovem, defendendo-a e preservando-a dos factores exógenos que possam ser obstáculos ao seu desenvolvimento integral, nos parâmetros da segurança, da saúde, da formação, da educação e do bem-estar, os quais, nos termos do art. 1918.° do CC são considerados correspondentes aos direitos fundamentais da criança que têm de ser necessariamente respeitados.

Já no caso da **alínea c)** se está perante casos em que houve lesão dos direitos da criança/jovem, colocando-se, então, o objectivo de repor o equilíbrio físico, emocional e psicológico da criança/jovem afectado.

O objectivo das medidas a tomar, será, então, o de zelar para que, afastada a situação que conduziu a qualquer diminuição dos direitos e prerrogativas da criança/jovem, se possa não só evitar a repetição de tais comportamentos em relação à criança/jovem, como permitir-lhe superar situações idênticas evitando-se a reiteração de atitudes, comportamentos, incómodos, ou a violação de quaisquer regras, que deveriam ter sido adoptadas por quem lide ou contacte com a criança/jovem.

Artigo 35.°
Medidas

1. As medidas de promoção e protecção são as seguintes:

a) Apoio junto dos pais;
b) Apoio junto de outro familiar;
c) Confiança a pessoa idónea;
d) Apoio para a autonomia de vida;

e) Acolhimento familiar;

f) Acolhimento em instituição;

g) Confiança a pessoa seleccionada para a adopção ou a instituição com vista a futura adopção.

2. As medidas de promoção e protecção são executadas no meio natural de vida ou em regime de colocação, consoante a sua natureza, e podem ser decididas a título provisório.

3. Consideram-se medidas a executar no meio natural de vida as previstas nas alíneas a), b), c) e d) do n.° 1 e medidas de colocação as previstas nas alíneas e) e f); a medida prevista na alínea g) é considerada a executar no meio natural de vida no primeiro caso e de colocação no segundo.

4. O regime de execução das medidas consta de legislação própria.

1. Na redacção deste artigo, como já foi assinalado, pretendia-se, originariamente, antes da Lei n.° 31/2003, de 22 de Agosto, que criou a medida "confiança a pessoa seleccionada para a adopção ou a instituição com vista a futura adopção", distinguir entre medidas executadas em meio natural de vida (apoio junto aos pais, apoio junto de outro familiar, confiança a pessoa idónea, apoio para autonomia de vida) e medidas executadas em regime de colocação (acolhimento familiar e acolhimento em instituição).

A medida introduzida pela Lei 31/2003 de 22 de Agosto, porém, foi considerada a executar no meio natural de vida se revestir a modalidade de "confiança a pessoa seleccionada para adopção" e medida a executar em regime de colocação se consistir em "confiança a instituição com vista a futura adopção".

2. Também já foi referido que "aparentemente" todas as medidas indicadas com carácter taxativo podem ser aplicadas provisoriamente ou a título definitivo. Note-se, porém, que só as medidas que visam afastar o perigo em que se encontra a criança/jovem (art. 34.°, alínea a)) é que deveriam ser adoptadas em situações de emergência, pois as que têm por finalidade proporcionar condições à criança/jovem para promover e proteger a sua segurança, saúde, formação, educação, bem estar e desenvolvimento integral (art. 34.°, alínea b)) e garantir a sua recuperação física e psicológica (alínea c)), pressupõem um prévio diagnóstico da situação da criança/jovem e a definição do seu encaminhamento subsequente (art. 37.°). Por isso, as medidas aqui elencadas só deveriam ser tomadas a título provisório se tivessem por finalidade "afastar o perigo em que as crianças/jovens se encontram".

Não se deveria, pois, aplicar uma medida provisória de apoio junto dos familiares se se pretende assegurar as condições visando o desenvolvimento integral da criança/jovem e se já foi afastada a situação de perigo ou similar das referidas no art. 3.°, n.° 2 da Lei. Da mesma forma, não deveria ser aplicada uma medida provisória se a finalidade da medida de protecção for garantir a recuperação física e psicológica da criança/jovem e esta não se encontra, já, numa das situações de perigo ou em situações similares das referidas no art. 3.°, n.° 2 da Lei.

A descrição das situações em que deveriam ser tomadas as medidas provisórias tem em conta, fundamentalmente, que aquelas são aplicáveis a situações de emergência (nas quais se devem enquadrar as situações de urgência) e, ainda, no facto das medidas provisórias adoptadas antes do diagnóstico da situação (de perigo) e da definição do melhor caminho para superar o perigo (definição do encaminhamento subsequente), não serem passíveis de serem determinadas correctamente, antes da ponderação e estudo da situação de perigo detectada e antes da apreciação e estudo da melhor forma de superar esse perigo. Daí que se as medidas a adoptar pretendem atingir as finalidades e objectivos a que respeitam as als. b) e c) do art. 34.° tais medidas "precedidas do diagnóstico da situação" e definindo "o seu encaminhamento subsequente", só deveriam ser adoptadas a título definitivo.

3. A ordenação das medidas de promoção e protecção constantes deste artigo obedece aos princípios orientadores da intervenção (art. 4.°), tendo em conta o interesse superior da criança/jovem, o princípio da responsabilidade parental e o da prevalência da família. Princípios que o preceito em análise foi buscar aos arts. 3.°, 5.°, 9.°, 16.°, 18.°, 20.°, 21.°, 25.° e 27.° da Convenção Sobre os Direitos da Criança de 20 de Novembro de 1989 aprovada pela Resolução da Assembleia da República n.° 20/90 de 8 de Junho de 1990.

No elencar das medidas a aplicar deveria, também e desde logo, ser referido que as medidas podem ser adoptadas a título voluntário ou coercivamente, consoante a intervenção resultasse da imposição do Tribunal ou do acordo dos interessados.

A filosofia subjacente ao elencar por alíneas as medidas a aplicar, tem em consideração a gravidade da situação de perigo em que se encontra a criança ou jovem no que respeita à necessidade de um maior ou menor afastamento destes do seu ambiente familiar, até que seja reposta essa em condições da família assegurar o desenvolvimento integral da criança e do jovem. Assim, de uma situação em que se mantém a criança ou o jovem inserido na sua família natural (alínea a) – apoio junto dos pais – chega-se à aplicação da medida prolongada de acolhimento em instituição (art. 35.°, al. f) e 48.°, n.° 3). Pelo meio e em sucessivas constatações da necessidade da criança e do jovem se afastarem temporariamente da família natural, vêm a medida de apoio à família alargada – apoio junto de outro familiar – e uma medida que procura apoiar jovens com certo grau de maturidade no sentido de se poderem autonomizar progressivamente da sua família, – apoio para a autonomia de vida – al. d) do art. 35.°. Para os casos mais graves da relação familiar na ligação com a situação de perigo em que se encontra a criança e o jovem, surgem o acolhimento familiar idealizado como substituto da vida familiar natural e procurando criar um ambiente familiar similar ao que deveria existir na família biológica e o acolhimento institucional como forma última de protecção que o Estado deve garantir para tentar o retorno à família biológica da criança ou do jovem, nos termos do prescrito, nesse âmbito, pelo art. 20.° da Convenção Sobre os Direitos da Criança.

Já se referiu que, na perspectiva de "retorno" à família biológica da criança e do jovem, a medida de confiança a pessoa seleccionada para a adopção ou a instituição com vista a futura adopção, surge completamente desfasada da filosofia original do diploma legal em análise. É, no entanto, ainda de acentuar, que a medida de confiança a pessoa seleccionada para a adopção ou a instituição com vista a futura adopção que só surge elencada em último lugar por se tratar de uma medida de rotura com a família biológica, já que, mesmo nos termos da Convenção Sobre os Direitos da Criança e da CRP vigente, nada justifica[55] que seja dado encaminhamento preferencial ou prevalente, à medida de acolhimento em instituição sobre a medida de confiança a pessoa seleccionada para a adopção ou a instituição com vista a futura adopção, como resulta do elencar das alíneas constantes do art. 35.° da Lei. Na verdade o art. 20.° da Convenção Sobre os

[55] Vide artigo 4.°, al. g) da Lei.

Direitos da Criança, ao prever que a criança seja privada do seu ambiente familiar, estabelece que o Estado deve assegurar protecção alternativa à criança, no caso de falhar o relacionamento familiar, considerando como alternativa a adopção e, só em caso **de tal se mostrar necessário**, se admite a colocação em estabelecimentos adequados de assistência às crianças.

A CRP, por sua vez, admite que os filhos sejam separados dos pais quando estes últimos não cumpram os deveres fundamentais para com os filhos, **mediante decisão judicial**, prevendo a adopção como uma das formas de se obter essa separação (art. 36.°, n.os 6 e 7).

Pode, pois, concluir-se, que nada justifica o estabelecer-se uma preferência ou prevalência da medida de acolhimento em instituição sobre a medida de confiança a pessoa seleccionada para a adopção ou a confiança a instituição com vista a futura adopção, quer em termos do direito internacional aplicável em Portugal, quer dos preceitos constitucionais vigentes quer ainda do disposto no artigo 4.°, al. g) da Lei.

4. Apoio junto dos pais (alínea a))

A primeira medida que o artigo indica é a medida de "apoio junto dos pais", que o art. 39.° diz consistir em "proporcionar à criança ou jovem apoio de natureza psicopedagógica e social e, quando necessário, ajuda económica".

Interessa, agora, tão só, sublinhar que esta medida era aplicada anteriormente à presente Lei pelas comissões de protecção de menores ainda que não existisse, então, um elenco taxativo das medidas a aplicar, dado que se reconhecia que o apoio directo aos familiares da criança/jovem e em especial aos seus pais se traduzia, na generalidade dos casos, como a melhor forma de ultrapassar a situação de perigo em que a criança ou o jovem se encontrava.

A medida de "apoio junto dos pais" está intimamente relacionada com o art. 18.° da Convenção Sobre os Direitos da Criança. Efectivamente, o art. 18.°, n.° 2 da Convenção estabelece que, "os Estados Partes asseguram uma assistência adequada aos pais e representantes legais da criança no exercício da responsabilidade que lhes cabe de educar a criança e garantem o estabelecimento de instituições, instalações e serviços de assistência à infância".

Quando as comissões de protecção e os Tribunais aplicam aquela medida pressupõem que o Estado português, através dos organismos competentes, possa garantir à criança/jovem mantida no seu meio natural de vida, os instrumentos de apoio social e económico indispensáveis para suprir as carências da criança/jovem.

5. Apoio junto de outro familiar (alínea b)

A medida de apoio junto de outro familiar tem em consideração a impossibilidade da criança e do jovem se manter à guarda dos seus pais (qualquer deles), passando esta guarda a ser conferida a outro familiar. Esse outro familiar, por sua vez, nos termos do art. 40.°, em princípio terá que ser um familiar com residência diferenciada dos pais da criança ou do jovem. Em regra não fará sentido que a criança/jovem resida com os pais e o familiar a quem é entregue também aí resida[56], sob pena de se colocar a criança/jovem numa situação potencialmente conflituante.

A medida de apoio junto de outro familiar está prevista nos arts. 5.° e 18.°, n.os 1 e 2 da Convenção Sobre os Direitos da Criança, os quais estabelecem a responsabilidade de educar a criança ou o jovem e assegurar o seu desenvolvimento, aos seus representantes legais, na falta dos pais, devendo o Estado garantir o apoio aos representantes legais, tendo em conta as responsabilidades, direitos e deveres que cabem à "família alargada".

Em Portugal esta medida é aplicada, por vezes, com a entrega da criança ou do jovem aos seus tios, paternos ou maternos, em virtude dos pais se afastarem e viverem em países diferentes ou em lugares muito distanciados e em que um dos pais, pretende, sem fundamento, exercer na plenitude das responsabilidades parentais, encontrando-se a criança ou o jovem numa situação de perigo, emocionalmente perturbada, devido ao comportamento dos pais, ou, no caso de falecimento de ambos os progenitores, em virtude de acidente, quando não existirem outros familiares mais próximos em condições de assegurar o integral desenvolvimento da criança ou do jovem.

6. Confiança a pessoa idónea (alínea c))

A medida de confiança a pessoa idónea tem em atenção a rotura temporária da criança e do jovem com a sua família biológica, passando outra pessoa, que não faz parte da sua família alargada, a cuidar da criança ou

---

[56] Excepção a essa regra poderá ocorrer por exemplo na hipótese em que residam na mesma casa a mãe deficiente e a avó materna da criança.

do jovem e a participar no projecto de vida que tem em vista obter o desenvolvimento integral da criança ou do jovem.

Indispensável é que esse terceiro – alheio à família alargada – tenha estabelecido laços com a criança ou o jovem e a sua família, anteriormente à rotura com a família biológica.

Como a ideia é assegurar, ainda, que a criança/jovem se mantém no espaço social onde está inserida, a existência de laços recíprocos de afectividade com esse terceiro e a criança/jovem é essencial para ser decretada a medida. Exemplos dessa afectividade ou afeição recíproca, pressupondo, igualmente uma manutenção da criança/jovem no espaço onde nasceu e se desenvolveu, poderão resultar de relações de vizinhança (relações físicas de proximidade), ou de relações jurídico-sentimentais (padrinhos, padrastos, etc).

O art. 5.° da convenção fala, a propósito desta matéria, do respeito dos Estados que assinaram a convenção, pela "comunidade nos termos dos costumes locais", sendo a protecção da criança/jovem efectuada através da sua confiança a uma terceira pessoa, que não faz parte da família alargada, considerada, nos termos do art. 20.°, n.° 2 da Convenção, "uma protecção alternativa nos termos da sua legislação nacional".

7. Apoio para autonomia de vida (alínea d))

Quando o apoio a prestar à criança/jovem pelo Estado é feito directamente à própria criança/jovem pretende-se, por um lado, reconhecer que a criança/jovem já tem capacidade para discernir o que é melhor para atingir o seu desenvolvimento integral, e, por outro lado, dar-lhe condições para se autonomizar relativamente à sua família.

Entendeu a Lei considerar que esta medida era uma medida a executar no meio natural de vida, uma vez que à criança/jovem que se mantém, ainda, junto do lugar onde está inserida sócio-culturalmente é reconhecida capacidade para dentro desse meio obter a formação indispensável a separar-se progressivamente da sua vida familiar.

A medida indicada fundamenta-se, por um lado, no art. 20.°, n.° 1, da Convenção (devem ser consideradas as opiniões da criança/jovem de acordo com a sua idade e maturidade) e, no seu art. 29.° (Os Estados partes devem preparar a criança para assumir as responsabilidades de vida numa sociedade livre).

8. Acolhimento familiar (alínea e))

A medida de acolhimento familiar assenta no princípio da "responsabilidade social pelos filhos dos outros", pretendendo que a criança/ /jovem, através da integração num meio familiar distinto do seu, adquira neste último, as condições necessárias e adequadas ao seu desenvolvimento integral durante um período de tempo que deverá ter em consideração as circunstâncias que levaram a criança/jovem a ter de ser afastada da sua família biológica.

Trata-se de uma medida de "colocação" dado que a criança/jovem deixa de estar inserida no seu meio social e familiar originário para ser "instalada" noutro meio familiar distinto do da sua família biológica. Como, porém, a "colocação" é necessariamente temporária visando o "retorno" à família biológica, o acolhimento familiar pode ser de curta duração ou prolongado, como é referido nos arts. 48.º e 62.º, em função do acordo negociado ou da decisão judicial que decidiu aplicar a medida de acolhimento familiar.

9. Acolhimento em instituição (alínea f))

O acolhimento em instituição constitui a solução extrema e final para alcançar a possibilidade de fazer, ainda, regressar a criança/jovem ao seu meio natural, à sua família biológica.

Perspectivado como "colocação" preferencialmente temporária e de curta duração, em instituições de "acolhimento temporário", tendo em conta o prazo previsível de regresso da criança/jovem à sua família biológica, terá que ser executada em lares de infância e juventude (art. 50.º, n.º 4), quando a previsibilidade do regresso da criança/jovem ao seu meio natural se estenda para além do período de 6 meses.

O art. 20.º, n.º 3 da Convenção Sobre os Direitos da Criança indica a colocação "em estabelecimentos adequados de assistência às crianças" como a protecção alternativa última, que aos Estados que aprovaram a Convenção cabe assegurar, acentuando, por outro lado, que em todo o caso, a colocação em estabelecimentos adequados não deixa de implicar, correlativamente, a necessidade de assegurar a continuidade da educação da criança/jovem internada, por parte do Estado.

10. Confiança a pessoa seleccionada para a adopção ou a instituição com vista a futura adopção (alínea g))

A medida de confiança a pessoa seleccionada para a adopção ou a instituição com vista a futura adopção, em relação à qual já assinalámos o seu carácter anómalo, está intrinsecamente ligada à nova redacção dada ao art. 1978.° do CC na versão da Lei 31/2003 de 22 de Agosto.

O art. 1978.° do CC naquela nova versão veio permitir que o Tribunal pudesse confiar um *menor* a casal, a pessoa singular ou a uma instituição desde que "se encontrem seriamente comprometidos os vínculos afectivos próprios da filiação", enumerando, taxativamente, as situações de facto (objectivas), que permitem deduzir que a criança/jovem se encontra numa situação em que estão "seriamente comprometidos os vínculos afectivos próprios da filiação".

Da enumeração que o artigo 1978.° do CC faz e sem estar em causa, para já, uma análise exaustiva do seu conteúdo, estão contempladas situações em que nem sequer há vínculos afectivos próprios da filiação (no caso de à criança/jovem terem falecido os pais ou estes serem incógnitos), de se presumir a cessação intencional desses vínculos (por haver consentimento prévio para adopção pelo abandono dos pais); de se presumir o comprometimento dos laços afectivos por os pais não assegurarem os direitos fundamentais da criança/jovem quanto às suas responsabilidades parentais, colocando o *menor* em perigo no domínio da segurança, saúde, formação educação e desenvolvimento e pelo abandono da relação afectiva com a criança/jovem após a sua "colocação em meio familiar ou institucional durante os 3 meses que precederam o pedido de confiança".

Saliente-se, ainda, que, nos termos do art. 1978.° do CC e do seu n.° 4, se o *menor* for órfão, abandonado, os seus pais colocarem em perigo os seus direitos fundamentais à segurança, saúde, formação, educação e desenvolvimento, ou se encontrar acolhido há mais de 3 meses em situação de desinteresse dos pais pelos filhos, a medida de confiança para adopção não é permitida se a criança/jovem se encontrar a viver com os seus avós ou tios ou a cargo de tutor, excepto se os próprios familiares ou o tutor puserem em perigo aqueles mesmos direitos fundamentais da criança/jovem, ou se aquelas pessoas não puderem assegurar o interesse do *menor*, de acordo com a análise da situação ponderada pelo Tribunal. A não adopção da medida nas condições apontadas significa o "apostar" ainda na família alargada, antes de se seguir o caminho da adopção.

11. A medida contida na al. g) do n.° 1 do artigo consiste na colocação da criança/jovem sob a guarda de candidato seleccionado para a adopção, ou em colocação sob a guarda de instituição com vista a futura adopção (art. 38.º-A, na redacção da Lei 31/2003 de 22 de Agosto), pelo que mal se compreende que a mesma seja considerada a executar no meio natural de vida (no caso de confiança a candidato a adopção) e medida de colocação no caso de confiança a instituição com vista a futura adopção.

Como assinalámos anteriormente, as medidas de promoção e protecção são consideradas, "medidas no meio natural de vida", quando a criança/jovem se mantém inserida no espaço físico e social onde nasceu e se desenvolveu, sendo as medidas de acolhimento, quer familiar, quer em instituição, medidas em que a criança/jovem é desinserida daquele meio da sua família biológica. Por isso a confiança a pessoa seleccionada para a adopção ou o acolhimento em instituição com vista a futura adopção, não deveriam ser consideradas a executar no meio natural de vida em nenhuma das suas vertentes, de acordo com os próprios termos do art. 38.º-A e das suas alíneas a) e b), qualquer delas falando em colocação da criança/jovem e uma vez que em qualquer dos casos a criança/jovem fica afastada do seu meio natural.

Como se salienta no douto acórdão da Relação de Coimbra de 19.4.2005[57] de que foi relator o Desembargador Rui Barreiros, e de que se extraem os considerandos a seguir indicados, o processo de adopção é antecedido, necessariamente de um processo em que se declare a adoptabilidade de determinada criança ou jovem, destinado a afastar a relação parental já constituída. Esse "processo de adoptabilidade", que pode traduzir-se num processo de confiança judicial, ou, agora, em virtude deste dispositivo, numa medida de confiança a pessoa seleccionada para a adopção ou a instituição com vista a futura adopção, nada tem a ver com as demais medidas previstas nesta Lei, que visam preservar os laços com a família biológica e, não, como no processo de adoptabilidade, a extinguir essa relação biológica.

O "enxerto" de uma medida de confiança como a referida, altera, por completo, a relação jurídica processual iniciada visando a protecção da criança ou do jovem e que tem como sujeito activo o Estado e sujeito passivo a família, como objecto, a relação jurídica das responsabilidades parentais e como causa de pedir a existência de acções ou omissões que põem em causa o exercício das responsabilidades parentais. Pelo contrário, na medida de confiança a pessoa seleccionada para adopção ou a instituição com vista a futura adopção, similarmente ao processo de confiança

---

57 Cfr. processo 1021/05, em www.dgsi.pt/jtrc.

judicial, mantendo-se o Estado como sujeito activo da relação processual e do lado passivo a família, o seu objecto é a perda das responsabilidades parentais, com carácter contencioso e não de jurisdição voluntária. Daí que se conclua que o legislador, ao intercalar a medida de confiança a pessoa seleccionada para a adopção ou a instituição com vista a futura adopção, com todas as outras medidas previstas na lei de promoção e protecção, acabou por meter no mesmo "saco" medidas com objecto diferente. Ora, tal posição implica que, iniciado um processo de promoção e protecção, em que os pais ou representantes legais ou de facto tenham sido ouvidos no âmbito da aplicação de medidas que pressupõem o regresso da criança ou do jovem ao seu meio natural, tenham as mesmas que voltar a ser, necessariamente, ouvidas, de novo[58], quando se verificar alteração do objecto do processo, no sentido de ser decretada a medida de confiança a pessoa seleccionada para a adopção ou a instituição com vista a futura adopção.

Concordando-se com a opinião expressa, julga-se, pois, ilegal e ferido de nulidade absoluta, qualquer despacho ou decisão judicial que decida alterar, rever ou substituir uma medida das constantes no art. 35.°, n.° 1, als. a) a f), pela medida da al. g) do n.° 1 do mesmo artigo, ou aplicar a medida prevista na al. g) do n.° 1 do art. 35.°, sem que, previamente, sejam ouvidos os pais ou representantes legais da criança ou do jovem e este próprio, nos termos gerais, aliás constantes do art. 104.°, n.° 3, na sua parte final.

12. Deve salientar-se, por último, que, na nossa perspectiva e de acordo com a Convenção Sobre os Direitos da Criança, a aplicação da medida de confiança a pessoa seleccionada para a adopção ou a instituição com vista a adopção deveria preceder a aplicação da medida de acolhimento em instituição, se se atender que nos termos do art. 35.°, n.° 1 as medidas de promoção e protecção estão enunciadas por ordem de preferência e prevalência. De facto aquele artigo 20.° da Convenção indica que a criança afastada do seu ambiente carece de protecção e assistência especiais do Estado e, que, a protecção alternativa pode incluir a adopção, só se prevendo a colocação em estabelecimento adequado de assistência à criança na falta daquela alternativa e quando tal "se mostre necessário".

Face aos objectivos e finalidade da convenção e às regras e limites estabelecidas quanto à adopção nacional e internacional das crianças, a

[58] Cfr. anotação ao artigo 114.° da Lei.

medida de confiança com vista a futura adopção pretere a aplicação das medidas de acolhimento em estabelecimento assistencial, na perspectiva da Convenção[59]. Considerada, todavia, a sistematização inicial da Lei, ao indicar as medidas destinadas a fazer ainda "retornar" a criança/jovem ao seu ambiente familiar, justifica-se que uma medida como a da al. g), que já não tem essa finalidade, se apresente colocada na última posição.

Acresce que, nos termos do art. 1978.°, al. d) o acolhimento prévio do *menor* junto de um particular ou de uma instituição, aliado ao desinteresse dos pais pelos filhos, surge como pressuposto prévio à confiança com vista a futura adopção, o que, de forma indirecta, coloca a medida como podendo ser necessariamente posterior à das medidas de acolhimento em instituição

13. O n.° 4 do artigo remete o regime de execução das medidas elencadas para legislação própria.

A Lei não fala em regulamentação própria mas em legislação própria, pelo que o regime de execução das medidas, como conjunto de normas a que deve obedecer a concretização ou realização das medidas adoptadas poderia constar ou de Regulamento ou de Lei. O art. 6.°, n.° 1 do DL 332--E/2000 de 30 de Dezembro, porém, veio referir que "o regime de execução das medidas de promoção e protecção previstas no art. 35.° da Lei de Protecção, consta de "regulamentação específica", contrariando, aliás, o propósito do relatório que antecedeu a publicação do DL 332-B/200, onde se indicava como sendo finalidade do DL o estabelecimento do "regime legal a seguir na execução das medidas de promoção de direitos e de protecção".

Estabelecendo o n.° 2 do art. 6.° do DL 332-B/2000 que até à entrada em vigor daquela regulamentação específica era aplicável o regime legal vigente "com as devidas adaptações" quanto às alíneas a), b), c), e) e f) do n.° 1 do art. 35.° há que apurar qual o regime legal vigente.

Quanto à medida prevista no n.° 1, alínea a) do art. 35.° (apoio junto dos pais), a mesma tem como seu antecedente histórico a medida de "entrega aos pais, tutor ou pessoa encarregada da sua guarda" (art. 18.°, alínea b) da OTM). Quanto a regras de execução, a OTM falava na possibilidade do Juiz ter em conta a sua exequibilidade prática, "as possibilidades reais dos serviços" e as "demais circunstâncias concretas que interes-

[59] E até do art. 4.°, al. g) da LPPCJP.

sem à sua eficácia" (art. 21.° da OTM). Já quanto à entrega da criança/ /jovem aos pais o Tribunal podia recomendar cuidados especiais à pessoa a quem (criança/jovem) é confiado e sujeitá-lo ao dever de informar periodicamente sobre o seu comportamento (art. 22.° da OTM).

Nas medidas de acompanhamento educativo, colocação em família idónea, em estabelecimento de educação, o Tribunal poderia fixar as obrigações a que o *menor* ficaria especialmente sujeito em matéria de instrução, preparação profissional e utilização do tempo livre e definir, "os deveres das pessoas a quem ele é confiado" (art. 24.°, n.° 2 da OTM).

Finalmente o art. 25.° da OTM impunha ao serviço de apoio social o envio ao Tribunal de um relatório bimensal, salvo indicação em contrário, acerca da "situação moral e material do menor e sua família e do cumprimento dos deveres impostos pelo tribunal".

Da conjugação das referidas disposições com as regras gerais constantes dos arts. 6.°, n.os 1.°, 2.° e 7.° do DL 332/B/2000 de 30 de Dezembro, que prevêem que o acompanhamento das medidas aos *menores* em perigo compete a "equipas multidisciplinares do sistema de solidariedade e de segurança social", que darão apoio técnico às decisões dos Tribunais (com elaboração de informações ou relatórios sociais sobre a situação da criança ou do jovem, do seu agregado familiar ou as pessoas a quem estejam confiados), compreende-se a importância e o relevo que têm os serviços de apoio social das equipas multidisciplinares do sistema de segurança social na definição e concretização das medidas decididas quer pelas comissões de protecção, quer pelos Tribunais.

Nos termos do "regime legal vigente" (art. 6.°, n.° 2 do DL 332-B/ /2000), à data da entrada em vigor da LPPCJP, ter em conta havia que, em sede de execução das medidas, dos acordos de promoção e protecção e, noutro âmbito as decisões dos Tribunais, incluem obrigatoriamente, cláusulas de execução como os cuidados de alimentação e higiene, o plano de escolaridade, os cuidados de saúde, o apoio económico a prestar, etc. (art. 56.°) e, para além dessas, as cláusulas constantes do art. 57.° da Lei quanto às medidas de colocação, devendo, ainda, ter em conta os direitos que à criança são reconhecidos nas instituições de acolhimento, nos termos do art. 58.°.

Ora, as comissões de protecção, como os Tribunais, têm que avaliar se a concretização das medidas fixadas ou acordadas é efectuada de acordo com os objectivos prosseguidos. No caso do Tribunal o acompanhamento de execução é dirigido e controlado pelo Tribunal que aplicou as medidas cabendo, também ao Tribunal a designação da entidade que considera mais adequada para proceder ao acompanhamento da execução da medida (arts. 59.°, n.os 2 e 3 e 125.°).

Ainda noutra perspectiva, o acolhimento familiar, por exemplo, obedecia a regras específicas na sua aplicação e execução, constantes do DL 190/92 de 3 de Setembro, o mesmo acontecendo com o acolhimento prolongado em lares de infância e juventude (DL 2/86 de 2 de Janeiro).

Compreende-se, pois, em face da legislação referida que pode ser considerada como legislação aplicável em matéria de execução das medidas previstas nas als. a), b), e) e f) do art. 35.°, que a resolução da Assembleia da República n.° 21/2001 tivesse recomendado ao Governo a regulamentação urgente do regime de execução das medidas de promoção e protecção de crianças e jovens em *risco* prevista no n.° 1 do art. 35.° da Lei 147/99 de 1 de Fevereiro.

Assim, antes a publicação dessa regulamentação, poderiam elencar-se os seguintes princípios fundamentais no regime de execução das medidas previstas no n.° 1 do art. 35.° da Lei:

> 1.° Princípio:
> No acompanhamento da execução das medidas decretadas há que ter em conta as cláusulas que estão previstas nos arts. 56.°, 57.°, 58.° e 59.° da Lei;
>
> 2.° Princípio:
> O acompanhamento da execução das cláusulas constantes das medidas negociadas ou decretadas pelo Tribunal deve ser efectuado por equipas multidisciplinares do sistema de segurança social ou pela entidade que o Tribunal indicar, sendo neste último caso a execução dirigida e controlada pelo Juiz;
>
> 3.° Princípio:
> O acompanhamento pelas equipas multidisciplinares de segurança social ou pela entidade que o Tribunal indicar, deve ser feito através da elaboração de relatórios sociais sobre a situação da criança ou do jovem, do seu agregado familiar ou das pessoas ou entidades a quem estejam confiados.

14. As medidas de promoção e protecção implicam, algumas delas, limitações ao exercício das responsabilidades parentais, como resultará em regra, da criança ou do jovem ser afastado do lar ou meio natural em que os pais residem para ser entregue a outro familiar, a uma pessoa idónea ou ser determinado o seu acolhimento familiar ou acolhimento em instituição.

Essas limitações ao exercício das responsabilidades parentais caberão dentro das decisões que nos termos do art. 1920.°-B do CC e da sua alínea d), são consideradas como suspendendo provisoriamente o exercício das responsabilidades parentais ou estabelecem providências limitativas desse exercício. Suscita-se a questão de saber se tais decisões devem ser oficiosamente comunicadas à repartição do registo civil a fim de serem registadas?

Entendemos que as medidas de protecção, como as indicadas, não devem ser comunicadas obrigatoriamente e oficiosamente ao registo civil, nos termos do citado art. 1920.°-B alínea d) do CC.

O nosso entendimento baseia-se, em primeiro lugar, na circunstância de só com a redacção dada ao art. 1978.°-A do CC, aditado pela Lei n.° 31/ /2003 de 22 de Agosto se ter imposto a obrigatoriedade de comunicação ao registo civil da medida imposta de colocação de criança ou jovem sob a guarda de candidato seleccionado para a adopção e de aí se referir, expressamente, que os pais biológicos ficam inibidos, pala aplicação da medida, do exercício das responsabilidades parentais, de acordo, ainda com os arts. 69.°, n.° 1, alínea h) e 78.° do CRC.

Depois e na sequência da razão de ser do novo preceito do CC (o art. 1978.°-A[60]), o registo obrigatório das medidas de protecção tem de andar relacionado com a própria natureza do registo, que, em princípio se destina a certificar factos estabilizados e não necessariamente mutáveis como são todas as demais medidas de promoção e protecção que visam o "retorno" da criança e do jovem ao seu meio familiar, com prazos de duração necessariamente limitados e sujeitos a revisão e substituição em prazos curtos.

Por último, dada a natureza cautelar já referida por várias vezes das medidas aplicadas no processo de promoção e protecção e a necessária ligação entre aqueles processos e os processos tutelares cíveis, como resulta, por exemplo, do art. 68.°, alínea a) e dos arts. 69.° e 75.°, a inexistência de dispositivo expresso que obrigue ao registo obrigatório das medidas (artigo 1.° e 78.° do CRC), deve ser entendido no sentido de que

[60] Alteração introduzida pela referida Lei 31/03 de 22.8..

em geral apenas as medidas tutelares cíveis a que corresponda a regulação, a inibição ou a limitação das responsabilidades parentais devem ser consideradas para os efeitos do disposto no art. 1920.º-B, alínea d) do CC[61].

15. Mais recentemente foram publicados o DL n.º 12/2008, de 17.7 e o DL n.º 11/2008, de 17 de Janeiro que regulamentaram a execução das medidas e os apoios de natureza psicopedagógica e de ajuda económica em meio natural de vida e em acolhimento familiar, a que nos referiremos a propósito dos arts. 39.º e segs e 46.º e segs da presente Lei.

16. Após ter sido iniciada e quase concluída a revisão deste livro foi publicado no dia 27.10.2010 o DL 121/2010, de 27 de Outubro cuja entrada em vigor foi diferida para 60 dias após a sua publicação.

O DL 121/2010 veio regulamentar o regime do apadrinhamento civil aprovado pela Lei 103/2009, de 11 de Setembro "concretizando os requisitos e os procedimentos necessários à habilitação da pessoa que pretende apadrinhar uma criança", segundo o decreto-lei.

A Lei 103/2009, de acordo com os seus arts. 33.º n.os 1 e 2, deveria entrar em vigor no dia seguinte ao da publicação do regulamento que definisse e concretizasse a forma como a habilitação dos padrinhos se deveria processar, pelo que a sua vigência deveria ocorrer no dia 28 de Outubro de 2010 (dia seguinte à publicação do DL 121/2010, de 27 de Outubro).

As normas reguladoras da habilitação do apadrinhamento civil, porém, como se disse, viram diferida a sua vigência para 60 dias após a publicação do DL 121/2010, de 27 de Outubro e só entrarão em vigor em 28 de Dezembro de 2010.

Ou seja: Foi publicada a Lei 103/2009, de 11 de Setembro, que entrou em vigor em 28 de Outubro de 2010, mas cuja plena eficácia só se verificará no dia 28 de Dezembro de 2010.

Tendo assistido à conferência sobre o apadrinhamento civil realizada no dia 22 de Novembro de 2010 na Escola Superior de Enfermagem de Coimbra foi possível ouvir falar sobre a génese deste diploma ao Prof. Dr. Guilherme de Oliveira e ao Dr. Rui do Carmo que estiveram ligados ao nascimento do novo instituto do direito de família, sendo referido neste

---

[61] Deve salientar-se que as decisões provisórias e cautelares proferidas no âmbito do art. 157.º da OTM não estão igualmente sujeitas a registo obrigatório.

comentário, o que resultou da audição dessa conferência e da análise, necessariamente superficial, das relações entre o novo instituto e a lei de promoção e protecção das crianças e jovens em perigo, abstendo-se o presente comentário da análise dos demais problemas substanciais e processuais que resultarão da entrada em vigor do apadrinhamento civil.

A primeira questão a abordar é a da natureza e origem do novo instituto que o Prof. Guilherme Martins defendeu ser uma nova providência tutelar cível, como mais uma forma de tentar afastar as crianças/jovens das instituições de acolhimento quando elas não podem ser adoptadas.

Segundo o Prof. Guilherme de Oliveira o apadrinhamento civil, ou uma medida com similares contornos, apenas existiria no Reino Unido e sob a designação de "special guardianship" a qual não seria, porém, uma medida tendencialmente para a vida, ao contrário do que ocorre com o apadrinhamento civil.

A caracterização do apadrinhamento civil como medida tutelar cível e, não como medida de promoção e protecção, funda-se, em primeiro lugar, no carácter tendencialmente permanente deste instituto, enquanto as medidas de promoção e protecção apenas devem ser aplicadas enquanto dura a situação de perigo para a criança/jovem e, por isso, por tempo determinado.

Outro aspecto que diferencia a nova medida tutelar seria o seu carácter mais abrangente, pois tanto se aplica a crianças ou jovens em perigo como a quaisquer crianças ou jovens com menos de 18 anos e desde que apresente reais vantagens para o apadrinhado (art. 5.° alínea d) da Lei 103/2009, de 11 de Setembro).

O apadrinhamento civil sendo um vínculo permanente e como tal com efeitos para além da *menoridade* das crianças e dos jovens, acaba por ser mais uma forma de regular as responsabilidades parentais, com um regime em parte regulado pelo instituto da tutela, criando novos direitos e deveres recíprocos entre as crianças e os jovens e os seus padrinhos, para além dos da família natural.

Particularmente significativo no regime de apadrinhamento civil é a prevalência que a lei estabelece sobre esta medida tutelar em relação às medidas de promoção e protecção e às outras medidas tutelares cíveis, com excepção da medida de confiança com vista a futura adopção e desde que se verifiquem os respectivos pressupostos (art. 13.°, n.° 3 e art. 5.°, n.° 1 da Lei).

A interligação entre o processo de promoção e protecção e a nova medida tutelar apresenta algumas dificuldades que o diploma deixou em aberto e de que a seguir se procurarão apontar soluções.

Assim:

a) Se o apadrinhamento civil pode ser requerido quando estiver pendente um processo de promoção e protecção (art. 13.°, n.os 1 e 3) e prevalece quer a medida de promoção e protecção já tenha ou não sido decidida – art. 13.°, n.° 3), haverá, no entanto, que distinguir os casos em que o apadrinhamento civil é requerido antes da medida de promoção e protecção ser aplicada e aqueles em que já o foi.

Estando a correr um processo protectivo, que é um processo urgente, como deve ser processado o novo processo tutelar "enxertado " no processo protectivo?

Não mencionando a lei que o procedimento enxertado constitui um incidente ou que o mesmo seja processado por apenso, só se pode concluir que o requerimento em que se formula o pedido de apadrinhamento civil tem de ser junto ao processo protectivo e aí correr os seus termos, mantendo a natureza urgente do processo em que se insere, devendo o Tribunal apreciar previamente o apadrinhamento civil requerido.

Após as diligências que for necessário efectuar, nos termos do art. 19.° da Lei, o juiz singular ou o juiz que preside e os dois juízes sociais podem, no entanto, concluir que a medida de apadrinhamento requerida não deve ser aplicada.

Se a medida for aplicada, o procedimento requerido obtém provimento e o processo finda; se a medida tutelar não for aplicada, nada impede que o processo protectivo siga os seus termos, a manter-se a situação de perigo que incida sobre a criança ou o jovem e, o processo de promoção e protecção que havia ficado automaticamente suspenso com o pedido de apadrinhamento civil, reinicia a sua tramitação, para se concluir, ou não, a final, pela aplicação de uma medida protectiva.

b) Se já foi proferida uma medida de promoção e protecção, o pedido de constituição do apadrinhamento civil incorpora-se, igualmente, no processo protectivo e, concluindo-se, após a tramitação processual, que a medida tutelar de apadrinhamento deve ser aplicada, cessa a medida protectiva aplicada, a não ser que exista compatibilidade entre essa medida e o apadrinhamento civil, hipótese em que a medida protectiva e a medida tutelar se mantêm conjuntamente.

Se, pelo contrário, se concluir no sentido de não dever ser aplicada a medida tutelar de apadrinhamento, a medida protectiva reassume os seus efeitos, desde que se mantenham os pressupostos que levaram à sua aplicação.

c) A compatibilidade entre as medidas de promoção e protecção e a nova medida tutelar suscita, igualmente, algumas dificuldades.

Como regra, em caso de incompatibilidade entre a medida tutelar e a medida protectiva, aquela deve prevalecer sobre a aplicação desta.

A questão que se coloca é a de saber se, em concreto, poderão as duas medidas coexistir. Para se proceder a essa ponderação e dado o carácter prevalecente da medida tutelar, haverá, em primeiro lugar, que analisar em pormenor o regime de apadrinhamento civil fixado e, a partir daí, apurar se é possível conciliar esse regime com a medida protectiva que se pretende aplicar.

Na nossa perspectiva e em termos abstratos, nada nos parece impedir que ao lado de uma medida tutelar de apadrinhamento civil seja aplicada, por exemplo, uma medida de apoio para a autonomia de vida. Ao lado de uma relação em que se fixam vínculos afectivos entre a criança ou o jovem e os seus padrinhos nada parece impedir que ao jovem inserido no agregado dos padrinhos se dêm meios para poder assumir com autonomia a sua inserção na sociedade.

d) Relativamente à tramitação processual de um procedimento tutelar cível que se incorpora num processo protectivo urgente e de jurisdição voluntária (art. 19.°, n.° 7 da Lei) há que atentar que o mesmo se inicia com a apresentação de um requerimento no processo protectivo que poderá ser de iniciativa quer do MP, quer dos organismos competentes da segurança social ou de instituições habilitadas da segurança social , dos pais, do representante legal da criança ou do jovem ou da pessoa que tenha a sua guarda de facto ou da criança ou jovem com mais de 12 anos, nos termos do art. 10.° da lei.

O apadrinhamento civil, porém, poderá, também e ainda, ser impulsionado pelo próprio juiz, em função dos elementos de facto já apurados no processo de promoção e protecção e de acordo com despacho judicial que fundamente as razões de facto e de direito em que o tribunal se baseia para que o processo protectivo passe a processo tutelar de apadrinhamento civil, nos termos do art. 10.°, n.° 3 da Lei.

Apresentado o requerimento, ou impulsionado o processo por despacho judicial no processo protectivo, são notificados o MP a criança ou o jovem maior de 12 anos, os pais, o o representante legal ou quem detiver a guarda de facto sobre a criança ou jovem para alegarem por escrito, querendo e apresentando prova no prazo de 10 dias (art. 19.°, n.° 6).

Se nas alegações não for indicada qualquer prova em face dos factos alegados e apurados, o juiz decide no sentido do apadrinhamento ou recusa-o, mediante simples despacho.

Na hipótese de ser apresentada prova (quer testemunhal, quer qualquer outra) deve entender-se que haverá lugar a debate judicial em termos idênticos aos previstos para o processo protectivo onde se insere a medida de apadrinhamento cível e a decisão caberá ao juiz que preside e a dois juízes sociais (art. 19.°, n.° 6).

Da decisão cabe recurso, que, sendo tomada num processo urgente e respeitante a decisão que põe termo ao processo, deverá ser interposto no prazo de 15 dias com as respectivas alegações, nos termos do art. 691.°, n.° 5 do CPC.

Como pessoas com legitimidade para recorrer deverão ser consideradas aquelas a quem coube a iniciativa de requerer a medida tutelar, devendo a legitimidade para recorrer ser extensiva aos pretendentes a padrinhos, considerando que os mesmos estando interessados na constituição do vínculo de apadrinhamento, são, efectivamente, prejudicados com a decisão judicial que nega tal pretensão, nos termos do art. 680.°, n.° 2 do CPC.

e) A providência tutelar de apadrinhamento civil pode ter lugar no caso de já ter sido decretada a medida protectiva de confiança a pessoa seleccionada para a adopção ou a instituição com vista a futura adopção.

Trata-se de mais um caso em que é admitida a revisão desta última medida, ao contrário do que parecia inicial e literalmente resultar do art. 62.°-A da LPPCJP. Efectivamente, com o art. 10.°, n.° 2 do DL 120/98 de 8 de Maio já se admitia a possibilidade de revisão da medida se o processo para ser decretada a adopção não viesse a ser requerido dentro de o prazo de um ano após a medida protectiva ter sido proferida.

Os termos agora usados na lei do apadrinhamento civil de "reapreciação" da medida e da constatação de ser "inviável" a aplicação da medida de confiança com vista a futura adopção, implicam que se faça no processo onde de decidiu a medida protectiva uma nova avaliação, diagnóstico e controlo da medida aplicada e proceder à sua alteração, em face de circunstâncias ulteriormente apuradas.

Verificando-se, agora, que o encaminhamento para a adopção não é possível de ser percorrido até ser decretada a adopção, o apadrinhamento civil apresenta-se como a última possibilidade de evitar a institucionalização das crianças ou jovens.

Esta possibilidade torna-se agora de grande utilidade dado o período decorrido, normalmente, entre o encaminhamento para a adopção e a sua efectiva concretização e a certeza, constatada, que o aumento da idade das crianças torna mais problemática a possibilidade de adopção.

A tramitação processual destes casos não apresenta especialidades previstas na lei em relação aos demais casos de aplicação da medida tutelar "enxertada" no processo protectivo.

Detectada uma situação gorada de encaminhamento com vista a futura adopção, a apreciação da mesma dependerá sempre de decisão judicial que caberá ao juiz que decretou a medida e na qual deverão ser apontados os factos e as razões pelas quais a medida "falhou" e simultaneamente, em caso de iniciativa oficiosa do Tribunal, declarar as razões e os fundamentos pelos quais se julga viável que o processo prossiga como medida tutelar de apadrinhamento civil.

Na hipótese, que se prevê mais frequente, de ser decidida apenas a inviabilidade da medida protectiva, caberá, então, às pessoas referidas no art. 10.° da Lei 103/2009 indicar em requerimento e face ao decidido, os factos e as razões pelas quais o processo deverá prosseguir com vista ao apadrinhamento civil.

Em qualquer dos casos e como a medida é aplicada após ter sido aplicada anterior medida de promoção e protecção, nos termos do art. 13.°, n.° 3 da lei, a medida de confiança com vista a futura adopção cessa por regra por incompatibilidade com a medida de apadrinhamento civil que vier a ser decidida.

Quanto aos demais termos processuais haverá que obervar os trâmites já referidos, em geral, quando a medida de apadrinhamento civil é "enxertada" num processo protectivo, com anteriormente foi mencionado.

f) Uma última nota deve ser referida a propósito do n.° 8 do art. 19.° da Lei que prescreve que a tramitação electrónica destes processos se processará "nos termos gerais das normas do processo civil". É que aqui não pode ser esquecido, que, sendo o processo tutelar tramitado num processo protectivo que está pendente e como tal de carácter reservado (art. 88.° da LPCJP), não poderá deixará de se ter em conta a impossibilidade de serem publicitados por via electrónica os procedimentos quer anteriores, quer posteriores, ao processo tutelar cível inserido no processo de promoção e protecção, de forma a acautelar o carácter reservado do processo protectivo.

Artigo 36.°
Acordo

As medidas aplicadas pelas comissões de protecção ou em processo judicial, por decisão negociada, integram um acordo de promoção e protecção.

1. Qualquer acordo tem subjacente uma convergência de vontades quanto à regularização de interesses que se pretendem harmonizar. No caso dos acordos que visam aplicar medidas de promoção e protecção às crianças e jovens, os acordos visam, ou afastar o perigo em que as crianças/jovens se encontram ou as outras finalidades indicadas nas alíneas b) e c) do artigo 34.°.

O acordo alcançado visa a aplicação de uma das medidas indicadas no art. 35.° devendo o mesmo ser outorgado pelos titulares das responsabilidades parentais, pela criança/jovem com mais de 12 anos, pelo presidente da comissão de protecção e, nos Tribunais, pelo MP e pelo Juiz do Tribunal onde o acordo foi estabelecido.

As medidas decididas aplicar hão-de constar do próprio acordo, devendo constar do mesmo as cláusulas obrigatórias constantes dos arts. 56.° e 57.°. Por outro lado, entre os "limites" das decisões negociadas há que ter em conta a existência de direitos indisponíveis como os previstos no art. 58.°.

2. Formalmente, o acordo tem de ser reduzido a escrito (art. 5.°, al. f)), ser assinado pelos intervenientes e constar do processo que corre na comissão de protecção ou perante o Tribunal, ficando, neste último caso a constar do auto a que se refere o art. 113.°, n.° 3 da Lei, devendo ser homologado pelo julgador e ser assinado, também, por todos os intervenientes.

Nas comissões de protecção o presidente da comissão e todos os intervenientes assinarão o próprio auto no processo administrativo que levou à decisão negociada.

A falta de qualquer das cláusulas impostas por Lei, nos termos dos arts. 56.°, 57.° e 58.°, constitui violação de Lei podendo levar à anulação do acordo estabelecido com fundamento no art. 76.°, n.° 1, mediante iniciativa do MP.

Nos processos que correm nas comissões de protecção devem ser indicados, ainda, os fundamentos da intervenção da comissão, devendo a medida negociada e aplicada ser objecto de deliberação da comissão restrita, com indicação dos seus fundamentos de facto e de direito.

ARTIGO 37.°
Medidas provisórias

As medidas provisórias são aplicadas nas situações de emergência ou enquanto se procede ao diagnóstico da situação da criança e à

definição do seu encaminhamento subsequente, não podendo a sua duração prolongar-se por mais de seis meses.

1. O art. 5.°, alínea c) teve o cuidado de definir a *situação de urgência* como a situação de perigo actual e iminente, para a vida ou integridade física da criança ou do jovem.

Mais à frente, nos procedimentos de urgência (arts. 91.° e 92.°), determina-se que os mesmos são aplicáveis quando "exista perigo actual ou iminente para a vida ou integridade física da criança ou do jovem e haja oposição dos detentores das responsabilidades parentais ou de quem tenha a guarda de facto". Nestes casos, as comissões de protecção podem, então, tomar as "medidas adequadas" para a protecção imediata da criança/jovem e solicitam a intervenção do Tribunal ou das entidades policiais.

Noutra perspectiva o Tribunal aprecia, no prazo de 48 horas, as medidas aplicadas e profere, então, decisão provisória confirmando as providências tomadas, que vão desde retirar a criança ou jovem do perigo, assegurando a sua protecção de emergência em casa de acolhimento temporário, ou nas instalações de entidades com competência em matéria de infância e juventude ou em outro local adequado (art. 91.°, n.° 3).

O que resulta dos procedimentos de urgência a tomar nas situações de urgência é que as comissões de protecção em tais situações aplicam apenas "medidas adequadas".

As medidas provisórias que as CPCJP e os Tribunais deveriam aplicar nos termos dos arts. 34.°, 37.° e 38.° seriam apenas as destinadas a afastar o perigo em que a criança/jovem se encontra.

Efectivamente as comissões de protecção aplicam tão só "as medidas adequadas" à protecção imediata da criança/jovem, retirando-a da situação de perigo em que se encontra, mesmo sem o acordo dos detentores das responsabilidades parentais ou de quem detenha a guarda de facto, colocando a criança/jovem em local que permite afastar o perigo actual ou iminente existente para a sua vida ou integridade física.

Identicamente, nas *situações de emergência*, as comissões têm poderes para tomarem as "medidas adequadas". De facto, a situação de urgência distingue-se da situação de emergência por esta última ser uma situação urgente crítica ou de gravidade excepcional. Se nas situações urgentes se permite que as comissões de protecção e as entidades com competência em matéria de infância e juventude tomem as "medidas adequadas", nas quais se incluem todas aquelas que sirvam para a protecção imediata da criança/jovem, incluindo a protecção policial para entrega da criança/ /jovem em caso de acolhimento temporário, o mesmo procedimento e com maior fundamento tem de ser como atribuível às comissões de protecção nas situações de emergência. Do assinalado ressalta que, embora, estritamente, as comissões não possam aplicar as medidas provisórias contempladas nos arts. 35.° e 37.°, cabe às mesmas tomar a iniciativa de quaisquer "medidas adequadas", a título provisório que em tudo se podem equivaler às medidas contempladas pelo art. 35.° nas "situações de emergência".

2. As medidas provisórias têm a duração máxima de 6 meses e a sua fiscalização quando aplicadas pelas comissões, em situações de perigo, mas não de urgência, nem de emergência, cabe ao MP (art. 68.°, alínea d)) uma vez que de acordo com este último artigo todas as situações em que não tenha sido proferida decisão *definitiva*, o MP tomará conhecimento da decisão e deverá actuar em conformidade. Tal prazo constitui um prazo genérico máximo para as comissões darem conhecimento e justificarem o andamento dos processos iniciados e o seu encaminhamento (vide art. 21.°, n.° 1, al. g) e 18.°, n.° 2, al. g)).

O prazo de 6 meses fixado para que seja mantida qualquer medida provisória pressupõe entender-se que tal prazo é suficiente para compreender o enquadramento sócio cultural da criança/jovem e da sua família, impondo o art. 62.°, n.° 6 que a medida estabelecida ou fixada a título precário seja mantida, corrigida, alterada ou suprimida após aquele prazo, mas, agora, tão somente como medida definitiva. Se a medida provisória não for transformada em definitiva (quer por acordo, quer por decisão proferida em sede de debate judicial) e cessar, a cessação das medidas que são adoptadas, tendo em vista o retorno da criança ou do jovem ao seu meio natural, implica, necessariamente, o regresso da criança ou do jovem aos cuidados dos seus pais ou representantes legais ou detentores da guarda de facto.

A questão da cessação das medidas provisórias torna-se particularmente delicada na hipótese, de cessar, por exemplo uma das medidas que implica, em princípio, a mais ou menos breve prazo o retorno à família natural e se chegue posteriormente, à conclusão que a medida adoptada deve ser a de confiança de pessoa seleccionada para adopção ou a confiança a instituição com vista a futura adopção.

Em tais hipóteses ao cessar a medida que provisoriamente fora estabelecida e que implicavam o retorno à família biológica a criança/jovem não deve regressar a essa família, mas, como a medida provisória não pode, em princípio, ser aplicada de novo, como proceder?

Suponhamos que a criança/jovem foi entregue a uma instituição como resultado da aplicação de uma medida provisória. Mantém-se a situação de perigo que existia ao decidir-se pelo seu regresso à família biológica e constata-se que deve ser aplicada a medida de confiança a pessoa seleccionada para adopção ou a instituição com vista a futura adopção. Como esta última medida deverá só ser aplicada, não havendo acordo, após debate judicial em que situação fica a criança/jovem entre o período que cessou o regime provisório e a data em que se decreta a medida definitiva de confiança a pessoa seleccionada para adopção ou a instituição com vista a futura adopção?

É evidente que o legislador que esteve na redacção inicial da Lei 147/99 de 1.9, não pensou nem estabeleceu as medidas provisórias pensando numa situação como a descrita, mas, tão somente, nas situações em que cessada a medida provisória a sua consequência normal seria o regresso da criança jovem à família natural.

Das disposições enxertadas na redacção inicial do diploma (arts. 35.°, n.os 2 e 3, 38.°, 38.°-A, 62.°-A e 63.°, n.° 1, al. c)) resulta que a medida de confiança a pessoa seleccionada para adopção ou a instituição com vista a futura adopção só pode ser aplicada a título definitivo[62] pelo Tribunal, dependendo a sua estatuição de alguma das situações previstas no artigo

---

[62] Deve ter-se em atenção que não obstante a medida de confiança com vista a futura adopção tomada no processo protectivo só poder ser aplicada a título definitivo, no caso de ser requerida a confiança judicial da criança ou do jovem nos termos do artigo 164.° da OTM, o Tribunal pode atribuir a guarda provisória do *menor* ao candidato à adopção sempre que face aos elementos dos autos for de concluir pela probabilidade séria da procedência da acção (art. 166.°, n.° 1 da OTM).

Esta guarda provisória não se confunde, porém, com as medidas provisórias aplicadas em situação de emergência no processo protectivo, pois estas últimas pressupõem que ainda não está feito o diagnóstico da situação da criança ou do jovem e não está definido o seu encaminhamento subsequente.

A guarda provisória que o art. 166.° da OTM prevê pressupõe que a situação em causa se encontra já completamente diagnosticada, tem o aval do MP e do organismo da segurança social da área da residência da criança e tem em conta a séria probabilidade da acção de confiança judicial ser viável e procedente. Daí que se trata de uma guarda provisória que é atribuída com grande probabilidade de ser confirmada e em função de uma situação devidamente diagnosticada no sentido do encaminhamento tendo em vista a futura adopção.

1978.º do CC, cessando tal medida quando for decretada a adopção e não estando sujeita a mesma a revisão.

Não se resolve todavia, o hiato existente entre o momento em que cessa a medida provisória, que implicava o retorno à família natural, e a aplicação da medida definitiva[63].

Atenta a filosofia geral do diploma comentado não se pode fazer regressar a criança jovem ao seu meio natural, continuando a existir uma situação perigosa, mas também não se pode prorrogar a medida provisória nos termos do artigo 62.º, n.º 2 da Lei.

Ora, a interpretação da Lei nos termos do artigo 9.º do CC tem de atender ao enxerto que foi inserido na redacção inicial do diploma procurando conjugar o sistema previsto com a introdução das normas que vieram prever a confiança a pessoa seleccionada para a adopção ou a instituição com vista a futura adopção. A interpretação coerente da Lei tendo em vista os objectivos prosseguidos pelo diploma inicial e pelas novas normas enxertadas só pode ser no sentido de que a obrigatoriedade de revisão de medidas provisórias e a sua cessação, só operam nos casos em que as medidas provisórias não podem ser substituídas ou revistas por outras medidas provisórias ou definitivas que impliquem o retorno à família natural, findo o prazo de 6 meses. Todavia, quando findo aquele prazo de 6 meses a revisão de uma medida provisória conduz à aplicação de uma medida definitiva que implica a rotura com a família natural, já o prazo de caducidade de 6 meses das medidas provisórias se não aplica e a medida provisória deve ser susceptível de ser prorrogada[64] fundamentando-se a necessidade da prorrogação na aplicação de uma medida definitiva que rompe com a filiação biológica da criança/jovem.

Pela forma que foi referida acaba por se efectuar uma interpretação restritiva do art. 62.º, n.º 6 obtendo-se com essa interpretação uma coe-

[63] A solução encontrada permite, com a prorrogação da medida provisória, que no período entre a cessação da medida e a aplicação da medida definitiva de confiança a pessoa seleccionada para adopção ou a instituição com vista a futura adopção, o Tribunal possa proceder às diligências necessárias, (ouvir em declarações os pais ou representantes legais da criança, serem elaborados relatórios (respeitantes aos progenitores e família alargada), ouvidos os membros da família alargada, notificar pessoalmente os intervenientes para prestarem alegações, (muitas das vezes através de editais e anúncios), e designar a data do debate, (com respeito pelos prazos de alegação e dos vistos aos juízes sociais), além de permitir fixar o dia para prolação da decisão, nos casos de especial complexidade, nos termos do artigo 122.º, n.º 2 da Lei.

[64] Mas, ainda assim, só através de despacho devidamente fundamentado.

rência lógica e racional na articulação da legislação inicial com as alterações legais introduzidas ao diploma.

3. As medidas provisórias aplicadas pelo Tribunal são susceptíveis de recurso judicial, nos termos do art. 123.°, tendo legitimidade para recorrer o MP, a criança/jovem, os pais representante legal ou quem detiver a guarda de facto sobre a criança/jovem.

Em princípio, se o Tribunal aplica uma medida provisória numa situação de emergência, a mesma terá de traduzir-se em afastar a situação perigosa, crítica e excepcional que impende sobre a criança/jovem o que conduzirá, na maior parte dos casos a seguir-se um caminho similar ao previsto no art. 91.°, n.° 3, sendo aplicáveis, então, medidas provisórias como a confiança a pessoa idónea, o acolhimento familiar ou o acolhimento institucional.

ARTIGO 38.°
Competência para aplicação das medidas

A aplicação das medidas de promoção dos direitos e de protecção é da competência exclusiva das comissões de protecção e dos tribunais; a aplicação da medida prevista na alínea g) do n.° 1 do artigo 35.° é da competência exclusiva dos tribunais.

1. As comissões de promoção e protecção podem aplicar todas as medidas de promoção e protecção referidas no art. 35.°, com excepção da medida de atribuição da criança/jovem à confiança de pessoa seleccionada para a adopção ou a instituição com vista a futura adopção. Tal restrição de competência tem o seu fundamento no dispositivo constante do art. 36.° da CRP e do seu n.° 6 quando se estabelece que os filhos não podem ser separados dos pais "salvo quando (...) não cumpram os seus deveres fundamentais e **sempre mediante decisão judicial.**"

As comissões de protecção poderão, ainda, aplicar medidas provisórias em situações de perigo para a criança ou jovem que não sejam enquadráveis nas situações de urgência ou de emergência, verificados que forem os demais pressupostos para a sua intervenção (consentimento dos representantes parentais e não oposição da criança ou jovem).

Nas situações de urgência em que exista perigo para a vida e integridade física da criança/jovem e em situações de emergência idênticas, as comissões podem tomar "medidas adequadas", ainda que se verifique oposição dos detentores das responsabilidades parentais.

Quanto aos Tribunais cabe-lhes aplicar quer as medidas provisórias quer as medidas definitivas previstas no art. 35.°.

Se as medidas se destinam a afastar o perigo que incide sobre a criança/jovem, mas visam, desde logo, solidificar o projecto de vida para a criança/jovem e a garantir a sua estabilização psíquica e física (artigo 34.°, alíneas b) e c)) as mesmas não deveriam ser tomadas a título provisório, uma vez que tendo em vista, os seus fins só deveriam ser tomadas a título definitivo após o diagnóstico seguro e ponderado sobre a situação da criança e sua família.

2. O artigo ao excluir que as entidades com competência em matéria de infância e juventude não possam tomar as medidas previstas no art. 35.°, pretendeu, fundamentalmente, que essas instituições não pudessem adoptar, elas próprias, mesmo com o acordo dos representantes parentais, medidas que levassem ao acolhimento naquelas instituições das crianças ou dos jovens (art. 91.°, n.° 3). Mesmo que esse acolhimento venha a ter lugar de acordo com o art. 65.°, n.° 3[65], o mesmo é tomado a título excepcional até que as comissões de protecção ou os Tribunais providenciem no sentido de decidir se tal acolhimento deve, ou não, manter-se[66].

3. É à comissão restrita que cabe aplicar as medidas que as comissões têm competência para aplicar (art. 21.°, n.° 1, alínea f)).

Os Tribunais com competência para aplicar as medidas são os de Família e de Menores onde existirem, e os de Comarca, quer se trate de decisão negociada ou tomada sem acordo dos intervenientes (arts. 112.° e 121.°).

4. Compreende-se que a medida prevista na al. g) do n.° 1 do art. 35.° seja de competência exclusiva dos Tribunais. Destinando-se a medida a atribuir a confiança da criança/jovem a pessoa diferente da sua família biológica ou a instituição de acolhimento, ficando a criança ou o jovem a partir daí desinserido do seu meio sócio-cultural e natural, a entrega aos cuidados de terceiros ou a uma instituição com vista a passar a pertencer

---

65 Vide anotação ao artigo 65.° da Lei.

66 Ao abrigo da OTM era habitual que com o consentimento dos pais ou dos representantes parentais fossem acolhidas em instituições crianças ou jovens, independentemente de se verificarem situações de risco ou de perigo para a criança, por mera comodidade dos pais em relação ao cumprimento dos seus deveres parentais.

a outro núcleo familiar, contende com os direitos fundamentais da criança e dos seus pais. A partir daí os pais ou representantes legais da criança ou do jovem ficam inibidos de exercer as responsabilidades parentais e inicia-se um caminho, em princípio sem regresso, à integração numa nova família que se pretende vir a conseguir obter o desenvolvimento integral da criança/jovem.

A medida em causa, com efeitos complexos, envolvendo uma alteração da situação jurídica existente só pode ser, assim, tomada em face da sua tendencial irreversibilidade, através de decisão judicial (n.° 6 do art. 36.° da CRP).

Artigo 38.°-A
Confiança a pessoa seleccionada para a adopção ou a instituição com vista a futura adopção

1. A medida de confiança a pessoa seleccionada para a adopção ou a instituição com vista a futura adopção, aplicável quando se verifique alguma das situações previstas no artigo 1978.° do Código Civil, consiste:

a) Na colocação da criança ou do jovem sob a guarda de candidato seleccionado para a adopção pelo competente organismo de segurança social;

b) Ou na colocação da criança ou do jovem sob a guarda de instituição com vista a futura adopção.

1. O "candidato" seleccionado para a adopção pelo competente organismo de segurança social, poderá ser um casal ou uma pessoa singular, nos termos do art.. 1978.° do CC. "Casal" que, de acordo com o art. 1979.°, n.° 1 do CC há-de ser constituído por pessoas com vínculo matrimonial e de sexo diferente.

A "selecção" do candidato que fica a ter a guarda sobre a criança/ /jovem implica a escolha pelo organismo de segurança social da pessoa ou do casal que esteja de acordo com o "perfil" da criança/jovem no sentido de assegurar que a sua integração no núcleo familiar da pessoa ou casal escolhido vai permitir o integral desenvolvimento da criança/jovem. Haverá, pois, que atender aos critérios legais e gerais exigidos para a adopção (como a idade, o acordo de outros filhos), como à situação económica, à estabilidade social, às razões que motivaram a candidatura à adopção (art. 1973.º, n.º 2 do CC). Sobretudo é necessário que a medida ao ser aplicada pelo Tribunal se fundamente no conjunto de circunstâncias que permitam assegurar, com o maior grau de probabilidade, que a solução, sendo provisória, se venha a tornar definitiva, só não o passando a ser se motivos muito graves ou excepcionais a desaconselhem. Efectivamente, a confiança a pessoa seleccionada para a adopção, como a confiança judicial, correspondendo a um período de pré-adopção, têm como finalidade averiguar a adoptabilidade da criança ou do jovem visando, essencialmente, a defesa da criança ou do jovem quanto à sua integração na família adoptiva e evitando que se prolonguem as situações de carência em que a criança ou o jovem se encontra, derivadas da inexistência de uma relação familiar que não prossegue, minimamente, os seus objectivos[67-68].

2. O "competente" organismo de segurança social que seleccionará o casal ou a pessoa singular de quem a criança/jovem ficará à guarda provisoriamente e que, consequentemente, exercerá sobre ela os poderes inerentes ao exercício das responsabilidades parentais, é o organismo da segurança social da área de residência da criança/jovem ou do local onde a criança ou o jovem se encontra, de acordo com o estatuído no art. 2.º da Lei.

3. A "colocação" de criança ou de jovem sob a guarda de candidato seleccionado para a adopção distingue-se da "colocação à guarda de confiança a pessoa idónea", uma vez que, nesta última existem laços de afectividade recíproca entre a criança/jovem antes da colocação e a pessoa que

---

67 O candidato à adopção deve poder durante todo o processo de pré adopção e na adopção manifestar a sua vontade no sentido de criar o vínculo da adopção. Se ocorrer, por exemplo, o falecimento da pessoa seleccionada para adopção a quem a criança já tiver sido entregue, ocorrerá necessariamente a extinção da medida.

Na hipótese de confiança a instituição com vista a futura adopção, se ocorrer o decesso da pessoa seleccionada para adopção, a medida poderá manter-se, regressando a criança à instituição e, posteriormente ser entregue a outro candidato a adopção.

Como se decidiu no Ac. do Tribunal da Relação de Lisboa de 95.2006 o adoptante tem que poder manifestar vontade de adoptar até ao momento em que ocorre a decisão judicial que legitima a adopção e se ocorrer a sua morte no decurso do processo, será extinta a instância por impossibilidade superveniente da lide (processo n.º 1480/2006-7 de que foi relator o Desembargador Luís Espírito Santo em www.dgsi.pt/jtrl).

68 Vide anotação ao artigo 62.º-A da Lei.

fica com a sua guarda, enquanto na guarda de candidato seleccionado para a adopção se tem em vista criar e testar esses laços (futuros) de afectividade recíproca, no sentido de os consolidar, tendo em vista a futura adopção.

4. A "colocação" da criança ou do jovem à guarda de instituição desafectando-a de qualquer laço humano directo com o futuro e eventual adoptante constitui, sempre, como na medida de "acolhimento em instituição", a última solução a encontrar tendo em vista o projecto futuro do desenvolvimento integral da criança/jovem. É por isso que tal solução só deve ser adoptada na impossibilidade de ser encontrado, desde logo, o casal ou a pessoa singular com quem se projecta que a criança/jovem reatará a sua ligação a uma família.

5. O artigo estipula que a medida em causa, que como referimos, só deve ser aplicada a título definitivo, tem lugar nas situações previstas no art. 1978.º do CC.

Convém, por isso, dissecar as condições previstas no art. 1978.º do CC que podem originar a aplicação da medida.

a) O art. 1978.º do CC na redacção dada pela Lei 31/2003 de 22 de Agosto, pode ser cindido em várias partes: uma, em que são referidas as pessoas que têm legitimidade para requerer a confiança da criança/jovem, correspondente aos seus n.os 5 e 6 que não têm, agora, para análise do art. 38.º-A, interesse imediato. Outra, indicando os pressupostos positivos a que correspondem as situações que podem levar o Tribunal a confiar a criança/jovem a casal, a pessoa singular ou a instituição (alíneas a), b), d) e e) do art. 1978.º).

Outra parte, a que corresponde a enunciação de um pressuposto negativo, que, a verificar-se, se sobrepõe à existência dos pressupostos positivos (o n.º 4 do artigo).

Finalmente, os n.os 2 e 3 ponderam, o primeiro, o princípio prioritário à luz do qual as situações mencionadas nas alíneas a), b), c), d) e e) do n.º 1 devem ser apreciadas – os direitos e interesses da criança/jovem – correspondendo o n.º 3 a uma remissão para a presente Lei, quanto à qualificação das situações em que a criança/jovem deve ser considerada em perigo.

b) Quanto ao critério de prevalência na análise das situações enunciadas no artigo dos direitos e interesses da criança/jovem, os mesmos reconduzem-se aos princípios já enunciados e analisados a propósito do art. 4.º da Lei.

Quanto às situações de perigo as mesmas já foram estudadas e analisadas a propósito do art. 3.º, n.º 2, da Lei. Resta, por isso, fazer uma abordagem analítica do teor dos n.os 1 e 4 do art. 1978.º do CC.

c) Quanto ao n.º 4, como critério delimitador, pela negativa, de qualquer possibilidade do *menor* ser entregue a casal, a pessoa singular ou a instituição, refere-se o princípio da prevalência da família, constante do art. 4.º, alínea g) da presente Lei. Ou seja: se existir membro da família alargada da criança/jovem (no âmbito da qual são considerados os avós, os tios, os irmãos), ou tutor[69] (o qual, nos termos do art. 1927.º e segs. do CC será em princípio uma pessoa parente da criança ou que tenha tido relações afectivas com a criança), a criança/jovem não será entregue a outra ou outras pessoas ou a instituição, a não ser que aqueles parentes próximos ou que tenham laços afectivos com o *menor* ponham em causa e de forma grave, a sua segurança, a saúde, a formação moral e a educação da criança//jovem e a permanência junto daquelas pessoas não for avaliada pelo Tribunal como assegurando o interesse do *menor*.

d) Verificando-se que não existe uma situação em que a criança//jovem se possa manter junto da família alargada ou do tutor, haverá, depois, que ponderar a existência dos pressupostos referidos nas diferentes alíneas do n.º 1 do art. 1978.º do CC.

Assim:

1.º Pressuposto – inexistência de vínculos afectivos entre a criança/jovem e os seus pais;

2.º Pressuposto – (em alternativa) encontrarem-se seriamente comprometidos os vínculos afectivos entre a criança/jovem e os seus pais.

A Lei enumera, depois, circunstâncias que a verificarem-se correspondem à constatação (objectiva), da inexistência de laços afectivos ou do comprometimento sério desses vínculos afectivos.

Assim:

– Na **alínea a)** inexistem vínculos afectivos entre a criança/jovem e os seus pais, estes ou são desconhecidos (incógnitos) ou faleceram;

---

69 Em princípio deve ser considerada incorrecta e *contra legem* a prática pela qual se pretende alargar o pressuposto negativo contido no n.º 4 do artigo 1978.º do CC de forma a abranger outros familiares ou representantes que não os indicados. Essa situação só é admissível se a criança já tiver criado laços afectivos com outros familiares que não os avós, os tios ou os irmãos.

– Na **alínea b)** verifica-se que os pais estiveram de acordo em desvincularem-se dos seus filhos (consentindo que os mesmos fossem adoptados), revelando que se quebraram por vontade dos próprios pais os laços que tornavam natural a afeição entre os filhos e os seus progenitores.

– Na **alínea c)** entende-se que os pais deixaram de todo o modo de ter qualquer relação física ou emocional com a criança/jovem, deixando-a entregue totalmente ao seu destino, o que significa a rotura total dos vínculos afectivos com a criança/jovem que, a terem existido, foram, depois, completamente perdidos.

– Na **alínea d)** está-se perante as situações que legitimam a intervenção de terceiros, quando os pais, de acordo com o art. 36.°, n.° 6 da CRP não cumprem os seus deveres fundamentais para com os seus filhos, colocando em perigo, de forma grave o seu desenvolvimento integral, quanto à segurança, à saúde, à formação e à educação.

Nos casos referidos, para a Lei é indiferente que os pais tenham colocado dolosa ou negligentemente ou independentemente de qualquer culpa, a criança/jovem em perigo, ou mesmo que tais situações se tenham verificado devido a incapacidade mental. Mais importante que as razões pelas quais se colocou em perigo grave os direitos fundamentais da criança ou do jovem é a constatação dessas situações, independentemente das acções ou das incapacidades dos pais que levaram a que tais situações surgissem.

O que foi dito não exclui que não obstante a existência de tais acções ou omissões se não possa considerar, em função das demais circunstâncias envolventes e nos termos gerais de direito, que a acção ou omissão dolosa ou negligentes dos pais que colocou os filhos em perigo grave, não possa ter uma causa de justificação que devidamente ponderada e no interesse da criança/jovem, faça pender a situação para a manutenção do vínculo familiar com os pais, desde que não hajam sido comprometidos, de forma irremediável, os vínculos afectivos próprios da filiação.[70]

[70] O Acórdão do Tribunal da Relação de Coimbra de 3.5.2006 considerou que no campo de aplicação da alínea d) do artigo 1978.° do Código Civil, na redacção da Lei 31/93, estão abrangidas situações como as de toxicodependência e alcoolismo, por entender que tais comportamento se devem enquadrar no âmbito da incapacidade dos pais.

Finalmente, na **alínea e)** contemplam-se as situações em que os pais deixaram manter a criança/jovem junto de terceiro ou de instituição durante um período de 3 meses[71], antes de ser requerida a confiança da criança/jovem com vista a adopção, sem lhe terem dado o apoio, o carinho e a afeição (que poderiam ser demonstrados das mais variadas formas), tendo, com tais comportamentos, posto em causa a possibilidade de retorno da criança/jovem à sua família natural (comprometendo dessa forma, seriamente, a qualidade e continuidade dos vínculos afectivos anteriormente existentes).

Sintomáticos da falta de interesse dos pais pelos filhos são todas as situações em que os progenitores revelam um completo afastamento quanto ao quotidiano das crianças ou jovens, não lhes proporcionando os cuidados necessários para o seu desenvolvimento físico e mental e indiciando factores da sua irresponsabilização quanto a esse desenvolvimento. Designadamente, devem ser considerados como actos de "manifesto desinteresse", nos termos deste artigo as situações em que os centros de acolhimento, são vistos pelos pais não como situações excepcionais, mas como a forma de permitir a recuperação dos progenitores a assumir as suas responsabilidades parentais, deixando os filhos nos centros de acolhimento, só os visitando esporadicamente, a ponto de mal reconhecerem o seu desenvolvimento físico.

Noutra perspectiva, a falta de interesse dos pais pode revelar-se pela sujeição da criança a tratamentos emocionais desequilibrados do pai ou da mãe como queimaduras de cigarros feitos à criança ou comportamento estranho do pai que permanece drogado.

Não será a circunstância do pai ou a mãe efectuarem visitas ao filho, acolhido por um particular ou por uma instituição, que, por si só, poderá justificar que não estejam seriamente comprometidos os vínculos afectivos próprios da filiação.

As visitas efectuadas pelos pais, constituem, muitas vezes, apenas uma forma de pretenderem afastar a criança do seu encaminhamento para uma futura adopção, dado que nessas visitas não se desenvolvem laços afectivos tendentes a sedimentar a relação parental. Efectivamente, alguns pais limitam-se a estabelecer um contacto periódico com os filhos nas instituições, maquinal e rotineiramente, não se interessando pelo

---

71 Cfr. nota de rodapé 12.

desenvolvimento da criança ou jovem nem cuidando das suas necessidades e aspirações, vendo fisicamente a criança, mas sem se preocuparem com o restabelecimento das condições que permitiriam o seu regresso ao lar[72].

6. A aplicação desta medida implica a obrigatoriedade da sua comunicação à Conservatória do Registo Civil, nos termos dos arts 69.°, n.° 1, al. h), 78.° e 88.°, n.° 7 do CRC, ficando os pais biológicos inibidos do exercício das responsabilidades parentais, de acordo com o art. 1978.° na redacção da Lei 31/2003 de 22 de Agosto.

SECÇÃO II
Medidas no meio natural de vida

Artigo 39.°
Apoio junto dos pais

A medida de apoio junto dos pais consiste em proporcionar à criança ou jovem apoio de natureza psicopedagógica e social e, quando necessário, ajuda económica.

1. O artigo fala em "apoio junto dos pais", o que significa, em primeiro lugar, que a medida se destina a sustentar, a amparar, aquilo que em princípio os pais deveriam fazer para proporcionar o pleno desenvolvimento da criança/jovem fornecendo-lhe os meios, que, por qualquer motivo, os progenitores não puderam ou não quiseram obter para alcançar esse objectivo. Depois, esse apoio deve ser concedido junto dos pais, o que tem em conta a manutenção das relações físicas e emocionais entre pais e filhos. Falando, ainda, o artigo, em pais, tem-se em atenção que os progenitores (ambos), têm uma responsabilidade comum na educação e no desenvolvimento da criança, de acordo com o estatuído no n.° 1 do art.

---

[72] O Acórdão do Tribunal da Relação do Porto proferido no processo 0632677, de que foi relatora a Desembargadora Ana Paula Lobo, de 18.5.29006, considerou que a feitura de 9 visitas de uma mãe a uma *menor* a uma instituição num período de 2 anos são mais uma tentativa de tardar a decisão de encaminhamento para adopção da *menor* do que manifestações de qualquer afecto ou interesse pela filha.

18.° da Convenção Sobre os Direitos da Criança aprovada pela Resolução da Assembleia da República n.° 20/90 de 8 de Junho de 1990.

2. Questão que se coloca na aplicação desta medida é se o apoio aqui previsto "junto dos pais" deverá existir, igualmente, no caso da criança não ter pais mas tão só, representantes legais ou pessoa que detenha a sua guarda de facto, que não sejam familiares (cfr. art. 42.°).

Quanto aos *representantes legais*, estando os mesmos investidos dos poderes deveres que cabem aos pais e na sua ausência ou impedimento, poderia dizer-se que eles só foram indicados como representantes por se entender que estavam em condições de suprir as carências dos pais e que, naturalmente devem ser indicadas como representantes das crianças/ /jovens as pessoas que tenham condições para superar as dificuldades que a criança/jovem tem que enfrentar. A realidade sócio-económica, pode, no entanto, sobrepor-se às razões técnico-jurídicas que levam a designar os representantes legais, pelo que, na prática nada faz excluir a possibilidade de apoio dos representantes legais, que tendo os mesmos os poderes-deveres dos pais devem beneficiar de idênticos apoios para conseguirem obter o desenvolvimento integral da criança/jovem.

A situação das *pessoas que detém a guarda de facto* sobre a criança/ /jovem que não sejam familiares (cfr. artigo 42.°) é um pouco diferente. Neste caso não existe, ou pode não existir vínculo reconhecido juridicamente da situação de facto existente.

Quando se verificar a existência desse vínculo legalmente definido ou imposto por decisão judicial, a situação é, de todo similar à dos representantes legais e o apoio, quando necessário, deve ser decretado[73].

Quando se verificar a inexistência desse vínculo não deve haver lugar à aplicação da medida.

De facto, em que base radica o apoio prestado a pessoas que não estão vinculadas a proteger e a defender a criança e o fazem somente por que o querem ou o desejam? Como é possível sancionar os seus comportamentos, quando não cumpram os objectivos fixados quanto ao apoio psicológico, social e económico?

---

[73] Por exemplo nas acções de regulação das responsabilidades parentais, limitação das responsabilidades parentais ou inibição das responsabilidades parentais quando a criança é confiada à guarda de terceiro não familiar.

A questão enunciada acabou por ser clarificada pelo DL 12/08 de 17.1 quando no seu art. 4.º, al. a) considera que no conceito de apoio junto dos pais se abrangem não só os pais como o representante legal ou a pessoa que tenha a guarda de facto da criança ou do jovem.

3. De acordo com os relatórios anuais das comissões de protecção a medida de apoio junto dos pais constitui a medida mais comummente utilizada, o que bem se compreende e revela o sucesso de se procurar ultrapassar as carências sócio-económicas dos pais, muitas vezes desempregados e em situações de alcoolismo e toxicodependência, como é referido nos mesmos relatórios.

4. Através da medida de apoio junto dos pais pretende-se dar a possibilidade aos representantes parentais de fornecer, colocando-os à sua disposição, os meios para o exercício dos seus poderes-deveres, tais como os que vêm indicados por exemplo, na Recomendação n.º R/84/4, adoptada pelo Comité de Ministros de 28 de Fevereiro de 1984, na 367.ª reunião, no âmbito do Conselho da Europa.

De acordo com a referida Recomendação deve existir uma absoluta igualdade entre os pais, sem qualquer discriminação quanto aos poderes que lhe podem ser conferidos, designadamente em função do sexo, da raça, da cor, da língua da religião, das suas opiniões políticas, das suas origens, da pertença a uma minoria nacional, da fortuna, do nascimento ou de qualquer outra situação (princípio 2 da Recomendação).

As responsabilidades parentais pertencem conjuntamente a ambos os pais e em caso de dissolução de casamento ou separação dos pais, o acordo a que estes chegarem deve prevalecer, a não ser que seja contrário aos interesses da criança/jovem.

A Recomendação faz ainda referência a vários princípios acolhidos na legislação portuguesa, como o direito de visitas do pai que não reside com a criança, o direito de cada progenitor ser informado das responsabilidades parentais que não lhe cabem, etc.

5. Os apoios de natureza psicopedagógica a dar aos pais ou aos demais representantes parentais, pressupõem o acompanhamento educativo. Acompanhamento educativo no sentido de desenvolver capacidades junto dos pais e da criança para, em conjugação de esforços superarem a situação de perigo que esteve na origem da adopção da medida. Através de psicólogos com formação adequada, procurar-se-á, então, estudar em contacto com os representantes parentais, os mecanismos íntimos e subjectivos que conduziram à situação de perigo, tendo em conta os comportamentos que foram exteriorizados e que levaram à intervenção de terceiros, para afastar os liames que pretendiam colocar em causa a ligação da criança ou do jovem ao seu meio natural.

6. Já os apoios de natureza social visando outra perspectiva, hão-de procurar afastar as razões que levaram os representantes parentais e a própria criança ou jovem a sentir-se desinserido da comunidade onde a sua família biológica se inclui, procurando restabelecer, sem conflito, o ambiente familiar e o ambiente social em que os representantes parentais se enquadravam e que foi perturbado e revelado com a situação de perigo em que foi colocada a criança ou o jovem.

7. A ajuda económica pretende contribuir com auxílio material para o restabelecimento do equilíbrio entre a criança ou o jovem e os titulares das responsabilidades parentais.

É sabido que muitas vezes o desequilíbrio emocional e físico da criança e do jovem é determinado pelas carências económicas dos seus progenitores, pelo que cabe ao Estado assegurar uma assistência adequada aos pais e representantes legais da criança no exercício da responsabilidade que lhes cabe (art. 18.°, n.° 2 da convenção), de educar a criança e garantir o estabelecimento de instituições, instalações e serviços de assistência à infância.

O DL 12/2008, de 17.1 regulamentou a natureza e caracterização do apoio económico, mas também psicopedagógicos e sociais,

No sentido apontado podem indicar-se, ainda, medidas como a criação do rendimento social de inserção (Lei 13/2003 de 21 de Maio e DL. 283/2003 de 8 de Novembro), o plano nacional de acção para a inclusão (Resolução do Conselho de Ministros n.° 91/2001), o programa "ser criança" (Despacho n.° 26/95 de 30.11.1995), o projecto de apoio à família e à criança (Resolução do Conselho de Ministros n.° 30/92 de 18 de Agosto), o "programa de educação para todos" (Resolução do Conselho de Ministros n.° 29/91 de 9 de Agosto), o fundo de garantia de alimentos devidos a menores (Lei 75/98 de 19.11). Trata-se de algumas das medidas que o Estado tem adoptado no sentido de dar apoio material e psicológico às famílias e às crianças, complementando o estipulado neste artigo.

8. O DL n.° 12/2008 de 17 de Janeiro veio regulamentar a execução das medidas previstas nas alíneas a) a d) do n.° 1 do art. 35.° da LPPCJP e definir os apoios de natureza psicopedagógica e social e a ajuda económica previstas neste artigo.

Segundo o preâmbulo que precede o DL a medida de apoio junto dos pais é orientada no sentido da aquisição ou reforço, por parte destes, "das competências necessárias ao exercício de uma parentalidade responsável e à adequada satisfação das necessidades de protecção da criança ou do jovem". Deixou-se, porém, para ulterior diploma, a definição dos conteúdos e duração dos programas de educação parental, tendo-se o cuidado de acentuar que o apoio junto dos pais deve ser entendido como abrangendo o representante legal ou a pessoa que tenha a guarda de facto da criança ou do jovem (art. 4.° alínea a)).

A execução da medida obedece a um plano de intervenção estabelecido, ou no acordo de promoção e protecção, ou na decisão judicial, sendo o mesmo elaborado com a participação dos pais e respectivo agregado familiar; o plano de execução das medidas abrange quatro fases destinadas a preparar a criança ou jovem e os pais para a aplicação da medida, seu acompanhamento e avaliação, com a possibilidade de revisão da medida aplicada e sua cessação.

O apoio psicopedagógico, abrangendo uma intervenção de natureza psicológica e pedagógica é direccionado no sentido de obter, simultaneamente, o desenvolvimento integral da criança ou do jovem e de interagir esse desenvolvimento com a integração da criança ou do jovem no seu agregado familiar (art. 11.°).

O apoio social é concretizado em medidas de criação de condições adequadas a garantir a alimentação, higiene, saúde, segurança, educação e bem-estar da criança e do jovem e do seu agregado familiar, desenvolver as suas competências pessoais, sociais e profissionais, apoio e aconselhamento, criação de interacções positivas entre os membros do agregado familiar e a participação em actividades no meio comunitário em que se insere o agregado, como a escola, os vizinhos e o meio profissional (art. 12.°).

O apoio económico consiste na atribuição de uma prestação pecuniária, a pagar pelos serviços distritais da segurança social, que tem como limite máximo o equivalente ao valor do subsídio mensal fixado para a medida de acolhimento familiar, sem prejuízo de esse montante poder ser completado com o pagamento de despesas relacionadas com a aquisição do equipamento indispensável ao alojamento da criança ou do jovem "sempre que se justifique, tendo em conta as disponibilidades orçamentais" (art. 13.°, n.os 1, 2 e 3).

Deve salientar-se, de acordo com a Lei, que o apoio económico a pagar pelos serviços distritais da segurança social tem de ter em consideração o lugar em que reside o agregado familiar que recebe o apoio, no momento em que este é decidido, pelo que é indiferente que a criança ou o jovem passem a residir em país estrangeiro, por exemplo, de acordo com a medida decretada pelo Tribunal. Efectivamente, no caso da medida ser aplicada pelos Tribunais, o que releva é que as crianças e jovens em perigo se encontrem ou residam em Portugal ao tempo da adopção da medida, sendo irrelevante que, posteriormente, a criança ou o jovem mudem de residência por imposição da decisão do Tribunal. Assim, se a uma criança ou jovem que for residente em Portugal se aplicar a medida de apoio junto dos pais ou de outros familiares que posteriormente levem a criança ou o jovem a alterar o seu lugar de residência, deve entender-se, mesmo que a nova residência se situe no estrangeiro, que a prestação prevista no art. 13.° do DL 12/2008 de 17 de Janeiro deve ser atribuída, competindo o seu abono aos serviços de segurança social da residência da criança ou do jovem ao tempo da aplicação da medida.

Artigo 40.°
Apoio junto de outro familiar

A medida de apoio junto de outro familiar consiste na colocação da criança ou do jovem sob a guarda de um familiar com quem resida ou a quem seja entregue, acompanhada de apoio de natureza psicopedagógica e social e, quando necessário, ajuda económica.

1. Não sendo possível conceder o apoio familiar à criança ou jovem junto dos seus pais ou representantes parentais, a Lei pretende que esse apoio seja concedido a outro familiar com quem ele reside ou passe a residir (a quem é entregue).

Estabelece-se, pois, neste artigo, uma prevalência familiar em função do local onde a criança/jovem está integrado, sobre a família nuclear.

De acordo com o relatório que antecede a Convenção Sobre os Direitos da Criança, o que é fundamental é que a criança ou o jovem deva crescer num ambiente familiar "em clima de felicidade, amor e compreensão".

O ambiente familiar constitui, pois, um elemento que deve prevalecer sobre o parentesco e a sua proximidade, entendendo-se que a existência de um vínculo mais afastado do parentesco não é relevante em face da integração em família em que a criança ou jovem já se encontra enquadrado e da qual faz parte vivendo em economia comum.

2. O apoio junto de familiar a quem a criança ou jovem tenha sido entregue só adquire autonomia, em face do artigo anterior, por que neste dispositivo a guarda de direito é exercida especificamente por um familiar. Por isso se entende que a entrega da criança ou do jovem ao familiar para beneficiar deste apoio carece da existência de decisão judicial que vincule o familiar a receber a criança/jovem, pois só através dessa vinculação e não de uma mera situação de facto, é possível extrair consequências pela falta de cumprimento do acordado quanto ao apoio psicopedagógico, social e à ajuda económica prestada.

3. Como foi referido em relação a anotação ao artigo anterior, o DL 12/2008 de 17 de Janeiro regulamentou, também, a medida de apoio prevista neste artigo.

O apoio de natureza pedagógica e social e a ajuda económica, aquando da colocação da criança ou do jovem sob a guarda de familiar com quem resida ou a quem seja entregue, é similar ao apoio prestado aos pais.

O DL define "familiar acolhedor" como sendo a pessoa da família da criança ou do jovem com quem estes residam ou à qual sejam entregues, a participação do familiar acolhedor no plano de intervenção definido na medida, existindo, igualmente quatro fases na execução da medida e em que na fase de avaliação é auscultada a opinião do familiar acolhedor.

Específico desta medida é a avaliação da capacidade protectora do familiar que acolhe a criança ou o jovem e a criação de condições junto do familiar e da criança e do jovem para que este possa prosseguir o seu desenvolvimento integral e retornar aos pais.

O plano de intervenção junto do familiar acolhedor deve atender à capacidade do familiar para colaborar no sentido de obter o reequilíbrio emocional e afectivo da criança ou do jovem e à proximidade geográfica do familiar acolhedor em relação aos pais da criança ou do jovem. Fixaram-se limites objectivos aos familiares para poderem ser considerados aptos a acolher a criança ou o jovem, como a idade superior a 18 e inferior a 65 anos e a não condenação por crimes contra a vida, integridade física, liberdade pessoal, liberdade e autodeterminação sexual.

Por outro lado, ao familiar acolhedor é permitido acompanhar a execução da medida dando-lhe informações sobre as características da criança ou do jovem e de outros elementos facilitadores da sua integração.

À criança ou ao jovem é conferido o direito de permanecer junto do familiar acolhedor pelo tempo estritamente necessário a que os seus pais disponham de condições para assumir a sua função parental, estabelecendo-se, igualmente, os direitos do familiar acolhedor (arts. 24.º e 26.º) e as suas obrigações específicas (art. 29.º).

ARTIGO 41.º
Educação parental

1. Quando sejam aplicadas as medidas previstas nos artigos 39.º e 40.º, os pais ou os familiares a quem a criança ou jovem sejam entregues podem beneficiar de um programa de formação visando o melhor exercício das funções parentais.

2. O conteúdo e a duração dos programas de educação parental são objecto de regulamento.

1. Através da educação parental pretende-se dar aos pais e ou aos representantes legais da criança e do jovem a possibilidade de exercer os poderes-deveres que lhes cabem no assegurar do desenvolvimento físico e psíquico da criança e do jovem. Ora, as medidas de apoio aos pais aos representantes parentais ou aos familiares com quem a criança/jovem resida ou vai passar a residir, só assumem o seu verdadeiro sentido se todos aqueles sobre os quais incidem responsabilidades parentais tiverem consciência da plenitude dos seus poderes-deveres. Daí que o artigo fale em "programa de formação visando o melhor exercício das funções parentais". Formação que visa estruturar e estimular, cultivar e desenvolver as funções parentais, visando ultrapassar e consciencializar os pais, os representantes legais e os familiares da criança e do jovem dos perigos com que a criança/jovem depara e a forma de os ultrapassar. Educar e formar têm, aqui um sentido convergente, já que preparar alguém para assumir as suas responsabilidades parentais é formá-lo no sentido de lhe dar as melhores condições para assumir o exercício pleno dessas capacidades.

2. A Lei não refere a quem cabe o estabelecimento de programas visando o melhor exercício das funções parentais. Todavia, ao referir no n.° 2 do artigo que "o conteúdo e a duração dos programas será objecto de regulamento" é inequívoco que tais programas são da responsabilidade do Estado, representando, aliás, uma concretização do estabelecido no art. 18.°, n.° 2 da Convenção Sobre os Direitos da Criança, quando nesse artigo e número se estabelece que "os Estados-Partes asseguram uma assistência adequada aos pais e representantes legais da criança no exercício da responsabilidade que lhes cabe de educar a criança...".

3. A educação parental pode ser extraordinariamente útil nos casos de mães desfavorecidas, desconhecedoras dos cuidados de saúde primários a prestar a bebés, cuidados com a alimentação, vacinação, cuidados de saúde, tratamentos profilácticos e terapêuticos e das doenças mais comuns nas crianças.

4. Ainda não foi com o DL 12/2008 de 17 de Janeiro que se regulamentou o conteúdo e duração dos programas de educação parental previstos no n.° 2 deste artigo.

O DL referido limita-se a enunciar no relatório que o precede as dificuldades em estabelecer os conteúdos e a duração dos programas de educação parental "dada a sua especificidade própria e o seu carácter inovador que aconselham a contribuição de diversas entidades nomeadamente das academias, na sua preparação" e a definir no art. 24.°, n.° 4 do diploma os objectivos desses programas. Segundo esse artigo, os programas de educação parental "têm como objectivo capacitar as famílias para o exercício de uma parentalidade responsável, através do reforço e aquisição de competências nas dimensões da vida familiar que mais directamente se relacionam com a educação das crianças, promovendo interacções positivas entre pais e filhos e um ambiente familiar de qualidade que assegurem o bem-estar da criança".

Artigo 42.°
Apoio à família

As medidas de apoio previstas nos artigos 39.° e 40.° podem abranger o agregado familiar da criança e do jovem.

1. O agregado familiar é constituído pelo conjunto de pessoas que vivem sob o mesmo tecto, dependendo economicamente dos seus rendimentos globais.

A proximidade física resultante da habitação comum, a convivência diária, a criação de relações específicas entre os membros do agregado familiar, tendem a criar problemas e a tentar ultrapassá-los conjuntamente, criando uma unidade e coesão que dada a interdependência existente entre todos os membros do núcleo familiar, têm, muitas vezes de implicar uma análise global da família alargada residente sob o mesmo tecto. Pode, por exemplo, ser um dos membros do núcleo alargado fonte do perigo criado à criança ou ao jovem e o apoio dirigir-se para esse membro, ainda que, nos termos da Lei, o mesmo não seja concebível, independentemente do apoio aos pais, ao representante legal e/ou aos familiares com quem a criança/jovem reside.

2. O apoio ao agregado familiar, que não aos pais, embora tal resulte directamente do art. 42.° (que só se refere às medidas previstas nos arts. 39.° e 40.°) pode consistir, igualmente, em nosso entender, em educação parental a ser prestado aos membros da família, que na ausência ou impossibilidade dos pais careçam de formação para prestar os cuidados necessários ao desenvolvimento da criança e do jovem.

3. O DL 12/2008 de 17 de Janeiro no seu art. 4.°, al. d) define "agregado familiar" como o conjunto de pessoas como os pais, familiar acolhedor ou pessoa idónea, bem como os familiares destes e as pessoas que com elas vivam em economia comum.

O agregado familiar deve ser orientado nas suas atitudes para com a criança e o jovem, no apoio psicopedagógico, devendo ser criadas interacções positivas entre os membros do agregado no apoio social e atender-se ao agregado na fixação da prestação pecuniária para a manutenção da criança ou do jovem junto dele.

O acompanhamento da execução das medidas deve ter em conta, por outro lado, a "avaliação das relações entre a criança ou o jovem, os pais e o respectivo agregado familiar (art. 20.°, n.° 2, alínea a)).

Artigo 43.°
Confiança a pessoa idónea

A medida de confiança a pessoa idónea consiste na colocação da criança ou do jovem sob a guarda de uma pessoa que, não pertencendo à sua família, com eles tenha estabelecido relações de afectividade recíproca.

1. Colocar uma criança ou um jovem à guarda de uma pessoa é atribuir a esta última o dever de instalá-lo na sua habitação e tomar todas as medidas para assegurar a sua vigilância e os cuidados de que ele carece, para além de garantir a sua segurança. A "guarda" atribuída por decisão judicial corresponde à atribuição a terceira pessoa, que não os pais ou o representante legal, dos direitos e deveres integrados no conjunto global dos direitos – deveres contidos no exercício das responsabilidades parentais.

A decisão de colocar a criança/jovem fora da sua família biológica, ainda que a medida seja temporária, há-de pesar todas as vantagens que para a criança/jovem resultarão do seu afastamento temporário do seu meio natural. Ter-se-á que ter em conta, designadamente, que o perigo que foi criado para a criança ou o jovem não foi superado com a manutenção junto do agregado familiar e que a pessoa a quem vai ser "entregue" será capaz de o ultrapassar.

2. Apesar da criança ou do jovem ser afastado da família natural entende-se que a pessoa a quem deve ser "confiada", pelo seu conhecimento mútuo da família natural e da criança ou do jovem, há-de ter elo de afectividade com a criança e com a sua família. É por isso que a Lei fala que a pessoa a quem a criança é confiada tenha estabelecido **com eles** – família e criança ou jovem – relações de afectividade recíprocas.

Essas relações de afectividade recíprocas podem ser criadas, por exemplo, por razões de vizinhança, de amizade, de ligação profissional ou serem sedimentadas por sacramento religioso, como acontece no caso dos padrinhos ou madrinhas da criança ou do jovem.

3. As relações de afectividade recíprocas devem ser confirmadas quer por relatórios sociais quer por auto, lavrado nas comissões de protecção ou nos Tribunais (neste último caso a existirem dúvidas sobre a relação de afectividade invocada), donde constem as razões da afeição da criança ou do jovem à pessoa em causa e desta última a aquela, devendo ser inequívoco o assentimento da criança ou do jovem, quanto à existência dessa relação de afectividade. Efectivamente, há que ponderar antes da confiança da criança ou do jovem a terceiro, as vantagens que resultarão para a criança ou jovem do afastamento da família biológica, perante as relações afectivo-emocionais que o ligam para com um terceiro, alheio ao núcleo familiar.

4. Pessoa idónea é para o DL 12/2008 de 17 de Janeiro e seu art. 4.°, al. c) "a pessoa que não tendo qualquer relação familiar com a criança ou o jovem, com ela tenha estabelecido relação de afectividade recíproca e **possua capacidade educativa e correspondente disponibilidade para lhe assegurar as condições necessárias ao seu desenvolvimento integral"**. Adicionou-se ao conceito expresso neste artigo a necessidade de existir capacidade educativa por parte de quem a criança ou jovem é entregue e a sua disponibilidade para que a medida aplicada possa surtir o efeito desejado.

A confiança a pessoa idónea obedece aos mesmos parâmetros que a medida de apoio junto dos pais e outros familiares, com a intervenção da pessoa de confiança no plano de execução das medidas, com a sua audição na avaliação da medida, na sua revisão, na sua orientação no sentido de prosseguir as condições adequadas ao desenvolvimento integral da criança ou do jovem, na averiguação da capacidade da pessoa idónea para remover o perigo que afecta a criança ou o jovem nos requisitos exigidos à pessoa de confiança como a idade e a inexistência de condenação em determinado tipo de crimes.

A pessoa de confiança vê agora expressamente serem-lhe garantidos certos direitos como ser informado sobre a forma de execução da medida, a atribuição de prestações familiares devidas em função das crianças ou dos jovens e os poderes-deveres de guarda, de representação, assistência e educação (art. 26.°). Por outro lado, são-lhe fixadas certas obrigações relacionadas com o garantir do fortalecimento dos laços entre a criança acolhida e os seus pais (art. 29.°).

Artigo 44.°

(Revogado pelo artigo 5.° da Lei n.° 31/2003 de 22 de Agosto que entrou em vigor em 22 de Setembro de 2003)

Artigo 45.º
Apoio para a autonomia de vida

1. A medida de apoio para a autonomia de vida consiste em proporcionar directamente ao jovem com idade superior a 15 anos apoio económico e acompanhamento psicopedagógico e social, nomeadamente através do acesso a programas de formação, visando proporcionar-lhe condições que o habilitem e lhe permitam viver por si só e adquirir progressivamente autonomia de vida.

2. A medida referida no número anterior pode ser aplicada a mães com idade inferior a 15 anos, quando se verifique que a situação aconselha a aplicação desta medida.

1. Enquanto nas demais medidas anteriormente referidas se procura solidificar e sedimentar as relações de afectividade entre a criança ou o jovem e a sua família ou representantes parentais, para afastar a criança/ /jovem dos perigos que a rodeiam, com esta medida o apoio dirige-se unicamente ao jovem.

Passada a infância, atingida a adolescência, a Lei tende a reconhecer ao jovem, progressivamente, a totalidade de direitos que reconhece aos adultos e que o próprio jovem se encontra em condições, ele próprio, de superar os perigos que o rodeiam. Para isso a Lei entende que o acompanhamento económico e psicopedagógigo que, noutras fases, antes do jovem ter feito 15 anos, devem ser atribuídos a outrem, deverão e poderão a partir dessa idade ser concedidos ao próprio jovem.

2. Os estudos de desenvolvimento psíquico e físico da criança e do jovem revelam que a criança/jovem ao aproximar-se o fim da adolescência tem uma maior capacidade para discernir os caminhos mais adequados a alcançar o seu desenvolvimento integral. A própria Lei reconhece em inúmeras disposições legais, que, entre os 12 e os 16 anos e até atingir a sua imputabilidade penal, o jovem vai ganhando, progressivamente, capacidade para discernir e avaliar os seus comportamentos face à comunidade em que se insere.

O estudo psicopedagógico e social do jovem permite ao psicólogo que o observou indicar se através de acções formativas/educativas adequadas o jovem se encontrará em situação de concretizar o seu projecto de vida, enquadrado pelo apoio que naquelas áreas lhe deverá ser concedido.

3. A extensividade da medida a jovens mães com menos de 15 anos tem em conta as dificuldades inerentes a quem, pelo nascimento do seu filho, se apontam razões e motivações suficientemente ponderosas para a sua autonomia de vida, considerando os casos muito frequentes em que a jovem mãe é expulsa ou repudiada no seu agregado familiar de origem. Pensa-se, pois, objectivamente, que a autonomia para a vida resulta, ou pode resultar, da própria rejeição familiar, enquanto nos casos referidos no n.º 1 essa integração familiar coexiste em regra, sendo, preferível que o desenvolvimento integral do jovem ainda ocorra ligado ao meio familiar.

4. Esta medida deve ser compreendida no âmbito do art. 29.º da Convenção Sobre os Direitos da Criança como sendo uma das formas do Estado preparar o jovem para assumir as suas responsabilidades numa sociedade livre. Corresponde a um direito de protecção, de que é titular o jovem, de ser dono do seu próprio destino e do seu desenvolvimento, podendo o próprio ter um papel importante na aquisição da sua progressiva maturidade.

Podem ser citados como exemplos dessa protecção e assunção de responsabilidades pelo Estado, a criação de cursos de formação profissional, os centros de formação profissional de gestão participada (DL 165/85 de 16 de Maio), o sistema de formação profissional em alternância (DL 205/96 de 25 de Outubro), o "programa escolas-oficina" (Portaria 414/96 de 24 de Agosto) e o programa "geração millenium" (Portaria n.º 1010/2001 de 18 de Agosto de 2001).

5. A medida de apoio para a autonomia de vida mereceu por parte do DL 12/2008 de 17 de Janeiro uma ampla regulamentação no sentido de concretizar as condições necessárias a uma autonomização do jovem nos contextos escolar, profissional e social bem como o fortalecimento de relações com os outros e com o próprio jovem.

Foi dedicado um capítulo específico às regras de execução da medida, definindo-se os seus objectivos visando um projecto integrado de educação e formação, a criação de condições de acesso a recursos que facilitassem a formação profissional, pessoal e inserção na vida activa.

A elaboração de um diagnóstico de inserção do jovem, a par da avaliação das suas competências e potencialidades, a elaboração de um plano de intervenção com a participação directa do jovem e o apoio laboral e escolar são alguns dos objectivos prosseguidos e que devem ser formalizados em contrato escrito, de acordo com o art. 32.º, n.º 2.

A cessação da medida é preparada com o jovem e, pelo art. 35.°, foram-lhe conferidos vários direitos de apoio e acompanhamento, bem como o recebimento de uma prestação pecuniária para a sua manutenção e equipamento indispensável ao seu processo de autonomização.

Simultaneamente fixaram-se as obrigações do jovem que pressupõem a sua disponibilidade para participação nas actividades, programas e cursos que lhe foram fixados e a contribuição para o seu alojamento e manutenção.

SECÇÃO III
Medidas de colocação

SUBSECÇÃO I
Acolhimento familiar

Artigo **46.°**
Definição

1. O acolhimento familiar consiste na atribuição da confiança da criança ou do jovem a uma pessoa singular ou a uma família, habilitadas para o efeito, visando a sua integração em meio familiar e a prestação de cuidados adequados às suas necessidades e bem-estar e a educação necessária ao seu desenvolvimento integral.

2. Para efeitos do disposto no número anterior considera-se que constituem uma família duas pessoas casadas entre si ou que vivam uma com a outra em união de facto ou parentes que vivam em comunhão de mesa e habitação.

1. O acolhimento familiar previsto pelo DL n.° 190/92, de 3 de Setembro foi alterado pelo DL n.° 11/2008, de 17 de Janeiro que entrou em vigor em 18 de Janeiro de 2008, revogando aquele DL, com excepção da alínea b) do n.os 2 e 3 e 4 do art. 4.°, aos quais mandou aplicar com as devidas adaptações o DL n.° 11/2008, de 17 de Janeiro (art. 46.° do DL n.° 11/ /2008, de 17 de Janeiro).

Mantendo-se o acolhimento familiar como resposta substitutiva da família natural e enquanto esta última se não encontra em condições de poder assegurar o pleno desenvolvimento da criança ou do jovem, o novo regime apresenta como alteração fundamental o facto de apenas admitir como familiares de acolhimento pessoas ou famílias que não tenham qualquer relação de parentesco com a criança ou o jovem e não sejam candidatos à adopção.

Enquanto no anterior regime do DL n.° 190/92, de 3 de Setembro o acolhimento podia ser pago à família substitutiva ou ser efectuado gratuitamente, agora, as famílias de acolhimento (e, certamente por não terem qualquer relação de parentesco com a criança), têm direito, sempre, a uma retribuição mensal pelos serviços prestados a cada criança ou jovem e um subsídio de manutenção (alíneas d) e e) do art. 20.° do DL 11/2008), pagos pelas instituições de enquadramento (serviços de segurança social e Santa Casa da Misericórdia – art. 10.°).

A Lei deixou, agora, de estabelecer limites quanto à idade das crianças ou jovens a quem pode ser concedido acolhimento familiar e esclarece que a confiança a pessoa singular ou família só pode ser concedida pelos serviços de segurança social ou pela Santa Casa da Misericórdia (arts. 7.° e 10.°).

A família natural participa no desenvolvimento da relação de acolhimento familiar visando o retorno da criança à família biológica, estando as famílias de acolhimento vinculadas a um conjunto de obrigações correspondentes ao exercício "grosso modo" das responsabilidades parentais e ao estabelecimento de interligação com as instituições de enquadramento e a família biológica.

Subsiste a regra de que acolhimento familiar e as condições da sua prestação constam de contrato de prestação de serviço (art. 38.°), cujo conteúdo (obrigatório) se encontra expresso no art. 39.° da nova Lei.

2. O DL n.° 11/2008 de 17 de Janeiro refere, agora, os requisitos exigidos aos candidatos a responsáveis pelo acolhimento familiar (art. 14.°, n.° 1), entre os quais se destaca a idade entre 25 a 65 anos (salvo se se tratar de casais ou parentes que vivam em economia comum), a escolaridade mínima obrigatória e muito em especial não se tratar de pessoas candidatas à adopção, exercendo o acolhimento familiar a título de actividade principal ou secundária.

O acolhimento familiar é admitido, em regra, em relação a duas crianças ou jovens, desde que a coabitação simultânea de crianças e jovens não seja superior a quatro elementos, podendo, no entanto, esse requisito ser reponderado em caso de fratrias e das condições objectivas de coabitação da família de acolhimento (art. 8.°, n.° 1).

3. A selecção das famílias de acolhimento, para além de observar os requisitos fixados no art. 14.°, pressupõe formação técnica específica, no caso dos lares profissionais, destinados a crianças com problemáticas e necessidades especiais, como serão os casos da criança/jovem se encontrar em situação de deficiência ou doença crónica ou ter problemas do foro emocional e comportamental que exijam uma especial preparação e capacidade técnica (arts. 15.° e 9.° da Lei).

4. O acolhimento familiar, como acolhimento em família substitutiva de família natural, insere-se numa perspectiva psicológica e social que encara a família como a matriz do desenvolvimento humano, uma espécie de segunda árvore da vida onde o mais íntimo e subjectivo de todos nós entronca.

A família de acolhimento é vista como forma da criança ou do jovem resistir ao sofrimento e à vontade que tem de ser reparada do trauma psíquico que se desenrolou perante a sua família natural

A família de acolhimento é encarada como a terapia para os danos afectivos que a criança ou o jovem sofreu, tendo, no novo ambiente condições para se expressar e se desenvolver, sem recear as consequências das suas exteriorizações. Daí o duplo papel das famílias de acolhimento: sarar as feridas que a criança ou o jovem teve no contacto com a sua família natural e prepará-la para, superando-as, permitir o desenvolvimento integral da criança ou do jovem.

O acolhimento familiar apela à solidariedade social e não tem tido grande sucesso, como se infere do relatório da comissão interministerial para o estudo da articulação entre os Ministérios da Justiça e da Solidariedade Social de 1999, onde eram indicados como elementos desse insucesso a falta de critérios de selecção específicos em relação às pessoas que vão constituir as famílias de acolhimento, a falta de formação e acompanhamento das medidas e critérios demasiado restritivos quanto à idade limite dos jovens e da idade máxima das pessoas que podem receber as crianças ou os jovens, que se pretendeu, agora, com a nova lei superar.

O acolhimento familiar pode, todavia, ter vantagens quanto à estabilização emocional da criança e do jovem, quanto à visão positiva que esta pode ter de uma família, desde que a família de acolhimento possa fornecer os parâmetros mais adequados e harmoniosos da relações familiares e, em caso algum se esqueça que se trata de uma família temporária e substitutiva.

Problemas que suscita normalmente o acolhimento familiar são a interacção e interligação necessária e imposta por Lei entre a família natural e a família de acolhimento, fonte de factores conflituantes. Se existir, no entanto, o acompanhamento técnico e social adequado essas dimensões poderão ser superadas, sobretudo salientando que o acolhimento familiar visa a reintegração na família natural, o que exige que esta última altere os seus comportamentos anteriores e que a criança ou o jovem sinta que não permanece a situação que motivou o seu acolhimento na família substitutiva.

Por outro lado, a família de acolhimento tem de compreender o seu papel limitado e temporário não se deixando enredar emocionalmente com a criança ou o jovem e a fazer propender sobre ele a ideia de que se pretende fazer substituta da família de origem e, daí, o exigir-se, agora, o carácter remuneratório da actividade desenvolvida e da família de acolhimento não ser candidata à adopção.

Em resumo pode dizer-se e ao contrário do que tem sido comummente referido, que o acolhimento familiar sendo um acolhimento temporário, poderá ser uma medida que permita à criança ou ao jovem desinserida do seu meio familiar natural, compreender o verdadeiro papel dessa família natural e sarar as feridas que teve, gradual e progressivamente. Desequilibrante de todo o sentido da família de acolhimento é esta última pretender posicionar-se como a verdadeira e futura família da criança ou do jovem, ligando-se a criança e a família de acolhimento de forma a tendencialmente afastar a criança ou o jovem da sua família biológica[74], o que foi pretendido alterar com a nova redacção dada à Lei.

ARTIGO 47.°
Tipos de famílias de acolhimento

1. Podem constituir-se famílias de acolhimento em lar familiar ou em lar profissional.

2. A família de acolhimento em lar familiar é constituída por pessoas que se encontram nas situações previstas no n.° 2 do artigo anterior.

---

74 Cfr., contudo, anotação ao art. 48.°.

3. A família de acolhimento em lar profissional é constituída por uma ou mais pessoas com formação técnica adequada.

1. O artigo distingue a família de acolhimento em lar familiar e a família de acolhimento em lar profissional. Como a família de acolhimento em lar profissional é constituída por uma ou mais pessoas com formação técnica adequada e a família de acolhimento em lar familiar é constituída por duas pessoas casadas entre si ou que vivem há mais de dois anos em união de facto ou parentes que vivam em comunhão de mesa e habitação (n.° 2 do art. 46.°) desde que não tenham qualquer relação de parentesco com a criança ou o jovem e não sejam candidatos à adopção, daí resulta que no acolhimento familiar em lar profissional (onde podem ser colocadas no máximo duas crianças ou jovens), a confiança da criança/jovem é atribuída a uma pessoa singular (n.° 1 do art. 46.°) que terá que ter formação técnica adequada identificada com problemática e necessidades especiais na área das crianças/jovens e sendo a sua actividade exercida em regime de exclusividade (art. 15.°, n.° 2).

Indispensável é que na família de acolhimento em lar profissional uma das pessoas tenha "formação técnica adequada". Esta função técnica adequada tem de estar relacionada com sectores como a psicologia infantil e juvenil, o tratamento de traumas psicológicos e físicos, conhecimentos relacionados com a sociabilização da criança e do jovem, ligação entre a criança/jovem e os seus pais, etc.

2. A lei ao falar em "lar profissional" pressupõe que os técnicos que prestam serviço nos lares o façam de forma remunerada no seu exercício de actividade profissional.

Conjugando o disposto neste artigo com o art. 3.° do DL 2/86 de 2 de Janeiro, deve exigir-se aos técnicos que integram um "lar profissional" que sejam dotados de experiência e sensibilidade necessárias à função de substituição permanente ou temporária dos pais das crianças e dos jovens (n.° 1 do art. 3.° do DL 2/86 de 2 de Janeiro), podendo as valências do técnico ser qualquer uma das referidas no art. 54.°, n.° 2 (psicologia, serviço social e educação).

Artigo 48.º
Modalidades de acolhimento familiar

1. O acolhimento familiar é de curta duração ou prolongado.

2. O acolhimento de curta duração tem lugar quando seja previsível o retorno da criança ou do jovem à família natural em prazo não superior a seis meses.

3. O acolhimento prolongado tem lugar nos casos em que, sendo previsível o retorno à família natural, circunstâncias relativas à criança ou ao jovem exijam um acolhimento de maior duração.

1. O acolhimento familiar, repete-se, não deve criar laços duradouros para com a criança ou jovem, nem pretende ser uma medida temporária destinada a observar a família de acolhimento, como futura família adoptiva.

Os grandes problemas que têm sido causados com a confiança da criança ou do jovem a famílias de acolhimento têm sido, precisamente, resultantes da família de acolhimento não cumprir o que dela se espera, nesse aspecto.

Daí que agora tivessem sido estipuladas fases de acompanhamento do acolhimento familiar e do plano de intervenção que estabeleça a "ponte" entre a família de acolhimento e a família biológica.

A escolha da família de acolhimento, as fases de acolhimento e o plano de intervenção permitem, agora, com a nova lei, avaliar a execução da medida e preparar a sua cessação, em regra com uma antecedência nunca inferior a um mês (art. 33.º).

Por último deve ser salientado que a cessação da medida de acolhimento familiar não faz "morrer" a possibilidade de intervenção da família de acolhimento e que o regresso da criança ou do jovem à família natural deve ser acompanhado pelo menos por um período de 6 meses pelas entidades com competência em matéria de infância e juventude (art. 34.º da Lei).

Os centros regionais de segurança social e a santa casa da misericórdia estabelecem acordos para a protecção de serviço de acolhimento familiar e proporcionam às famílias de acolhimento os meios materiais e outros indispensáveis ao desempenho dos seus papéis. Todavia, devem, simultaneamente, facultar à família natural os meios que lhe permitam reassumir as funções parentais de que estão afastadas temporariamente.

2. O que foi anteriormente explanado impõe que antes de ser decretada qualquer medida de acolhimento familiar se faça um diagnóstico exaustivo da situação, se estabeleçam prazos-limite da duração máxima do acolhimento familiar e à partida se encaminhe a criança/jovem para outras medidas, quando o acolhimento familiar dificilmente possa ultrapassar as condições de retorno à família natural (como nos casos citados de toxicodependência e de alcoolismo), ou quando, inevitavelmente, perante as situações de que a criança/jovem vem antes do acolhimento, contribuam de forma decisiva para criar laços muito fortes e duradouros com a família de acolhimento, impossibilitando o seu "retorno" à família natural.

3. Acolhimento de curta duração é aquele em que se espera por um período não superior a 6 meses que a família natural, desde a data em que a criança/jovem foi acolhida, tenha ultrapassado as circunstâncias que levaram a optar-se pela sua colocação familiar.

Já nos casos de acolhimento familiar prolongado, o que está em causa não é a família natural ter ultrapassado os condicionalismos que levaram ao afastamento da criança e do jovem. O acolhimento por mais de 6 meses tem em conta um diagnóstico da situação física e psicológica da criança ou do jovem e a sua evolução desde que foi afastado da família natural e a conclusão que através do acolhimento familiar é possível superar, através daquele prazo mais dilatado os traumas e os efeitos psíquicos e físicos que a criança ou o jovem sofreu enquanto permaneceu na família biológica e até ao seu acolhimento familiar e, que, ela se encontra, agora, em condições de alcançar o seu desenvolvimento integral junto da família natural.

Exemplo de acolhimento familiar de curta duração será o dos pais hospitalizados ou que foram presos e se encontram detidos em estabelecimento prisional por 3 meses e, que, regressados à liberdade, se verifique que não existem quaisquer condicionalismos que impeçam o retorno do seu filho ou filhos.

Exemplo de acolhimento familiar prolongado poderá ser o da criança ou jovem vítima de abuso sexual que após o acolhimento familiar viu criadas as condições físicas e psicológicas para ultrapassar o seu trauma, regressando à sua família natural para além do prazo de 6 meses.

SUBSECÇÃO II
Acolhimento em instituição

Artigo 49.°
Noção de acolhimento em instituição

A medida de acolhimento em instituição consiste na colocação da criança ou jovem aos cuidados de uma entidade que disponha de instalações e equipamento de acolhimento permanente e de uma equipa técnica que lhes garantam os cuidados adequados às suas necessidades e lhes proporcionem condições que permitam a sua educação, bem-estar e desenvolvimento integral.

Artigo 50.°
Modalidades de acolhimento em instituição

1. O acolhimento em instituição pode ser de curta duração ou prolongado.

2. O acolhimento de curta duração tem lugar em casa de acolhimento temporário por prazo não superior a seis meses.

3. O prazo referido no número anterior pode ser excedido quando, por razões justificadas seja previsível o retorno à família ou enquanto se procede ao diagnóstico da respectiva situação e à definição do encaminhamento subsequente[75]**.**

4. O acolhimento prolongado tem lugar em lar de infância e juventude e destina-se à criança e ao jovem quando as circunstâncias do caso aconselhem um acolhimento de duração superior a seis meses.

Artigo 51.°
Lares de infância e juventude

1. Os lares de infância e juventude podem ser especializados ou ter valências especializadas.

2. Os lares de infância ou juventude devem ser organizados segundo modelos educativos adequados às crianças e jovens neles acolhidos.

---

[75] Cfr. art. 59.°, n.° 4 da Lei.

1. Para que alguém seja "acolhido" tem-se em consideração quem recebe, ou seja, quem tem a capacidade de aceitar alguém como um dos seus e ajudá-lo a ultrapassar as eventuais dificuldades por que passa, avaliando-se a capacidade de acolhimento em função da forma e dos meios que estão ao dispor de quem "recebe".

O acolhimento dito institucionalizado sublinha, desde logo, o carácter despersonalizado do acolhimento, tido por instituições e não por pessoas singulares. Daí se pode e deve inferir à partida, ser o acolhimento despersonalizado a última tentativa, como escolha, para fazer retornar a criança ou o jovem à sua família natural.

O acolhimento institucional, de acordo com o art. 20.° da Convenção Sobre os Direitos da Criança, aparece, assim, como última oportunidade de protecção e assistência que o Estado tem, no interesse superior da criança e do jovem, de assegurar o seu desenvolvimento integral.

2. Não dispondo do carinho familiar ou pessoal, nem das vantagens que a relação familiar ou pessoal tem quanto ao estimular do desenvolvimento da criança ou do jovem, a institucionalização não é a melhor solução, mas deve, no caso ser considerada a única possível, para remover o perigo que incide sobre a criança ou o jovem, nem constitui, ao contrário do que pensam muitos pais, um projecto de vida para a criança ou para o jovem, mas, tão só, uma medida temporária, cuja dilatação no tempo tenderá a constituir um fracasso quanto à possibilidade da criança ou do jovem regressar à sua família de origem. A criança, pode, todavia, ter a sorte de encontrar na instituição onde é acolhida a pessoa ou pessoas que podem constituir o seu suporte psíquico a para as quais a sua natureza a inclina e daí a sua tendência para criar uma relação mais íntima e afectiva com aquela ou aquelas pessoas que revelam para com ela maior simpatia ou carinho e com as quais centraliza a sua afectividade.

Para além do suporte humano que distingue, fundamentalmente, as instituições de acolhimento, impõe-se, que a instituição, como organização de pessoas, tenha ao seu dispor os bens e aparelhos indispensáveis ao seu funcionamento, um local apropriado, técnicos com formação adequada a prestar os cuidados aos "acolhidos". De interesse essencial é que as pessoas e técnicos que prestam os cuidados indispensáveis ao desenvolvimento das crianças e dos jovens constituam equipas pluridisciplinares com elementos das áreas da psicologia, serviço social, educação e medicina, enfermagem e até de direito e, ainda colaboradores na organização de tempos livres (art. 54.° da Lei).

3. São inúmeras as instituições de acolhimento que podem pertencer ao sector público ou a cooperativas, quer se trate de cooperativas sociais ou privadas, desde que tenham acordos de cooperação com o Estado (art. 52.°). De qualquer forma, essas organizações terão que desenvolver actividades nas áreas da infância e juventude (art. 5.°, alínea d)).

Exemplos das instituições de acolhimento reconhecidas pelo intenso e notável trabalho realizado podem encontrar-se no refúgio aboim ascensão, de Faro, ou na santa casa da misericórdia de Lisboa.

4. As modalidades de acolhimento a que se refere o art. 50.° têm a ver não só com o tempo previsto para o acolhimento como, também, com as razões que levaram a ser decretada a medida de acolhimento.

Se se trata de afastar uma situação de perigo para a criança ou jovem e se se prevê a superação rápida dessa situação pela família natural, deve ser aplicada uma medida de acolhimento temporário, que não deve exceder o prazo de seis meses, sem prejuízo da sua reavaliação face ao diagnóstico amadurecido da situação e do projecto de vida elaborado, entretanto, quanto ao futuro da criança e do jovem.

O acolhimento prolongado por mais de 6 meses implica que à partida não seja superável a curto prazo a situação em causa e que é decretada tendo em vista a projecção futura de que o retorno à família natural, sendo ainda possível, pode estar comprometido.

5. Como é conatural no acolhimento prolongado, a manutenção de uma situação de perigo que persiste e que impede a criança ou o jovem de regressar à família natural, admite-se, que face à razão que motivou o afastamento da criança ou do jovem do seu meio natural, o mesmo tipo de acolhimento seja dirigido e orientado por lares de infância ou juventude especializados e com meios técnicos adequados a superar tais situações (lares especializados ou com valências especializadas). O princípio, lógico, constante da Lei, é que no caso da existência de unidades especializadas em certas situações caiba encaminhar a criança ou o jovem para esses lares.

O princípio da especialização leva, igualmente, a ter em conta a adequação do modelo de educação a adoptar tendo em atenção o tipo de crianças ou jovens acolhidos nas instituições, como será o caso dos portadores de deficiências congénitas ou de atrasos de desenvolvimento, em que se terá que ponderar a terapia adequada a sobrelevar e superar, se possível, tais situações[76].

6. Define o DL 2/86 de 2 de Janeiro os princípios básicos a que deve obedecer o funcionamento dos lares, garantindo a protecção que ao Estado cabe prestar através da segurança social.

A filosofia em que assenta esses lares é de permitir o funcionamento de estruturas "tão aproximadas quanto possível às das famílias" e visando o apoio dessas mesmas famílias, pela que se exige a atenção permanente dos quadros do lar no acompanhamento da evolução da criança ou do jovem acolhido e se fixam grupos máximos de enquadramento das crianças e dos jovens.

A acção de fiscalização dos lares cabe ao Ministério do Trabalho e Segurança Social, vigiando e zelando para que os mesmos prossigam os seus fins e aplicando sanções às situações em que as instituições particulares de solidariedade social não cumpram os princípios definidos no DL 2/86 de 2 de Janeiro.

SECÇÃO IV
Das Instituições de acolhimento

Artigo 52.°
Natureza das instituições de acolhimento

As instituições de acolhimento podem ser públicas ou cooperativas, sociais ou privadas com acordo de cooperação com o Estado.

Artigo 53.°
Funcionamento das instituições de acolhimento

1. As instituições de acolhimento funcionam em regime aberto e são organizadas em unidades que favoreçam uma relação afectiva do tipo familiar, uma vida diária personalizada e a integração na comunidade.

---

[76] A inexistência de lares adequados à problemática das crianças deficientes, ou ainda ligadas ao consumo de alcool e estupefacientes, à prostituição e comportamentos delinquentes, são um óbice à protecção dos jovens e fonte de desprestígio do Tribunal, quanto à eficiência das medidas decretadas.

2. Para efeitos do número anterior, o regime aberto implica a livre entrada e saída da criança e do jovem da instituição, de acordo com as normas gerais de funcionamento, tendo apenas como limites os resultados das suas necessidades educativas e da protecção dos seus direitos e interesses.

3. Os pais, o representante legal ou quem tenha a guarda de facto podem visitar a criança ou o jovem, de acordo com os horários e as regras de funcionamento da instituição, salvo decisão judicial em contrário.

ARTIGO 54.°
Equipa técnica

1. As instituições de acolhimento dispõem necessariamente de uma equipa técnica, a quem cabe o diagnóstico da situação da criança ou do jovem acolhidos e a definição e execução do seu projecto de promoção e protecção.

2. A equipa técnica deve ter uma constituição pluridisciplinar, integrando as valências de psicologia, serviço social e educação.

3. A equipa técnica deve ainda dispor da colaboração de pessoas com formação na área de medicina, direito, enfermagem e, no caso dos lares de infância e juventude, da organização de tempos livres.

1. De acordo com o art. 52.° só podem ser instituições de acolhimento as organizações que prosseguindo fins de utilidade pública tenham natureza pública (por nelas participaram o Estado ou outras pessoas colectivas públicas, como por exemplo os Municípios), ou que tenham adoptado a natureza jurídica de cooperativas, quer se trate de cooperativas sociais ou cooperativas privadas.

A referência a cooperativas sociais e cooperativas privadas, por ligação deste artigo ao artigo 5.°, alínea d) pretende assinalar que existindo um ramo do sector cooperativo que é o ramo da "solidariedade social" criado pela Lei 51/96 de 7 de Setembro, podem coexistir nesse ramo cooperativas públicas em que o Estado ou outras pessoas colectivas de direito público se encontram associadas a entidades privadas nos termos do art. 1.° do DL 31/84 DE 21 de Janeiro e art. 6.° da Lei 51//96 de 7 de Setembro.e cooperativas privadas (tão somente), que visam, todas elas, fins de solidariedade social. Efectivamente, as cooperativas de solidariedade social, visam, entre os seus objectivos conceder o "apoio a grupos vulneráveis, em especial a criança e jovens (art. 2.°, alínea a) do DL 7/98 de 15 de Janeiro), caracterizando-se as mesmas (quer as sociais, quer as privadas) por não terem fins lucrativos e pretenderem a satisfação das necessidades sociais nos domínios para que foram constituídas. Enquanto, porém, as cooperativas de solidariedade social, reconhecidas como tal, estão equiparadas a instituições particulares de solidariedade, para efeitos do estatuto dos direitos, deveres e benefícios dos seus sócios (artigo único da Lei 1/97 de 13 de Setembro), as cooperativas de interesse público (ou régies cooperativas), previstas no DL 31/84 de 21 de Janeiro, exercendo, necessariamente, funções de interesse público e social, não são cooperativas privadas e daí a opção pela trilogia, instituições públicas, sociais e privadas.

2. Os acordos de cooperação com o Estado não podendo ser limitativos à actuação das cooperativas, em qualquer das suas modalidades, salientam o apoio que para o Estado representa a existência dessas instituições e a necessidade que o Estado tem de valorizar o seu contributo para o prosseguimento de fins que tem o dever de prosseguir[77].

3. O funcionamento das instituições de acolhimento em regime aberto permite distinguir o regime que em geral se quis fixar entre a intervenção tutelar de protecção e o sistema de intervenção tutelar educativa.

Na intervenção de protecção a que refere a Lei pretende-se alcançar o desenvolvimento integral da criança e remover todas e quaisquer circunstâncias que possam obstar a esse desenvolvimento. Para se obter esse desiderato e já que foi necessário recorrer a instituições de acolhimento há que procurar manter-se a relação afectiva e emocional entre a criança e o jovem e o seu meio natural. Entende-se que tal efeito só será possível num regime de acolhimento em que se estabeleça o equilíbrio entre as necessidades da criança e do jovem em estar acolhida (para proteger os seus direitos e interesses e em particular as suas necessidades educativas) e o seu contacto com a sua anterior família, tendo em consideração a progressiva autonomia da criança e do jovem e a sua integração na comunidade. Daí que, na sequência do estipulado no art. 53.° da Lei se reconheça

---

[77] Nesse sentido veja-se o art. 4.° do Estatuto das Instituições Particulares de Solidariedade aprovado pelo DL 119/83 de 25.2.1983.

à criança e ao jovem os direitos referidos no art. 58.° (em especial manter regularmente contactos pessoais com a família, ter um grau de autonomia na condução da sua vida pessoal, receber dinheiro de bolso, poder contactar confidencialmente com outras entidades, etc.).

No sentido da inserção da criança e do jovem na comunidade, apesar de acolhido em instituição saliente-se, por exemplo, de acordo com o art. 6.° do DL 2/86 de 2 de Janeiro, a necessidade de os lares deverem proporcionar condições para uma correcta inserção das crianças e dos jovens na comunidade através da sua integração nas estruturas locais.

A lei ao caracterizar a natureza das instituições de acolhimento, o seu modo de funcionamento e os meios humanos de que deve dispor, nos termos dos arts. 52.° a 54.°, agora em análise, teve em conta os três níveis de necessidades, referidos por M. Rutter na sua obra "Maternal Deprivation Reassessed"[78]. Efectivamente, segundo aquele autor, as crianças e os jovens institucionalizadas sofrem de três níveis de privação – impossibilidade de satisfazer adequadamente necessidades de alimentação, de higiene e de cuidados de saúde; impossibilidade de satisfazer adequadamente necessidades de acção num ambiente favorável ao desenvolvimento da cognição, da linguagem, da motricidade e da sociabilidade e, finalmente, impossibilidade de satisfazer adequadamente necessidades de relacionamento privilegiado e estável com outrem.

Para satisfazer as necessidades de que carece a criança e o jovem institucionalizado, impõe-se, por isso, que as instituições de acolhimento, de acordo com os artigos referenciados, tenham características que superem os tipos de privação indicados, reunindo condições materiais e relacionais satisfatórias; que haja articulação entre as instituições de acolhimento, os Tribunais, os serviços de segurança social e de adopção; que as instituições de acolhimento sejam organizadas de acordo com o tipo de crianças ou jovens que são acolhidos; que as crianças e os jovens sejam acompanhados, quer durante a institucionalização, quer após o seu retorno à família natural; que sejam afastadas as estratégias e medidas repressivas e que sejam concretamente definidos os direitos da criança e do jovem perante a instituição.

No quadro doutrinário enunciado ao nível da psicopedagogia, os arts. 52.° a 54.° e, também, os arts. 49.° a 51.° e 58.°, pretendem ultrapassar as

---

[78] Cit. por SILVA, Maria Helena Damião da – "Crianças e Jovens a Cargo de Instituições", Crianças e Jovens em Risco, Centro de Psicopedagogia da Universidade de Coimbra, Almedina, p. 83 e segs..

carências apontadas ao acolhimento em instituições, referenciando os equipamentos técnicos e o pessoal necessário ao bom funcionamento dessas instituições, os tipos de estabelecimentos de acolhimento, o seu regime de funcionamento e os direitos da criança e do jovem quando institucionalizados.

Resta saber se não obstante os objectivos da Lei, serão de manter algum ou alguns dos meios previstos para superar as privações que a criança ou o jovem têm com a institucionalização, como é o caso da manutenção, para todos os casos, do regime aberto, nas hipóteses em que a criança ou o jovem se mantém, sem qualquer rebuço, na senda da prática de actos não tipificados como crimes, mas que sejam manifestamente reveladores de comportamentos anti-sociais e que sejam demonstrativos, inequivocamente, que o regime aberto não cumpre, claramente, a sua finalidade.

A hipótese de encarar, no entanto, como alternativa para tais casos, um regime de acolhimento protectivo fechado parece-nos totalmente de afastar, no actual quadro legal, atenta a filosofia subjacente ao regime de acolhimento institucional no campo dos direitos de promoção e protecção da criança e do jovem.

4. Relação afectiva de tipo familiar, vida diária personalizada, integração na comunidade são objectivos que em concordância com este artigo devem ser prosseguidos pelos lares previstos no DL 2/86 de 2 de Janeiro. Os lares, efectivamente, devem proporcionar às crianças e aos jovens "estruturas de vida tão aproximadas quanto possível às das famílias "salvaguardada" a "individualidade das crianças e jovens", inserir "crianças e jovens na comunidade através da sua integração nas estruturas locais" (vide art. 2.°, n.° 1, art. 5.°, n.° 1 e art. 6.°, n.° 1 do DL 2/86 de 2 de Janeiro).

É manifesto o idealismo quanto aos objectivos que devem ser prosseguidos pelos lares e a especial sensibilidade que tem que ser exigida às pessoas que ali prestam serviço para se alcançarem os fins pretendidos pela lei, pelo que, infelizmente, não é difícil conjecturar que aqueles alvos não sejam alcançados em grande número de casos.

5. O direito de visitas por parte dos pais e demais representantes parentais corresponde ao direito da criança e do jovem em manter contactos pessoais com a família. Nota-se, porém, uma diferença quanto ao âmbito desses direitos. A criança ou o jovem tem o direito, não só de manter contactos pessoais com qualquer membro da família como, também, com todas as pessoas com quem tenha uma especial relação afectiva (art.

58.°, alínea a)). De qualquer forma, tanto o direito de visitas à criança ou ao jovem, como o direito da criança ou do jovem poder manter contactos com familiares e outras pessoas está dependente de eventual decisão judicial que sempre pode limitar esses contactos tendo em atenção o interesse superior da criança ou do jovem.

6. Compreende-se que embora se trate de um regime de acolhimento aberto, a instituição de acolhimento tenha horários de funcionamento, regras e normas de funcionamento e esteja sujeita, até, a imposições legais. Assim, por exemplo, os grupos que integram os lares devem ter o máximo de 12 crianças e jovens num número total de utentes que, em princípio, não deve exceder 60 unidades (art. 5.° do DL 2/86 de 2 de Janeiro).

7. Já referimos anteriormente os técnicos que devem fazer parte das equipas multidisciplinares. A Lei distingue nestes artigos entre os técnicos que hão-de necessariamente existir (de psicologia, de serviço social e de educação) e outros que sendo úteis não serão indispensáveis (médicos, técnicos de direito, de enfermagem, de organização de tempos livres). Cabe aos psicólogos, por exemplo, o diagnóstico da situação em que se encontra a criança ou o jovem, explicar os comportamentos familiares da criança e do jovem e dos seus familiares que conduziram à situação de perigo e a forma de a ultrapassar.

Aos técnicos do serviço social caberá elaborar em interacção com a criança e o jovem e a sua família um plano de intervenção social que defina e implemente um projecto de promoção e integração da criança e do jovem no meio social em que este deve ser reintegrado.

Aos técnicos de educação caberá implementar e estudar medidas que ultrapassem os constrangimentos educacionais da criança e do jovem, estabelecer o seu plano educacional, a sua orientação profissional.

Aos médicos e enfermeiros caberá diagnosticar a existência de maus-tratos e outros tipos de sevícias infligidas às crianças e aos jovens e a forma de os superar.

No que respeita aos técnicos de direito poderão definir com clareza os limites e limitações dos direitos parentais perante o acolhimento determinado, designadamente no âmbito do direito de visitas.

Finalmente, aos técnicos de organização de tempos livres caberá um papel na concretização dos horários de lazer que hão-de permitir à criança e ao jovem usufruir, na sua plenitude, os tempos não ocupados com os seus deveres e obrigações escolares[79].

7. A Lei no art. 54.° é ambiciosa quanto à participação dos técnicos indicados, quando refere que as instituições de acolhimento "dispõem necessariamente de uma equipa técnica", que essa equipa deve ser pluridisciplinar e estabelece um conjunto de técnicos, que, no campo ideal, devem ser considerados como manifestamente necessários para o funcionamento adequado das instituições de acolhimento. Resta saber quando e em que medida, na prática, as instituições de acolhimento correspondem ao desiderato legal.

SECÇÃO V
Acordo de promoção e protecção e execução das medidas

Generalidades

Nesta secção são pormenorizadas as cláusulas gerais e específicas dos acordos de protecção relativos a medidas a executar no meio natural de vida e nas medidas de colocação.

Na secção faz-se referência ao acompanhamento da execução das medidas, quer os acordos de promoção tenham sido firmados na fase administrativa ou na fase judicial.

Aparentemente anómala é a referência na secção aos direitos da criança e do jovem (art. 58.°), quando lhe é aplicada uma medida de acolhimento em instituição, pretendendo-se, embora, realçar, desde logo, que

---

[79] Pode considerar-se como "tempo livre, todo o tempo de lazer, de relaxamento, ou seja, é um tempo não imposto e que poderá constituir um momento de aprendizagem e conhecimento".

As actividades de tempos livres permitem à criança e ao jovem explorar e formar a sua identidade e autonomia, desenvolvem e promovem a sua integração na sociedade e permitem uma relação equilibrada entre as capacidades do indivíduo e os desafios que enfrentam (sobre o assunto veja-se o estudo apresentado por Inês Vitoriano Rodrigues e Paula Filomena Pais Monteiro, nos Trabalhos do Curso de Pós Graduação "Protecção de Menores" – Prof. Doutor F. M. Pereira Coelho, Coimbra Editora, pp. 114 e segs.).

os direitos da criança ou do jovem funcionam como contrapartida dos riscos inerentes à institucionalização das crianças e dos jovens.

Optou-se, assim, pela enunciação dos direitos da criança e do jovem, em vez de fazer constar os mesmos generalizada ou especificamente nos próprios acordos, pretendendo-se vincar esses direitos perante a especial desprotecção em que a criança ou o jovem se encontram quando privados do seu ambiente familiar ou equiparado.

Artigo 55.°
Acordo de promoção e protecção

1. O acordo de promoção e protecção inclui obrigatoriamente:

a) A identificação do membro da comissão de protecção ou do técnico a quem cabe o acompanhamento do caso;

b) O prazo por que é estabelecido e em que deve ser revisto;

c) As declarações de consentimento ou de não oposição necessárias.

2. Não podem ser estabelecidas cláusulas que imponham obrigações abusivas ou que introduzam limitações ao funcionamento da vida familiar para além das necessárias a afastar a situação concreta de perigo.

1. O artigo refere-se em primeiro lugar à identificação do "gestor" do acordo de promoção e protecção que será, na fase administrativa, um membro da comissão restrita, dentro dos indicados no art. 20.°, n.° 4 da LPPCJP (técnico com formação nas áreas do serviço social, psicologia e direito, educação e saúde); em alternativa, a identificação será do "gestor" técnico com uma daquelas valências, como a lei prevê em face de outras disposições (art. 17.°, alínea m) e 54.°). O reconhecimento do "gestor" que foi designado ou escolhido para relatar o processo que concluiu no sentido de aplicação de uma determinada medida, permitirá, desde logo, não só responsabilizá-lo pelos termos estabelecidos no acordo, como para o identificar mais facilmente tendo em vista uma eventual alteração ou revisão do acordo por alguém que esteve em contacto directo com o processo desde o seu início e que poderá, com maior facilidade, acuidade e ponderação rever ou alterar o acordo estabelecido.

Na fase judicial o técnico que acompanha o caso pertence, normalmente, à segurança social e deve ser indicado no acordo negociado perante o Tribunal[80].

2. A fixação no acordo de promoção e protecção do prazo da sua vigência e da sua revisão pretende salientar o carácter precário e temporário da medida aplicada, tendo em conta o perigo que se quis afastar dada a sua natureza e durabilidade e a própria idade da criança ou do jovem.

O prazo da medida aplicada e o prazo de revisão fixados no acordo salientam que a medida aplicada o foi em função de um diagnóstico temporal limitado e que tendo em conta o perigo que a medida quis afastar se impõe que se confirme, face a esse diagnóstico temporal, que o acordo funcionou ou precisa de ser revisto.

3. As declarações de consentimento (dos representantes parentais), devem ser efectuadas por escrito (têm de ser expressas – vide art. 9.° da lei), delas se fazendo constar, de forma inequívoca, que aquelas pessoas devidamente identificadas, concordam com a medida ou medidas que foram negociadas e aceites.

As declarações de não-oposição (da criança ou jovem), deverão ser claras no sentido das mesmas constar ter-lhe sido indicada a medida a aplicar e suas consequências e efeitos e a não oposição, inequívoca, às medidas explicitadas.

4. O estabelecido no n.° 2 do art. 55.°, de não deverem constar do acordo "cláusulas que imponham obrigações abusivas ou que introduzam limitações ao funcionamento da vida familiar para além das necessárias a afastar a situação concreta de perigo", inspira-se claramente no princípio da proporcionalidade e actualidade a que se refere o art. 4.°, alínea c).

O que se pretende é que a medida aplicada afaste o perigo que incide sobre a criança ou o jovem e que tal se faça com um mínimo de intromissão na sua esfera íntima e familiar.

As medidas aplicadas nos acordos terão que ser, assim, adequadas, sendo aptas a afastar o perigo que justifica a intromissão; deverão ser necessárias, por que só através delas se poderá prosseguir o objectivo de afastar o perigo e deverão, ainda, ser proporcionais, na perspectiva de

[80] Vide anotação ao artigo 13.° e 59.°, n.° 3 da LPPCJP.

delas resultar um benefício superior para o interesse público ao alcançado com a intromissão, em face do interesse ou interesses familiares postergados.

Artigo 56.º
Acordo de promoção e protecção relativo a medidas em meio natural de vida

1. No acordo de promoção e protecção em que se estabeleçam medidas a executar no meio natural de vida devem constar nomeadamente as cláusulas seguintes:

a) Os cuidados de alimentação, higiene, saúde e conforto a prestar à criança ou ao jovem pelos pais ou pelas pessoas a quem sejam confiados;

b) A identificação do responsável pela criança ou pelo jovem durante o tempo em que não possa ou não deva estar na companhia ou sob a vigilância dos pais ou das pessoas a quem estejam confiados, por razões laborais ou outras consideradas relevantes;

c) O plano de escolaridade, formação profissional, trabalho e ocupação dos tempos livres;

d) O plano de cuidados de saúde, incluindo consultas médicas e de orientação psicopedagógica, bem como o dever de cumprimento das directivas e orientações fixadas;

e) O apoio económico a prestar, sua modalidade, duração e entidade responsável pela atribuição, bem como os pressupostos da concessão.

2. Nos casos previstos na alínea e) do n.º 2 do artigo 3.º, se o perigo resultar de comportamentos adoptados em razão de alcoolismo, toxicodependência ou doença psiquiátrica dos pais ou das pessoas a quem a criança ou o jovem esteja confiado, o acordo inclui ainda a menção de que a permanência da criança na companhia destas pessoas é condicionada à sua submissão a tratamento e ao estabelecimento de compromisso nesse sentido.

3. Quando a intervenção seja determinada pela situação prevista na alínea f) do n.º 2 do artigo 3.º, podem ainda constar do acordo directivas e obrigações fixadas à criança ou ao jovem relativamente

a meios ou locais que não deva frequentar, pessoas que não deva acompanhar, substâncias ou produtos que não deva consumir e condições e horários dos tempos de lazer.

1. O artigo ao enumerar as clausulas que "nomeadamente" deverão constar do acordo de promoção e protecção tem carácter obrigatório, quando se verifique uma situação prevista nas cláusulas enumeradas, mas tem cariz exemplificativo, não devendo constar as cláusulas indicadas quando não está em causa nenhuma situação abrangida pelas mesmas. Assim, se se tratar de uma situação em que esteja em causa a prestação de cuidados alimentares e de higiene a uma criança é obrigatório que do acordo conste uma cláusula relativamente a essa matéria; todavia, se em relação à mesma criança e à mesma situação de perigo não existir qualquer problema quanto ao seu aproveitamento escolar não é pelo facto do artigo enumerar as clausulas que dela devem constar que no acordo de promoção e protecção há-de inserir-se uma clausula relativa ao plano de escolaridade, formação profissional trabalho e ocupação dos tempos livres (cláusula da al. c) do n.° 1 do artigo 56.°). Do mesmo modo, não faz sentido que tratando-se de um acordo em que seja aplicável a medida de apoio junto dos pais se fixe o "apoio económico a prestar" se os pais ou representantes parentais de facto não carecem nem pediram esse apoio económico.

2. O artigo enuncia no n.° 1, nas suas diversas alíneas, casos e situações que em geral são a causa e fundamento para aplicação das medidas de protecção. Nos n.os 2 e 3 tem-se em consideração situações de perigo "peculiares" fixadas no art. 3.° que contemplam comportamentos ou condutas de pessoas que correspondem ao espaço envolvente da criança ou do jovem e que, de forma activa ou passiva, directa ou indirectamente a podem influenciar, no sentido de poder afectar de forma grave o seu desenvolvimento físico e psicológico.

Pretende-se, pois, que essas pessoas e a própria criança ou jovem sejam afastadas desses meios "envolventes" perniciosos e que as pessoas que têm esses comportamentos prejudiciais modifiquem os mesmos, bem como afastar a criança ou o jovem de tais ambientes.

3. A fixação no acordo dos deveres/direitos da criança ou do jovem e de este poder ser auxiliado pela pessoa a quem esteja confiado, inclui um conjunto de cuidados básicos que esta última lhe deve prestar. A pessoa a quem a criança ou o jovem fica confiado terá que lhe dar atenção no sentido de preservar e melhorar o seu asseio, as suas actividades físicas e intelectuais, para que estas decorram dentro de um padrão de normalidade (cuidados de higiene e saúde), vigiar a criança ou o jovem, rodeando-o de bem-estar e comodidade (cuidados de conforto), de cuidar pela prestação de alimentos necessários à sua sobrevivência adequada (cuidados de alimentação).

Num outro plano (o da educação), deve ser elaborado um projecto que sirva como plano de estudos da criança ou do jovem visando a sua futura capacidade para se integrar no mercado de trabalho, estabelecendo-se, neste último sentido, o processo através do qual a criança ou o jovem poderá adquirir uma profissão (formação profissional) sem esquecer o modo de preencher as actividades de lazer (tempos livres).

Para um bom desenvolvimento físico e intelectual impõe-se o acompanhamento e planificação dos cuidados de saúde, com estabelecimento e fixação de vacinas e prazos da sua realização, consultas médicas periódicas, estudo do desenvolvimento psicológico da criança ou do jovem, tendo em conta os seus comportamentos e a análise do seu estado psíquico (orientação psicopedagógica), vigiando-se pelo cumprimento das orientações e conselhos indicados pelos médicos, pediatras ou psicólogos.

Só no âmbito de uma perspectiva integrada interdisciplinar e multidisciplinar se conseguirá justificar a intromissão na vida familiar e que ela seja benéfica, tendo em vista o desenvolvimento integral da criança e do jovem e daí que as cláusulas enunciadas, com aquele objectivo, tenham carácter obrigatório.

4. A identificação da pessoa que será responsável pela criança ou jovem fora dos períodos em que a mesma se não encontra sob vigilância das pessoas a quem foi confiada, complementa o conjunto de cuidados a ter para que a medida não deva fracassar, recaindo tal escolha sob pessoa idónea e com possibilidades efectivas de exercer essa vigilância.

5. Quanto ao apoio económico a prestar (que pode ser concedido nos termos da lei às situações previstas nos arts. 39.°, 40.° e 45.°), não se vendo razões para não ser extensível a outras situações (como a da confiança a pessoa idónea – art. 35.°, alínea c)), o que se torna essencial é que o mesmo seja fixado em função da avaliação que se faça da sua necessidade e conveniência, apurando-se e justificando-se os antecedentes que levaram à conclusão que o apoio económico e material e sua duração devem ser considerados como adequados para que a medida aplicada possa vingar.

6. Nos casos em que a criança ou o jovem se encontra em contacto com a pessoa que sobre ela exerce poderes parentais e se trata de pessoa alcoólica, toxicodependente ou sofrendo de doença psiquiátrica, há como que um desejo de estabelecer um equilíbrio entre a vontade dessas pessoas em permanecer em contacto com a criança ou o jovem e a necessidade de essas pessoas ultrapassarem as suas vivências geradoras de potencial perigo.

O equilíbrio estabelece-se pela obrigação assumida (compromisso) de essas pessoas, por tratamento adequado, tentarem ultrapassar essas situações.

7. Se a criança ou o jovem já assumiu comportamentos gravemente lesivos para o seu desenvolvimento, o acordo de promoção e protecção terá que indicar os caminhos a seguir para evitar a reiteração dessas condutas, como o não frequentar locais específicos ou "andar" com certas pessoas ou não consumir determinadas substâncias.

Como forma de combater esses comportamentos, entende-se que o acordo de promoção e protecção deve ser claramente explícito quanto aos horários e tempos de lazer da criança e do jovem como forma do preenchimento da sua vida quotidiana[81].

ARTIGO 57.°
Acordo de promoção e protecção relativo a medidas de colocação

1. No acordo de promoção e protecção em que se estabeleçam medidas de colocação devem ainda constar, com as devidas adaptações, para além das cláusulas enumeradas nos artigos anteriores:

a) A modalidade do acolhimento e o tipo de família ou de lar em que o acolhimento terá lugar;

b) Os direitos e os deveres dos intervenientes, nomeadamente a periodicidade das visitas por parte da família ou das pessoas com quem a criança ou o jovem tenha especial ligação afectiva, os períodos de visita à família, quando isso seja do seu interesse, e o montante da prestação correspondente aos gastos

[81] Vide art. 3.°, al. f) da LPPCJP.

com o sustento, educação e saúde da criança ou do jovem e a identificação dos responsáveis pelo pagamento;

c) A periodicidade e o conteúdo da informação a prestar às entidades administrativas e às autoridades judiciárias, bem como a identificação da pessoa ou da entidade que a deve prestar.

2. A informação a que se refere a alínea c) do número anterior deve conter os elementos necessários para avaliar o desenvolvimento da personalidade, o aproveitamento escolar, a progressão em outras aprendizagens, a adequação da medida aplicada e a possibilidade de regresso da criança ou do jovem à família.

1. A menção de que no acordo relativo às medidas de colocação devem contar "com as devidas adaptações" as "cláusulas enumeradas nos artigos anteriores" é inteiramente aplicável às cláusulas constantes do art. 55.°, devendo ser objecto da mesma interpretação restritiva que foi feita quanto ao artigo 56.°. Assim, não terão de constar obrigatoriamente dos acordos relativos a medidas de colocação cláusulas que pela sua própria natureza não possam ser aplicadas, como é o caso do apoio económico a prestar às pessoas a quem a criança ou o jovem é confiado, quando essas pessoas não precisam do referido apoio.

2. Quanto às modalidades de acolhimento é a própria lei (art. 50.°) que define os acolhimentos por prazos superiores a 6 meses ou inferiores a tal prazo (de curta duração ou prolongado); acolhimentos familiares e institucionais; de entre os acolhimentos familiares, em lar familiar e em lar profissional e impõe que o acolhimento institucional prolongado tenha, necessariamente, lugar em lares de infância e juventude (art. 5.°, n.° 4).

Como a lei se refere apenas ao tipo de família e ao tipo de lar deve entender-se que nos acordos de promoção e protecção apenas deve constar o género de família ou de lar em que a criança ou o jovem devem ser acolhidos e não já a indicação concreta da família ou da instituição onde terá lugar o acolhimento (a não ser que a criança já nela se encontre acolhida). Essa concretização cabe aos serviços sociais que tem a seu cargo as listas de famílias e de instituições, que de acordo com o tipo indicado melhor se adaptarão ao fim visado pela aplicação da medida de colocação[82].

---

82 Acontece, porém, que em alguns casos, nomeadamente quando o acolhimento se reporta a adolescentes com problemas relacionados com toxicodependência, prostituição,

3. Os "intervenientes" no acordo relativo a medidas de colocação são todos os que tomam parte no acordo, defendendo, em princípio, interesses próprios, mas subordinados aos princípios orientadores da intervenção (art. 4.°), entre os quais avulta o interesse superior da criança e do jovem. São intervenientes "necessários" os pais, o representante legal ou quem tenha a guarda de facto da criança ou do jovem e a própria criança ou jovem com mais de 12 anos (art. 5.°, alínea f)).

Interveniente necessário será ainda a pessoa ou pessoas a que se refere o art. 46.°, n.° 2 da LPPCJP e o representante legal da instituição de acolhimento a cargo de quem a criança ou jovem está confiado.

Problema que poderá ser discutido é se poderá haver acordo se não existirem declarações de consentimento dos pais por os mesmos não serem encontrados ou por a criança/jovem se opor sem fundamento adequado ao estabelecimento do acordo.

A questão colocar-se-á somente ao nível dos acordos fixados por decisão judicial (arts. 112.° e segs.) já que ao nível das comissões é indiscutível que sem a participação dos intervenientes necessários não poderá celebrar-se o acordo de promoção e protecção. Mesmo na fase judicial deve entender-se não ser possível o acordo negociado na falta de participação daqueles intervenientes necessários uma vez que a negociação pressupõe um acordo de vontades que no caso pode não se verificar, para além de que estando em causa a interferência do poder judicial no âmbito dos direitos fundamentais da criança e do jovem e da sua família, a falta de acordo, ainda que por ausência dos representantes parentais é sempre uma interferência sobre a vida familiar que impõe o recurso aos meios processuais adequados como o debate judicial a produção de prova, as alegações e a decisão final[83-84].

4. O direito de "visitas" à criança por parte dos seus pais é o direito daquela ter regularmente contactos pessoais com as pessoas a quem está mais intimamente afecta, salvaguardando embora e sempre o "interesse

---

prática de factos ilícitos e debilidade mental, a segurança social acaba por não concretizar em tempo útil a família ou o lar de acolhimento cujo tipo foi definido judicialmente, o que implica a ineficácia da decisão.

83 Já não será assim se o guardião de facto ou de direito prestar consentimento.

84 Entendemos que as medidas previstas nas alíneas a) a d) deveriam poder ser impostas quer pela comissão quer pelo Tribunal sem necessidade de ser prestado consentimento do representante (legal ou de facto) do jovem ou deste.

superior da criança" (art. 9.°, n.os 1 e 3 da Convenção Sobre os Direitos da Criança). Ora, é em função da avaliação psicopedagógica do "interesse superior" da criança e do jovem e da relação de amor e carinho que a criança ou o jovem mantém com os seus familiares ou terceiros, que deverão ser reguladas essas visitas, tendo em consideração, em especial, os condicionalismos que elas poderão ter quanto ao desenvolvimento físico e emocional da criança do jovem.

5. A fixação do montante da prestação com os gastos relativos aos cuidados básicos a prestar à criança e ao jovem (alimentação, saúde, e educação) visa, em relação às famílias de acolhimento, determinar os encargos que terão que ser suportados, a possibilidade da pessoa ou pessoas a quem a criança ou jovem fica entregue de suportar esses encargos e de prevenir a prestação, eventual dos mesmos pelo serviço de segurança social.

A execução da medida de acolhimento familiar é acompanhada pelos serviços de segurança social e pela Santa Casa da Misericórdia de Lisboa, no âmbito das respectivas competências (art. 10.°, n.° 1 do DL n.° 11/ /2008, de 17 de Janeiro) e, ainda, por entidades que desenvolvam actividades nas áreas da infância e juventude, mediante acordos de cooperação com os serviços de segurança social.

As famílias de acolhimento têm direito a receber daquelas unidades de enquadramento familiar retribuição mensal pelos serviços prestados a cada criança ou jovem e um subsídio para a sua manutenção (art. 20.°, n.° 3, alíneas d) e e) do DL n.° 11/2008).

6. Como as medidas de colocação são necessariamente transitórias, fixando um prazo não excedente a 6 meses e só muito excepcionalmente é possível ultrapassar esse prazo, uma vez que se pretende num quadro temporal limitado criar condições para que a criança ou o jovem regresse ao seu meio natural, impõe-se que o acordo seja acompanhado de perto e em períodos pré-fixados, atento o diagnóstico efectuado e que levou à aplicação da medida. Daí que em intervalos regulares se imponha ao "gestor" que elabore um relatório evidenciando o cumprimento das clausulas acordadas, das etapas atingidas, em função dos objectivos fixados, a evolução positiva ou negativa obtida, a necessidade de alterar, ou não a medida aplicada, em função de factos que deverão ser pormenorizadamente concretizados. Esses relatórios deverão ser remetidos à própria comissão ou aos tribunais consoante a entidade perante quem tiver sido firmado o acordo sem prejuízo do conhecimento, se necessário, a dar ao MP de qualquer informação que se entenda útil sobre a evolução do acordo.

7. Como se pretende que o acolhimento familiar ou institucional supra as carências de um desenvolvimento familiar que deveria ter sido, mas não foi, harmonioso, o relatório-informação "deverá ainda conter todos os dados que permitam avaliar, pelas comissões de protecção e pelos tribunais", se o projecto de vida da criança/jovem que passou pelo acolhimento familiar ou institucional, cumpriu, ou está a cumprir, os seus objectivos na vertente da formação física e psíquica da criança/jovem, do seu aproveitamento e formação escolar e profissional. Trata-se de elementos fundamentais que irão permitir à comissão e/ou ao tribunal concluir das vantagens ou desvantagens da aplicação da medida decretada e da sua substituição ou não por outra medida das previstas na lei.

Artigo 58.°
Direitos da criança e do jovem em acolhimento

1. A criança e o jovem acolhidos em instituição têm, em especial, os seguintes direitos:

a) Manter regularmente, e em condições de privacidade, contactos pessoais com a família e com pessoas com quem tenham especial relação afectiva, sem prejuízo das limitações impostas por decisão judicial ou pela comissão de protecção;

b) Receber uma educação que garanta o desenvolvimento integral da sua personalidade e potencialidades, sendo-lhes asseguradas a prestação dos cuidados de saúde, formação escolar e profissional e a participação em actividades culturais, desportivas e recreativas;

c) Usufruir de um espaço de privacidade e de um grau de autonomia na condução da sua vida pessoal adequados à sua idade e situação;

d) Receber dinheiro de bolso,

e) A inviolabilidade da correspondência;

f) Não ser transferidos da instituição, salvo quando essa decisão corresponda ao seu interesse,

g) Contactar, com garantia de confidencialidade, a comissão de protecção, o Ministério Público, o juiz e o seu advogado.

2. Os direitos referidos no número anterior constam necessariamente do regulamento interno das instituições de acolhimento.

1. Quando a criança ou o jovem é acolhido numa instituição a "despersonalização" dos cuidados que lhe são dirigidos deve ser contrariada pela garantia e saliência dada a certos direitos que lhe permitem garantir a sua individualidade e autonomia.

No seguimento dos direitos garantidos à criança ou ao jovem pela convenção da criança, designadamente pelos seus arts. 9.° e 16.°, sublinha-se neste artigo que a criança ou o jovem, ao lado de manter quanto possível o seu relacionamento familiar e afectivo anterior à entrada na instituição, deve ser preparada para o futuro através de um projecto educativo e de cuidados de saúde indispensáveis ao seu desenvolvimento integral.

Não basta, porém, garantir os seus anteriores afectos, permitir-lhe desenvolver a sua autonomia, sendo, também, importante que não haja interferências desnecessárias nesse desenvolvimento, mantendo-se a sua intimidade, daí a reserva da privacidade da criança e do jovem, a inviolabilidade da sua correspondência.

Se tudo o que foi referido é importante para se conseguir um desenvolvimento harmonioso da criança e do jovem colocado em instituição, a garantia de que tudo se processará nesse sentido é assegurada pelas entidades que o artigo indica (comissões de protecção, MP, o Juiz, o Advogado da criança ou jovem), possibilitando o contacto da criança ou do jovem com essas pessoas em termos de confidencialidade.

2. A função do n.° 2 do artigo é sublinhar a necessária publicitação do conteúdo deste artigo no regulamento interno das instituições de acolhimento como forma de evitar o não cumprimento da lei invocando o seu desconhecimento.

3. A manutenção regular e em condições não acessíveis a outras pessoas dos contactos da criança e do jovem com a família ou as pessoas com as quais tenha relações de carinho especiais (direito de visitas), pressupõe que fiquem estipulados os tipos de contacto permitidos, a sua periodicidade, tendo em conta os horários da instituição e a eventual directriz sobre tais contactos, atentas as decisões negociadas ou impostas pelo Tribunal.

4. Na alínea b) do art. 58.° pretende-se estabelecer um verdadeiro compromisso e equilíbrio entre todas as actividades a desenvolver no sentido da formação e desenvolvimento integral da criança e do jovem nas vertentes física e intelectual designadamente fomentando a prática do exercício físico e a satisfação relacionada com actividades que permitam o desenvolvimento das capacidades intelectuais da criança e do jovem.

A alínea b) deste artigo está directamente relacionada com o art. 31.° e o seu n.° 1, da Convenção Sobre os Direitos da Criança, segundo o qual os Estados que assinaram a convenção "reconhecem à criança o direito ao repouso e aos tempos livres, o direito a participar em jogos e actividades recreativas próprias da sua idade e de participarem livremente na vida cultural e artística".

5. A autonomia da criança e do jovem implicam a sua preparação para enfrentar a vida sozinho e contactar com o meio exterior à instituição, pelo que nesses contactos a criança ou o jovem devem ter a possibilidade de trazer dinheiro para efectuar despesas imediatas e correntes através do que o artigo refere como "dinheiro de bolso". Essa possibilidade de trazerem dinheiro consigo, pretende garantir-lhes maior autonomia e responsabilidade no contacto com o exterior, em função das necessidades económicas que terá que superar ao enfrentá-las desligado da instituição que o acolheu[85].

6. A inviolabilidade da correspondência é uma das formas de assegurar a reserva íntima da criança e do jovem tratando-se aqui de uma concretização do disposto no art. 34.° da CRP.

7. Assegurar que a criança ou o jovem não é transferido da instituição, a não ser que tal se verifique no seu interesse, é garantir a inexistência de transferências arbitrárias baseadas no interesse da instituição, que

[85] É criticável, quanto ao grau de autonomia, que as instituições devem ter na preparação das crianças institucionalizadas e com idade escolar, o de não lhes transmitirem ensinamentos para poderem lidar com questões do dia à dia, como a de fazerem uso do telefone ou estabelecerem a ligação de aparelhos a fichas eléctricas, dado que tais situações, em geral, apenas merecem a ponderação do aspecto preventivo na utilização de tais meios, para evitar a existência de acidentes ou contactos com o exterior.

deseje ver afastados os seus acolhidos problemáticos, sem procurar indagar do verdadeiro sentido dos comportamentos anómalos da criança e do jovem, sem ter em conta o seu superior interesse.

8. Consoante o acordo haja sido adoptado na fase administrativa ou judicial, a criança ou o jovem tem o direito de contactar com a comissão de protecção ou com o tribunal. A criança/jovem terá sempre o direito a estabelecer, em qualquer fase, contacto com o MP. Já na fase judicial o contacto confidencial é extensível ao juiz da causa e ao advogado que o representou no processo onde foi decidido aplicar a medida.

O direito da criança ou do jovem contactar com confidencialidade as pessoas indicadas permite a estas acompanhar a execução da medida de acolhimento em instituição, apercebendo-se de factos que, a não existir a confidencialidade, seriam sempre objecto de retracção por parte da criança ou do jovem, com receio de eventuais represálias por parte dos gestores ou do pessoal das instituições de acolhimento. Por isso se deve entender, dadas as naturais limitações de quem está internado numa instituição de acolhimento, que exista, contraposto a aquele direito, um ónus da parte do MP, do Juiz como do Advogado da criança ou do jovem, no sentido de procurarem e até exigirem, esse contacto em privado com a criança ou o jovem, como forma de assegurar o seu direito e terem efectivo e directo conhecimento do funcionamento da instituição através do relato que lhes é transmitido em liberdade e autonomia pela criança e pelo jovem.

ARTIGO 59.°
Acompanhamento da execução das medidas

1. As comissões de protecção executam as medidas nos termos do acordo de promoção e protecção.

2. A execução da medida aplicada em processo judicial é dirigida e controlada pelo tribunal que a aplicou.

3. Para efeitos do disposto no número anterior, o tribunal designa a entidade que considere mais adequada para o acompanhamento da execução da medida.

4. No caso previsto no n.° 3 do artigo 50.°, a situação é obrigatoriamente reexaminada de três em três meses.

1. Estabelece-se neste artigo um princípio natural – quem firmou os acordos é que tem competência para acompanhar o seu cumprimento e alcançar os objectivos propostos, o ultrapassar das dificuldades que o cumprimento possa apresentar.

Como é manifesto, a execução das medidas aplicadas nas comissões só pode ser efectivada após a celebração do respectivo acordo de promoção e protecção, como resulta do n.° 1 deste artigo, quando refere que as comissões, "executam as medidas nos termos do acordo".

Antes de ser firmado o acordo pelas pessoas que nele devem intervir, a autorização ou consentimento dos interessados quanto à aplicação de determinada medida, não passa de um projecto de intenção. De igual forma, a deliberação da comissão restrita que entende aplicar uma medida, por indicação, normalmente do gestor do caso, corresponde a uma medida prévia de aprovação do acordo, que será assinado, posteriormente, por um seu representante e pelos demais interessados na sua celebração. Consequentemente, a celebração do acordo de promoção e protecção corresponde à fase final do procedimento administrativo, contando-se a partir daí e com todas as consequências os efeitos decorrentes do mesmo.

Há, no entanto, atendendo à diferente natureza e competência das entidades que firmaram o acordo (comissões de protecção e tribunais), uma diferença no campo do acompanhamento da execução do acordo. Assim, enquanto as comissões se têm de cingir "rigorosamente" aos termos do acordo alcançado, o tribunal pode, dentro dos limites do acordo, orientar a execução do mesmo (dirigindo-o e controlando-o) mediante proposta da entidade designada pelo próprio Tribunal.

Como foi referido na nota 8 em anotação ao art. 39.°, a pág. 178, a execução das medidas previstas nas alíneas a) a d) do n.°1 do art. 35.° da LPPCJP encontra-se, agora, regulamentada no DL n.° 12/2008 de 17 de Janeiro.

2. Quer a medida seja aplicada pelas comissões, ou pelo tribunal, deve ser, como regra, indicado um "gestor" do processo que deverá ser um técnico que prestará à comissão alargada e ao tribunal as informações que permitam acompanhar e rever a medida aplicada (arts 18.°, n.° 2; 21.°, n.° 2, alínea f) e 59.°, n.° 3).

Este "gestor" do acompanhamento e da execução da medida aplicada deve avaliar e coordenar as acções consideradas adequadas para se permitir o "retorno" da criança ou do jovem ao seu meio natural, uma vez que todas as medidas, com excepção da confiança a pessoa seleccionada para a adopção ou a da confiança a instituição com vista a adopção, visam aquele objectivo e a medida de confiança deve ser considerada como anómala no sistema criado inicialmente pela lei.

Esse acompanhamento e coordenação exigem que o "gestor do processo" estabeleça a ponte entre todos os técnicos que intervieram e colaboraram no sentido de ser aplicada determinada medida, designadamente os técnicos e até as autoridades policiais que detectaram o caso, definindo linhas de acção e seguimento dos programas concebidos para obter o "retorno", fiscalizando o cumprimento desses programas e da actuação das entidades empenhadas na sua execução, tudo na perspectiva de correspondência dessas actividades com um plano individual de acompanhamento, elaborado com a concordância da família, no sentido de alcançar o objectivo proposto.

SECÇÃO VI
Duração, revisão e cessação das medidas

ARTIGO 60.°
Duração das medidas no meio natural de vida

1. Sem prejuízo do disposto no n.° 2, as medidas previstas nas alíneas a), b), c) e d) do artigo 35.° têm a duração estabelecida no acordo ou na decisão judicial.

2. As medidas referidas no número anterior não poderão ter duração superior a um ano, podendo, todavia, ser prorrogadas até 18 meses se o interesse da criança ou do jovem o aconselhar e, no caso das medidas previstas nas alíneas b) e c), desde que se mantenham os consentimentos e os acordos legalmente exigidos.

1. O artigo, ao regular a duração das medidas a executar no meio natural de vida (apoio junto dos pais, apoio junto de outro familiar, confiança a pessoa idónea e apoio para a autonomia de vida), tem em atenção considerar-se que o prazo de 18 meses é mais do que suficiente para verificar se os apoios concedidos à criança/jovem e aos seus pais, ou o período de confiança a pessoa idónea, foram os meios adequados para que a família biológica pudesse reassumir em plenitude os seus poderes/deveres parentais, de forma a assegurar um projecto de desenvolvimento integral da criança/jovem.

Ultrapassado esse período máximo, ou se conclui que o retorno à família biológica é possível e que esta tem condições para garantir o futuro da criança/jovem, ou há que assegurar a aplicação de uma outra medida que credibilize aquele projecto, em especial o possível encaminhamento para a adopção.

Julga-se, aliás, que o tempo previsto devia ser encurtado, uma vez que o arrastar de medidas, tentando aquilo que à partida se revela difícil ou muito difícil de alcançar, em face dos antecedentes revelados pelos pais, só compromete, muitas vezes, o futuro dos filhos e representa para eles, numa fase de desenvolvimento, uma eternidade, durante a qual o interesse superior da criança/jovem só sofre atrasos na sua concretização.

Entendemos, por isso, que a duração das medidas fixadas neste artigo têm carácter peremptório e dada a sua natureza constituem um limite para além do qual, constatando-se a falha do sistema quanto à possibilidade de reconstituição e regresso à família natural e biológica, as mesmas têm de cessar ou ser substituídas pelas outras medidas previstas na lei, nos termos do art. 62.°, n.° 3, alínea b).

No caso de ter sido estabelecido um acordo de promoção e protecção o mesmo inclui, obrigatoriamente, o respectivo prazo de duração (art. 55.°, n.° 1, alínea b) e art. 60.°, n.° 1).

Para além do prazo estipulado no acordo, ou na decisão judicial, admite o artigo um prazo regra de duração das medidas não superior a um ano e um prazo excepcional, prorrogado, que não ultrapasse os 18 meses. Pressupõe-se, no entanto, que se a medida aplicada for a de apoio junto dos pais e/ou a de apoio para a autonomia de vida essa prorrogação depende de um mero juízo avaliativo da comissão restrita ou do julgador, que apreciarão se o interesse da criança ou do jovem aconselham que as referidas medidas se prolonguem até ao limite referido no artigo. Nada impede, porém, que a medida inicialmente prorrogada, não venha a ser ulteriormente revista, desde que ocorram factos que justifiquem a revisão, antes do período máximo de 18 meses.

2. As medidas de apoio junto de outro familiar e de confiança a pessoa idónea, implicando o afastamento da criança ou jovem do seu meio natural de vida, já pressupõem, ao contrário do referido em 1., que a sua prorrogação seja submetida ao veredicto dos pais ou dos representantes legais ou de facto da criança ou jovem e o próprio consentimento desta, uma vez que mantendo-se estes últimos afastados do exercício pleno dos seus direitos, por a guarda da criança ou jovem estar confiada a terceiros, a sua aquiescência ou a sua não oposição é indispensável para se manterem afastados dos direitos a que renunciam.

No caso dos pais manifestarem a oposição à prorrogação da medida de apoio junto de familiar ou apoio a pessoa idónea julgamos que a medida não deve ser prorrogada, mas devem ser tomadas providências na aplicação de qualquer medida contra a vontade dos pais seguindo-se a realização de debate judicial ou a instauração de competente procedimento tutelar cível por parte do MP (regulação das responsabilidades parentais; inibição das responsabilidades parentais, acção tutelar comum).

Saliente-se, ainda que a medida prorrogada no seu prazo, visando os mesmos objectivos que a medida inicialmente imposta, passa a fazer parte (integra-se) no acordo inicial de promoção e protecção ou na decisão judicial inicialmente adoptada (art. 62.°, n.° 5 da LPPCJP).

Artigo 61.°
Duração das medidas de colocação

As medidas previstas nas alíneas e) e f) do artigo 35.° têm a duração estabelecida no acordo ou na decisão judicial

1. As medidas de colocação (acolhimento familiar, acolhimento em instituição), implicando um afastamento da criança/jovem do seu meio natural e pretendendo criar condições para um "retorno" à família biológica, pressupõem um diagnóstico muito severo sobre o ambiente familiar de origem da criança/jovem.

No diagnóstico a elaborar há que atender não só às circunstâncias que justificaram a opção pelo encaminhamento da criança/jovem para fora da sua família natural, como definir o seu projecto de vida, pretendendo-se que através da colocação familiar ou institucional se preencha um lapso de tempo que é simultaneamente de procura do desenvolvimento físico e psíquico da criança/jovem e uma tentativa de solidificar os laços entre a criança/jovem e os seus familiares, visando um futuro reagrupamento familiar. Por isso, é face ao teor do acordo ou da decisão judicial (onde deverão ser pormenorizadas as medidas que se entendem adequadas para alcançar tais objectivos) que se poderá estimar o tempo necessário para a sua concretização.

2. Decorrido o prazo fixado, ou a medida aplicada alcançou o seu objectivo e se criaram as condições para a criança/jovem "retornar" ao seu agrupamento familiar ou a medida aplicada falhou. Se tal acontecer a medida aplicada pode ser continuada ou prorrogada, segundo o artigo seguinte (62.°, n.° 3). A prorrogação da medida implica, porém, uma avaliação positiva, no sentido de que estão a ser cumpridos alguns dos objectivos pretendidos com a aplicação da medida e se perspectivam condições para que a mesma atinja plenamente os efeitos pretendidos alcançar.

Deve, por isso, a prorrogação ser devidamente fundamentada, justificando-se as razões pelas quais se entende ser continuada a sua execução.

Já a substituição da medida implica um juízo negativo sobre a sua execução e impõe-se que na sua ponderação sejam devidamente esclarecidas as razões do falhanço da medida inicial e os fundamentos do que se espera alcançar com a nova medida aplicada.

As medidas de acolhimento familiar ou institucional dificilmente poderão ser substituídas por outras medidas de acolhimento, como resulta da prática forense. Efectivamente, a maioria dos pais tende a ver o acolhimento institucional como uma forma de não suportarem os encargos necessários ao desenvolvimento dos seus filhos, limitando-se a cumprir um ritual mínimo de visitas com receio dos filhos serem encaminhados para a adopção.

As medidas de colocação previstas neste artigo são sempre susceptíveis de prorrogação não existindo um limite máximo para a sua duração, embora nos acordos junto das comissões e nas decisões judiciais tenha que ser fixado um prazo para a duração inicial das medidas.

Como as medidas em causa podem durar até que a criança/jovem atinja a maioridade, impõe-se que a decisão que determinou o acolhimento em instituição seja ultrapassada logo que verificado o falhanço da medida aplicada, devendo o MP instaurar processo tutelar cível que regulando ou limitando as responsabilidades parentais, defina, por uma vez, a situação da criança/jovem, obstando à revisão sucessiva e semestral da medida de acolhimento[86].

Em alternativa e considerando-se como opção possível à institucionalização da criança jovem a sua confiança para a adopção, deve igualmente, o Ministério Público avançar no sentido da aplicação desta última medida, como forma de obstaculizar a eternização da prorrogação do acolhimento institucional.

---

[86] É o caso de um jovem de 16 anos (não adoptável de acordo com o artigo 1980.°, n.° 2 do CC) ou uma criança de 11 anos que se recusa a ser adoptado e que pretende ficar institucionalizada.

Artigo 62.º
Revisão das medidas

1. A medida aplicada é obrigatoriamente revista findo o prazo fixado no acordo ou na decisão judicial, e, em qualquer caso, decorridos períodos nunca superiores a seis meses.

2. A revisão da medida pode ter lugar antes de decorrido o prazo fixado no acordo ou na decisão judicial, oficiosamente ou a pedido das pessoas referidas nos artigos 9.º e 10.º, desde que ocorram factos que a justifiquem.

3. A decisão de revisão pode determinar:

a) A cessação da medida;
b) A substituição da medida por outra mais adequada;
c) A continuação ou a prorrogação da execução da medida;
d) A verificação das condições de execução da medida.

4. É decidida a cessação da medida sempre que a sua continuação se mostre desnecessária.

5. As decisões tomadas na revisão constituem parte integrante dos acordos de promoção e protecção ou da decisão judicial.

6. As medidas provisórias são obrigatoriamente revistas no prazo máximo de seis meses após a sua aplicação.

1. A revisão das medidas aplicadas deriva de uma imposição da Convenção Sobre os Direitos da Criança, designadamente do seu art. 25.º, embora restrita, no caso da convenção, às medidas de colocação em estabelecimento.

As medidas de promoção e protecção devem, efectivamente, ser encaradas como dinâmicas e mutáveis, correspondendo e dando solução aos diferentes problemas que vão surgindo na evolução da criança/jovem, quando o seu desenvolvimento não se efectua de forma natural no seio da sua família biológica.

A fixação de prazos máximos perspectiva-se na defesa do interesse superior da criança/jovem e no sentido do protrair do tempo não levar a situações irreversíveis e que possam comprometer o seu projecto de vida.

2. A "revisão" das medidas visa objectivos de correcção, avaliação e controlo das medidas diagnosticadas, devendo a avaliação ser efectuada pelo

"gestor" da comissão restrita e por esta última, nos casos de acordo não judicial ou pela pessoa indicada pelo tribunal para assegurar a execução da medida e aceite, ou não, pelo tribunal, em face do juízo emitido sobre a situação.

A revisão pode operar-se em qualquer altura em face do erro diagnosticado quanto à medida aplicada, alteração das circunstâncias de facto ou às cláusulas decididas.

Pretende-se que esse acompanhamento se faça a par e passo, possibilitando-se a quaisquer intervenientes do processo, que possam requerer a revisão da medida decidida, o mesmo ocorrendo com as comissões de protecção e com as entidades com competência em matéria de infância e juventude (art. 62.°, n.° 2).

3. A revisão ou substituição das medidas decretadas implica não só a análise dos pressupostos que justificaram a aplicação da medida e a sua eventual extinção, como a determinação das razões do seu "falhanço" e, ainda, um diagnóstico da situação existente, já que se vai efectuar pela revisão e substituição uma alteração do "statuo quo" existente, o que implica a audição e intervenção da criança/jovem e a de todos os intervenientes a quem a alteração possa interessar.

Exemplo de revisão da medida aplicada, em qualquer altura, ou fase da execução, será a da criança ou jovem que foi mandada acolher numa determinada instituição, por o pai ser desconhecido e a mãe ter sofrido um acidente de viação, não podendo temporariamente prestar-lhe os cuidados essenciais à sua subsistência e não existindo outros familiares, e, em que se verifica, posteriormente, a completa recuperação da mãe, de acordo com avaliação médica, devendo a medida ser revista e declarada cessada com o retorno da criança à sua mãe biológica.

Se for aplicado o mesmo tipo de medida (o que não deve ser confundido com a mesma medida), como será o caso da criança ou jovem a quem foi dado o apoio junto de um familiar, ver esse apoio substituído na pessoa de um familiar diferente, é manifesto que se torna necessária a intervenção de todos os interessados na obtenção da nova decisão negociada ou a sua audição antes de ser proferida a decisão judicial que aplica o mesmo tipo de medida, ainda que em familiar diferenciado.

Se a medida que se pretende aplicar na revisão for a medida de confiança para a adopção e se se mostrar dos autos que é possível obter um acordo negociado sobre a aplicação da medida pelo Tribunal, pode marcar-se a audiência prevista no art. 112.° da LPPCJP.

Se for manifesto, em função dos antecedentes processuais, que não é possível uma decisão negociada, a medida de confiança para a adopção implica a existência necessária da apresentação de prova pelo MP (art. 114.°, n.° 2), com o prosseguimento do processo e a realização do debate judicial.

A alteração de qualquer medida imposta, pela medida de confiança para a adopção ou por qualquer outra, efectuada por simples despacho judicial, constitui grave violação do princípio do contraditório, como resulta, expressamente, do disposto no art. 104.°, n.° 3 da presente Lei[87].

4. A prorrogação da medida aplicada surge como consequência lógica de a mesma estar a alcançar os seus objectivos, mau grado o limite temporal imposto, que se torna necessário dilatar para a medida alcançar plenamente os seus objectivos.

5. Rever uma medida aplicada suscita uma análise minuciosa da situação de que se partiu, dos objectivos pretendidos alcançar e dos efectivamente alcançados.

A medida aplicada pode ter sido considerada a mais adequada, mas há que apurar no caso concreto, se a forma e os meios propostos para a execução da medida correspondem aos que estavam previstos, se a medida está a alcançar os seus objectivos, independentemente das condições consideradas necessárias para a sua concretização.

É precisamente para esse tipo de actividade que o artigo chama a atenção quando fala em "verificação das condições de execução da medida" (art. 62.°, n.° 3, alínea d)).

6. A cessação das medidas, regulada no art. 63.°, que é imposta, em geral, por as mesmas terem alcançado os objectivos propostos, pode ser determinada quando a medida em causa tem de ser revista. Para tal se verificar impõe-se que tenha sido afastada ou tenha deixado de subsistir a situação perigosa que pairava sobre a criança/jovem e que esteja reencontrado o caminho ou o projecto de vida que permita o seu posterior desenvolvimento integral. Assim, se foi decretada a medida de apoio junto da mãe, por esta, devido ao estado de toxicodependência, ter dado à luz uma criança que nasceu com sindroma de abstinência, tendo sido imposto à

[87] Cfr. anotação 3 ao artigo 57.°.

mãe que deveria levar a criança ao centro de saúde da área da sua residência e às consultas de neonatologia, a total recuperação da mãe, não se demonstrando que ela cumpriu as obrigações que lhe foram impostas, implica que se deva manter a medida aplicada, apesar da mãe da criança requerer a sua cessação.

7. Passando as decisões revistas a fazer parte integrante dos acordos de promoção e protecção, ou da decisão judicial, poder-se-ia colocar a dúvida sobre a necessidade das decisões revistas terem que ser assinadas de novo, pelas pessoas que tivessem intervido nos acordos ou participado no processo judicial. A lei, todavia não impõe essa assinatura apesar do artigo em análise referir que as decisões revistas constituem parte integrante dos acordos de promoção e protecção ou da decisão judicial, limitando-se a exigir que tais pessoas sejam ouvidas nos termos dos artigos 84.° e 85.° da lei. Tal opção considera-se justificada dado que a revisão da medida implica tão só o cumprimento de uma formalidade legal, ou uma antecipação do seu prazo de duração ou uma prorrogação do mesmo prazo, mantendo-se o conteúdo do acordo de promoção e protecção e a decisão judicial quanto ao demais que foi acordado ou decidido.

8. Uma medida provisória não pode prolongar-se por mais de seis meses (art. 37.°), excepto como foi defendido[88] quando a medida provisória se destina a ser substituída pela medida definitiva de confiança a pessoa seleccionada para adopção ou a instituição com vista a futura adopção. Mas, se se admite, como faz este artigo, que uma medida provisória seja revista obrigatoriamente findo esse prazo, está-se a admitir que ela pode ser substituída, continuada ou prorrogada, ou, ainda, verificadas as condições da sua execução (art. 62.°, n.° 3)?

A única solução lógica, dado o tempo máximo previsto para as medidas provisórias durarem é entender-se que a revisão das medidas provisórias, findo aquele prazo de seis meses, supõe, ou a revisão das medidas para serem declaradas cessadas ou a sua revisão para serem tomadas decisões definitivas.

A alternativa a este entendimento seria a da substituição de uma medida provisória, ao fim de seis meses, por outra medida provisória, ou, então, a prorrogação da medida provisória inicialmente aplicada.

---

[88] Cfr. anotação 2 ao artigo 37.° e anotação ao artigo 62.°-A da Lei.

Só que estes dois últimos entendimentos são totalmente inaceitáveis, não só em face da natureza intrínseca das próprias medidas provisórias, necessariamente precárias, mas por que as medidas se projectariam, transitoriamente, por um prazo tão dilatado, que colocariam em causa a solidez do projecto de vida futuro da criança ou do jovem.

Então, que fazer, quando o diagnóstico da situação da criança/jovem e a definição do seu encaminhamento futuro, não foi esclarecido com um grau de probabilidade seguro e a medida provisória cessa, não podendo ser prorrogada?

A única solução adequada para tais casos será a aplicação de uma medida definitiva (por acordo ou por decisão proferida após a realização de debate judicial), que complete o esclarecimento da situação, de acordo com os elementos novos trazidos na aplicação da medida e dos dados igualmente obtidos durante a execução da medida provisória, de forma a alcançar um projecto de vida para a criança ou jovem, tendo em conta todo o conjunto de elementos apurados e, continuando, então, com a aplicação da medida definitiva, a ser possível, a cessação, a substituição, a continuação ou a prorrogação dessa medida[89].

9. A revisão quer das medidas previstas no art. 35.° da Lei quer das medidas provisórias deverá ser precedida da audição da criança com mais de 12 anos (art. 84.°, n.° 1 da LPPCJP) do MP e dos titulares das responsabilidades parentais (art. 85.°, n.° 1 da LPPCJP).

Essa audição será efectuada por regra através de uma notificação via correio podendo, sempre que se justifique, ser realizada presencialmente perante o Juiz.

Artigo 62.°-A
Medida de confiança a pessoa seleccionada para a adopção ou a instituição com vista a futura adopção

1. A medida de confiança a pessoa seleccionada para a adopção ou a instituição com vista a futura adopção dura até ser decretada a adopção e não está sujeita a revisão.

2. É aplicável o artigo 167.° da Organização Tutelar de Menores e não há lugar a visitas por parte da família natural.

---

[89] Ver, contudo, anotação ao artigo 62.°-A da Lei.

3. Até ser instaurado o processo de adopção, o tribunal solicita, de seis em seis meses, informação ao organismo de segurança social sobre os procedimentos em curso com vista à adopção.

1. A medida de confiança a pessoa seleccionada para a adopção ou a instituição com vista a futura adopção, criada pela Lei 31/2003, de 22 de Agosto, como já foi referido, alterou o sistema de equilíbrio entre as medidas decretadas e a finalidade de obter, através delas, o "retorno" da criança/jovem à sua família de origem.

A alteração em causa corresponde a um entendimento, que se julga dever perspectivar a mudança da filosofia subjacente ao articulado do diploma, na sua fase inicial. De facto, é cada vez mais evidente que a insistência em fazer regressar a criança/jovem à sua família biológica tem efeitos nefastos quanto à adopção de medidas que devem ter em conta o limitado espaço temporal em que o desenvolvimento da criança se opera. Perante um número de situações amplas, que devem ser concretizadas na lei e perante a experiência adquirida, há situações em que o arrastar daquelas tentativas de "retorno" acabam por prejudicar, definitivamente, um projecto de vida adequado ao desenvolvimento integral da criança/jovem. Nessa medida, o encaminhamento para a adopção, no mais curto espaço de tempo e perante essas situações irreversíveis, satisfaz, de forma significativa, o interesse superior da criança, perante a eventualidade de manter laços familiares desbotados, limitados a uma mera filosofia da posse dos filhos e sem a criação de verdadeiros laços afiliativos.

2. A medida criada, que o artigo 35.° considerou como a executar no meio natural de vida no caso de confiança a pessoa seleccionada para a adopção e de colocação no caso de confiança a instituição com vista a futura adopção, não é, porém, verdadeiramente, uma coisa nem outra. Com o decretar desta medida rompe-se, de vez, a relação que a criança/jovem tinha com o seu agregado familiar, pelo que bem se compreende, que, dado tal passo, não se coloque, senão em casos excepcionais, o problema da revisão ou substituição da medida.

A regra passa, então, a ser outra – rompidos os laços com a família biológica há que tudo fazer para que esse rompimento se mantenha e preparar a criança/jovem para ser acolhida no seio de uma nova família.

O princípio exposto leva, naturalmente, a proibir as visitas da família natural (n.° 2 do artigo) e a nomear alguém que assumirá o exercício das funções parentais até que a criança/jovem venha a ser adoptada. Por isso, quando à criança/jovem é aplicada a medida de confiança a pessoa seleccionada para a adopção ou a instituição com vista a futura adopção, é nomeado um curador provisório[90], até ser decretada a adopção, nos termos do art. 167.° da OTM.

3. Uma medida tão drástica como a indicada, que faz cessar os direitos fundamentais dos pais de educar e manter os filhos, impondo a sua separação por não cumprimento dos deveres fundamentais (artigo 36.°, n.os 5, 6 e 7 da CRP) implica o seu acompanhamento desde o momento em que é decidido o encaminhamento para a adopção e nomeado o curador provisório para a criança/jovem, até ao momento em que for instaurado pelo MP ou pelos interessados o processo de adopção. Cabe, então, através dos relatórios do serviço de segurança social acompanhar todo o processo dando-se conhecimento ao Tribunal do evoluir da situação em períodos que o presente artigo fixa em 6 meses. Torna-se, assim, de todo o interesse, que a pessoa do serviço social que acompanha o processo seja sempre a mesma, não só por estar mais dentro do assunto, como por poder sugerir, com maior rapidez, ao tribunal, os procedimentos mais adequados a que a futura adopção se concretize visando o superior interesse da criança/jovem.

4. Na hipótese da pessoa ou pessoas seleccionadas para a adopção não revelarem os predicados que justificaram a selecção ou do curador provisório não exercer adequadamente as funções para que foi designado, poderia, em tese, suscitar-se a possibilidade da medida aqui indicada ser revista. O artigo interpretado literalmente parece não admitir como possí-

---

[90] Não há preceito legal expresso a exigir que os curadores provisórios para iniciarem as suas funções tenham que tomar compromisso de honra. Assim deve entender-se que fora das situações em que a lei substantiva ou processual exigir tal compromisso, como será o caso por exemplo dos peritos e do cabeça de casal, deve considerar-se não ser exigível tal procedimento.

O curador nomeado em regra é o director da instituição ou o técnico da mesma que mantenha um relacionamento mais próximo com a criança, como por exemplo o psicólogo. Saliente-se ainda que o curador provisório pode, posteriormente, ser substituído por despacho pela ou pelas pessoas seleccionadas para adopção mesmo antes de esta ser decretada, nos termos do artigo 167.°, n.° 3 da OTM.

Aqueles que defendem que o curador provisório presta juramento baseiam-se no entendimento expresso por Lopes Cardoso no "Manual de Partilhas Judiciais – volume I" 4.ª ed. Almedina, 1990, p. 374.

vel rever-se o conteúdo fundamental da decisão tomada quanto à ruptura com a família biológica; todavia, a lei no artigo 10.°, n.° 2 do DL 120/98 de 8.5, prevê a possibilidade de revisão do processo instaurado para adopção se a mesma não for requerida no prazo de 1 ano, nos termos do artigo 9.° do referido diploma.

Seria imponderado e grave que a medida tenha de ser adoptada sem sopesar todos os seus inconvenientes e vantagens. Por isso julgamos ser possível a revisão da medida, além do caso atrás referido (artigo 10.°, n.° 2 do DL 120/98 de 8.5) se se fizer uma interpretação restritiva do preceito.

Vejamos.

Decidido o encaminhamento para a adopção, em princípio não é possível voltar para trás; porém, se houver razões ponderosas que possam levar ao afastamento da pessoa seleccionada para adopção e esta não se concretizar nas pessoas inicialmente indicadas, é preferível, nesses casos, e impõe o interesse da criança ou jovem, escolher outra ou outras pessoas, do que manter-se uma selecção que não corresponde às expectativas criadas. Trata-se de uma questão de bom-senso e da confirmação, ou não, das qualidades das pessoas, que se perspectivavam e que se julgavam garantir o futuro da criança ou jovem e que não se verificaram na prática.

Também nas situações em que se torna necessário substituir o curador provisório designado, mantendo-se o carácter irreversível do encaminhamento para adopção, não é de excluir a revisão da medida quanto a esse aspecto pontual.

Como possibilidade de ser revista a medida de confiança com vista a futura adopção devem ser encaradas, ainda, todas as situações em que a criança ou a jovem, que se pretende vir a ser adoptada, manifeste a sua intenção de se opôr à futura adopção, de forma válida, ou em que posteriormente ao encaminhamento para a adopção não for encontrada qualquer pessoa que pretenda adoptar a criança ou jovem.

A possibilidade de revisão da medida de confiança a instituição com vista a futura adopção ou a pessoa seleccionada para a adopção aparece, agora, claramente expressa no art. 5.°, n.° 2 da Lei 103/2009 quando, a propósito do apadrinhamento civil admite a "reapreciação fundamentada" da medida, quando a adopção se mostra inviável.

5. Deve referir-se que a confiança a pessoa seleccionada para a adopção ou a instituição com vista a futura adopção, como fase da adopção, não constituem uma condição "sine qua non" para que seja decretada a adopção, como resulta do art. 1973.°, n.° 2 do CC, onde se exige, apenas, que o processo de adopção seja instruído com um inquérito social, sendo necessário, tão só, que se verifiquem os pressupostos materiais da adopção e o seu reconhecimento pelo Tribunal, como foi decidido no Acórdão do Tribunal da Relação de Guimarães de 21.5.2003[91].

6. Na hipótese de ser requerida a aplicação da medida prevista neste artigo deverá o Tribunal, quando verificar que apenas está estabelecida a maternidade da criança, averiguar da pendência de qualquer acção de averiguação oficiosa de paternidade. Verificando-se que na acção pendente a criança foi entretanto perfilhada, tal ocorrência implicará necessariamente a notificação do indigitado progenitor para os termos da acção, de acordo com os arts. 110, al. c) e 114.°, n.os 1 e 4 da LPPCJP.

7. Também a medida de confiança com vista à futura adopção é susceptível de ser aplicada existindo acordo dos progenitores, desde que os mesmos sejam esclarecidos do alcance do seu consentimento pelo Tribunal.

Daí que se possa afirmar que sempre que o Juiz se confronte com um progenitor que, por exemplo, padeça de manifesta debilidade mental, deverá abster-se de homologar o acordo protectivo bem como de aplicar qualquer das medidas elencadas no art. 35.° da Lei.

Se um dos progenitores não se opõe à aplicação da medida de confiança com vista futura adopção nada impede que o Tribunal firme em auto o respectivo consentimento, prosseguindo a acção com o agendamento do debate judicial para, eventualmente, suprir a falta de consentimento do progenitor oponente. Neste caso a notificação para os efeitos do art. 114.°, n.° 1 da LPPCJP, como no caso do progenitor ausente em parte incerta, será apenas endereçada ao progenitor que não deu o seu consentimento para a adopção.

A notificação ao progenitor ausente em parte incerta será realizada por intermédio de editais, sendo-lhe nomeado um patrono oficioso, que é igualmente nomeado para os termos da acção.

Artigo 63.°
Cessação das medidas

1. As medidas cessam quando:

---

91 Cfr. processo n.° 331/03-1 disponível em *www.dgsi.pt/jtrg*.

a) Decorra o respectivo prazo de duração ou eventual prorrogação;

b) A decisão de revisão lhes ponha termo;

c) Seja decretada a adopção, nos casos previstos no artigo 62.°-A;

d) O jovem atinja a maioridade ou, nos casos em que tenha solicitado a continuação da medida para além da maioridade, complete 21 anos;

e) Seja proferida decisão em procedimento cível que assegure o afastamento da criança ou do jovem da situação de perigo.

2. Após a cessação da medida aplicada em comissão de protecção, a criança, o jovem e a sua família poderão continuar a ser apoiados pela Comissão, nos termos e pelo período que forem acordados.

1. Em termos gerais as medidas de promoção e protecção devem ser encaradas como uma espécie de medidas cautelares destinadas a afastar o perigo que incide sobre as crianças/jovens, que atingem o seu objectivo quando as situações de perigo são ultrapassadas ou deixam de subsistir.

O artigo referencia casos em que as medidas deixam de vigorar por ter decorrido o prazo para o qual foram fixadas, tendo-se alcançado os objectivos propostos. Todavia, se no prazo fixado ou no prazo prorrogado a medida aplicada não alcançou os seus objectivos, a medida embora cesse poderá ser substituída por outra (alínea a) do n.° 1).

A medida decretada pode, no entanto, não ter sido aplicada durante o prazo previsto, mas acabar por cessar, naturalmente, se através da revisão da medida se considerou que a mesma alcançou os seus objectivos (n.° 1, alínea b)).

No caso da alínea c) do n.° 1, na redacção introduzida no artigo pela Lei 31/2003 de 22 de Agosto, entendeu-se, naturalmente, que decretada a adopção não faria qualquer sentido manter-se qualquer das medidas de protecção e promoção, visando o retorno à família biológica, entendendo-se que com a adopção e o encaminhamento da criança/jovem para a sua nova família estava afastada de forma definitiva a situação de perigo criada por acção ou omissão dos pais da criança ou dos seus representantes legais.

Quanto à alínea d) a cessação da aplicação das medidas resulta do próprio âmbito da Lei, já que, segundo o disposto no artigo 1.° da Lei e a definição constante do art. 5.°, alínea a), as medidas de promoção e protecção são somente aplicáveis às crianças e jovens em perigo com menos de 21 anos de idade.

O apadrinhamento civil, por seu turno, deve entender-se que não cessa quando a criança/jovem atinge os 18 anos de idade (art. 5.°, n.° 1 da Lei n.° 103/2009, de 11 de Setembro), ainda que os direitos e obrigações dos padrinhos inerentes ao exercício das responsabilidades parentais e alimentos cessem, em regra, nos mesmos termos em que cessam as responsabilidades parentais dos pais (art. 24.° da Lei n.° 103/2009, de 11 de Setembro).

Pode, porém, colocar-se o problema de ter sido instaurado um processo de promoção e protecção ao jovem com menos de 18 anos e este vir a atingir essa idade e com ela a maioridade, sem que, mau grado os princípios gerais constantes do art. 4.° da Lei, lhe ter sido, entretanto, aplicada qualquer medida de protecção.

Julgamos que a medida de promoção e protecção deve continuar a poder ser aplicada, não só por que a lei apenas exclui, peremptoriamente, a aplicação de medidas aos maiores que perfaçam 21 anos, como o carácter, várias vezes sublinhado, da medida de promoção como medida cautelar e preventiva, destinada a afastar os jovens de situações perigosas e de com a medida se pretender dar apoio ao pleno desenvolvimento integral da criança e do jovem, na procura de uma sã maturidade.

Se for aplicada uma medida de promoção e protecção a jovem que, atingiu posteriormente a maioridade, não cessa a aplicação da medida, prevista neste artigo, se o jovem não requereu a sua continuação, mas não foi notificado para se pronunciar sobre a prorrogação, ou não, da medida aplicada. Efectivamente, o facto da alínea referir que a medida cessa se o jovem não solicitar a sua continuação, pressupõe que o jovem tenha sido notificado para se pronunciar sobre a cessação ou não da medida. Impõem-no os princípios da obrigatoriedade de informação, da audição obrigatória e da participação (als. h) e i) do artigo 4.°) conjuntamente com o interesse superior do jovem (artigo 4.° alínea a)), dado que havendo a possibilidade, prevista na lei, de o jovem, apesar de atingir a maioridade, continuar a carecer de protecção, não lhe ser retirada tal possibilidade sem antes se pronunciar sobre tal hipótese[92].

---

[92] No sentido apontado o Acórdão do Tribunal da Relação de Lisboa em que foi relator o Desembargador Luís Espírito Santo, de 23.5.2006 (processo n.° 3050/2006-7 em www.dgsi.pt.jtrl).

A cessação das medidas aplicadas, por ter sido proferida decisão em procedimento cível, salienta, de forma particular, a natureza primordialmente cautelar das decisões tomadas nos processos de promoção e protecção em relação às decisões cíveis, que, também elas, visando globalmente proteger e defender os direitos das crianças/jovens, prosseguem o mesmo objectivo de afastar as crianças/jovens dos perigos que sobre elas podem recair.

Na verdade, quer através de procedimentos cíveis como a regulação das responsabilidades parentais, quer pela instauração da tutela, quer pela inibição das responsabilidades parentais, quer pela acção de limitação das responsabilidades parentais, se pretende defender um conjunto de direitos da criança/jovem e dos deveres que recaem sobre os seus responsáveis parentais, que visam em última instância colocar a criança/jovem fora das situações de perigo como as descritas no artigo 3.° desta Lei.

Consequentemente, proferida decisão cível em qualquer daqueles procedimentos, as medidas de protecção e promoção acabam na maior parte dos casos por ser procedimentos instrumentais e provisórios que ajudam a caracterizar o procedimento cível a adoptar, acabando este, pela sua amplitude por abarcar e conter a protecção que deverá permitir à criança/ /jovem afastar a situação perigosa existente e que impede o seu desenvolvimento integral.

Justifica-se, por isso, que tal como acontece nos procedimentos cautelares, os processos de promoção e protecção devessem ser apensos aos procedimentos cíveis relativos à mesma criança/jovem, o que todavia não se verifica, devido ao dispositivo expresso no art. 81.° da lei que impõe que qualquer processo dos indicados deve ser apenso ao que for instaurado em primeiro lugar.

Excepção aos princípios enunciados nas relações entre os processos protectivos e tutelares cíveis é agora o apadrinhamento civil, uma vez que este último determina, em regra, a cessação da medida de promoção e protecção ou a decisão sobre as responsabilidades parentais que sejam incompatíveis com o apadrinhamento (art. 13.°, n.° 3 da Lei n.° 103/2009 de 11 de Setembro).

2. No n.° 2 do artigo fala-se, de forma algo incorrecta, em medida aplicada "em comissão de protecção", quando o mais adequado seria falar em medida "aplicada pela comissão de protecção". Prevê-se, aqui, que não obstante a cessação da medida aplicada pela comissão, esta possa continuar a prestar o seu apoio. Apoio esse que já não terá que conter qualquer das cláusulas previstas nos artigos 56.° e 57.°, ainda que não se exclua qualquer das modalidades de apoio aí previstas. O que caracteriza esses apoios é o carácter meramente consensual dos mesmos, ao contrário do carácter vinculativo para todos os intervenientes nos acordos de promoção e protecção. Tais apoios poderão, por exemplo, acontecer quando o jovem atingir os 21 anos podendo e devendo as comissões, sensibilizarem a segurança social para a necessidade de se manterem apoios financeiros para o jovem ou para a sua família, como forma de não se perder todo o trabalho de promoção e protecção anteriormente desenvolvido.

3. A cessação das medidas decretadas pressupõe a existência de despacho judicial ou de deliberação da comissão de protecção restrita, que apreciando os factos existentes, invoque os fundamentos de facto e de direito para a decisão adoptada.

Enquanto o despacho judicial de cessação das medidas pode ser susceptível de recurso, por implicar uma pronúncia sobre a não comprovação da situação de perigo ou não subsistência dessa situação (arts. 111.° e 123.° da Lei), a decisão da comissão restrita (art. 21.°, n.° 2, al. f)), é susceptível de ser reapreciada por iniciativa do MP nos termos dos artigos 76.° e 73.°, n.° 1, alínea c) da Lei, podendo ser invocada a ilegalidade da cessação ou a inadequação da medida cessada, para efeitos de promoção e protecção da criança ou do jovem em perigo.

CAPÍTULO IV
Comunicações

Generalidades

Neste capítulo procuraram-se fixar os princípios e as regras de transmissão das informações das pessoas e entidades que têm, todas elas, um papel preventivo e activo no accionar da promoção e protecção dos direitos das crianças e dos jovens que se encontram em situações de perigo, justificadoras da aplicação da presente lei.

Sendo o objectivo primordial das comunicações aqui previstas, transmitir dados relevantes sobre as situações de perigo que incidem sobre a criança/jovem entre todos os intervenientes no processo de promoção e protecção, estabelece-se neste capítulo uma rede de comunicações que assenta, por um lado, nas comissões de protecção e, por outro, no MP como interveniente judiciário.

Enquanto, porém, as comissões de protecção aparecem como "centralizadoras" das comunicações, por se encontrarem num grau de proximidade maior com a criança/jovem e com o seu ambiente familiar natural, o papel do MP surge como um elo entre a protecção precoce que deve ser assumida por todas as pessoas e entidades que têm conhecimento das situações de perigo para a criança ou jovem e as autoridades judiciárias, último elemento da protecção concedida à criança/jovem, de acordo com o princípio da subsidariedade.

A relevância dada ao tema das "comunicações", salientada no relatório que antecedeu a proposta de Lei n.° 265/VII, justifica-se como uma forma de evitar a repetição de actuações ou a sua descoordenação, para além de permitir ao MP "a apreciação da legalidade, tempestividade e adequação das medidas adoptadas pelas comissões de protecção".

A prática tem revelado fissuras no sistema de comunicações, o que tem conduzido a situações dramáticas de casos em que a intercomunicação entre todas as entidades que devem ser sinalizadoras das situações de perigo não é feita atempadamente e em que as medidas adoptadas não têm podido sanar os efeitos irreversíveis causados por familiares e outros no bem-estar e desenvolvimento das crianças ou jovens. Especialmente referenciada tem sido a inexistência de uma base de dados a nível nacional, onde todas as entidades intervenientes pudessem detectar e acompanhar as situações de perigo que deveriam ser sinalizadas, assistindo-se, em muitos casos, a uma desresponsabilização de cada entidade à medida que as situações passam pelo seu conhecimento, sem se fazer um acompanhamento contínuo e simultâneo das situações encontradas.

Noutra perspectiva, a sinalização das situações de perigo é pressentida com maior frequência em função do contacto que a criança/ /jovem tem com o meio exterior, especialmente com as instituições hospitalares e na escola. Estas últimas entidades, para além de não terem um núcleo específico de pessoas que deveriam ser responsabilizadas, directamente, pelas falhas ou omissões nas comunicações, têm tido um papel pouco interventivo no acompanhamento das situações, para além de não existir canal específico, entre as diversas entidades através do qual seja possível responsabilizar todos os intervenientes pela eventual falha do sistema.

Deve salientar-se, por último, o importante papel que deve caber nesta matéria à comissão nacional de protecção de crianças e jovens em Risco, atenta a sua função, de acordo com a alínea h) do art. 1.° do DL 98/98 de 18 de Abril, no sentido de dever "concertar a acção de todas as entidades públicas e privadas estruturas e programas de intervenção na área das crianças e jovens em risco, de modo a reforçar estratégias de cooperação e de racionalização de recursos".

Artigo 64.°
Comunicação das situações de perigo pelas autoridades policiais e judiciárias

1. As entidades policiais e as autoridades judiciárias comunicam às comissões de protecção as situações de crianças e jovens em perigo de que tenham conhecimento no exercício das suas funções.

2. Sem prejuízo do disposto no número anterior, as autoridades judiciárias adoptam as providências tutelares cíveis adequadas.

1. As entidades ou instituições policiais, em especial a GNR e a PSP com uma ligação mais próxima à população e com assento na composição da comissão alargada (art. 17.°, alínea j)) asseguram a ordem e tranquilidade pública e a segurança na sociedade civil, accionando os seus poderes de autoridade para exercerem aquelas suas competências.

Também aos órgãos do poder judiciário, que exercitam uma parcela do poder soberano do Estado (autoridades judiciárias), cabe o desempenho de funções na defesa, promoção e protecção dos direitos da criança/jovem.

As instituições policiais que têm o dever de colaborar com as comissões de protecção (art. 13.°), têm um papel importante, dada a sua proximidade com as situações geradoras de perigo e o seu conhecimento, no terreno das circunstâncias económicas e sociais das crianças/jovens e das suas famílias.

A PSP e a GNR são, muitas vezes, as entidades que tomam conhecimento directo e mais célere das situações que podem legitimar a intervenção das demais entidades com competência em matéria de infância e juventude (art. 3.°) e a elas cabe evitar e prevenir, numa primeira fase, que se possam desenrolar situações mais graves que as inicialmente detectadas.

A lei não refere como as autoridades judiciárias e as entidades policiais transmitem as informações que lhes chegam sobre as situações geradoras de perigo para as crianças/jovens, mas, independentemente do formalismo a observar na transmissão da informação, que podendo ser verbal, deve ser, sempre, depois, escrita, identificando-se a sua autoria e sumariando as razões que levaram à feitura da comunicação, impõe-se uma actuação célere e expedita, que permita afastar a situação de perigo e o encaminhamento, se necessário, da criança/jovem, dando-se conhecimento de tal situação a todas as entidades com competência na área da actuação, designadamente, hospitais, escolas, juntas de freguesia, de forma a que se crie um "núcleo" de vigilância sobre a situação, após a sua revelação pelas entidades policiais.

2. As comunicações, ao contrário do que foi referido quanto a um seu funcionamento mais eficaz, devem ser feitas, segundo o artigo, num primeiro plano entre autoridades judiciárias e policiais e as comissões de protecção.

O facto do n.° 2 do artigo referir que as "autoridades judiciárias adoptam as providências tutelares cíveis adequadas", não dispensa as entidades policiais, em situações de urgência de assegurarem a protecção da criança/jovem em casa de acolhimento temporário ou em qualquer outro local adequado (art. 91.°, n.° 3); além disso, a necessidade de adopção de medidas urgentes, em casos em que tal não pode ser assegurado por outras entidades, cabe às entidades policiais, como por exemplo, acompanhar a criança/jovem ao Hospital para ser medicada e assistida, evitar a continuação de maus-tratos físicos ou abusos sexuais sobre a criança/jovem, libertar uma criança ou jovem que se encontre privado da liberdade, etc.

Como foi anteriormente referido e embora tal não resulte directamente da lei, também as autoridades judiciárias, para além de comunicarem às comissões de protecção as situações das crianças ou jovens em perigo, deveriam fazer "circular" a informação que lhes chega, quando relevante, pelos hospitais, escolas, etc, de forma a que o sistema de protecção assim alargado pudesse funcionar com mais eficiência da que tem sido alcançada até ao momento[93].

3. A retirada de crianças em situação de perigo deve ser efectuada pelas forças de segurança, acompanhadas dos serviços da segurança social encarregada de a realizar. A razão de ser da intervenção directa das autoridades policiais prende-se com as eventuais resistências à medida adoptada e como forma de garantir a sua melhor operacionalidade.

Artigo 65.°
Comunicação das situações de perigo conhecidas pelas entidades com competência em matéria de infância e juventude

1. As entidades com competência em matéria de infância e juventude comunicam às comissões de protecção as situações de perigo de que tenham conhecimento no exercício das suas funções sempre que não possam, no âmbito exclusivo da sua competência,

[93] Como exemplo da possibilidade de "circulação" de informações entre os Tribunais e as demais entidades que devem cooperar na defesa e protecção da criança e do jovem pode citar-se o caso da criança cujo processo de promoção e protecção está a correr no Tribunal devido, além de outras circunstâncias, ao seu insucesso escolar, tendo o Tribunal conhecimento de que o insucesso é devido à toxicodependência dos pais. Tal informação a ser transmitida, visando a realização do superior interesse da criança e sem prejuízo da confidencialidade do processo, permitirá à escola aperceber-se melhor dos contornos justificativos do insucesso escolar e tomar providências mais adequadas ao combate a tal falha no desenvolvimento.

assegurar em tempo a protecção suficiente que as circunstâncias do caso exigem.

2. Caso a comissão de protecção não esteja instalada ou quando não tenha competência para aplicar a medida adequada, designadamente sempre que os pais da criança ou do jovem expressem a sua vontade quanto ao seu consentimento ou à não oposição para a futura adopção, as entidades devem comunicar a situação de perigo directamente ao Ministério Público.

3. As instituições de acolhimento devem comunicar ao Ministério Público todas as situações de crianças e jovens que acolham sem prévia decisão da comissão de protecção ou judicial.

1. Não podendo aplicar medidas de promoção e protecção, que são da competência exclusiva das comissões de protecção e dos Tribunais (art. 38.°) e actuando somente em consonância com os pais, representantes legais ou quem tenha a guarda de facto da criança e do jovem (art. 7.°), a intervenção das entidades com competência em matéria de infância e juventude, aparece, as mais das vezes, confinada a assegurar a protecção de emergência em caso de acolhimento temporário (art. 91, n.os 1 e 3).

O "assegurar" em tempo a protecção suficiente, que as circunstâncias do caso exigem, é, assim, normalmente alcançado com o recebimento, após entrega, por essas entidades da criança/jovem em situação de perigo e o seu encaminhamento posterior, de acordo com a orientação que vier a ser fixada, quer pelas comissões de protecção, quer pelos Tribunais.

Trata-se de uma protecção, as mais das vezes, limitada e temporária e por isso se impõe a transmissão da informação como forma de accionamento pelas entidades competentes da forma e dos meios que devem ser adoptados para ultrapassar de forma definitiva a situação de perigo detectada.

2. Os hospitais, como entidades com competência em matéria de infância e juventude, não devem recusar o envio de informações às comissões de protecção escudando-se no dever de sigilo profissional. O dever de sinalização da situação de perigo deve prevalecer sobre a reserva da vida privada, tendo por finalidade prevalecer o superior interesse da criança.

Quanto aos elementos clínicos e médicos respeitantes quer à criança quer aos titulares das responsabilidades parentais, quer as comissões quer os Tribunais devem procurar obter a respectiva anuência dos visados para que os mesmos possam constar do processo como forma de comprovar a sinalização efectuada.

3. Sendo a comissão de protecção a entidade "centralizadora" das comunicações sobre a criança/jovem que se encontra em perigo e não podendo esta actuar por falta de algum dos requisitos aqui referidos – a comissão não poder funcionar, não estar instalada ou não lhe ser possível aplicar a medida adequada, por não obter o consenso entre os intervenientes que leve à elaboração de um acordo de protecção, ou por a medida extravasar a sua competência, – o princípio da subsidariedade implica que se dê conhecimento da situação ao MP porque só através dele será possível accionar os meios para afastar o perigo que pesa sobre a criança/jovem. No entanto, mesmo nos casos assinalados mantém-se o interesse na comunicação às comissões de protecção, uma vez que uma coisa é centralizar as informações e outra a de tomar providências adequadas ao afastamento ou remoção da situação perigosa existente.

É de salientar, no entanto, que se for entendido, à partida, que a medida a aplicar deve ser a medida de confiança a pessoa seleccionada para adopção ou a instituição com vista a futura adopção (art. 35.°, n.° 1, alínea g)), a mesma, sendo da competência exclusiva dos Tribunais (art. 38.°), deve ser accionada, desde logo, pelo MP perante o Tribunal, não fazendo qualquer sentido que o MP, recebida a comunicação no sentido de ser adoptada uma medida, que só o Tribunal pode aplicar, ou não aplicar, pretenda que as comissões de protecção efectuem diligências processuais, quando o destino do processo a concretizar-se a medida só poderá ser pela via judicial.

4. O n.° 3 do artigo 65.° faz impender sobre as instituições de acolhimento o dever de comunicar tais situações ao MP, como forma de zelar pelo interesse superior da criança, ainda que os seus pais ou representantes parentais estejam de acordo com a própria instituição em acolher a criança ou jovem (art. 3.° do DL 185/93 de 22 de Maio com as alterações introduzidas pela Lei 31/2003 de 22 de Agosto).

Acabou-se, assim, com as situações de crianças ou jovens acolhidos em instituições com base em pedidos dos pais ou de outros responsáveis parentais, terminando-se com a possibilidade legal de serem colocados em lares ou instituições, em função do egoísmo dos seus representantes, que ali os depositavam por os não poderem ou quererem sustentar, ou assegurar, de algum modo, os seus poderes-deveres paternais e que ficavam fora do controlo das comissões de protecção e dos tribunais.

A denúncia da existência de situações como a indicada deve ser feita e pode ser feita por qualquer pessoa ou entidade, podendo as instituições que procederem ao acolhimento institucionalizado de forma ilegal ser responsabilizadas[94], bem como os representantes da criança ou jovem pela institucionalização indevida.

Artigo 66.°
Comunicação das situações de perigo por qualquer pessoa

1. Qualquer pessoa que tenha conhecimento das situações previstas no artigo 3.° pode comunicá-las às entidades com competência em matéria de infância ou juventude, às entidades policiais, às comissões de protecção ou às autoridades judiciárias.

2. A comunicação é obrigatória para qualquer pessoa que tenha conhecimento de situações que ponham em risco a vida, a integridade física ou psíquica ou a liberdade da criança ou do jovem.

3. Quando as comunicações sejam dirigidas às entidades referidas no n.° 1, estas procedem ao estudo sumário da situação e proporcionam a protecção compatível com as suas atribuições, dando conhecimento da situação à comissão de protecção sempre que entendam que a sua intervenção não é adequada ou suficiente.

1. Perante situações que põem em causa o desenvolvimento integral da criança/jovem e que colocam em perigo a sua segurança, saúde, formação e educação é dever de todo e qualquer cidadão denunciar ou participar a sua existência e actuar no sentido de permitir remover a situação de perigo incidente sobre a pessoa da criança/jovem. Esse dever não se traduz, somente, em dar conhecimento de tais situações às entidades que têm competência específica nessa matéria.

Os cidadãos, inseridos na comunidade devem, dentro das suas possibilidades, criar condições e actuar para remover essas situações em casos de emergência e urgência e se necessário agir em legítima defesa alheia ou em estado de necessidade, de forma a afastarem os perigos iminentes para a vida e integridade física das crianças/jovens.

---

[94] Cfr. anotação 2 ao artigo 38.° da Lei.

A sinalização da situação efectuada por qualquer pessoa deve ser feita anotando a identificação do denunciante[95] e da criança ou do jovem, acompanhada de detalhes que individualizem o estabelecimento escolar frequentado, o agregado familiar em que a criança ou jovem se insere, os elementos indiciadores da situação de perigo, que exige a intervenção, características físicas da criança e do jovem e quaisquer outros factos que permitam, à partida, caracterizar o tipo de intervenção que deve ser adoptada.

2. O acentuar-se que a comunicação não deve deixar de ser feita (é obrigatória), deveria levar o artigo a cominar como contra-ordenação punível o não cumprimento da obrigação o que se justificaria perante o dever ético e moral de evitar situações que podem atentar contra os direitos fundamentais da criança ou jovem, como o seu direito à vida, à integridade física e à liberdade.

3. Já se referiu anteriormente que as comissões de protecção aparecem como "centralizadoras" das informações obtidas.

O n.° 3 deste artigo sublinha aquela função em relação às informações que chegam ao conhecimento das entidades policiais e às entidades com competência em matéria de infância ou juventude que, depois, são canalizadas para as comissões de protecção, por aquelas entidades não poderem dar a resposta adequada para remover o perigo que incide sobre a criança/jovem.

Deve ser anotado, todavia, o percurso que começou com a sinalização da situação perigosa, devendo as autoridades ou entidades intervenientes elaborar um relatório sobre a situação que lhes foi denunciada e com a qual tiveram um primeiro contacto, de forma a que sejam facultados elementos às comissões de protecção que lhes permitam aplicar rapidamente as medidas julgadas adequadas ou fazer o encaminhamento do caso para os tribunais.

4. A intervenção das entidades policiais ou das entidades com competência em matéria de infância e juventude deve der considerada como não "adequada" quando através da sua intervenção e de acordo com as suas competências, não possam ser tomadas medidas que possam remover a situação perigosa.

---

[95] Também as denúncias anónimas, ou que partam de pessoa que solicita o anonimato deverão ser recebidas, sendo analisado, caso a caso, a necessidade de instauração do processo protectivo.

A intervenção será considerada "insuficiente", se a mesma não pode salvaguardar de forma permanente a situação de perigo em que se encontra a criança/jovem, impondo-se a aplicação de medidas complementares de protecção, quer pelas comissões de protecção, quer pelos tribunais.

Artigo 67.°
Comunicações das comissões de protecção aos organismos de segurança social

As comissões de protecção dão conhecimento aos organismos de segurança social das situações de crianças e jovens que se encontram em algumas das situações previstas no artigo 1978.° do Código Civil e de outras situações que entendam dever encaminhar para a adopção.

1. Ao contrário do que acontece na troca de comunicações/informações em geral em que as comissões de protecção funcionam como "receptoras" da sinalização que lhes é dada pelas demais entidades para adoptarem os procedimentos adequados a afastar a situação de perigo que incide sobre a criança ou jovem e reinseri-la na sua família biológica, nos casos previstos neste artigo considera-se o retorno da criança ou jovem à família biológica como inviável.

Assente esse princípio, há que fixar um procedimento administrativo e judicial com o qual se pretende criar um projecto de vida para a criança ou jovem tendo em vista a sua futura família de adopção

No procedimento instaurado têm um papel fundamental os organismos de segurança social, que, não só seleccionam a pessoa ou pessoas onde a criança ou jovem pode vir a ser integrada, como vão acompanhar todo o processo de integração e concluir, ou não, no sentido do MP ou os interessados poderem instaurar a competente acção de adopção, para esta vir a ser decretada pelo Tribunal.

2. O artigo referencia que a comunicação a ser efectuada pelas comissões de protecção aos organismos de segurança social se reporta às situações previstas no art. 1978.° do CC e a "outras situações" que devam ser encaminhadas para a adopção.

Do texto legal extrai-se, pois, que as comissões para fazerem a comunicação prevista neste artigo poderão "sugerir" esse encaminhamento para a adopção com base em factores objectivos relativamente fáceis de identificar, como será o caso da criança ser filha de pais incógnitos ou falecidos, dos pais terem abandonado a criança ou jovem ou a hipótese dos pais terem manifestado perante a comissão o seu consentimento prévio para a adopção (n.° 1, alíneas a), b) e c) do art. 1978.° do CC).

O processo de encaminhamento para adopção pode e deve seguir nestes casos o regime previsto no artigo 3.° do DL 185/93 com as alterações introduzidas pelo DL 120/98 de 8 de Maio, sendo dado conhecimento ao organismo da segurança social da respectiva área dos casos em que a criança ou jovem deverá ser encaminhado para a adopção. À segurança social caberá nos termos do aí articulado estudar a situação da criança e no final do processo proceder à sua confiança administrativa nos termos do artigo 8.° do mesmo diploma seguindo-se um período de pré-adopção findo o qual será elaborado um relatório em que se conclua estarem verificadas as condições para ser requerida a adopção.

É evidente que naqueles casos, como noutros, não cabe às comissões apurar e identificar se na circunstância "não existem ou se encontram seriamente comprometidos todos os vínculos afectivos próprios da filiação" (art. 1978.°, n.° 1 do CC), mas, constatar, somente, a existência daquelas situações objectivas (pais incógnitos ou falecidos, pais que abandonaram a criança ou jovem, ou pais que manifestaram o seu consentimento para a adopção).

Já no caso da alínea d), os juízos subjacentes às situações aí descritas implicam o seu estudo e análise pelo tribunal, pelo que admitindo-se o alerta para situações evidentes que possam corresponder a tais situações, dificilmente se pode configurar que as comissões de protecção possam formular um juízo conclusivo juridicamente correcto sobre as acções ou omissões dos pais "por manifesta incapacidade devida a razões de doença mental", que possam pôr em perigo grave a segurança, a saúde, a formação, a educação ou o desenvolvimento da criança ou jovem.

Quanto à alínea e) do art. 1978.° do CC manifestam-se idênticas reservas quanto à "participação" pelas comissões de tais casos aos organismos de segurança social, pois, tal como na alínea anterior do citado artigo do Código Civil, a análise e ponderação de conceitos como os pais terem revelado "manifesto desinteresse pelo filho", "em termos de comprometer seriamente a qualidade e a continuidade dos vínculos" (de filiação), corresponde a juízos de valor e de interpretação de situações de facto e ao seu enquadramento jurídico. Também nessas situações se afigura possível o alerta das comissões de protecção para os casos mais gritantes, mas dificilmente se pode admitir que as comissões possam assumir de per si o encaminhamento da criança/jovem no sentido da adopção.

3. O artigo fala, ainda, em outras situações para além das contidas no art. 1978.° do CC que devem ser comunicadas. Como dissemos esse dever/ónus respeita às situações objectivas e factuais enquadráveis nas alíneas a), b) e c) do art. 1978.° do CC. "Outras situações" que devem ser sinalizadas serão todas aquelas que assentem em factos objectivamente graves para o desenvolvimento integral da criança, como o completo abandono dos pais, que se ausentam para o estrangeiro deixando a criança ou jovem entregue a si própria, sem contactos com a família alargada, desconhecendo-se o paradeiro dos pais; a de um dos pais concordar com a adopção e não ser possível nem viável o contacto com o outro progenitor cujo paradeiro é desconhecido; os pais se encontrarem presos por um período que atinja toda a menoridade da criança ou jovem e não existir família alargada que possa assumir a responsabilidade pelo seu desenvolvimento; os pais serem alcoólicos ou toxicodependentes manifestamente irrecuperáveis e não existir família alargada que tome conta da criança; os progenitores padecerem de doença psiquiátrica, etc.

Artigo 68.°
Comunicações das comissões de protecção ao Ministério Público

As comissões de protecção comunicam ao Ministério Público:

a) As situações em que consideram adequado o encaminhamento para a adopção;

b) As situações em que não sejam prestados ou sejam retirados os consentimentos necessários à sua intervenção, à aplicação da medida ou à sua revisão, em que haja oposição da criança ou do jovem, ou em que, tendo estes sido prestados, não sejam cumpridos os acordos estabelecidos;

c) As situações em que não obtenham a disponibilidade dos meios necessários para aplicar ou executar a medida que considerem adequada, nomeadamente por oposição de um serviço ou instituição;

d) As situações em que não tenha sido proferida decisão decorridos seis meses após o conhecimento da situação da criança ou do jovem em perigo,

e) A aplicação da medida que determine ou mantenha a separação da criança ou do jovem dos seus pais, representante legal ou das pessoas que tenham a sua guarda de facto

1. Este artigo estabelece o dever das comissões de protecção informarem o MP das situações-limite em que de certa forma se "esgotou" a possibilidade da sua acção interventora obter o êxito pretendido – o regresso da criança ou jovem ao seio da sua família natural para esta completar a sua formação e desenvolvimento integral.

Na verdade, se a comissão conclui que a criança ou jovem deve ser encaminhada para a adopção (alínea a)); se a comissão já não tem possibilidades legais de accionar as medidas de protecção e defesa da criança/ /jovem (alínea b)); se se apresentam obstáculos de colaboração com entidades que poderiam ajudar a alcançar os objectivos da comissão (alínea c)); se a própria comissão revela não ser "apta" para tomar uma decisão num período tão dilatado como seis meses (alínea d)), ou se, finalmente, se constata que o desígnio último das medidas adoptadas para o "retorno" da criança/jovem não está a ser alcançado e esse afastamento se mantém (alínea e)), só a intervenção judicial se revela apta, de acordo com o princípio da subsidariedade, a atingir o citado objectivo.

Esgotada a possibilidade da intervenção das comissões, esgotado se encontra o processo onde se constatou que a comissão não pode, ou não foi capaz de resolver a situação que lhe foi colocada. Por isso, verificada tal situação, a comunicação a efectuar deve ser acompanhada do processo onde a comissão faz constar as diligências que não puderam culminar com a solução a dar à situação perigosa detectada e não resolvida, por qualquer das razões aqui enunciadas.

2. Como referimos anteriormente as situações comunicadas ao MP reveladoras de se estar perante casos em que a protecção da criança ou jovem deve ser efectuada pelo encaminhamento para a adopção são as referenciadas nas alíneas a), b) e c) do n.° 1 do art. 1978.° do CC e outras situações fácticas análogas atrás exemplificadas e que deverão ter o mesmo tratamento.

3. Um dos pressupostos das intervenções das comissões de protecção é o acordo dos pais ou dos representantes parentais da criança/jovem e a não oposição desta última aos acordos de promoção e protecção. Se este "compromisso" é rasgado fica inviabilizada a medida acordada e a sua eventual revisão.

Também se os compromissos assumidos não passam do papel futuriza-se a dificuldade em assentar ou estabelecer um outro acordo. Essa situação deve ser comunicada ao MP por que é geradora da sua atenção para a necessidade de uma intervenção que se adivinha poder vir a verificar-se com grande grau de probabilidade.

4. Não obstante a existência do dever de colaboração entre as autoridades administrativas, policiais e as pessoas singulares e colectivas (art. 13.°), prevê-se neste artigo que as comissões de protecção dêem conhecimento ao MP das situações em que se verifica resistência ou oposição às medidas implementadas pelas comissões.

Ao fim e ao cabo pretende-se com esse conhecimento dado ao MP, que se obtenha o seu apoio no sentido de implementar e pressionar a entidade não colaborante para disponibilizar os meios e acções solicitadas para que as comissões possam aplicar e executar as medidas por elas decididas.

5. O prazo de seis meses é fixado na lei em múltiplas situações.

Tem-se em atenção que este prazo já é, de per si muito dilatado para alcançar um objectivo célere e urgente, como é o de assegurar o desenvolvimento da criança ou jovem entre a sua infância e juventude.

Se as comissões protelam as decisões sobre tais situações, algo existe que está a correr mal, na perspectiva da lei, pelo que tais casos devem ser reportados ao MP para este tomar conhecimento das razões da delonga e tomar as medidas adequadas para ultrapassar o impasse surgido.

6. A alínea e) sublinha o papel especial que deve merecer para as comissões de protecção e para o MP, as situações que podem justificar a manutenção da criança ou jovem fora do seu meio natural de vida e as implicações e dificuldades que tal situação poderá acarretar para o seu desenvolvimento.

Caberá, então, perante o "alerta" das comissões, ao MP, avocar o processo ou determinar as medidas que permitam, em colaboração com as comissões, assegurar o "retorno" da criança ou jovem ao seu meio natural de vida.

ARTIGO 69.°
Comunicação das comissões de protecção ao Ministério Público para efeitos de procedimento cível

As comissões de protecção comunicam ainda ao Ministério Público as situações de facto que justifiquem a regulação ou a alteração do regime do exercício das responsabilidades parentais, a inibição das responsabilidades parentais, a instauração da tutela ou a adopção de qualquer outra providência cível, nomeadamente nos casos em que se mostre necessária a fixação ou a alteração ou se verifique o incumprimento das prestações de alimentos.

1. Situações de facto que justificam a **regulação do regime de exercício das responsabilidades** parentais são, por exemplo, todas aquelas em que se verificando o casamento dos pais da criança ou jovem aqueles se encontrem separados de facto e em litígio sobre o exercício das responsabilidades parentais (art. 1901.° do CC), e ainda os casos em que não existe casamento e se coloque a questão de saber a quem pertence o exercício das responsabilidades parentais (artigo 1911.° do CC).

2. Situações que justificam a **alteração do regime de exercício das responsabilidades parentais** são todas aquelas em que fixado as responsabilidades parentais por acordo dos pais ou por decisão judicial se verificam circunstâncias supervenientes que podem justificar a alteração do regime fixado (art. 182.° da OTM).

Nas acções de regulação ou de alteração das responsabilidades parentais a criança ou o jovem pode ser entregue à guarda de terceira pessoa ou instituição em caso de acordo ou na situação prevista no artigo 1918.° do CC.

Às comissões de protecção de crianças e jovens cabe agora também a iniciativa para requerer o apadrinhamento civil, o qual só é constituído após a sujeição do acordo de apadrinhamento civil, obtido nas comissões, a decisão do tribunal, precedida de parecer do MP (art. 13.° da Lei 103/2009).

3. Situações que justificam a **inibição das responsabilidades parentais** são todas aquelas, como as referenciadas no art. 3.° da lei, em que se detecta que os pais, por negligência ou dolo, não cumpram os seus poderes/deveres de, no interesse dos filhos velarem pela sua segurança, saúde, sustento, educação, representação (Artigos 1913.° e 1915.° do Código Civil e 194.° da OTM) e administração dos seus bens (art. 1878.° do CC e 200.°, n.° 1 da OTM), causando-lhes com a sua actuação grave prejuízo, ou quando os pais sejam portadores de incapacidade (inexperiência, enfermidade, ausência, etc.), que os levem a não cumprir aqueles deveres).

4. A instituição da **tutela** impõe-se nos casos em que à criança ou jovem, faleceram os pais ou os mesmos são incógnitos, ou estão inibidos do exercício das responsabilidades parentais (art. 1921.° do CC).

5. Entre outras providências cíveis que o MP pode accionar destaca-se, no âmbito da presente lei, a **limitação do exercício das responsabilidades parentais** ou a **acção tutelar comum** (art. 210.° da OTM) através de providências como a de confiar a criança ou jovem a terceira pessoa ou a estabelecimento de educação e assistência (arts. 1918.° e 1919.° do CC), nas situações em que os progenitores vivam em conjunto.

6. Como as comissões de protecção são as entidades interventoras que se encontram próximo do meio natural de vida da criança ou jovem, tomam normalmente, o primeiro contacto com as situações que justificam a alteração das medidas de regulação das responsabilidades parentais e da necessidade de serem adoptadas quaisquer outras medidas tutelares que possam ter influência no desenvolvimento da criança ou jovem. Devem, por isso, as comissões acompanhar a situação da criança/jovem e sinalizar tais situações, designadamente quando surjam problemas relacionados com a subsistência da criança/jovem e com a atribuição dos alimentos que lhe são devidos.

Artigo 70.°
Participação dos crimes cometidos contra crianças e jovens

Quando os factos que tenham determinado a situação de perigo constituam crime, as entidades e instituições referidas nos artigos 7.° e 8.° devem comunicá-los ao Ministério Público ou às entidades policiais, sem prejuízo das comunicações previstas nos artigos anteriores.

1. Os pais, o representante legal ou quem tenha a guarda de facto sobre a criança ou jovem ao colocarem em perigo a criança ou jovem podem cometer factos que violam os interesse fundamentais da sociedade.

O abuso sexual, o abandono, os maus-tratos físicos ou psíquicos perpetrados contra a criança ou jovem constituem crimes previstos no Código Penal.

Obrigar a criança a consumir estupefacientes ou a traficá-los constitui os representantes parentais na autoria "moral" (mediata) de tais crimes.

Situações como as descritas carecem, simultaneamente, de medidas de promoção e de protecção e podem ser objecto de sanções penais, o que impõe que todas as entidades referidas nos arts. 7.° e 8.°, como quaisquer outras pessoas ou entidades, denunciem tais factos ao MP para accionar o competente procedimento criminal.

2. A comunicação às entidades policiais ou ao MP tem em conta o maior grau de proximidade das entidades com competência em matéria de infância e juventude com as entidades policiais e agora, também com as comissões de protecção, uma vez que o MP deixou de fazer parte da composição das comissões de protecção. Tal não significa que o MP nos termos gerais, não possa avocar a investigação dos factos-crime inicialmente participados e investigados pelas entidades policiais, a quem foi, primeiramente sinalizada a situação.

3. O referir-se que a comunicação dos factos-crime é efectuada sem prejuízo das comunicações previstas nos artigos anteriores, pretende, por um lado, sublinhar a importância da comunicação do facto-crime, objecto de uma norma específica e, por outro lado, que todas as comunicações referenciadas funcionam como um "todo", cuja circulação é indispensável para que as medidas de promoção e protecção possam alcançar o seu objectivo.

Artigo 71.°
Consequências das comunicações

1. As comunicações previstas nos artigos anteriores não determinam a cessação da intervenção das entidades e instituições, salvo quando não tiverem sido prestados ou tiverem sido retirados os consentimentos legalmente exigidos.

2. As comunicações previstas no presente capítulo devem indicar as providências tomadas para protecção da criança ou do jovem e ser acompanhadas de todos os elementos disponíveis que se mostrem relevantes para apreciação da situação, salvaguardada a intimidade da criança ou do jovem.

1. A comunicação ou informação veiculada pelas diversas pessoas e entidades a que se refere o capítulo não tem que ver, necessariamente, com o fim de actuação da instituição ou da entidade que interveio no sentido de remover o perigo que incidia sobre a criança ou jovem. A informação tem o objectivo de alertar todas as pessoas e entidades com legitimidade para intervir, nos termos do art. 3.º para a sinalização e identificação de uma qualquer daquelas situações.

A cessação ou não cessação da intervenção depende da situação da modalidade de intervenção que se pretende implantar e das atribuições e competências legalmente conferidas a cada um dos potenciais interventores, em função do tipo de situação verificada. Por isso o artigo fala no seu n.º 1, a título exemplificativo, dos casos em que cessa necessariamente a intervenção se esta depender, em face da posição assumida pela entidade interveniente, de uma medida de promoção e protecção que dependa, também ela, do consentimento ou não oposição da criança/jovem, nos termos gerais.

Em casos como o referido, como resulta dos arts. 7.º, 9.º e 10.º da Lei é evidente que todas as entidades interventoras, à excepção dos tribunais, têm que cessar a sua actividade na via de encontrar uma solução para remover a situação perigosa e, simultaneamente cumprir o seu dever de informação para com os Tribunais e o MP.

Mesmo nos casos referidos, como sublinha o artigo, embora haja cessação da intervenção, todas as entidades interventoras devem manter-se em "alerta" dando o seu contributo para a solução que vier a ser definida pela entidade judicial como forma de remover o perigo que incide sobre a criança ou jovem.

2. O princípio da subsidariedade implica que sempre que uma situação de perigo não possa se removida por uma das entidades com legitimidade para intervir, assuma essa responsabilidade outra entidade, numa estrutura piramidal, na base da qual se encontram as entidades com competência em matéria de infância e juventude e, no topo, os tribunais. É, no entanto, do maior interesse, que a passagem da intervenção seja feita dela fazendo constar, por parte de cada entidade interveniente, todas as circunstâncias que justificaram a sua intervenção, as medidas adoptadas, as dificuldades encontradas e as razões do malogro da intervenção. Todos esses elementos, que deverão constar de um relatório sucinto, ajudam a entidade subsidiariamente interveniente a ter uma ideia das dificuldades encontradas, evitando-se a repetição de diligências a realização de acções que se revelaram infrutíferas.

Do relatório não devem constar, porém, de acordo com o artigo, quaisquer elementos que tenham a ver com os aspectos mais profundos, quer físicos, quer psicológicos da criança/jovem, que violando a sua privacidade, não sejam, de todo, indispensáveis para o acompanhamento pela nova entidade, do desenrolar da situação, na procura do diagnóstico adequado para superar a situação perigosa detectada.

3. Face ao que foi expendido e ao comentário feito ao art. 68.°, não têm sentido quaisquer limites que possam ser levantados sobre a possibilidade do MP poder instaurar um processo de promoção e protecção, quando as comissões de protecção lhe dão conhecimento, por exemplo, de que se encontra pendente um processo do mesmo teor por período superior a seis meses ou em que a comissão luta com dificuldades para implementação e aplicação de uma determinada medida (art. 68.°, alíneas c) e d)).

A existirem dificuldades do tipo das mencionadas e por um período tão dilatado de tempo, é porque a entidade interventora inicial (a comissão de protecção), embora podendo continuar a actuar, só com dificuldade poderá alcançar os objectivos pretendidos.

A posição do MP não é, então a de uma entidade que se vai sobrepor a outra entidade, mas, antes, a entidade que em função da situação que se pretende superar, se encontra em melhor posição para o fazer e alcançar o objectivo que leva ao reconhecimento do princípio da subsidariedade das entidades interventoras nos processos de promoção e protecção.

CAPÍTULO V
Intervenção do Ministério Público

Generalidades

Um capítulo dedicado exclusivamente à intervenção do MP diz bem da sua importância e relevo na iniciativa e papel que lhe cabem na defesa e protecção das crianças e dos jovens.

No capítulo enumeram-se as atribuições do MP (mais correcto seria mencionar-se as suas competências) que, fixadas em termos gerais no art. 72.°, são, depois, desenvolvidas no artigo seguinte, onde se salienta que o MP não só dinamiza os processos (art. 73.°), como se pode abster de os movimentar (art. 74.°).

O último artigo do capítulo salienta o papel fiscalizador da actividade das comissões por parte do MP, sendo mais ampla essa fiscalização que a da mera fiscalização da legalidade que em geral lhe é concedida[96], uma vez que o MP fiscaliza não só a legalidade das medidas adoptadas como a sua eventual inadequação.

ARTIGO 72.°
Atribuições

1. O Ministério Público intervém na promoção e defesa dos direitos das crianças e jovens em perigo, nos termos da presente lei, podendo exigir aos pais, ao representante legal ou a quem tenha a sua guarda de facto os esclarecimentos necessários.

2. O Ministério Público acompanha a actividade das comissões de protecção, tendo em vista apreciar a legalidade e a adequação das

---

[96] Vide artigo 3.° do Estatuto do Ministério Público (Lei 60/98 de 27 de Agosto).

decisões, a fiscalização da sua actividade processual e a promoção dos procedimentos judiciais adequados.

3. Compete, ainda, de modo especial, ao Ministério Público representar as crianças e jovens em perigo, propondo acções, requerendo providências tutelares cíveis e usando de quaisquer meios judiciais necessários à promoção e defesa dos seus direitos e à sua protecção.

1. O n.° 1 do artigo limita-se a salientar que a intervenção do MP é regulada pelos diferentes preceitos legais constantes da lei em análise, pelo que tem, para exercer correcta e conscenciosamente o seu papel, de obter junto das pessoas que têm o poder/dever de exercer os direitos parentais, os elementos indispensáveis para poder ultrapassar as dúvidas que se lhe coloquem, exigindo explicações sobre a razão de ser dos comportamentos e atitudes tomadas por aqueles que deveriam, em primeira linha, defender e proteger a criança/jovem.

Neste n.° 1 o MP assume um papel activo na procura dos fundamentos de facto da sua eventual actuação, procurando firmar os seus conhecimentos sobre as situações que lhe são comunicadas, com o objectivo de encontrar as soluções adequadas.

2. Mais do que "atribuições" do MP o artigo fala de acordo com a CRP, em "funções" (art. 219.° da CRP), que cabe ao MP exercer.

O n.° 2 do artigo fala em "acompanhamento"[97] pelo MP da actividade das comissões de protecção, "acompanhamento" esse que visa fins essenciais (apreciar a legalidade e adequação das decisões tomadas e fiscalizar a sua actividade processual, e, em interligação com os actos praticados pelas comissões de protecção, accionar os correspondentes procedimentos judiciais).

Referimos, anteriormente, que esse "acompanhamento" em função dos objectivos prosseguidos pela lei deve permitir ao MP seguir ao longo do espaço e tempo as actividades das comissões de protecção, quer se trate da actividade desenvolvida pelas comissões alargadas, quer restritas, mantendo-se o MP informado, através das comunicações que lhe têm de ser feitas, das diligências efectuadas pelas comissões, no exercício das suas competências.

---

[97] A directiva conjunta do Procurador Geral da República e do Presidente da CNPCJR de 23.6.2009 definiu e uniformizou os procedimentos funcionais entre os magistrados do MP interlocutores e as comissões de protecção de crianças e jovens.

Ao MP está, todavia, excluída a sua intervenção nas deliberações a tomar pelas comissões de protecção, quer em funcionamento alargado quer restrito, pelo que não existindo disposição legal específica que o preveja, está interdito ao MP imiscuir-se directamente nessas deliberações, quer na veste de MP, quer de curador de menores.

Deve salientar-se, em especial, estar totalmente vedado ao MP participar em diligências processuais e dar esclarecimentos concretos sobre os procedimentos processuais a adoptar, uma vez que tal interferência poria em causa a autonomia funcional das comissões, causa primeira da alteração das funções inicialmente atribuídas ao MP, quando fazia parte das próprias comissões. No mesmo sentido, o MP, quando colabora com as comissões alargada ou restrita, não deve dar orientações sobre a adopção de certos procedimentos gerais a não ser que os mesmos se encontrem de certa forma sedimentados pela jurisprudência, o que não implica que não forneça a sua opinião sobre a forma como a situação deve ser encarada e abordada sob o prisma da legalidade, como defensor da legalidade democrática.

A circular 01/2001 de 25 de Janeiro de 2001 do procurador-geral da república sintetizou o seguinte quadro de actuação, em geral, do MP junto das comissões de protecção:

> 1.° O MP deve ter uma actuação articulada com as comissões, em termos de acompanhamento da sua actividade, no que respeita à periodicidade e presença do MP nas suas reuniões;
>
> 2.° O MP fiscaliza a actividade total desenvolvida pelas comissões, a qualquer momento;
>
> 3.° A apreciação, pelo MP, da legalidade e mérito, abrange todas as decisões das comissões;
>
> 4.° Deve existir um magistrado do MP como interlocutor de cada comissão.

3. O "acompanhamento" da actividade das comissões é feito em função das deliberações tomadas e dos mecanismos processuais que levaram à tomada das mesmas deliberações (o MP aprecia a legalidade de tais decisões) e fiscaliza, (verifica o cumprimento das normas legais), que regem a prática dos actos que conduziram às decisões. Ou seja, o MP aprecia a legalidade dos actos substantivos e processuais praticados pelas comissões de protecção.

Não basta, porém, apreciar a legalidade de tais actos, pois é preciso accionar os mecanismos jurídicos e processuais que permitam afastar a ilegalidade dos actos praticados. Aqui, há, então, em relação à promoção "dos procedimentos judiciais adequados" de distinguir entre os meios judiciais que a própria lei em análise permite accionar ao MP e ter em conta, além disso, que as comissões de protecção são instituições oficiais não judiciárias com autonomia funcional, o que implica que podendo praticar actos e deliberações administrativas poderão ser objecto de procedimentos judiciais perante os Tribunais Administrativos e Fiscais[98].

4. O MP tem, ainda, de acordo com o n.° 2 do art. 72.° da lei uma outra tarefa a de avaliar a "adequação" das decisões tomadas pelas comissões de protecção.

Neste caso trata-se de ponderar se a medida decidida pela comissão de protecção, apesar de aceite pelos interessados, foi aquela que se impunha em função do fim específico pretendido alcançar.

A actuação do MP ultrapassa, então, o campo da mera observância da legalidade, para se permitir uma nova "avaliação" da medida decidida.

Esta possibilidade, atentos os limites interventivos das comissões, pressupõe que o MP fundamente perante o Tribunal as razões por que considera a medida inadequada (art. 11.°, alínea f)), já que só o Tribunal poderá concluir pela inadequação da medida e a sua cessação ou substituição por outra medida.

5. A "representação" pelo MP das crianças e jovens em perigo leva-o a ter um papel interventivo no sentido de remover o perigo que se apresenta ao desenvolvimento integral da criança/jovem[99].

Quanto às acções que o MP propõe, o art. 73.° concretiza os casos em que cabe ao MP instaurar os processos judiciais de promoção e protecção.

Quanto às providências tutelares cíveis é o art. 75.° que concretiza os casos em que o MP deve actuar.

A referência a "todos os meios judiciários" tem a virtualidade de legitimar a intervenção do MP em relação a qualquer tipo de acção em que este tenha de intervir na defesa dos direitos e protecção da criança/jovem, independentemente da acção em que se faça sentir tal necessidade e de

---

98 Cfr. Código de Processo nos Tribunais Administrativos, aprovado pela Lei n.° 15//2002 de 22 de Fevereiro.

99 Em nossa opinião o MP deverá ainda contactar com as crianças institucionalizadas de forma a acompanhar o decurso da aplicação da medida e a habilitá-lo a definir uma estratégia processual de acordo com as exigências do caso.

acordo com o princípio constitucional segundo o qual cabe ao MP "defender os interesses que a lei determinar" (art. 219.°, n.° 1 da CRP).

6. Na síntese do Procurador da República Rui Carmo[100], o MP, nos termos do art. 72.°, n.° 2 da lei, não sendo membro das comissões, não sendo seu consultor jurídico, não sendo um representante do Tribunal, tem, nas comissões, um papel de defensor da legalidade democrática, nelas interferindo como representante dos interesses das crianças e dos jovens para promover os procedimentos judiciais adequados.

7. Entre os meios judiciais necessários à promoção e defesa das crainças/jovens cabe, agora, ao MP, com a Lei 103/2009 de 11 de Setembro, tomar a iniciativa da medida tutelar de apadrinhamento civil (art. 10.°, n.° 1 alínea a)) e opor-se, ou dar parecer favorável à homologação do compromisso de apadrinhamento civil de iniciativa de outras entidades ou pessoas (art. 10.°, n.° 1, alíneas b) a e) e 19.° da Lei).

Artigo 73.°
Iniciativa do processo judicial de promoção e protecção

1. O Ministério Público requer a abertura do processo judicial de promoção dos direitos e de protecção quando:

a) Tenha conhecimento das situações de crianças e jovens em perigo residentes em áreas em que não esteja instalada comissão de protecção, sem prejuízo do disposto no artigo 74.°;

b) Recebidas as comunicações a que se refere o artigo 68.°, considere necessária a aplicação judicial de uma medida de promoção e protecção;

c) Requeira a apreciação judicial da decisão da comissão de protecção nos termos do artigo 76.°.

2. No caso previsto na alínea b) do número anterior, o Ministério Público antes de requerer a abertura do processo judicial, pode requisitar à comissão o processo relativo ao menor e solicitar-lhe os esclarecimentos que tiver por convenientes.

---

100 Cfr. «As Comissões de Protecção de Crianças e Jovens – Notas sobre a Intervenção do Ministério Público», publicada na Revista Portuguesa de Direito da Família, Ano 1, n.° 2, 2004, p. 35 e segs..

1. De acordo com este artigo o MP instaura o processo judicial de promoção e protecção (art. 105.° da lei), em requerimento que deverá ser dirigido ao tribunal de família e menores da área de residência da criança/ /jovem no momento em que é recebida a comunicação (ou instaurado o processo judicial (arts. 79.° e 101.° da lei), ou ao tribunal da respectiva comarca, fora das áreas abrangidas pela jurisdição dos tribunais de família e menores (art. 101.°, n.° 2). Nesse requerimento o MP concretizará, em factos, a situação ou situações que justificam o pedido de apreciação do seu requerimento pelo tribunal e exporá os fundamentos de facto e de direito que justificam o seu pedido, em função dos casos previstos nas alíneas a), b) e c) do artigo, concluindo no sentido de indicar qual ou quais as providências ou medidas que devem ser aplicadas para afastar alguma ou algumas das situações perigosas a que se refere o art. 3.° da Lei.

2. Na alínea a) do artigo e de acordo com o princípio da subsidariedade, a intervenção do MP no processo de promoção e protecção é justificada pela inexistência do órgão da comunidade que num primeiro momento deveria procurar a solução para remover o perigo que incide sobre a criança/jovem – as comissões de protecção.

Quando o artigo refere que a intervenção do MP deve ser feita "sem prejuízo do disposto no artigo 74.°", pretende sublinhar que a não existência da comissão de protecção não justifica, desde logo, que o MP tenha que actuar só por que lhe foi comunicada uma situação perigosa, na área em que exerce as suas funções. O MP deverá, então, como nos outros casos, apurar o bem fundamentado da informação que lhe foi veiculada e só agirá se não tiver dúvidas sobre a necessidade da sua actuação, nada o impedindo, antes pelo contrário, de proceder a diligências sobre a necessidade da mesma.

3. Na alínea b) impõe-se que o MP pondere adequadamente a comunicação que lhe é feita.

Se é proposto o encaminhamento para a adopção da criança/jovem; se não é possível obter o consenso dos interessados quanto às medidas a adoptar; se existem, ou não, meios de implementar as medidas decididas pelas comissões de protecção; se as comissões não conseguem actuar ou se se mantém a separação de facto entre a criança e o seu representante legal ou de facto, o MP terá que analisar com minúcia o que falhou para as medidas adoptadas não terem conseguido os seus objectivos, ou os consensos necessários à execução das medidas preconizadas.

Será em função de todos aqueles elementos que se ajuizará, em primeira linha, se existiu falta de fundamento para accionar a medida de promoção e protecção, se a mesma é desnecessária, ou, ainda, concluir, fundamentando essa conclusão, no sentido de dever accionar e requerer junto do tribunal a implementação de uma medida de promoção e protecção.

4. Da alínea c) do artigo pode concluir-se constituir, ainda, uma medida de promoção e protecção o accionar pelo MP da apreciação judicial das decisões tomadas pelas comissões de protecção.

Trata-se de uma iniciativa indirecta de protecção e promoção da criança/jovem, obtida através da reapreciação judicial da medida administrativa adoptada, uma espécie de reexame da decisão tomada pelas comissões de que o MP recorre para verificar a sua legalidade e adequação aos fins pretendidos podendo, ou não, concluir-se no sentido da sua manutenção, revisão ou cessação.

5. O n.° 2 do artigo pressupõe uma íntima colaboração entre o MP e as comissões, não só no sentido de evitar diligências inúteis e procedimentos judiciais condenados ao malogro, como para ultrapassar os obstáculos que possam impedir as comissões de protecção de accionar as medidas que devem ser aplicadas.

A "requisição" do processo implica o pedido do seu envio ao MP que deverá elaborar documento escrito justificativo das razões da requisição, devendo, em relação a processos pendentes, fixar-se o período máximo de requisição, para evitar que se eternizem situações que devem ser desbloqueadas rapidamente.

ARTIGO 74.°
Arquivamento liminar

O Ministério Público arquiva liminarmente, através de despacho fundamentado, as comunicações que receba quando seja manifesta a sua falta de fundamento ou a desnecessidade da intervenção.

O arquivamento liminar de qualquer comunicação pode resultar de se tratar de intervenção não relevante, em termos jurídicos, que justifique a actuação do MP para situações que lhe são dadas a conhecer.

A irrelevância pode resultar da informação transmitida não estar alicerçada em factos que justifiquem a intervenção do MP (manifesta falta de fundamento).

Na "desnecessidade" de intervenção, a apreciação do MP prende-se com a circunstância dos factos que chegam ao seu conhecimento e que seriam geradores da situação de perigo, já terem sido removidos, encontrando-se a situação comunicada ultrapassada.

Deve ser, no entanto, salientado, que a rejeição liminar deve ser objecto das devidas cautelas, por isso se impondo a fundamentação da rejeição, onde além do mais se terá de enunciar as razões evidentes pelas quais se decide não actuar, nem fazer um mínimo de diligências, num campo tão melindroso como o da protecção das crianças e jovens em perigo.

Artigo 75.°
Requerimento de providências tutelares cíveis

O Ministério Público requer ao tribunal as providências tutelares cíveis adequadas:

a) No caso previsto na alínea a) do artigo 68.°, quando concorde com o entendimento da comissão de protecção;

b) Sempre que considere necessário, nomeadamente nas situações previstas no artigo 69.°.

1. As comissões de protecção podem concluir da análise que fizeram à situação da criança/jovem e à sua família biológica que não é possível, nem se justifica, continuar a manter a intenção de fazer regressar a criança/ /jovem ao seu meio natural de vida.

O MP pode, então, face a esse parecer da comissão, requerer a aplicação da medida de confiança a pessoa seleccionada para adopção ou instituição com vista a futura adopção, nos termos do artigo 35.°, n.° 1, al. g) da lei, onde indicará os fundamentos de facto e de direito que justificam a instauração da acção nesse sentido.

A acção de confiança judicial de *menor*, nos termos do artigo 164.° da OTM será, então, reservada para as situações em que não se encontre pendente processo de promoção e protecção.

2. Quer na situação referida no número anterior, quer nas situações contempladas na alínea b), entende-se que esgotado o papel das entidades que promovem a defesa e protecção da criança/jovem no sentido de remover o perigo que sobre ela incidiu e de tentar o seu retorno à família biológica, impõe-se o accionar de medidas que de forma duradoura possam suprir o papel que a família biológica não está, ou não pode assumir.

A adopção, a regulação das responsabilidades parentais, a entrega judicial do *menor*, as inibições ou limitações ao exercício das responsabilidades parentais, ou outras acções tutelares podem, por isso, corresponder a mecanismos legais que de forma mais ampla e permanente accionem meios de protecção e defesa da criança ou jovem.

A instauração da tutela, por exemplo, permitirá suprir a falta dos pais e, simultaneamente, evitar que a criança fique abandonada ou entregue a si própria, nos termos indicados no artigo 3.° da Lei.

Existe, pois, uma conexão entre as medidas de promoção e protecção e as providências tutelares cíveis, constituindo aquelas uma espécie de providências cautelares das medidas tutelares cíveis, e, daí, o interesse de quem decide os procedimentos em causa de ter acesso aos diferentes processos, estipulando-se no art. 81.° da Lei a regra da sua apensação e processamento conjunto em função do processo instaurado em primeiro lugar[101].

Artigo 76.°
Requerimento para apreciação judicial

1. O Ministério Público requer a apreciação judicial da decisão da comissão de protecção quando entenda que as medidas aplicadas são ilegais ou inadequadas para promoção dos direitos e protecção da criança ou do jovem em perigo.

2. O requerimento para apreciação judicial da decisão da comissão de protecção indica os fundamentos da necessidade de intervenção judicial e é acompanhado do processo da comissão.

3. Para efeitos do número anterior, o Ministério Público requisita previamente à comissão de protecção o respectivo processo.

4. O requerimento para apreciação judicial deve ser apresentado no prazo de 15 dias após o recebimento da comunicação da decisão da comissão pelo Ministério Público e dele é dado conhecimento à comissão de protecção.

---

101 Cfr. anotação 1 ao art. 63.° e anotação ao art. 68.° da Lei.

5. O presidente da comissão é ouvido sobre o requerimento do Ministério Público.

1. De acordo com o artigo 68.° da Lei, as comissões de protecção dão informações ao MP sobre "situações" e aplicação de medidas que "determine ou mantenha a separação da criança ou do jovem do seu representante legal ou das pessoas que tenham a sua guarda de facto".

Numa primeira abordagem poderia dizer-se que o MP não pode apreciar a ilegalidade ou inadequação das medidas de apoio junto dos pais por que as comissões de protecção não lhes comunicariam a aplicação dessa medida e o MP tem o prazo de 15 dias após a recepção da comunicação para accionar judicialmente a apreciação da legalidade da medida aplicada (art. 76.°, n.° 4).

O entendimento expresso, que é referido por Tomé d'Almeida Ramião[102], não nos parece, porém, de sufragar totalmente.

Suponhamos que uma comissão de protecção resolve acordar com os interessados que criança/jovem se mantenha junto dos pais, sendo-lhe prestado apoios de natureza psicopedagógica e social e ajuda económica.

Não é comunicada ao MP a aplicação dessa medida, mas é comunicado, de acordo com a alínea b) que a criança, posteriormente ao acordo se opõe a manter-se junto dos pais alegando que estes se dedicam à mendicidade deixando-a entregue a si própria,

Noutra hipótese: é aplicada à criança/jovem a medida de apoio para a autonomia de vida e é dado a conhecer ao MP que os organismos de solidariedade que deveriam contribuir para implementar a medida não fornecem os meios necessários à sua execução.

Em ambos os casos parece-nos de aceitar que o MP, pelo menos de forma indirecta, tenha que apreciar a ilegalidade ou inadequação das medidas decididas na sua fase de execução e submetê-las à apreciação do tribunal, requerendo, consoante os casos, a sua eventual cessação, ou substituição.

2. No requerimento para apreciação judicial das situações e medidas adoptadas pela comissões de protecção, o princípio da subsidiariedade exige que sejam concretizadas e pormenorizadas quais as razões, assentes

---

[102] Cfr. "Lei de Protecção de Crianças e Jovens em Perigo: Anotada e comentada". 3.ª ed. Lisboa: Quid Juris, 2004, p. 115.

em factos, pelos quais se considerou que os casos apreciados violam a lei e em que termos a violam, ou não violando, por que não existe ligação entre o fim pretendido obter com as decisões das comissões de protecção e a medida ou decisão decretada. Efectivamente, qualquer medida de promoção e protecção interfere com o direito fundamental dos pais criarem e orientarem os seus filhos e, por isso, a medida ou decisão aplicada tem de ser fundamentada em função do interesse superior da criança/jovem, considerando-se, ainda que legal, como inadequada, se não estabelecer uma correlação directa com aquele objectivo.

3. A requisição pelo MP do processo à comissão de protecção, antes de requerer a apreciação judicial das decisões ou situações que lhe são comunicadas, permite ao MP ficar na posse de todos os elementos que levaram as comissões de protecção a actuar.

A audição obrigatória do presidente da comissão é feita no respeito pelo princípio do contraditório, podendo este, nas declarações prestadas perante o tribunal, justificar as opções da comissão e pugnar pela legalidade ou adequação da medida aplicada. Com essa finalidade, o presidente da comissão deverá obter junto do "gestor" do processo, se existir, ou da comissão restrita, os elementos considerados indispensáveis para sustentar o acerto das medidas cuja apreciação foi requerida em Tribunal.

A lei fala em que o presidente da comissão "é ouvido". O "ser ouvido" pode ser cumprido quer com a audição directa do presidente da comissão, mediante a prestação de declarações, quer mediante a sua notificação para se pronunciar sobre a medida requerida pelo MP. Entendemos que a solução mais adequada será a sua audição mediante a prestação de declarações, desde que o presidente da comissão seja previamente notificado do que se pretende que seja esclarecido, não só pela rapidez em serem tomadas declarações, mas, também, para evitar quaisquer esclarecimentos que fosse necessário tomar em relação ao seu depoimento escrito.

CAPÍTULO VI
Disposições processuais gerais

Generalidades

Regulam-se neste capítulo os princípios gerais a que deve obedecer a tramitação dos processos de promoção e protecção, quer corram junto das comissões de protecção quer junto dos tribunais.

São cinco os princípios fundamentais fixados, a saber:

1. Princípio do carácter reservado dos processos (art. 88.°);
2. Princípio da aquisição processual e da igualdade dos intervenientes (arts. 83.°, 84.° e 85.°);
3. Princípio do apoio processual à criança/jovem (arts. 84.°, n.° 2, 86.° e 87.°).
4. Princípio da competência territorial do lugar da residência habitual da criança/jovem (art. 79.°).
5. Princípio da economia processual (arts. 78.°, 80.°, 81.°, 82.° e 83.°).

Os princípios indicados apresentam, por sua vez, nalguns casos, restrições, em função de outros interesses que se entende dever preservar, como no caso do carácter reservado do processo, com os fins científicos ou de divulgação através dos meios de comunicação social (arts. 89.° e 90.°), ou no caso do princípio da competência territorial, em função da urgência das medidas a adoptar (art. 79.°, n.os 2 e 3).

De todo o conjunto de preceitos deste capítulo ressalta a ideia de serem criadas normas processuais que procurem com celeridade e proximidade, em relação às situações de perigo que incidem sobre a criança/jovem, remover tal perigo, no respeito pelo interesse superior da criança/jovem, com reserva da sua privacidade, da obrigatoriedade de informação sobre os procedimentos adoptados, quer em relação à criança/ /jovem, quer em relação aos seus representantes legais, da participação e de apoio nos processos à criança/jovem, submetendo-a ao mínimo de formalidades julgadas indispensáveis para os processos de promoção e protecção poderem atingir os seus objectivos.

ARTIGO 77.°
Disposições comuns

As disposições do presente capítulo aplicam-se aos processos de promoção dos direitos e de protecção, adiante designados processos de promoção e protecção, instaurados nas comissões de protecção ou nos tribunais.

É nos arts. 93.° a 99.° que se estabelecem, por oposição às normas processuais aqui identificadas como "disposições comuns", as normas "específicas" dos processos de promoção e protecção.

Nos arts. 100.° a 126.° da lei indicam-se as normas "específicas" do processo judicial de promoção e protecção.

A existência destas disposições comuns, ao lado das disposições específicas relativamente aos processos que correm nas comissões, pode colocar um problema que é o de saber, qual o direito subsidiário aplicável, a inexistirem normas comuns ou específicas que regulem os processos de promoção e protecção.

Nos processos de promoção e protecção que correm nos tribunais aos mesmos são também aplicáveis os princípios relativos aos processos de jurisdição voluntária (art. 100.°)[103] e do processo civil sob a forma sumária (art. 126.°).

Em relação aos processos de promoção e protecção que correm nas comissões de protecção nada é referido.

Julgamos que deverá ser aplicável aos processos de promoção e protecção que correm nas comissões, como direito subsidiário, as normas específicas previstas para os processos que corram nos Tribunais.

Na verdade, embora as comissões de protecção sejam instituições oficiais não judiciárias, com autonomia funcional e, como tal possam

[103] E as regras relativas aos incidentes da instância (artigos 1409.°, n.° 3 e 304.° a 306.° do CPC).

desenvolver actividade administrativa, praticando actos materialmente administrativos, a actividade exercida no âmbito da celebração dos acordos de promoção e protecção e nos processos que conduzem, ou não, à celebração dos mesmos acordos, é uma actividade para jurisdicional, que visando os mesmos fins e objectivos dos acordos obtidos na fase judicial, deve observar os mesmos princípios, incluindo a aplicação das regras que possam ser adaptadas do processo judicial de promoção e protecção, como é o caso dos arts. 103.° e 104.° (constituição de advogado, princípio do contraditório), ou do princípio de investigação livre dos factos ou de recolha de prova (resultante do processo judicial ser de jurisdição voluntária – art. 100.°).

Em resumo e concluindo: aos casos omissos que ocorram nos processos de promoção e protecção a correr nas comissões de protecção, deverão ser aplicáveis, de acordo com o art. 10.° n.os 2 e 3 do CC, os princípios do processo judicial de promoção e protecção, incluindo as regras que permitem suprir os casos omissos suscitados no próprio processo judicial e que sejam susceptíveis de adaptação aos processos que corram nas comissões de protecção[104].

Artigo 78.°
Carácter individual e único do processo

O processo de promoção e protecção é individual, sendo organizado um único processo para cada criança ou jovem.

1. O carácter individual do processo permite preservar o seu carácter reservado e confidencial e tem a vantagem de centralizar todas as informações que existam sobre a criança/jovem e obter uma visão de conjunto sobre a génese da situação ou situações perigosas que estiveram na origem do processo e adoptar a medida mais adequada a tentar alcançar o pleno desenvolvimento físico e integral da criança/jovem.

Deve notar-se, ainda, que o carácter individual e único do processo permite evitar duplicação de diligências e exames

2. Pode ocorrer, no entanto, que iniciado um processo de promoção e protecção, por exemplo, por a criança não receber os cuidados adequa-

104 Cfr. art. 126.° da Lei.

dos à sua idade (art. 3.°, n.° 2, alínea c)), sendo competente para a instauração do processo a comissão da sua área de residência (art. 79.°), se venha a instaurar um outro processo de promoção e protecção, por a criança ter sido encontrada abandonada ou entregue a si própria (art. 3.°, n.° 2, alínea a)), desconhecendo-se, na altura, a sua residência, pelo que a comissão de protecção competente seria a do lugar onde a criança/jovem foi encontrada (art. 79.°, n.° 2).

Pode verificar-se, assim, a existência de dois processos de promoção e protecção, devidos, em regra, à falta de eficácia da intercomunicação entre as diversas comissões de protecção.

Sempre que se verifique uma situação como a referida, o princípio constante deste artigo em conjugação com os arts. 80.° e 81.° impõe que se proceda à apensação do processo instaurado em último lugar ao primeiramente instaurado[105] sem prejuízo de já terem sido adoptadas medidas em qualquer dos processos posteriormente apensados. Só com a observância daquela regra se conseguirá alcançar o objectivo de aplicar à criança/jovem uma medida que tenha em conta a sua evolução e desenvolvimento e enquadrar o desacerto ou acerto das providências tomadas em face do evoluir das situações perigosas que podem incidir sobre a criança/jovem.

ARTIGO 79.°
Competência territorial

1. É competente para a aplicação das medidas de promoção e protecção a comissão de protecção ou o tribunal da área da residência da criança ou do jovem no momento em que é recebida a comunicação da situação ou instaurado o processo judicial.

2. Se a residência da criança ou do jovem não for conhecida, nem for possível determiná-la, é competente a comissão de protecção ou o tribunal do lugar onde aquele for encontrado.

3. Sem prejuízo do disposto nos números anteriores, a comissão de protecção ou o tribunal do lugar onde a criança ou jovem for encontrado realiza as diligências consideradas urgentes e toma as medidas necessárias para a sua protecção imediata.

---

[105] Cfr. anotação ao artigo 79.° da Lei.

4. Se, após a aplicação da medida, a criança ou jovem mudar de residência por período superior a 3 meses, o processo é remetido à comissão de protecção ou ao tribunal da área da nova residência.

5. Salvo o disposto no número anterior, são irrelevantes as modificações de facto que ocorrerem posteriormente ao momento da instauração do processo.

1. Enquanto o art. 2.º da Lei fixa a competência internacional dos Tribunais portugueses, em função da residência habitual da criança/jovem ou da sua estadia em território nacional, o art. 79.º regula a competência interna e territorial dos Tribunais portugueses em função, primacialmente, do mesmo elemento de conexão – a residência habitual da criança/jovem e a comissão de protecção ou o Tribunal existentes na área dessa residência habitual.

O factor de conexão – área da residência habitual da criança/jovem – tem em atenção, primacialmente, que a actividade exercida nessa área pelas comissões de protecção ou pelo Tribunal, dado o factor da proximidade com a família biológica da criança/jovem, é, em princípio mais eficaz, fácil e célere, traduzindo-se numa melhor administração da justiça e na comodidade dos sujeitos processuais.

2. A competência das comissões é definida em função da área de residência habitual da criança/jovem no momento em que lhe é comunicada a situação perigosa, quer pelas autoridades policiais, quer pelas autoridades judiciárias, quer pelas entidades com competência em matéria de infância e juventude, quer por qualquer pessoa (arts. 64.º, 65.º e 66.º da lei), quer, ainda, quando recebam directamente essa informação, designadamente quando atendem as pessoas que se dirigem à comissão de protecção (art. 21.º, n.º 2, alínea a) da Lei).

3. A competência do Tribunal da área da residência da criança/jovem é reportada ao momento em que o processo de promoção e protecção é posto em marcha, mediante o requerimento de abertura do processo judicial de promoção e protecção, em face das situações referidas nas alíneas a), b) e c) do art. 73.º. Nesses casos, há, então, que ter em conta o tempo que medeia entre o recebimento das comunicações por parte do MP e o tempo em que é introduzido o feito em juízo, com o recebimento pelo Tribunal do competente requerimento do MP.

Nos casos referidos, a provar-se serem diferentes a residência habitual da criança/jovem entre o momento do conhecimento da situação por parte do MP e o requerimento de instauração do processo de promoção e protecção, será competente para apreciação do caso o Tribunal da área de residência habitual da criança/jovem, ao tempo da instauração do requerimento pelo MP.

4. A lei fala em área da residência da criança/jovem pelo que se quis afastar, inequivocamente, o princípio do domicílio legal dos *menores* e interditos para efeitos de determinação do Tribunal territorialmente competente (art. 85.° do CC).

Na esteira do art. 2.° da Lei e da Convenção Relativa à Competência das Autoridades e à Lei Aplicável em Matéria de Protecção de Menores, concluída em Haia a 5 de Outubro de 1961, o que interessa apurar para delimitar a competência territorial das comissões de protecção é o lugar da residência habitual da criança/jovem, considerado aquele como sendo o lugar onde vive com estabilidade, de forma permanente, onde permanece e onde tem o centro da sua actividade.

Se a criança/jovem viver alternadamente de forma permanente, com estabilidade, em diversos lugares, fora do período de férias[106], nada obsta à aplicação do princípio constante do art. 82.°, n.° 1 do CC, considerando-se como sua residência qualquer desses lugares. O que é fundamental é que a actividade processual de defesa e protecção da criança/jovem se torne fácil, expedita e eficaz, ainda que a sua residência habitual possa ser mais que uma.

Considerados os fins que a lei procurou obter, não devem ser problemas de indefinição ou incerteza quanto à residência habitual que devem obstar à apreciação da situação perigosa comunicada às comissões de protecção ou aos Tribunais.

5. Algumas questões têm sido colocadas relativamente à competência territorial, designadamente quanto à interpretação dos n.os 4 e 5 do art. 79.°.

---

106 Caso de um jovem cujos pais se encontrem separados e acordam, no âmbito do processo de regulação das responsabilidades parentais, que o filho resida em semanas alternadas na casa da mãe em Sintra e na do pai em Cascais.

Pensamos que a solução das questões que têm sido colocadas deve de ter em conta, em primeiro lugar, que a competência dos Tribunais é atribuída por Lei tendo em vista a repartição da jurisdição pelos vários Tribunais em função da sua eficácia, proximidade e facilidade para resolução dos pleitos que são submetidos ao poder jurisdicional.

Os Tribunais, em princípio, não atribuem, por sua iniciativa, competência a outros Tribunais, designadamente para apreciarem o desenvolvimento e execução dos pleitos que lhe são apresentados.

Por outro lado, a atribuição da competência aos Tribunais funda-se, em princípio e também, em função de circunstâncias intrínsecas ao pleito dirimido e posto à consideração do tribunal (local do domicílio do devedor, local da existência de bens, etc).

No caso das medidas de promoção e protecção há que ter em conta em primeiro lugar, que o Tribunal está perante a análise de uma situação de perigo para o desenvolvimento da criança/jovem e que o conflito de interesses que se visa dirimir tem em atenção o superior interesse da criança/jovem, impondo-se a aplicação de medidas céleres e urgentes que visem remover esse perigo.

De acordo com o art. 79.°, o facto intrínseco ao pleito que faz, de acordo com a lei, atribuir a competência territorial aos Tribunais, é, em princípio, a residência habitual da criança/jovem.

Fixada a competência em função da residência habitual da criança/jovem, o art. 79.° admite que seja alterada essa competência "após a aplicação da medida" (de protecção), se a criança ou jovem mudar de residência por período superior a três meses, situação em que o processo é remetido "à comissão de protecção ou ao tribunal da nova residência".

É manifesto que esta remessa do processo ao novo tribunal territorialmente competente se faz em função de um facto extrínseco ao pleito já dirimido quanto à questão principal a decidir (a medida aplicada), facto esse verificado em função da vontade do interessado no processo e da necessidade de acompanhar a decisão já proferida de maior eficácia, dada a maior proximidade da comissão ou do tribunal, onde a criança/jovem passou a residir.

A Lei admite ser essa a única circunstância ou facto modificativo que ocorre posteriormente à fixação da competência, dado que a criança/jovem nesses casos muda voluntariamente de residência, sendo esse facto, fixado pela Lei, fonte da posterior alteração, independentemente da vontade do Tribunal.

Se o Tribunal aplica uma medida de promoção e protecção e determina o acompanhamento e execução da medida fora da sua área territorial, aí, as coisas passam-se de forma diferente.

Em primeiro lugar, não está previsto na Lei que a execução, acompanhamento e controlo da medida aplicada seja atribuída por lei a outro Tribunal (art. 59.°, n.° 2 da lei).

Depois, o tribunal ao designar o estabelecimento ou o lugar onde à criança/jovem vai ser aplicada a medida, não pode, por sua iniciativa e sem disposição expressa nesse sentido, estar a alterar as regras de competência territorial em função de factos que estão na sua própria disponibilidade fixar e, não em factores intrínsecos ao próprio processo.

Pode, pois, concluir-se que o art. 79.°, n.° 4, da Lei, ao permitir alterar a competência territorial em função da nova residência habitual da criança/jovem, tem em conta apenas e tão só o facto intrínseco relativo ao desenvolvimento da instância, que é a alteração voluntária da residência habitual do sujeito principal, sendo irrelevante qualquer outra alteração de residência habitual da criança/jovem que resulte de disposição do próprio tribunal que aplicou a medida.

É certo que a posição adoptada conduz a que o acompanhamento e a execução da medida aplicada venham a ser feitas pelo Tribunal ou pela comissão que não se encontra numa posição de maior proximidade com a criança/jovem.

Há, no entanto, que ponderar, que a Lei optou, nos termos do art. 59.°, n.° 2, no sentido de considerar que mais relevante que a alteração de residência habitual da criança/jovem, por vontade do Tribunal, seria que o Tribunal que aplicou a medida pudesse acompanhá-la e verificar a sua execução, em todas as fases do seu desenvolvimento, tendo o Tribunal, à partida, a possibilidade de poder encarar e perspectivar os inconvenientes da aplicação de uma medida cuja acompanhamento e execução iriam ser efectuadas fora da sua área normal de actuação.

6. Concretizando o que foi dito, se os pais e a criança ou jovem residiam em Sintra, ao tempo da aplicação da medida e o Tribunal de Sintra decidiu que a criança ou o jovem devia ser acolhido numa instituição sita em Lisboa, o Tribunal de Sintra mantém a sua competência territorial inicial, sendo indiferente, para a fixação da competência, a alteração da residência imposta pela decisão do Tribunal de Sintra.

Situação diferenciada da anterior será aquela em que a criança ou o jovem residia com os seus pais em Sintra, onde o processo foi instaurado, sendo determinado o acolhimento numa instituição em Lisboa e passando os pais, posteriormente, a viver em Cascais.

A solução sobre a questão mantém-se, no entanto, a mesma. O Tribunal competente continua a ser o Tribunal de Sintra, uma vez que não houve alteração voluntária de residência da criança ou do jovem, que o acolhimento em Lisboa imposto pelo Tribunal não altera a residência voluntária habitual da criança ou do jovem e que uma coisa é a alteração voluntária da residência habitual da criança ou do jovem e, outra, distinta, a alteração voluntária da residência dos seus pais, o que é irrelevante nos termos do art. 79.°, n.° 5 da lei.

Deve salientar-se, por fim, que a colocação da criança ou do jovem junto de outro familiar, por decisão judicial, ou por acordo nas comissões, não altera os dados do problema. Continua a tratar-se de uma residência imposta por decisão judicial, ou por acordo na comissão de protecção, mas que não é uma alteração de residência que resulte da livre opção da criança ou do jovem e, por isso, deve prevalecer o critério geral constante do art. 79.°, n.° 5, segundo o qual são irrelevantes as modificações de facto que ocorreram posteriormente à fixação da competência territorial do Tribunal, que não resultem da mudança voluntária de residência habitual por parte da criança ou do jovem.

7. Com o conhecimento da situação de perigo pelas comissões ou com a instauração da acção perante os Tribunais fica definida a comissão competente para a apreciação da situação e, no caso dos Tribunais, fica constituída a instância.

O art. 79.°, n.° 4 permite a modificação da instância em relação ao Tribunal em termos muito restritivos e, em princípio, só quando a criança ou o jovem mudar a sua residência voluntária por um período superior a três meses. Deverá, face a esse condicionalismo, admitir-se que seja suscitado e resolvido um incidente de competência territorial após a aplicação de uma medida provisória de protecção?

Entendemos que não.

Em primeiro lugar, por que dada a natureza das medidas provisórias (com duração tendencial máxima de 6 meses) e a necessidade da sua aplicação precoce e em situações de emergência, não se justificaria uma alteração ou modificação da instância, quanto ao Tribunal competente, que a lei só está a prever para as alterações voluntárias de residência da criança e do jovem por períodos superiores a 3 meses.

Em segundo lugar, a aplicação de uma medida provisória deveria ser apenas justificada para as situações de perigo e enquanto elas não são removidas, já que, como foi defendido anteriormente, se se pretende aplicar uma medida que proporcione condições para o desenvolvimento integral da criança ou do jovem, ou a garantir a sua recuperação física e psicológica, deve ser aplicada uma medida definitiva e, não uma medida provisória.

Se a medida provisória é aplicada para superar situações que carecem de uma solução rápida; se a medida provisória não é, em regra, para durar mais de 6 meses; se a alteração da competência, após a aplicação da medida tem carácter excepcional e só é possível no caso previsto no art. 79.°, n.° 4 da Lei, justifica-se que o art. 79.°, n.° 4, ao permitir a alteração da competência, em função da modificação da residência voluntária da criança ou do jovem, seja interpretado restritivamente, no sentido de ali se abrangerem, apenas e tão só, as medidas definitivas de promoção e protecção, pressupondo uma situação de estabilidade e consolidação da medida capaz de remover o perigo, fundada num diagnóstico seguro e tendo em conta um projecto alicerçado, ou seja uma medida, "já suficientemente definida e que legitima o seu acompanhamento, revisão, alteração ou cessação"[107].

De acordo com este artigo o Tribunal poderá aplicar desde logo uma medida provisória ainda que seja territorialmente incompetente, resolvendo de imediato a situação urgente que lhe é colocada e só após remeter o processo para o Tribunal competente.

A actuação das comissões na previsão deste artigo é regulada pelo artigo 91.° da Lei.

7. Um caso específico e diferenciado da competência territorial é o da constituição e revogação do apadrinhamento civil cuja competência cabe quer ao Tribunal da localização da instituição em que a criança/jovem se encontra acolhido ou, nos demais casos ao Tribunal do lugar da sua residência (arts. 18.° e 25.°, n.° 5 da Lei n.° 103/2009 de 11 de Setembro).

---

[107] Cfr. Acórdão do Tribunal da Relação de Lisboa de 21.4.2005, proferido no processo 1222/2005-6, em que foi relator o Desembargador Granja da Fonseca (in www.dgsi.pt/jtrl.)

Artigo 80.º
Apensação de processos

Sem prejuízo das regras de competência territorial, quando a situação de perigo abranger simultaneamente mais de uma criança ou jovem, pode ser instaurado um único processo e, tendo sido instaurado processos distintos, pode proceder-se à apensação de todos eles ao que foi instaurado em primeiro lugar, se as relações familiares ou as situações de perigo em concreto o justificarem.

1. No artigo em comentário regulam-se situações distintas, abrangidas numa só designação, incorrecta, de "apensação de processos". De facto, a existir uma situação de perigo que abranja simultaneamente mais de uma criança/jovem e a ser instaurado um só processo relativamente a tal situação não se está perante uma "apensação de processos", mas, antes, perante um só processo (e único) onde cumulativamente são apreciados comportamentos de várias crianças/jovens e dos seus familiares, em função de uma mesma situação de perigo.

Diferente é a situação, essa sim de apensação de processos, quando instaurados vários processos distintos e estando pelo menos um deles pendente, se procede à "ligação" por cordel entre os dois processos autónomos a correr cada um deles contra uma criança/jovem e se entende "atar" todos esses processos ao processo autónomo instaurado em primeiro lugar. Neste último caso requer-se, além do requisito exigido para a situação de perigo, que abrange várias crianças/jovens, que exista competência territorial para analisar todas as situações ou a situação de perigo geradoras dos processos autónomos instaurados a cada criança/jovem.

2. Quer se trate de uma situação real de apensação de processos ou de cumulação num só processo, as situações aqui retractadas apresentam um traço comum. Em ambos os casos o princípio da economia processual inerente a este artigo, sucumbe perante o princípio da utilidade processual, consistente na reunião ou na apensação, num só processo, de uma ou várias situações de perigo com vários intervenientes. Cabe, então, ao titular ou aos titulares do processo ou processos autónomos, decidir sobre as vantagens ou desvantagens da cumulação ou apensação de processos, sobre a sua utilidade, em função do estado e dos fins pretendidos alcançar, só podendo e devendo ser ordenada a cumulação ou apensação quando as suas vantagens prevaleçam sobre os seus inconvenientes.

3. O artigo fala em apensação de processos distintos (e autónomos) a ser apensados ao processo instaurado em primeiro lugar, na linha do disposto, por exemplo, no art. 275.º do CPC, entendendo-se como processo instaurado em primeiro lugar, no Tribunal territorialmente competente, aquele que primeiro deu entrada na secretaria do Tribunal e corresponde ao número de entrada mais antigo registado[108].

4. Permite-se a apensação de processos autónomos instaurados em momentos diferentes, relativos a várias crianças/jovens desde que existam entre eles "relações familiares" independentemente das situações de perigo que ocorreram para as várias crianças/jovens terem a mesma origem.

O conceito de "relações familiares" pela sua amplitude, abrangerá a situação existente entre quaisquer jovens ou crianças que tenham um núcleo relacional familiar comum, que excede o mero parentesco, podendo ser irmãos, sobrinhos, meios irmãos ou enteados, ou filhos de pai e mãe diferentes.

A circunstância de se tratar de um conceito mais amplo do que o mero parentesco a permitir a apensação dos processos exige uma particular atenção sobre o tipo de "relações familiares" que no caso existam, tendo em consideração, por exemplo, o carácter reservado que envolve estes processos e também a medida em que o "cruzamento" de dados relativos ao processo pode colocar e fazer emergir conflitos face às relações familiares existentes. Por isso se impõe o maior cuidado na apensação deste tipo de processos, devendo as relações familiares estar ligadas, em princípio, tão só a situações em que a ambiência familiar é comum no gerar da situação perigosa. A não ser assim, deverá prevalecer a autonomia de cada processo, não obstante a existência das indicadas "relações familiares".

5. Na hipótese de serem instaurados vários processos autónomos, face à existência de uma situação de perigo que abrange simultaneamente mais de uma criança ou jovem, a vantagem que existe na apensação dos processos consiste em a situação perigosa poder ser encarada e estudada na perspectiva de várias crianças/jovens, podendo ser detectado o fenómeno da vida social que está na sua origem e acertar a forma mais adequada para a sua erradicação.

Através dos processos apensados tem-se uma perspectiva global dos acontecimentos sociais e económicos que originaram os autos e pode con-

[108] Cabe ao Juiz do processo instaurado em primeiro lugar determinar ou não a apensação dos processos, pois a ele caberá avaliar se as relações familiares ou as situações de perigo em concreto justificam essa junção.

cluir-se com maior segurança e certeza das características da situação perigosa em causa.

Artigo 81.°
Apensação de processos de natureza diversa

1. Quando, relativamente à mesma criança ou jovem, forem instaurados sucessivamente processos de promoção e protecção, tutelar educativo ou relativos a providências tutelares cíveis, devem os mesmos correr por apenso, sendo competente para deles conhecer o juiz do processo instaurado em primeiro lugar[109].

2. A apensação referida no número anterior só será determinada relativamente ao processo de promoção e protecção a correr termos na comissão de protecção se o juiz, por despacho fundamentado, entender que existe ou pode existir incompatibilidade das respectivas medidas ou decisões.

3. Para a observância do disposto no número anterior, o juiz solicita à comissão de protecção que o informe sobre qualquer processo de promoção e protecção pendente ou que venha a ser instaurado posteriormente relativamente à mesma criança ou jovem[110].

1. Apensar significa, em geral, "juntar um texto a outro já concluído". Já "apenso" que provém do latim *appendere* (suspender) pode ter dois significados – o de algo que está anexo a alguma coisa que se encontra pendente ou, ainda, o documento que se junta aos autos sem que dele faça parte integrante, ou de processo anexo ou complementar de outro que é principal[111].

Estes sentidos correntes da palavra "apenso", abrangendo coisa que se anexa a outra pendente, ou que é complementar de outra que é principal, têm correspondência na terminologia jurídica tanto no CPC, como na legislação específica relativa aos processos de *menores* (OTM).

Efectivamente, ao lado das regras gerais fixadas no artigo 275.° do CPC sobre a apensação de processos pendentes, no CPC, por exemplo, prevê-se no artigo 1404.°, n.° 3 que o processo de inventário entre ex-

---

109 Cfr. anotação n.° 1 ao artigo 63.°.

110 Cfr. art. 11.°, al. g) da LPPCJP.

111 Dicionário da Língua Portuguesa Contemporânea, Academia das Ciências de Lisboa, Verbo, I Volume A-F.

-conjuges seja apenso ao processo de divórcio, sendo o processo de inventário complementar do processo principal que é o processo de divórcio. As razões que levam o legislador a apensar processos pendentes, como já ensinava o Prof. Alberto dos Reis prendem-se com as vantagens de economia processual resultantes de serem instruídas, discutidas e julgadas simultaneamente diversas questões entre si relacionadas ou conexas, evitando-se a duplicação de diligências, e, até, a de tomada de decisões contraditórias.

Já no caso em que a apensação é feita anexando-se um processo "complementar" a um processo principal, como é o caso da citada apensação do inventário ao processo de divórcio, a apensação tem em vista compreender o sentido e as origens do processo complementar, e permitir retirar do processo elementos instrutórios úteis ao processo complementar e que possam nele ser utilizados, salvo disposição legal em contrário. Tal será o caso, por exemplo, do processo principal que é precedido de um procedimento cautelar e em que este último é apenso, depois de decidida a acção principal, sem que o procedimento cautelar possa ter qualquer influência na acção principal, nos termos do n.° 4 do art. 383.°, n.° 4 do CPC.

Na legislação processual específica da OTM também se encontram casos de apensação de processos pendentes e de apensação de um processo complementar a outro processo principal.

Assim, o processo de alteração das responsabilidades parentais, como processo "complementar" do processo de regulação das responsabilidades parentais (art. 182.°, n.° 2 da OTM) é apenso ao processo principal (o de regulação das responsabilidades parentais). Todavia, como nos processos de *menores* se tem em atenção que é o lugar da residência da criança/ /jovem que determina o Tribunal competente, pode acontecer que o processo de alteração corra numa comarca e o processo de regulação tenha ocorrido noutro Tribunal. A questão apenas tem o interesse prático derivado do facto de o titular do processo complementar poder chamar a si o processo principal, para depois apensar o processo que correu noutra comarca ao processo de alteração das responsabilidades parentais que está a correr junto do Tribunal. Em todo o caso não há aqui qualquer apensação com fins de instrução, discussão e julgamento de questões conexas, mas sim a possibilidade de através da consulta do processo principal (o da regulação das responsabilidades parentais) se poderem do mesmo retirar elementos instrutórios úteis para o novo processo instaurado.

O art. 154.° da OTM, por outro lado, corresponde a uma aplicação específica nos processos relativos a *menores*, dos princípios contidos no art. 275.º do CPC. Aqui temos, então, processos conexos uns com os outros pendentes e em relação aos quais se foi para uma orientação que se julga a mais simples e adequada para resolver processos pendentes como os de promoção e protecção, tutelares cíveis e educativos, considerando que, por razões de instrução, discussão e julgamento conjunto, deveriam ser todos apreciados pelo Tribunal a quem primeiro foi dado conhecimento de qualquer facto relacionado com a criança/jovem que justificou a abertura de qualquer daqueles processos.

O art. 154.º da OTM, curiosamente, logo, no seu n.º 4 estabelece uma excepção à regra referida quanto aos *processos pendentes* mandando apensar os processos tutelares cíveis, de regulação das responsabilidades parentais, de alimentos ou de inibição das responsabilidades parentais ao processo de acção de divórcio, ou de separação judicial. Ou seja: fez-se prevalecer a regra da apensação de processos complementares (como são os tutelares cíveis, de regulação das responsabilidades parentais, de alimentos ou de inibição das responsabilidades parentais), ao processo principal (como é o processo de divórcio ou separação judicial de pessoas)[112].

O que foi referido, apenas faz salientar, que a não ser que a Lei expressamente o refira, como é o caso do n.º 4 do artigo 154.º da OTM a apensação de processos pendentes segue o critério fixado no n.º 1 do art. 154.º da OTM, tendo em vista a apensação de processos ao primeiro instaurado, independentemente da natureza e da competência em razão da matéria, dos diversos processos relativos a crianças/ /jovens que se encontrarem pendentes.

Assim, por exemplo, se o processo de alteração das responsabilidades parentais foi instaurado depois de um processo de promoção e protecção relativo à mesma criança, será sempre, no tribunal competente para conhecer o processo de promoção e protecção que terá de correr o processo de alteração das responsabilidades parentais posteriormente instaurado[113].

---

[112] Já na hipótese do processo de divórcio não estar "pendente" entendeu o legislador que cessaram as razões para a apensação dos processos complementares, deixando de ter primazia o processo principal (de divórcio) se este último ou é posterior ou foi extinto, por exemplo, pela improcedência da acção de divórcio.

[113] O processo de alteração da regulação das responsabilidades parentais correrá por apenso ao processo de promoção e protecção e o Juiz titular do mesmo requisitará para apensação o processo de regulação das responsabilidades parentais (art. 182.º, n.º 2 parte final da OTM).

2. O critério adoptado pela lei para determinar a competência dos Tribunais, independentemente da natureza essencial dos factos controvertidos no processo, foi o de ser competente para apreciar os factos o Tribunal onde foi instaurado o primeiro processo.

Com a posição adoptada afastou-se qualquer hipótese de estabelecer um critério de prioridade em função do tipo de processo em causa e da sua eventual dependência ou subsidariedade em relação aos outros processos. Todavia, ao atribuir-se competência ao Juiz do processo instaurado em primeiro lugar, para apreciar todos os demais processos, clarificou-se uma questão que a seguir-se outro critério seria fonte de inúmeras dúvidas sobre a competência e harmonizou-se, simultaneamente, o regime aqui previsto com o regime vigente nos processos tutelares cíveis e tutelares educativos[114].

3. Ao atribuir-se a competência para apensação dos processos ao Tribunal onde foi instaurado o primeiro processo, permitiu-se que processos para os quais seriam competentes, em razão da matéria, Tribunais diferenciados, possam vir a ser julgados por tribunais que, em princípio seriam incompetentes em razão da matéria, para apreciar os factos em causa.

Se os factos que chegam ao conhecimento do Tribunal, por se tratar de crimes, cabem no âmbito da Lei Tutelar Educativa e se posteriormente se verifica a existência de uma situação perigosa para a criança/jovem que caberia na competência dos Tribunais Cíveis, o Tribunal de competência em matéria penal, competente para apreciar os factos que cabem no âmbito da lei tutelar educativa, passa a ter competência alargada para apreciar matérias cíveis e penais.

Se os factos que chegam ao conhecimento do Tribunal, por se tratar de situações perigosas no âmbito da promoção e protecção dos direitos da criança/jovem são da competência do tribunal de comarca, sendo da competência do juízo cível por se tratar de promoção e protecção dos direitos

---

[114] O princípio da subsidiariedade constante do art. 4.°, al. g) da Lei impõe que um processo de promoção e protecção que tenha corrido nos Tribunais não possa ser reaberto ou reiniciado sem que previamente a comissão respectiva aprecie a situação de perigo que entretanto for detectada. Nesses casos sinalizado perante o Tribunal a existência da situação de perigo o processo deve ser remetido às comissões para a sua reabertura e só depois eventualmente transitará para Tribunal se não forem obtidos os respectivos consentimentos.

Se o processo tiver corrido na comissão nada impedirá a sua reabertura nas mesmas condições desde que ocorram novos factos que o justifiquem nos termos do art. 99.° da LPPCJP.

da criança/jovem e, se, posteriormente, se abre um processo que cabe no âmbito da lei tutelar educativa, o tribunal de competência genérica em matéria cível vê a sua competência em razão da matéria alargada para conhecer do processo tutelar educativo, de natureza penal.

De idêntica forma, estando pendentes nos Tribunais de Comarca, juízos cíveis ou penais, quaisquer processos tutelares educativos ou processos de promoção e protecção, fora da área de competência dos Tribunais de Família e de Menores, a instauração de qualquer processo nestes últimos tribunais, obriga ao envio do respectivo processo para o Tribunal de Comarca (juízo cível ou penal), onde foi instaurado o primeiro processo contra a criança/jovem.

4. Uma questão que o artigo coloca desde logo é a da intercomunicação a estabelecer entre os vários Tribunais e as comissões de protecção a fim de serem conhecidos os pleitos em causa, no sentido de evitar duplicação de diligências e decisões contraditórias e ser feita a apensação dos processos ao processo instaurado em primeiro lugar, em função da data de entrada e do número de ordem atribuído pela secção.

Saliente-se que todos os Tribunais em causa são competentes territorialmente em função da residência habitual da criança/jovem pelo que o problema se coloca nos Tribunais de Família onde existir mais de que um juízo e nos Tribunais de Comarca, dada a sua eventual divisão entre juízos cíveis ou juízos criminais. Nesses casos impõe-se que a secção central onde é instaurado um processo à mesma criança/jovem dê conhecimento da existência do segundo processo aos autos instaurados em primeiro lugar, tudo no pressuposto que a criança/jovem não tenha, entretanto mudado de residência habitual.

Se se verificar, todavia, uma mudança da residência habitual da criança//jovem e, com ela, a alteração da competência territorial, a intercomunicação torna-se mais difícil e só poderá funcionar em função de um sistema de registo informático que sinalize os casos em que é identificada a criança//jovem ou, então, mediante o conhecimento acidental, por um dos Tribunais, da existência de mais que um processo relativo à mesma criança/jovem.

5. Na hipótese de no processo de promoção e protecção não ser possível determinar, desde logo, a residência habitual da criança/jovem, o Tribunal competente será o do tribunal onde a criança/jovem for encontrada (art. 79.º, n.º 2).

Se posteriormente se apurar que a criança/jovem sempre teve uma residência habitual permanente, continuará a ser o Tribunal que decretou as medidas necessárias à sua protecção imediata a ter de conhecer as providências tutelares cíveis ou tutelares educativas posteriormente instauradas, uma vez que aquele processo instaurado no lugar onde a criança/jovem foi encontrada, foi o processo accionado em primeiro lugar.

6. Os n.os 2 e 3 do art. 81.° estabelecem uma articulação entre as autoridades para-judiciais, como o são, em certa medida, as comissões de protecção e os Tribunais, sem pôr em causa a autonomia de cada uma dessas entidades. Essa articulação deve ser feita, em primeira linha, pelo MP, dado o princípio constante do art. 105.°, n.° 1 de lhe caber a iniciativa processual nos processos de promoção e protecção, ressalvada a iniciativa prevista no art. 105.°, n.° 2 da Lei. E, deve ser feita indicando, desde logo, nos processos instaurados, a existência dos processos pendentes nas comissões, de que têm conhecimento, de acordo com os arts. 68.° e segs. da lei, requerendo a apensação dos respectivos processos, tendo em consideração a necessidade geral da harmonização das decisões a tomar.

Sendo inegável, como acontece nos processos que correm perante o tribunal, que tem o maior interesse o apuramento de todos os dados relativos à situação de perigo em que a criança/jovem se encontra, não pode o tribunal interferir com a actuação das comissões de protecção, a não ser que tal se justifique face ao interesse superior da criança/jovem e à salvaguarda dos princípios orientadores da intervenção, exceptuado o princípio da subsidiariedade, expressos no art. 4.° da lei. Impõe-se, por isso, que seja fundamentado o despacho do julgador que avoque o processo de promoção e protecção a correr nas comissões de protecção.

A justificação para essa avocação só pode fundamentar-se na impossibilidade de harmonização entre a actividade que as comissões de protecção visam atingir com os acordos de promoção e protecção celebrados e os fins visados pelas medidas que o Tribunal se propõe adoptar nos processos[115] que perante si se encontram pendentes. Fora dessas situações, devidamente fundamentadas, a avocação de processos deve ser considerada abusiva e não deve ser ordenada pelo Tribunal, na medida em que a mesma contende com o princípio da subsidiariedade, de acordo com o

[115] Processos tutelares cíveis.

qual se o processo de promoção e protecção já está a decorrer perante a comunidade não se justifica a interferência do Tribunal na solução desse caso, a não ser que a mesma falhe por parte da entidade inicialmente interventora.

O n.º 3 do artigo vinca, no entanto e não obstante as limitações indicadas, o dever de informação que incide sobre as comissões de protecção de dar a conhecer ao Tribunal e a seu pedido, a existência de processos pendentes ou instaurados após o pedido de informação do tribunal, como forma de este último poder estar sempre actualizado sobre a evolução da situação relativa à criança/jovem que foi sinalizada em situação de perigo.

De todo o modo, deveria ser implementado um registo informático a nível nacional, de carácter nominativo, com acesso reservado às comissões de protecção e aos tribunais, pelo qual quer o juiz do processo, quer o presidente da comissão de protecção tivessem conhecimento da existência de processos de promoção e protecção a correr nas comissões e dos processos de promoção e protecção e tutelares cíveis, a correr perante os tribunais, para que o sistema de apensação de processos previsto no art. 81.º e no art. 80.º funcionasse devidamente articulado.

7. Deste artigo, em conjugação com o art. 63.º, n.º 1, alínea c) resulta a impossibilidade de um processo de promoção e protecção ser alterado ou transformar-se num processo tutelar cível, não só pela natureza específica de cada um dos processos, em que o processo de promoção e protecção é uma espécie de procedimento cautelar em relação ao procedimento tutelar e, em regra a dependência entre esses dois tipos de procedimento conduz à manutenção da autonomia de cada um deles, como pelo facto deste artigo reforçar essa autonomia com a referência à instauração sucessiva dos processos de promoção e protecção e às providências tutelares cíveis, que mantêm a sua individualidade, ainda que os respectivos processos sejam apensos e sujeitos à apreciação do mesmo julgador.

8. A indagação, pelo juiz, da existência de qualquer processo de promoção e protecção pendente nas comissões, prevista neste artigo, embora a decisão judicial de apensação do processo implique fundamentação expressa no sentido de ser determinada por existir ou poder existir incompatibilidade das respectivas medidas ou decisões, revela-se anómala em função do princípio da subsidiariedade, dado o disposto no art. 4.º, alínea j) e art. 11.º. Na verdade, admite-se que o tribunal intervenha antes da intervenção da comissão ter cessado, quando do regime geral da lei resulta que tal intervenção só poderia realizar-se após a comissão ter falhado ou a sua actuação ter sido considerada ilegal ou inadequada pelo tribunal a instâncias do MP.

A "preferência" pela decisão judicial, que a dar-se perante dois tribunais poderia ser classificado como litispendência, ocorre, porém e apesar de tudo, por estarem em causa dois procedimentos pendentes, em que não foi possível, "ab initio" efectuar uma intervenção sucessiva, considerando-se, ainda, que, *nessas circunstâncias e em casos fundamentados, deveria ser dada primazia à decisão judicial.*

Deve acrescentar-se, que ao dar-se primazia à decisão judicial sobre a decisão que foi dada, ou pode ser dada, no processo de promoção e protecção que corre perante as comissões, o mesmo princípio da subsidiariedade, aliado aos princípios da intervenção mínima e da proporcionalidade e actualidade, impõem que o Juiz indague sempre junto da comissão de protecção da existência ou não existência de processos de promoção e protecção, para efeitos da apensação dos mesmos ao processo de promoção e protecção e aos processos tutelares cíveis a correr perante o tribunal. Daí que se revele de manifesta utilidade a implementação urgente de um registo, como foi referido anteriormente, sob pena das dificuldades de averiguação dos processos pendentes inviabilizarem as apensações mencionadas no artigo e que se revestem de manifesto interesse para "retratar" o perfil da criança ou do jovem a quem vai ser aplicada uma medida tutelar ou de promoção e protecção.

9. Deve entender-se que a apensação prevista neste artigo entre os vários processos tutelares educativos, de promoção e protecção e tutelares cíveis, não abrange, em relação a estes últimos, as providências cíveis relativas à adopção, à averiguação oficiosa de maternidade ou paternidade, as providências que sejam da competência das conservatórias do registo civil, ou as que digam respeito a mais que uma criança ou jovem, como resulta do art. 154.°, n.° 3 do DL 314/78 de 27 de Outubro na redacção dada pela Lei n.° 133/99 de 28 de Agosto.

Esta nova redacção, que transpôs para a OTM os princípios orientadores a da intervenção previstos na lei de protecção de crianças e jovens em perigo e que é contemporânea da lei em comentário, tem como fundamento, por um lado, afastar a possibilidade de apensação de processos para que são competentes autoridades administrativas e para-judiciais, como as conservatórias do registo civil e, por outro lado, preservar a confidencialidade dos processos tutelares onde está em causa a perda da filiação biológica ou a identificação dos pais biológicos, o que constituiria um obstáculo acrescido à divulgação dos registos relativos às crianças ou jovens, que o artigo pressupõe.

Finalmente, da conjugação do art. 80.° da Lei com o art. 154.°, n.° 3 da OTM resulta, igualmente, que o legislador entendeu limitar a apensação de processos relativos a mais que uma criança ou jovem aos processos de promoção e protecção, em função da proximidade das relações familiares ou das situações de perigo em causa, entendendo-se que, fora dessas situações, quer se trate de processos tutelares cíveis, quer de processos de promoção e protecção, deve ser excluída a apensação, por a mesma poder trazer, eventualmente, o perigo da quebra da confidencialidade dos processos, quando o fundamento último da apensação, como se referiu, é obter um retrato ou perfil da criança ou jovem, sobre a qual pendem diversos processos de promoção e protecção e processos tutelares cíveis.

10. Devido à inexistência de uma intercomunicação imediata entre os processos de promoção e protecção a correr junto das comissões de protecção e os processos que tramitam nos tribunais, pode ocorrer que a comissão de protecção tenha aplicado uma determinada medida, na área da sua competência e que, entretanto o tribunal haja aplicado uma mesma medida ou outra medida. Tal poderá ocorrer, em especial, nos casos de procedimentos urgentes, em que as comissões, para além de tomarem as medidas adequadas à protecção imediata da criança ou do jovem solicitam, desde logo, a intervenção do tribunal e este aplique uma medida, enquanto a comissão, continuando a tratar do caso, obteve um acordo de promoção e protecção. Nestes casos e noutros similares, em que poderão coexistir, simultaneamente, duas medidas decididas por entidades interventoras, que só deviam intervir quando falhasse a intervenção da entidade que prioritariamente deveria tratar da situação, deve entender-se pela prevalência da medida decidida pela comissão de protecção, não só por que a mesma resulta necessariamente de acordo entre todos os interessados, como por o princípio da subsidiariedade o impõe (art. 4.°, alínea j)). Daí que a medida imposta ou negociada em Tribunal deve ser revista e determinada a sua cessação (art. 63.°, n.° 1, alínea b)), prosseguindo a comissão de protecção no acompanhamento da execução da medida por si decidida.

11. O processo tutelar educativo desenrola-se ao longo do título IV da Lei 166/99 de 14 de Setembro, encontrando-se, a partir do seu art. 72.° regulado o denominado "Inquérito".

Será de considerar, que, quando o art. 81.°, agora em análise, e o art. 154.°, n.° 1 da OTM, falam do processo instaurado em primeiro lugar, abranjam nesse conceito o inquérito no processo tutelar educativo ou se reportem, antes, à data em que o MP requer a abertura da fase jurisdicional com a entrada na secretaria do Tribunal do requerimento para abertura da fase jurisdicional (art. 90.° e segs. da Lei 166/99 de 14 de Setembro)?

A favor da tese de que a data em que o processo tutelar educativo se deve considerar instaurado como sendo a data em que se inicia o inquérito, pode invocar-se a unidade do processo tutelar educativo, com as suas fases de inquérito e jurisdicional, considerando-se que o processo começa com a queixa ou comunicação dos factos abrangidos pela Lei Tutelar Educativa, com a natureza similar dos processos penais e tutelares educativos e, ainda por ao processo tutelar educativo ser aplicável, subsidiariamente, segundo o art. 128.° da Lei 166/99 o Código do Processo Penal.

As razões invocadas não são, porém de aceitar, em face dos termos literais do preceito em análise e do sentido normal e corrente dos conceitos utilizados.

Note-se, em primeiro lugar, que o art. 81.° permite a apensação de **processos instaurados sucessivamente** e que essa apensação tem em vista a apreciação por **um Juiz** de todos os processos instaurados.

Acresce que o que se pretende com a apensação dos processos, atentos os princípios da economia processual e da conexão, é que o julgador fique em condições de resolver o maior número de litígios anteriores, ou subsequentes, que tenham uma ligação ou proximidade que justifiquem a apensação.

No contexto assinalado e face ao objectivo da apensação, não faz qualquer sentido estar a apensar a um inquérito a correr, um processo tutelar cível ou um processo de promoção e protecção, uma vez que o inquérito, que antecede a fase jurisdicional no processo tutelar educativo, não é, propriamente, um processo instaurado, no sentido de através dele se pretender formar um processo ou instaurar uma acção contra alguém, depois de compilados e enunciados os factos necessários, no requerimento ou petição inicial, visando uma determinada providência do tribunal. De facto, segundo a lei 166/99 o inquérito destina-se a apurar se existiu ou foi praticado um facto qualificado pela lei como crime e a determinar a eventual aplicação de uma medida tutelar (art. 75.°, n.° 2 da lei 166/99). Inicialmente, não se sabe, pois, se o inquérito aberto é para prosseguir, ou ser arquivado, nem ele à partida, é dirigido contra alguém, destinando-se, tão só, a apurar se existem elementos ou indícios para ser instaurado, ulteriormente, contra determinada pessoa, certa providência. Ora, estar a apensar um processo tutelar cível ou um processo de promoção e protecção a um processo tutelar educativo só porque se atendeu à data em que o inquérito foi aberto, significa a possibilidade de se mandar apensar um processo dirigido contra alguém em face de factos que lhe são imputados a um outro processo em que, na fase de inquérito, ainda não se sabe se há lugar à tomada de providência tutelar educativa. Ou seja: haveria a possibilidade de se interligarem processos como os de protecção e promoção e os processos tutelares cíveis, sem que o processo tutelar educativo pudesse ser apreciado pelo julgador, designadamente por os autos na fase de inquérito, serem mandados arquivar pelo MP....

Dos termos em que a redacção do art. 81.º, n.º 1 da LPPCJP está elaborado, bem como os do art. 154.º, n.º 1 da OTM, só pode, pois concluir-se, em termos literais e lógicos, que se deve atender à data da entrada na secretaria do tribunal do requerimento em que o MP pede a abertura da fase jurisdicional do processo tutelar educativo, pois só após essa entrada se pode falar em processo instaurado e só após essa data fica facultado ao Juiz do processo tutelar educativo, como ao magistrado judicial do processo tutelar cível, como ao juiz do processo de promoção e protecção, conhecer quais os autos instaurados em primeiro lugar e ordenar a apensação, face aos elementos de ligação e conexão existentes entre eles.

12. Deve salientar-se que sendo este capítulo VII relativo a disposições processuais gerais nos processos de promoção e protecção, quer os mesmos corram junto das comissões, quer junto dos Tribunais se pode verificar que exista mais que uma comissão a quem foi dado conhecimento da situação de perigo que justifique a intervenção protectiva.

Nesses casos deve entender-se que o princípio constante do artigo 81.º, n.º 1 da LPPCJP é aplicável, igualmente, devendo decidir-se que deve ser a comissão que primeiro sinalizou a situação de perigo que deverá requerer a apensação do processo instaurado em segundo lugar noutra comissão, desde que ambos os processos se encontrem pendentes. Assim, se uma comissão sinalizou uma situação de perigo de uma criança de etnia cigana que residia em Beja e que entretanto se deslocou para Vila Real de Santo António, onde foi igualmente sinalizada pela comissão de protecção desta localidade, esta última deverá remeter o processo com os elementos recolhidos para a comissão de Beja para esta ultimar o processo protectivo. Se a comissão de protecção de Beja aplicar uma medida protectiva e a criança se mantiver a residir por período superior a 3 meses em Vila Real de Santo António, o processo deverá ser remetido à comissão desta última localidade nos termos do artigo 89.°, n.° 4 da Lei.

Artigo 82.°
Jovem arguido em processo penal

1. Quando relativamente a um mesmo jovem correrem simultaneamente processo de promoção e protecção e processo penal, a comissão de protecção ou o tribunal de família e menores remete à autoridade judiciária competente para o processo penal cópia da respectiva decisão, podendo acrescentar as informações sobre a inserção familiar e sócio-profissional do jovem que considere adequadas.

2. Os elementos referidos no número anterior são remetidos após a notificação ao jovem do despacho que designa dia para a audiência de julgamento, sendo-lhes correspondentemente aplicável o disposto nos artigos 369.°, n.° 1, 370.°, n.° 3 e 371.°, n.° 2, do Código do Processo Penal.

3. Quando o jovem seja preso preventivamente, os elementos constantes do n.° 1 podem ser remetidos a todo o tempo, a solicitação deste ou do defensor, ou com o seu consentimento.

4. As autoridades judiciárias participam às entidades competentes em matéria de promoção dos direitos e protecção as situações de jovens arguidos em processo penal que se encontrem em perigo, remetendo-lhes os elementos de que disponham e se mostrem relevantes para a apreciação da situação, nos termos do n.° 2 do artigo 71.°.

1. Para "correrem simultaneamente" relativamente a um mesmo jovem um processo de promoção e protecção e um processo penal é necessário, de acordo com o art. 19.° do CP e o art. 5.° da presente Lei, que o jovem em causa tenha mais de 16 anos (inclusive).

A autoridade judiciária competente, para a qual a comissão de protecção ou o tribunal remete cópia da decisão tomada naqueles processos é o Tribunal de competência especializada criminal, onde corre o processo por crimes cometidos pelo jovem com mais de 16 anos, de acordo com a respectiva competência territorial, nos termos dos artigos 19.° e seguintes do CPP.

A circunstância do artigo referir que as comissões de protecção e os Tribunais remetem cópia da decisão, implica que sejam comunicadas as decisões finais dos processos respectivos, incluindo nelas as decisões prorrogadas, revistas ou mantidas, nos processos de promoção e protecção.

São apenas as decisões que emitem um juízo final sobre a situação perigosa e a forma decidida de a ultrapassar que interessam ao Tribunal com competência criminal e, já não, as medidas provisórias, que, pela sua natureza, correspondam a uma fase de avaliação dos comportamentos da criança/ /jovem, sem que esteja feito o diagnóstico completo da situação apreciada.

Ao Tribunal de competência criminal interessa avaliar a evolução do desenvolvimento da criança/jovem e das medidas decididas para ultrapassar a situação perigosa, como forma de definir o seu perfil e personalidade e determinar a medida penal que mais se adequa a esse perfil e à evolução sócio-económica do jovem delinquente.

Interessa ao Tribunal de competência criminal apurar o enquadramento familiar do jovem (a sua inserção familiar), a sua situação no meio social, a sua actividade laboral, como aspectos relevantes para apreciação da conduta penal em causa e para apurar a sua possibilidade de recuperação social e a sua responsabilidade penal.

2. É após o despacho que notifica o jovem para audiência (equivalente a um juízo de valor sobre a probabilidade séria do jovem ter cometido o crime ou crimes de que é acusado), que se justifica o envio dos elementos relativos à decisão tomada no âmbito dos processos de promoção e protecção. Esses elementos, que serão relevantes para a determinação da sanção aplicável, podem ser lidos em audiência de julgamento (art. 370.°, n.° 3 do CPP) e poderão, igualmente, ser ponderados na avaliação da personalidade do jovem e consequente determinação da sanção a aplicar ao crime, em face dessa avaliação (art. 371.°, n.° 2 do CPP).

3. Se o jovem foi preso preventivamente, já houve uma apreciação judicial sobre os factos cometidos e sobre os indícios dos mesmos haverem sido praticados pelo jovem.

Ao contrário da situação prevista no n.° 2 do artigo, o n.° 3 permite, então, em benefício do jovem preso, que esses elementos processuais possam ser facultados, a fim do jovem obter elementos para sua defesa e conseguir, eventualmente, a revogação da prisão preventiva decretada. Neste último caso, a divulgação dos elementos confidenciais constantes do processo de promoção e protecção funciona em benefício exclusivo do jovem preso preventivamente, enquanto na hipótese do n.° 2 do artigo, os mesmos elementos tanto podem favorecer a tese da acusação contra o jovem, como a sua defesa.

4. Ainda que o jovem esteja já sujeito a sanção penal, a lei de promoção e protecção prevê que as medidas de promoção e protecção sejam aplicáveis a tais jovens até aos 21 anos de idade (artigo 5.° alínea a) da lei).

A interrelacionação entre a delinquência juvenil e as situações perigosas em que o jovem se pode encontrar justificam que ainda nestes casos os tribunais com competência criminal remetam às comissões de protecção, às entidades com competência em matéria de infância e juventude e aos Tribunais com competência cível ou penal, os elementos que sejam considerados relevantes para caracterizar e identificar a situação perigosa em que se encontra o jovem preso preventivamente ou indiciado penalmente para julgamento.

5. A prisão preventiva pode ocorrer logo no início do processo penal instaurado a jovem, ou ocorrer em data posterior.

O artigo refere que a troca de informações entre as diversas entidades deve ser efectuada desde que se trate de jovens arguidos, o que pressupõe a existência de fortes indícios, por parte do jovem, de haver cometido os crimes que lhe são imputados.

Ocorrendo a prisão preventiva em qualquer altura, a lei estabelece, no entanto, dois momento distintos para a remessa e intercâmbio dos elementos constantes do processo de promoção e protecção e o processo crime.

A remessa é efectuada "a todo o tempo" no caso de prisão preventiva, mas pode também ser remetida "após a notificação ao jovem do despacho que designa dia para julgamento". Ou seja: a remessa já não é feita, "a todo o tempo", se o jovem for notificado do dia para a audiência de julgamento, nos casos em que não houve previamente prisão preventiva e tal remessa a "todo o tempo" só ocorrerá nos casos em que houve prisão preventiva, no período entre a prisão preventiva e a notificação ao jovem do despacho que designa dia para a audiência de julgamento.

ARTIGO 83.º
Aproveitamento dos actos anteriores

As comissões de protecção e os tribunais devem abster-se de ordenar a repetição de diligências já efectuadas, nomeadamente relatórios sociais ou exames médicos, salvo quando o interesse superior da criança exigir a sua repetição ou se tornar necessária para assegurar o princípio do contraditório.

1. Neste artigo, para além do princípio da economia processual, consta e releva o princípio da aquisição processual, com as limitações inerentes à salvaguarda do interesse superior da criança/jovem.

Na sua pureza os princípios da economia processual e da aquisição processual implicam a não repetição das diligências de prova já realizadas, considerando que todos os elementos trazidos pelos intervenientes ao processo ficam dele a constar, sem prejuízo da sua eventual impugnação, sendo atendíveis as provas produzidas, ainda que favoráveis aos outros sujeitos processuais.

Os "relatórios sociais" e os "exames médicos" efectuados à criança/ /jovem incidem sobre a sua privacidade, sobre a sua intimidade, sobre a sua imagem a reserva da sua vida privada.

O carácter reservado do processo não garante, em absoluto, a reserva dessa privacidade, dadas as frequentes violações do segredo de justiça. Daí que se estabeleçam condicionalismos muito apertados para a realização de determinados exames médicos (vide art. 87.º) e que os relatórios sociais e esses exames só possam vir a ser repetidos mediante despacho fundamentado, onde se invoque e demonstre, que o exame efectuado se destina a salvaguardar o interesse superior da criança/jovem ou o princípio do contraditório.

2. O interesse superior da criança pode levar, por exemplo, à não repetição de um exame a uma criança vítima de abusos sexuais, quando se suscitem dúvidas sobre o tipo de abuso sexual praticado, se o mesmo exame se puder revelar de tal forma traumático para a criança/jovem que a possa afectar irreversivelmente no seu comportamento emocional.

No caso referido, ·pretendendo-se remover uma situação perigosa para a criança/jovem não se pode colocá-la, perante a revisão do exame, numa outra situação que pode pôr em causa e definitivamente o seu futuro desenvolvimento psicológico.

3. A repetição de um exame médico para assegurar o princípio do contraditório deve ser encarada na mesma perspectiva do que referido no número anterior. Sendo o princípio do contraditório um princípio constitucional, o facto dos exames médicos só serem ordenados quando julgados indispensáveis e quando o interesse da criança/jovem o exigir (art. 87.°), implica que o exame a repetir só possa vir a ser ordenado, se, de forma clara, o mesmo se revele de todo essencial para o eventual remover da situação perigosa e esclarecimento dos comportamentos ou omissões de terceiros ou da própria criança/jovem que geraram a situação em causa.

ARTIGO 84.°
Audição da criança e do jovem

1. As crianças e os jovens com mais de 12 anos, ou com idade inferior quando a sua capacidade para compreender o sentido da intervenção o aconselhe, são ouvidos pela comissão de protecção ou pelo juiz sobre as situações que deram origem à intervenção e relativamente à aplicação, revisão[116] ou cessação de medidas de promoção e protecção.

2. A criança ou o jovem tem direito a ser ouvido individualmente ou acompanhado pelos pais, pelo representante legal, por advogado da sua escolha ou oficioso ou por pessoa da sua confiança.

1. A intervenção para a promoção dos direitos e protecção da criança/jovem obedece e deve ser sempre interpretada à luz dos princípios orientadores constantes do art. 4.° da presente Lei.

Do art. 4.° da lei já resulta, na sua alínea i) o direito de audição obrigatório e de participação da criança/jovem em relação às medidas que se lhes pretende aplicar.

A não oposição da criança/jovem com mais de 12 anos e com menos de 12 anos com capacidade para compreender o sentido da sua intervenção é um dos requisitos exigidos para a celebração de acordos negociados de promoção e protecção (arts. 9.° e 10.° da lei).

[116] O direito de audição da criança ou do jovem implica que o mesmo deva ser ouvido mesmo quando se trate de revisão da medida provisória aplicada nos termos do art. 37.° da LPPCJP.

O artigo em análise, no n.° 1, não é mais que a concretização, em relação às disposições processuais gerais aplicáveis aos processos de promoção e protecção, das regras contidas no citado artigo 4.°, alínea i) da lei e nos artigos 9.° e 10.°.

O artigo tem, porém, a virtualidade de salientar e concretizar esse dever e de evidenciar a importância da intervenção da criança/jovem não só aquando da aplicação das medidas, mas, também, aquando da sua revisão ou cessação, nos termos dos arts. 62.° e 63.° da LPPCJP.

2. O direito da criança/jovem a ser ouvida individualmente sublinha que a criança/jovem é titular de um direito de audição e participação no processo, mesmo em conflito com o interesse dos pais ou do seu representante legal, podendo livremente, sem coacções directas ou indirectas, exprimir-se pessoalmente e de preferência "confidencialmente" perante as comissões de protecção e os tribunais.

É à criança/jovem que cabe a opção que deve ser escolhida sem pressões, de ser ouvida sozinha ou acompanhada pelos pais ou pelo representante legal.

Caberá à sensibilidade do "gestor" do processo nas comissões de protecção e ao julgador nos Tribunais, criar condições para que as declarações da criança/jovem sejam prestadas nas melhores e mais adequadas condições para apurar a verdade, sem prejuízo da inteligibilidade e compreensão das declarações prestadas pela criança/jovem.

3. Será relativamente difícil que a criança/jovem escolha um Advogado da sua "confiança", sobretudo quando se tratar de crianças de idade inferior a 12 anos. Todavia, dado que nos termos do n.° 2 do artigo a criança/jovem também pode prestar declarações "acompanhada" por pessoa da sua confiança, nada impede que através desta última seja indicado advogado para acompanhar a audição da criança/jovem.

Impõe-se, no entanto, que fiquem a constar de acta as razões pelas quais a criança/jovem considera a pessoa em causa como "pessoa da sua confiança" e averiguar, sumariamente, antes da sua intervenção processual, as razões e os factos em que se baseia a credibilidade da "pessoa de confiança", que, como tal, poderá sempre ser rejeitada justificando quer as comissões de protecção, quer o Tribunal, as razões da rejeição.

4. A verificar-se que a criança/jovem pretende ser assistida por Advogado, a sua audição poderá estar dependente e ser reservada para momento ulterior, em virtude da criança/jovem não ter constituído Advogado e de ser necessário, de acordo com a Lei, a nomeação de um patrono oficioso[117].

Este direito da criança/jovem ser assistida por Advogado de sua escolha ou oficioso, corresponde, também, ao estatuído no art. 12.° da Convenção Sobre os Direitos da Criança, uma vez que tendo a criança o direito/oportunidade de ser ouvida, essa audição só faz sentido se forem dadas à criança/jovem os meios e as modalidades que a Lei faculta à generalidade dos cidadãos, como a nomeação de Advogado, de acordo com o princípio que a "todos" é assegurado o acesso aos Tribunais para defesa dos seus direitos (art. 20.°, n.° 1 da CRP), tendo "todos" igualmente direito ao "patrocínio judiciário e a fazer-se acompanhar por Advogado perante qualquer autoridade."

5. A audição obrigatória da criança/jovem e a sua participação no processo de apadrinhamento civil é admitida sem restrição de idade, nos termos do n.° 6 do art. 11.° da Lei n.° 103/2009 de 11 de Setembro.

Artigo 85.°
Audição dos titulares das responsabilidades parentais

Os pais, o representante legal e as pessoas que tenham a guarda de facto da criança ou do jovem são obrigatoriamente ouvidos sobre a situação que originou a intervenção e relativamente à aplicação, revisão ou cessação de medidas de promoção e protecção.

1. No capítulo II, refere a CRP os direitos e deveres sociais entre os quais enuncia o direito de protecção da família quer por parte da sociedade quer do Estado.

Ao Estado cabe, no âmbito da protecção da família, cooperar com os pais na educação dos filhos (art. 67.°, n.° 2, alínea c)), competindo aos pais e às mães um papel insubstituível, no que concerne à sua educação, realização profissional e na participação na vida cívica do país (art. 68.°, n.° 1 da CRP).

O art. 36.° estabelece no seu n.° 6 que os filhos não podem ser separados dos pais, salvo quando estes não cumpram os seus deveres fundamentais para com eles e sempre mediante decisão judicial.

---

[117] Cfr. art. 10.° da Lei.

2. O artigo em comentário corresponde à concretização na lei ordinária dos princípios referidos e constantes da CRP, uma vez que destinando-se a intervenção das comissões de protecção ou dos tribunais a remover o perigo criado pelos próprios pais ou representantes legais da criança/jovem, por terceiros ou pela própria criança/jovem, tal intervenção, contende ou pode contender, em princípio, com o direito dos pais a educar os seus filhos e a planear o seu desenvolvimento integral e, também, com a eventual medida de separação dos filhos da alçada das responsabilidades parentais.

Justifica-se, por isso, a audição obrigatória dos pais ou dos representantes legais da criança/jovem, ainda que sejam os próprios pais ou representantes legais os originadores da situação perigosa para a criança/jovem.

O direito de audição aqui referido não significa que os pais ou representantes legais da criança/jovem tenham que ser conhecedores de todos os elementos constantes do processo, tendo em consideração, em especial, os casos ou as situações em que a própria criança/jovem é vítima dos próprios pais ou representantes legais.

A audição, nesses casos, deve ser efectuada com especiais cautelas para não dar azo, posteriormente, por exemplo, a desforço dos pais ou representantes legais perante os factos denunciados pela criança/jovem[118].

3. No âmbito dos princípios orientadores da intervenção deve lembrar-se que sempre que o direito de audição dos pais ou representantes legais colida com o interesse superior da criança e, depois de efectuadas as diligências necessárias à sua audição, sem ser possível ouvi-los, o Tribunal não poderá deixar de decretar as medidas previstas na lei para protecção da criança/jovem para remover a situação de perigo que incide sobre a criança/ /jovem. Para assim decidir, sem ouvir os representantes legais da criança ou os seus pais, o Tribunal terá que tão só demonstrar que cumpriu o formalismo processual necessário à detecção dos pais ou representantes legais e que estes, por omissão, ou voluntariamente, se eximiram aos seus deveres fundamentais, furtando-se à identificação de um lugar ou residência onde pudessem ser notificados, ou dando a conhecer essa residência não se disponibilizaram para ser ouvidos, antes evitando e protelando a sua audição.

---

118 No caso dos titulares das responsabilidades parentais terem mandatário ou patrono oficioso constituído no processo a notificação deverá ser endereçada a este último nos termos do art. 253.º, n.º 1 do CPC.

Artigo 86.°
Informação e assistência

1. O processo deve decorrer de forma compreensível para a criança ou jovem, considerando a idade e o grau de desenvolvimento intelectual e psicológico.

2. Na audição da criança ou do jovem e no decurso de outros actos processuais ou diligências que o justifiquem, a comissão de protecção ou o juiz podem determinar a intervenção ou assistência de médicos, psicólogos ou outros especialistas ou de pessoa da confiança da criança ou do jovem, ou determinar a utilização dos meios técnicos que lhes pareçam adequados.

1. O apoio à criança/jovem que é confrontada com a devassa da sua vida íntima no seu relacionamento com a família biológica impõe que os operadores judiciários actuem com especial sensibilidade, calma e prudência, tanto mais exigíveis quanto menor for o desenvolvimento e maturidade da criança/jovem e a sua idade.

A criança/jovem deve compreender que a comissão e o Tribunal intervêm para a proteger e a ajudar, devendo os órgãos interventores afastar quaisquer processos de intimidação que levem a criança a aceitar relutantemente a intervenção proposta, a qual deve ser devidamente explicitada quanto ao seu conteúdo e finalidade.

A protecção e apoio à criança/jovem compreenderá, assim, a explicação pelos seus representantes parentais, ou por pessoa de confiança ou por advogado ou defensor oficioso, da finalidade dos actos processuais praticados, de forma clara e inteligível, sem grandes explicações ou pormenores técnicos.

2. Os médicos, psicólogos ou outros técnicos darão apoio à criança/ /jovem, designadamente quanto aos exames médicos a efectuar, ao suporte explicativo das medidas adoptadas e sua finalidade, ao levantamento de carências que possam ser ultrapassadas com a ajuda de outros técnicos, como os enfermeiros ou os técnicos do serviço social.

A criança/jovem pode ter deficiências na expressão ou na fala, ser surdo ou mudo ou utilizar, apenas, a linguagem gestual. O proporcionar de todos os meios técnicos que permitam a criança/jovem exprimir-se sem limitações, ou com o acompanhamento de pessoas de sua confiança, constituem todos eles, meios de apoio que lhe vão permitir ter uma participação plena e consciente nos actos processuais, que contribuirão para definir a medidas aplicáveis e adequadas para afastar a situação perigosa que esteve na origem da instauração do processo de promoção e protecção.

Artigo 87.º
Exames

1. Os exames médicos que possam ofender o pudor da criança ou do jovem apenas são ordenados quando for julgado indispensável e o seu interesse o exigir e devem ser efectuados na presença de um dos progenitores ou de pessoa da confiança da criança ou do jovem, salvo se o examinado o não desejar e o seu interesse o exigir.

2. Os exames médicos referidos no número anterior são realizados por pessoal médico devidamente qualificado, sendo garantido à criança ou ao jovem o necessário apoio psicológico.

3. Aos exames médicos é correspondentemente aplicável o disposto nos artigos 9.º e 10.º.

4. Os exames têm carácter de urgência e, salvo quando outro prazo for exigido pela sua natureza, os respectivos relatórios são apresentados no prazo máximo de 30 dias.

5. A comissão de protecção ou o tribunal podem, quando necessário para assegurar a protecção da criança ou do jovem, requerer ao tribunal certidão dos relatórios dos exames efectuados em processos relativos a crimes de que tenham sido vítimas, que possam ser utilizados como meios de prova.

1. Através dos exames médicos apura-se a situação clínica da criança/jovem.

Os exames que podem criar sentimentos de vergonha ou mal-estar à criança/jovem devem ser devidamente ponderados, quer pelas comissões de protecção, quer pelos Tribunais, evitando-se a sua repetição (art. 83.º). Além disso, os exames médicos que ofendem o pudor da criança/jovem hão-de ser, de todo, os meios de prova necessários, em função daquilo que se pretende provar e hão-de constituir a única alternativa de obter o resultado pretendido (sendo, por isso, indispensáveis).

2. A exigência dos exames médicos que ofendam o pudor deverem ser efectuados na presença de um dos progenitores ou de pessoa de confiança da criança/jovem, visa permitir que a criança/jovem se sinta apoiado em relação a um exame cuja probabilidade de lhe causar perturbação emocional é extremamente elevada.

Essa perturbação emocional, que se pretende minimizar com a presença do pai ou da mãe da criança/jovem ou de pessoa de sua confiança, só se justificará, como é evidente, se não tiverem sido os próprios representantes parentais os causadores, com os seus comportamentos ou omissões, da situação perigosa que levou à necessidade de realização do exame médico. Se tal se verificar e se se mantiver a indispensabilidade do exame e o interesse da criança/jovem na sua realização, o Tribunal que ordenou a realização das perícias deverá providenciar no sentido de estar presente à realização do exame a pessoa idónea que for designada para a realização da peritagem.

3. Como se trata de exames que contendem com a parte mais íntima e profunda da criança/jovem, os mesmos, desde que haja oposição da criança/jovem ou dos seus representantes legais não poderão ter lugar nos processos que correm nas comissões de promoção e protecção.

Nos casos em que tal se verificar e se o exame for indispensável a através dele se alcançar a protecção do interesse superior da criança/jovem impõe-se que as comissões de protecção remetam, desde logo, o processo aos tribunais para estes poderem ordenar com urgência a sua realização e a elaboração dos relatórios respectivos no prazo de 30 dias fixado no n.° 4 deste artigo.

4. A circunstância da lei referir no n.° 2 deste artigo que os exames médicos devem ser efectuados por pessoal médico devidamente qualificado, com garantia de apoio psicológico a dar à criança/jovem, pretende, desde logo, evitar a repetição dos exames que podem ofender o pudor, sendo de afastar a realização de exames por pessoal médico não especializado, quer em pediatria, quer em exames sexuais.

O apoio psicológico, por outro lado, deve ser prestado não só durante a realização do exame, com, também, posteriormente, dados os efeitos colaterais gravosos que quase sempre ocorrerão nas relações entre a criança/jovem e o meio familiar e ambiental onde decorre a sua vida.

5. A fixação do carácter de urgência aos exames médicos é um reflexo inevitável da possibilidade do desaparecimento dos indícios que o exame pode revelar, enquanto a necessidade dos mesmos terem que ser efectuados no prazo máximo de 30 dias se encontra justificada pela premência em adoptar medidas urgentes e adequadas a afastar a criança/ /jovem da situação de perigo em que se encontra (por exemplo, evitando a manutenção da vivência da criança/jovem com os pais que sistematicamente a agridem e podem continuar a agredir).

6. A possibilidade constante do n.° 5 deste artigo de serem requeridas certidões de relatórios de exames médicos efectuados em processo penal de que a criança/jovem foi vítima, realça não só a necessidade de evitar a repetição dos exames, quando eles já existirem noutros processos, como a circunstância de os mesmos poderem constituir meios de prova relativamente ao processo de promoção instaurado, facultando elementos sobre os agentes dos crimes e o tipo de crime de que a criança/jovem foi vítima, de forma a melhor caracterizar a situação perigosa em causa e optar pelas medidas mais adequadas que deverão ser aplicadas no processo de promoção e protecção.

ARTIGO 88.°
Carácter reservado do processo

1. O processo de promoção e protecção é de carácter reservado.

2. Os membros da comissão de protecção têm acesso aos processos em que intervenham, sendo aplicável, nos restantes casos, o disposto nos n.os 1 e 5.

3. Os pais, o representante legal e as pessoas que detenham a guarda de facto podem consultar o processo pessoalmente ou através de advogado.

4. A criança ou o jovem podem consultar o processo através do seu advogado ou pessoalmente se o juiz o autorizar, atendendo à sua maturidade, capacidade de compreensão e natureza dos factos.

5. Pode ainda consultar o processo, directamente ou através de advogado, quem manifeste interesse legítimo, quando autorizado e nas condições estabelecidas em despacho do presidente da comissão de protecção ou do juiz, conforme o caso.

6. Os processos das comissões de protecção são destruídos quando a criança ou jovem atinjam a maioridade ou, no caso da alínea d) do n.° 1 do art. 63.°, os[119] 21 anos.

7. Em caso de aplicação da medida de promoção e protecção prevista na alínea d) do n.° 1 do artigo 35.°, deve ser respeitado o segredo de identidade relativo aos adoptantes e aos pais biológicos do adoptado, nos termos previstos no artigo 1985.° do Código Civil e no artigo 173.°-B da Organização Tutelar de Menores.

1. O carácter reservado do processo de promoção e protecção pretende salvaguardar o segredo de justiça deste tipo de processos, incorrendo no crime de violação de segredo de justiça, nos termos do art. 371.° do Código Penal toda e qualquer pessoa que fora do circunstancialismo admitido neste artigo e, ainda nos arts 89.°e 90.° divulgar os dados constantes do mesmo.

2. O artigo permite o conhecimento dos dados do processo em relação às pessoas com acesso ao mesmo, de forma distinta quanto aos processos que correm nos Tribunais e quanto aos que correm nas comissões. Assim, a criança/jovem não tem acesso ao processo de promoção e protecção, nem pode consultar os respectivos autos quando estes corram junto das comissões de protecção (n.° 4 do artigo "a contrario").

Por outro lado, como é natural, os membros da comissão (alargada e restrita), podem manusear e consultar o processo em que participaram na formação das decisões tomadas pelas comissões e, em relação aos demais casos podem ter acesso a outros processos que corram nas comissões de protecção (n.° 5 do artigo e art. 24.°, al. e) da lei), desde que demonstrem ter interesse fundado na lei (legítimo) na sua consulta (por exemplo para detectar elementos processuais respeitantes a uma mesma criança/jovem que tem pendente mais que um processo), devendo, então, em tal caso, a pretensão ser apreciada pelo presidente da comissão, que a autorizará e delimitará, justificando a existência do invocado "interesse legítimo" (n.° 5 do artigo).

Nos processos de promoção protecção que correm pelos Tribunais é permitido à criança/jovem, como aos seus pais, representantes legais ou detentores da guarda de facto, a consulta pessoal dos autos ou através de advogado.

---

119 "Aos" e não "os" como por lapso consta do artigo.

A consulta pessoal pela criança/jovem, ou através de advogado por si indicado, depende da avaliação do magistrado a quem está afecto o processo, no sentido de determinar o seu grau de compreensão e de desenvolvimento intelectual, para se aperceber das vantagens ou desvantagens do seu conhecimento directo dos factos constantes do processo, mas, também, do tipo de factos que constam do processo e que podem desaconselhar, em face do relacionamento entre a criança/jovem e as outras pessoas intervenientes no processo, que a criança/jovem contacte directamente com os factos assentes nos autos.

3. O "interesse legítimo" referido no n.° 5 do artigo em relação às pessoas ou pessoa, individual ou colectiva, que pretendem consultar o processo há-de resultar da utilidade para essa pessoa, ou pessoas, dos dados constantes dos autos mas, para ser legítimo, há-se fundar-se na lei e não pode colidir com o interesse superior da criança/jovem e com os demais princípios orientadores dos processos de promoção e protecção constantes do art. 4.° da lei.

4. Permitindo-se a consulta do processo ou o acesso aos dados dele constantes, não é possível, todavia, a obtenção de certidão ou de cópia dos factos dele constantes?

Entendemos que a resposta a esta questão não pode ser dada negativamente.

Deve ter-se em conta, em primeiro lugar, que o direito ao bom nome e reputação, à imagem e à reserva da intimidade da vida privada e familiar a que se reporta o art. 26.°, n.° 1 da CRP, sendo direitos fundamentais e constituindo, por isso, um limite a outros direitos, não podem ir ao ponto de coartar o exercício de outros direitos constitucionalmente protegidos, como o direito de qualquer cidadão tem de ser informado e informar-se, de se defender e de exercer o direito do contraditório. Acresce que o carácter reservado atribuído aos processos de promoção e protecção, tem em vista impedir o acesso de estranhos a informações sobre a vida privada e familiar e a evitar a divulgação de informações da mesma natureza, restringindo o acesso a esses dados, mas não proibindo a sua divulgação, como resultaria se fosse atribuído ao processo o carácter de secreto.

Depois, mesmo em relação aos processos com carácter secreto, como o processo de adopção (art. 173.°-B do DL314/78 de 27 de Outubro, na redacção da Lei 133/99 de 28 de Agosto), se admite a extracção de certidões pelo Tribunal a requerimento de quem invocar interesse legítimo na sua passagem por motivos ponderosos e com os limites a fixar na decisão.

Resulta, assim, quer dos princípios constitucionais, quer de situações processuais paralelas respeitantes a processos secretos, não existir nenhuma proibição em termos absolutos da passagem de certidões, nos processos de promoção e protecção. O entendimento é, nos termos das próprias normas que regulam o processo de promoção e protecção, no sentido de que nada obsta à passagem de peças do processo, desde que se impossibilite a identificação da criança ou do jovem, seus familiares e restantes pessoas referidas nas peças (vide arts 89.° e 90.°). Por outro lado, e ainda, no arts 82.° da Lei perpassa a ideia que é preferível a passagem de certidões ou cópia, por exemplo, para fazer prova noutros processos, do que obrigar a criança ou o jovem a efectuar de novo exames médicos ou a serem elaborados relatórios sociais repetidos.

Podemos, assim, concluir, que no processo de promoção e protecção, como processo reservado, deve ser restringido o acesso à passagem de certidões às pessoas ou seus mandatários perante a invocação dos motivos legítimos invocados para a sua passagem, face a motivos ponderosos devidamente invocados e sendo fixado por despacho judicial da autorização das certidões, os limites e o âmbito da sua utilização, sem prejuízo, como é evidente, de incorrer em violação do segredo de justiça o requerente da passagem de certidão, que autorizada, ultrapassar os limites da divulgação e publicidade consentidas. Este é, aliás, o sentido da norma do processo civil em que se admite a publicidade dos autos com passagem de certidões, relativamente a processos de estabelecimento ou impugnação de paternidade (arts. 168.°, n.° 2, alínea a) e art. 174.°, n.° 2 do CPC), não parecendo que existam razões mais ponderosas para garantir a reserva dos processos de investigação de paternidade que as que podem ser invocadas para garantir a reserva dos processos de promoção e protecção[120].

Outro aspecto distinto da questão é o relativo à passagem de certidões solicitada por um Tribunal a outro Tribunal, pois, aí, haverá, tão só, que

---

120 Falando o artigo diversas vezes no termo consultar pode deduzir-se que o acesso ao processo deve ser feito apenas na secção do Tribunal. A natureza reservada do processo implica que a sua confiança se encontra restringida, sob pena de se permitir a extracção de cópia do processo se fosse autorizada que a mesma fosse retirada do Tribunal sem qualquer controle sobre a "consulta" efectuada.

apurar as razões da relevância da certidão pretendida bem como a natureza do processo a que as certidões irão ser incorporadas. Assim, por exemplo, em relação a pedido de certidão de processos de promoção e protecção, tutelares educativos ou relativos a providências tutelares cíveis (regulação das responsabilidades parentais, inibição das responsabilidades parentais, etc)[121], que podem de acordo com o art. 81.°, n.° 1 ser apensos, nada impede, que em caso de não se verificar apensação sejam solicitadas e passadas certidões dos autos para serem incorporadas no processo requisitante. Na verdade, não faria qualquer sentido que um qualquer desse tipo de processos pudesse ser apensado a outro e, com a mesma finalidade e objectivo, não pudessem ser juntas certidões dos autos do processo que podia ser apensado.

De qualquer forma, a pessoa ou entidade, que não o Tribunal, que obtenha os dados do processo, terá que ter sempre em conta a reserva da identificação da criança/jovem, dos seus familiares e demais intervenientes no processo, face ao estabelecido, adiante, nos artigos 89.° e 90.°

5. Destinando-se os processos de promoção e protecção a garantir o bem-estar e desenvolvimento integral da criança/jovem compreende-se que atingida a idade de 18 ou 21 anos, de acordo com o conceito abarcado no art. 5.° da lei alínea a), sejam destruídos os processos existentes nas comissões de promoção e protecção.

A actuação das comissões de protecção, na verdade, está delimitada pela circunstância da idade da criança/jovem e a manutenção em arquivo dos processos traria mais desvantagens que benefícios, uma vez que, por exemplo, a maior parte das comissões não funcionam em sede própria, nem tem arquivos que possam assegurar a confidencialidade dos dados constantes dos processos.

Já em relação aos processos de promoção e protecção que corram nos tribunais, estando garantido o arquivo dos documentos reservados ou confidenciais, os mesmos, logo que findos são arquivados.

6. Do art. 1985.° do CC e do art. 173.°-B da OTM resulta, expressamente, que o processo de adopção tem natureza secreta e a violação do

---

[121] Nestes processos (processos de promoção e protecção, tutelares educativos e tutelares cíveis) o acesso é também reservado conforme resulta das disposições conjugadas dos artigos 168.°, n.° 2 e 174.°, n.° 2 do CPC.

segredo dos processos ou a utilização de certidões do processo para fins diversos do expressamente alegado constitui crime sancionado com pena de prisão até um ano ou multa até 120 dias.

O n.° 7 deste artigo amplia o regime penal aí estabelecido para os casos em que a medida fixada foi a constante do art. 35.° alínea g) da Lei (confiança a pessoa seleccionada para a adopção ou a instituição com vista a futura adopção).

A remissão para a alínea d) do artigo 35.° (apoio para autonomia de vida) constitui um mero lapso da redacção publicada no DR.

Artigo 89.°
Consulta para fins científicos

1. A comissão de protecção ou o tribunal podem autorizar a consulta dos processos por instituições credenciadas no domínio científico, ficando todos aqueles que lhe tiverem acesso obrigados a dever de segredo relativamente àquilo de que tomarem conhecimento.

2. A divulgação de quaisquer estudos deve ser feita de modo que torne impossível a identificação das pessoas a quem a informação disser respeito.

3. Para fins científicos podem, com autorização da comissão restrita de protecção ou do juiz, ser publicadas peças de processos, desde que se impossibilite a identificação da criança ou jovem, seus familiares e restantes pessoas nelas referidas.

1. A comissão de protecção autoriza a consulta dos processos através de despacho do seu presidente, de acordo com a alínea e) do art. 24.° da presente lei.

O Tribunal autoriza a consulta através de despacho fundamentado do Juiz titular do processo.

2. Instituições credenciadas no domínio científico poderão ser quaisquer entidades que não têm legitimidade para intervir nos processos de promoção e protecção (art. 5.°, alínea d) da Lei).

Terão de ser, porém, organismos a quem seja reconhecida credibilidade no domínio do conhecimento científico e que demonstrem existir uma correlação entre os propósitos científicos de divulgação dos dados contidos no processo e os objectivos prosseguidos por essas instituições.

O despacho do Juiz titular do processo ou do presidente da comissão de protecção terá que, em face do pedido formulado pela instituição e das credenciais apresentadas, analisar o pedido formulado e deferi-lo ou indeferi-lo em função do documento apresentado e dos fim pretendido alcançar.

Como se trata do tratamento científico de dados confidenciais, em princípio não interessará referir os dados relativos à identificação das pessoas que serviram de base à formulação dos juízos sobre os factos, como é consequência natural e directa do conhecimento científico. O legislador, porém, acentuou e bem o carácter reservado da identificação dos elementos pessoais que servirão de base ao tratamento científico dos dados apurados.

3. A própria publicação de peças processuais é permitida, não obstante o carácter reservado dos processos de promoção.

A autorização de tais peças deve ser, porém, analisada com o maior cuidado uma vez que a mera não identificação da criança/jovem, dos seus familiares e restantes pessoas referidas pode, por si só, não constituir base segura para a manutenção da reserva do processo. Efectivamente, como se permite a publicação de peças (inteiras) dos processos, os elementos constantes das mesmas, até pela repercussão social que possam ter tido, podem levar, com relativa facilidade, à identificação (indirecta), dos respectivos intervenientes e, daí, as cautelas a ponderar nestes casos.

Artigo 90.°
Comunicação social

1. Os órgãos de comunicação social, sempre que divulguem situações de crianças ou jovens em perigo, não podem identificar, nem transmitir elementos, sons ou imagens que permitam a sua identificação, sob pena de os seus agentes incorrerem na prática de crime de desobediência.

2. Sem prejuízo do disposto no número anterior, os órgãos de comunicação social podem relatar o conteúdo dos actos públicos do processo judicial de promoção e protecção.

3. Sempre que tal seja solicitado e sem prejuízo do disposto no n.° 1, o presidente da comissão de protecção ou o juiz do processo informam os órgãos de comunicação social sobre os factos, decisão e circunstâncias necessárias para a sua correcta compreensão.

1. O artigo pretende esbater a conflitualidade latente entre dois direitos constitucionalmente protegidos: o direito à imagem, à reserva da intimidade da vida privada e familiar e de garantia efectiva contra a utilização abusiva de informações relativas às pessoas e famílias (art. 26.°, n.os 1 e 2 da CRP) e o direito dos jornalistas e meios de comunicação em geral de acesso às fontes de informação e do direito de informar, de se informarem e de serem informados (arts. 37.° e 38.° da CRP).

Na tentativa de delimitação desses direitos constitucionais os órgãos de comunicação social (rádio, televisão, jornais e quaisquer outros meios), podem dar a conhecer os actos que a própria lei permite aos Tribunais divulgar, como é o caso, único, previsto no art. 116.°, n.° 3 da presente Lei (leitura da decisão judicial do processo).

Mesmo, todavia, em relação a essa decisão pública, mas com publicidade limitada ao Tribunal que a proferiu, o perigo da sua divulgação vai ao ponto de fazer prevalecer o interesse da criança/jovem quanto à publicidade da sua identidade, visando a preservação dos dados relativos à criança/jovem e aos seus familiares (art. 26.°, n.° 2 da CRP).

2. O impacto de divulgação pública da situação geradora do perigo para a criança/jovem em função da sua identificação leva não só a proibir-se essa identificação, como, também, quaisquer elementos, como sons ou imagens, ou quaisquer outros cuja caracterização permita chegar ao nome da criança/jovem.

3. A lei estabelece que os autores de actos que permitam a identificação da criança/jovem ou de elementos que possam conduzir à sua identificação incorrem no crime de desobediência. Não se incriminou, porém, especialmente, o crime de desobediência aqui referido com uma sanção específica. Como o crime de desobediência é necessariamente doloso terá que ser demonstrado e provado que o autor da divulgação da identidade da criança/jovem o fez consciente e deliberadamente sabendo que a sua conduta era proibida.

4. O acesso às fontes de informação e o direito dos órgãos de comunicação social a serem informados, implica que os responsáveis pelos processos, através dos seus representantes legais, no caso das comissões de protecção, o seu presidente e, no caso do Tribunal o Juiz titular do processo, forneçam aos meios de comunicação social uma súmula dos factos que originaram a situação perigosa para a criança/jovem e as medidas adoptadas para ultrapassar tal situação, sem prejuízo, embora, de serem preservados os elementos factuais que respeitem o direito à imagem e à reserva da intimidade privada da criança/jovem.

CAPÍTULO VII
Procedimentos de urgência

Generalidades

A lei em análise qualifica como um dos seus princípios orientadores a "intervenção precoce", vista como sendo uma intervenção que deve ser realizada logo que a situação de perigo seja conhecida (art. 4.°, alínea c)).

No art. 5.°, alínea c) define o conceito de "situação de urgência", considerada como "a situação de perigo actual ou iminente para a vida ou integridade física da criança ou do jovem".

A respeito das medidas provisórias fala a lei em "situações de emergência".

Neste capítulo, reduzido a dois artigos, referem-se os procedimentos urgentes "na ausência do consentimento" (art. 91.°) e os procedimentos judiciais urgentes (art. 92.°).

Quanto aos procedimentos urgentes na ausência do consentimento, procura-se, pela aplicação de um princípio geral do direito penal – o estado de necessidade – fundamentar a actuação de quaisquer pessoas ou entidades que podem intervir no processo de promoção e protecção, mesmo sem o consentimento dos representantes da criança/jovem e da oposição destes, desde que a situação perigosa para a criança/jovem se traduza num perigo "actual e iminente" para a sua vida ou integridade física.

Quanto aos procedimentos judiciais urgentes, tem-se em conta a actuação dos tribunais destinada a "legalizar", perante decisão judicial, os procedimentos urgentes, na ausência do consentimento, tomados pelas pessoas ou entidades que intervêm na protecção das crianças/jovens.

Em traços gerais pode dizer-se que neste capítulo se referenciam os procedimentos urgentes, como meio de ultrapassar, da forma mais expedita, as situações perigosas para a vida e integridade física da criança/jovem, sem prejuízo da sua validação ou revogação após apreciação judicial.

Artigo 91.°
Procedimentos urgentes na ausência do consentimento

1. Quando exista perigo actual ou iminente para a vida ou integridade física da criança ou do jovem e haja oposição dos detentores das responsabilidades parentais ou de quem tenha a guarda de facto, qualquer das entidades referidas no artigo 7.° ou as comissões de protecção tomam as medidas adequadas para a sua protecção imediata e solicitam a intervenção do tribunal ou das entidades policiais.

2. As entidades policiais dão conhecimento, de imediato, das situações referidas no número anterior ao Ministério Público ou, quando tal não seja possível, logo que cesse a causa da impossibilidade.

3. Enquanto não for possível a intervenção do tribunal, as autoridades policiais retiram a criança ou o jovem do perigo em que se encontra e asseguram a sua protecção de emergência em casa de acolhimento temporário, nas instalações das entidades referidas no artigo 7.° ou em outro local adequado.

4. O Ministério Público, recebida a comunicação efectuada por qualquer das entidades referidas nos números anteriores, requer imediatamente ao tribunal competente procedimento judicial urgente nos termos do artigo seguinte.

1. De acordo com os arts. 36.°, n.° 5 e n.° 6 da CRP a "intromissão" de outras entidades ou outros poderes, que não os parentais, nas relações familiares pressupõe que os pais não cumpram os seus deveres fundamentais e que a "intromissão" seja efectuada mediante decisão judicial. É por isso que nesta Lei, em inúmeros preceitos, se admite que as comissões de protecção e até as entidades com competência em matéria de infância e juventude (art. 7.°), possam interferir na relação familiar e biológica entre pais e filhos ou os seus representantes legais, desde que se verifique acordo e consentimento nessa intervenção.

O artigo em análise vem permitir, porém, que a intervenção daquelas entidades se possa também efectuar à luz de um princípio de direito penal, que não enuncia – o do estado de necessidade.

Existindo um perigo actual e iminente para a criança/jovem, a defesa e tutela da sua vida e integridade física justifica a lesão do interesse constitucional dos pais quanto ao exercício dos seus direitos parentais sobre a criança/jovem. Nesse contexto, quer as comissões de protecção, quer as entidades referidas no art. 7.° da Lei, poderão, por exemplo, subtrair as crianças/jovens ao poder paternal, determinar a sua mudança de residência, colocar a criança/jovem em casa de acolhimento temporário ou em qualquer outro local idóneo para ser removido o perigo que incidia sobre a criança/jovem.

Pode colocar-se, porém, a questão de saber se os procedimentos urgentes aqui referidos deverão ser, apenas aqueles em que existe um perigo actual e iminente para a **vida ou integridade física da criança ou do jovem,** não devendo tais procedimentos ser extensivos a outras situações.

Entendemos que o texto legal e a taxativa definição da situação de urgência, constante do art. 5.°, alínea c) não admite outra interpretação que não seja a de que os procedimentos urgentes são restritos aos casos em que está em causa a vida ou a integridade física da criança ou do jovem. Todavia, tal não inibe, por exemplo, que uma criança ou jovem que esteja a ser vítima de abusos sexuais, se constate que esses comportamentos põem em causa senão a vida, pelo menos a integridade física da criança ou do jovem. O mesmo poderá acontecer em situações de abandono, de não recebimento de cuidados, na imposição de actividades ou trabalhos excessivos, de consumo de estupefacientes, etc, uma vez que em todos esses casos e outros que poderiam ser enumerados, se pode estar a pôr em causa a vida ou a integridade física da criança ou do jovem.

Deve sublinhar-se, todavia, que as medidas indicadas, justificadas em função do estado de necessidade, com a entrega da criança ou do jovem, por exemplo, a uma instituição de acolhimento temporário e que podem ser confirmadas também provisoriamente pelo Tribunal, nos termos do art. 92.°, n.° 1, não excluem a aplicação de qualquer das outras medidas previstas no art. 35.° da lei, uma vez que o Tribunal pode e deve rever a medida decretada provisoriamente e aplicar, por exemplo, a medida de confiança a pessoa seleccionada para a adopção ou a instituição com vista a futura adopção, se os elementos trazidos ao processo deverem levar o Tribunal a encaminhar-se nesse sentido.

2. Sublinhe-se, de acordo com o artigo, que as comissões de protecção podem tomar as medidas "adequadas", ou seja as que se mostrem idóneas a remover o perigo que existe para a vida e integridade física da criança/jovem e que actuam, nesse âmbito, com o apoio do Tribunal e mediante a colaboração das entidades policiais e autoridades administrativas (art. 13.°, n.° 1) que têm o dever de com elas colaborar.

3. O artigo fala em "medidas adequadas" à protecção imediata da criança/jovem, correspondendo essas medidas às acções desenvolvidas para afastar o perigo, nada tendo a ver com as medidas referidas no art. 35.° que correspondem a procedimentos adoptados mediante decisão consensual pelas comissões de protecção e os pais e a criança/jovem.

As medidas "adequadas" pretendem traduzir-se em acções ou actividades que removam o perigo actual e iminente para a vida ou integridade física da criança ou do jovem, sem consentimento ou até contra a vontade dos pais e/ou da criança/jovem.

As medidas referidas no art. 35.°, ou são consensuais, ou não o sendo, são aplicadas pelo tribunal e são sempre abrangentes de qualquer tipo de situação de perigo prevista no art. 3.° da lei e, não só, das situações de perigo para a vida e a integridade física da criança/jovem.

4. As "medidas adequadas" aqui previstas não se confundem, igualmente, com as medidas provisórias previstas no art. 37.° ou com as decisões provisórias a que alude o art. 92.°.

As medidas provisórias, aplicando-se, embora, em situações de emergência, a serem decididas pelas comissões de protecção, pressupõem o consentimento e a não oposição dos pais ou representantes parentais e da criança/jovem.

Na aplicação de medidas provisórias pelos tribunais parte-se do princípio que ainda não está efectuado o diagnóstico da situação da criança e a definição do seu encaminhamento subsequente, sendo aplicáveis quaisquer das medidas previstas no art. 35.° da lei.

Naqueles casos o tribunal não impõe a adopção de comportamentos "adequados" a remover o perigo que se apresenta, mas, antes, aplica alguma das medidas enunciadas no art. 35.°, por entender que ainda não está de posse de todos os elementos que lhe permitam avaliar ser essa decisão a mais adequada ao projecto de vida da criança/jovem, visando o seu desenvolvimento integral.

Já na decisão provisória a que se refere o art. 92.°, o julgador a quem é apresentada uma situação de perigo **para a vida ou integridade física** para a criança/jovem tem de ter em conta:

a) Se devem ser confirmadas as medidas "adequadas" tomadas pelas comissões de protecção e outras entidades;

b) Se pode desde logo aplicar uma das medidas previstas no art. 35.° da lei;

c) Se pode ou deve accionar qualquer outro procedimento que considere mais adequado ao futuro desenvolvimento integral da criança/jovem.

O que caracteriza esta "decisão provisória" é a sua tríplice função – legalizar as medidas adequadas tomadas por outras entidades, aplicar as medidas de protecção e promoção previstas na lei e, finalmente, impor qualquer outro tipo de comportamento que seja o mais adequado (conveniente segundo a lei) – para fazer desaparecer o perigo iminente e actual que incidir sobre a vida ou integridade física da criança/jovem.

5. Neste artigo é sublinhado o papel que cabe ao MP na ligação entre as autoridades administrativas e demais entidades e a intervenção judicial, cabendo ao MP impulsionar essa ligação, sem prejuízo de serem desde logo adoptadas pelas entidades a quem é sinalizada a situação as condutas adequadas a afastar a situação perigosa. Há, todavia que sublinhar, que devendo, quer as comissões de protecção, quer as entidades com competência em matéria de infância e juventude, tomar as "medidas adequadas" à protecção das crianças e dos jovens, essas medidas são desde logo acompanhadas do pedido de intervenção do tribunal e que cabe ao tribunal confirmá-las. Daí que, para as situações de urgência, deve ser considerado que não funciona, em rigor, o princípio da subsidiariedade, mas antes, o princípio da complementaridade, entre todas as entidades a quem cabe proteger a criança ou o jovem. Assim, não se justifica, em termos gerais, que qualquer das entidades intervenientes tenha que praticar previamente determinados actos para que outra entidade assuma, depois, a sua intervenção. É, por isso de sufragar o entendimento do Acórdão da relação de Lisboa de 19.05.2005 proferido no processo 3657/ /2005-6[122], que julgou carecida de base legal a decisão judicial que pretendia impor a uma comissão de protecção determinados actos, como con-

[122] De que foi relator o Desembargador Manuel Gonçalves e que se encontra disponível para consulta em www.dgsi.pt/jtrl.

dição prévia do pedido de intervenção urgente do Tribunal nas situações contempladas no art. 91.° da lei.

ARTIGO 92.°
Procedimentos judiciais urgentes

1. O tribunal, a requerimento do Ministério Público, quando lhe sejam comunicadas as situações referidas no artigo anterior, profere decisão provisória, no prazo de quarenta e oito horas, confirmando as providências tomadas para a imediata protecção da criança ou do jovem, aplicando qualquer uma das medidas previstas no artigo 35.° ou determinando o que tiver por conveniente relativamente ao destino da criança ou do jovem.

2. Para efeitos do disposto no artigo anterior, o tribunal procede às averiguações sumárias e indispensáveis e ordena as diligências necessárias para assegurar a execução das suas decisões, podendo recorrer às entidades policiais e permitir às pessoas a quem incumba do cumprimento das suas decisões a entrada, durante o dia, em qualquer casa.

3. Proferida a decisão provisória referida no n.° 1, o processo segue os seus termos como processo judicial de promoção e protecção.

1. Como foi referido em comentário ao artigo anterior o procedimento judicial urgente tem por função inicial validar judicialmente a medida administrativa considerada adequada.

A "validação" faz-se pela exposição, por parte do MP dos factos em que se basearam as providências consideradas adequadas e o pedido da sua "confirmação" judicial, através de requerimento

A decisão que terá de ser célere e a adoptar no prazo de 48 horas após a entrada em juízo do requerimento do MP, deve obedecer aos requisitos tríplices atrás enunciados – validação ou revogação das providencias adoptadas, aplicação ou não aplicação das medidas previstas no art. 35.° e indicação de outra ou outras providências consideradas adequadas a afastar o perigo sobre a vida e integridade física da criança/jovem.

2. O n.° 2 do artigo impõe que o Tribunal fundamente a decisão provisória em função das diligências de instrução que ordenou para afastar quaisquer dúvidas sobre a legalidade das providências tomadas e sobre o acerto das medidas que forem decididas, ainda que provisoriamente.

No final do artigo, de acordo com o art. 34.°, n.os 2 e 3 da CRP, permite-se a entrada no domicílio de qualquer cidadão, para serem asseguradas as decisões judiciais nas situações de urgência, considerados os interesses conflituantes – a integridade física da criança/jovem e a protecção do domicílio dos cidadãos.

A referência expressa da entrada ser permitida durante o dia em casa de qualquer pessoa, exclui a possibilidade dessa entrada se verificar durante a noite, ainda que se justificasse, em nosso entender, que perante situações de perigo actual ou iminente para a vida da criança ou do jovem, se deveria permitir a entrada, mesmo durante a noite, em situações de perigo comprovado para a vida da criança ou do jovem[123].

3. No n.° 3 salienta-se que uma vez que já houve intervenção judicial, o princípio da subsidiariedade não justifica o prosseguimento do procedimento urgente ou qualquer outro que tenha lugar perante as comissões de protecção e/ou as entidades com competência em matéria de infância e juventude.

No mesmo sentido, se existir qualquer procedimento judicial não urgente a correr em função da criança/jovem em causa, o procedimento urgente deve incorporar-se no procedimento "normal" de promoção e protecção, onde, para além da ponderação e eventual alteração, cessação ou manutenção da decisão provisória adoptada no processo urgente, serão estudadas e decididas as restantes questões que se prendem com a instauração prévia desses procedimentos de promoção e protecção, anterior ao procedimento urgente.

4. Atendendo a que a medida aplicada o é a título provisório e em face de uma situação urgente, afigura-se totalmente errónea a tendência que tem sido tida por alguns julgadores de, desde logo, ao referirem-se à medida aplicada fazerem constar da respectiva decisão provisória que a medida perdurará até ser tomada decisão final. O entendimento por nós

---

123 Situação que a CRP (artigo 34.°, n.° 3) lei constitucional n.° 1/2004 admite apenas expressamente nos casos de criminalidade especialmente violenta, ou altamente organizada, incluindo o terrorismo e o tráfico de pessoas, de armas e de estupefacientes, nos termos previstos na lei.

expresso baseia-se, em primeiro lugar, no facto de o n.° 3 do artigo referir que uma vez proferida decisão provisória "o processo segue os seus termos como processo judicial de promoção e protecção". Ora, a regra geral contida nos processos de promoção e protecção é a da revisão obrigatória das medidas findo o prazo de seis meses (art. 62.°, n.° 1).

Por outro lado, tratando-se de uma decisão provisória, baseada em diligências sumárias e tendo em conta a urgência e a celeridade do processo, parece ser de todo razoável que ao regime dessas decisões provisórias seja aplicado o princípio constante do art. 37.° da lei, segundo o qual as medidas provisórias tomadas em situações de emergência ou enquanto se procede ao diagnóstico da situação e à definição do encaminhamento subsequente da criança ou do jovem, não podem ter duração superior a seis meses.

CAPÍTULO VIII

Do processo nas comissões de protecção de crianças e jovens

Generalidades

O capítulo VIII relativo ao processo nas comissões de protecção de crianças e jovens pode subdividir-se em três campos, a seguir sintetizados:

a) Determinar e concretizar a legitimidade das intervenções das comissões de protecção (arts. 93.°, 94.°, 95.° e 96.°);

b) Definir as características específicas do processo nas comissões de protecção (art. 97.°);

c) Determinar a medida a aplicar e o destino do processo instaurado (arts. 98.° e 99.°).

No que respeita à legitimidade de intervenção das comissões de protecção salienta-se que a sua intervenção legitimadora pode resultar da sinalização do perigo por outras entidades (arts. 64.° a 66.°), por solicitação dos interessados na remoção do perigo (art. 93.°, alínea a)) e por actuação face às atribuições específicas cometidas pelo art. 12.° às comissões de protecção – actuar para promover os direitos da criança e do jovem e prevenir ou pôr termo a situações susceptíveis de afectar a sua segurança, saúde, formação, educação ou desenvolvimento integral.

Quanto às características do processo, explicita-se no art. 97.° os seus traços fundamentais quanto à sua génese e desenvolvimento.

Finalmente, nos arts. 98.° e 99.° indicam-se as várias hipóteses de conclusão do processo instaurado com a possibilidade de aplicação das medidas, do arquivamento do processo, a sua remessa ao MP e a celebração dos acordos de promoção e protecção.

ARTIGO 93.º
Iniciativa da intervenção das comissões de protecção

Sem prejuízo do disposto nos artigos 64.º a 66.º, as comissões de protecção intervêm:

a) A solicitação da criança ou do jovem, dos seus pais, representante legal ou das pessoas que tenham a sua guarda de facto;

b) Por sua iniciativa, em situações de que tiverem conhecimento no exercício das suas funções.

1. A legitimidade da intervenção das comissões de protecção está definida em termos amplos no art. 3.º da lei, em conjugação com os seus arts. 6.º, 8.º e 12.º, sem prejuízo dos pressupostos exigidos para que essa intervenção possa concluir, ou não, com um acordo de promoção e protecção, atentos os arts. 9.º e 10.º da lei.

Este artigo sintetiza as "condições" (algumas delas), necessárias para que as comissões de protecção possam iniciar o processo visando promover os direitos da criança e do jovem.

2. Quanto à referência ao disposto nos arts. 64.º a 66.º quis-se evidenciar o papel de mediação que cabe às comissões de protecção entre as demais entidades com competência em matéria de protecção e defesa das crianças/jovens e o MP, salientando o papel centralizador das comissões quanto às "sinalizações" do perigo que podem afectar a criança/jovem.

3. A solicitação da criança ou do jovem, dos pais ou dos representantes parentais para a intervenção das comissões justifica-se dado que se trata dos principais interessados particulares em que a situação perigosa existente seja ultrapassada, correspondendo esse seu pedido de intervenção, em princípio e à partida, uma forma de revelarem o seu consentimento e desejo e a sua não oposição à intervenção das comissões.

4. A forma como as comissões aparecem legitimadas para intervir está ligada directamente à génese da sua criação e corresponde às atribuições que a lei conferiu às comissões no seu papel de promover os direitos da criança e do jovem pondo termo a situações susceptíveis de afectar a sua segurança, saúde, formação, educação ou desenvolvimento integral (art. 12.º, n.º 1 da lei).

5. Entre as situações em que as comissões podem tomar a iniciativa de aplicação de medida de promoção e protecção deve considerar-se, agora, a constituição do apadrinhamento civil, nos processos que corram nas comissões os respectivos termos (art. 10.°, n.° 1, alínea b) da Lei n.° 103/2009 de 11 de Setembro).

Artigo 94.°
Informação e audição dos interessados

1. A comissão de protecção, recebida a comunicação da situação ou depois de proceder a diligências sumárias que a confirmem, deve contactar a criança ou o jovem, os titulares das responsabilidades parentais ou a pessoa com quem a criança ou o jovem residam, informando-os da situação e ouvindo-os sobre ela.

2. A comissão de protecção deve informar as pessoas referidas no número anterior do modo como se processa a sua intervenção, das medidas que pode tomar, do direito de não autorizarem a intervenção e suas possíveis consequências e do seu direito a fazerem-se acompanhar de advogado.

1. Este artigo corresponde à concretização em relação aos processos de promoção e protecção do princípio da audição obrigatória e participação, constante do art. 4.°, alínea i) da Lei e pressupõe que a comunicação da situação em causa não haja sido feita à comissão pela criança/jovem ou pelos detentores das responsabilidades parentais.

No n.° 1 salienta-se que ou a "sinalização" do perigo que foi levada ao conhecimento da comissão não suscita quaisquer dúvidas quanto à sua existência e comprovação, caso em que as comissões, face ao perigo manifesto e evidente detectado, podem, desde logo actuar e outras situações (mais frequentes), em que se impõe a realização de diligências, ainda que limitadas ao mínimo (sumárias), que comprovem a "sinalização" feita às comissões de protecção.

É que, interferindo com os direitos fundamentais dos pais e com a família e no interesse superior da criança/jovem, não pode ser despoletada uma intervenção das comissões sem que se acautele minimamente a protecção dos interesses dos pais ou dos representantes parentais e o próprio interesse da criança/jovem com a intromissão abusiva das comissões de protecção no "meio natural" que constitui a família biológica da criança/jovem.

2. A informação da situação sinalizada às comissões de protecção e a audição dos detentores dos poderes parentais e da criança/jovem permite exercer aos interessados o direito ao contraditório e deve ser realizada logo desde o início pelas comissões e antes de efectuadas quaisquer outras diligências. Efectivamente, pode ser manifesto, em função dos factos relatados pelos interessados que não tenha o mínimo fundamento o pedido de intervenção das comissões, cessando então e desde logo a sua intervenção. Todavia, quando tal acontecer deverá fazer-se constar dos autos as declarações dos interessados e fundamentar de facto as razões por que não foi prosseguido o processo, nem foram realizadas quaisquer diligências, ainda que sumárias, para clarificar a situação perigosa denunciada.

3. Sublinhe-se, de acordo com o n.° 1 deste artigo que a inexistirem titulares das responsabilidades parentais que possam ser ouvidos no exercício do contraditório, deverá ser ouvida, não a pessoa que tenha a guarda de direito sobre a criança/jovem mas, antes, a pessoa com quem a criança/jovem esteja a residir (guarda de facto)[124]. Mais que determinar o vínculo jurídico que une a criança/jovem à pessoa com quem ele se encontra, releva, então, a pessoa com quem ela reside que estará certamente mais "próxima" da situação perigosa em que a criança/jovem se encontra e que mais facilmente poderá facultar elementos para que a situação possa ser removida.

4. O dever de informação das comissões pressupõe que a sua intervenção é feita com clareza, sublinhando as suas limitações. Efectivamente as comissões não podem esconder as limitações da sua actuação e as consequências das medidas que forem por si decretadas, no caso de inexistir oposição e existir consentimento para a sua intervenção.

5. O direito dos interessados poderem ser acompanhados por advogado surge, nas comissões, como forma de garantir a clareza, limites e demais condicionalismos de intervenção das comissões, se bem que a sua intervenção não se esgote no sentido de poder esclarecer, intervindo no processo, conjuntamente com o seu cliente, o âmbito da intervenção e legitimidade das comissões de protecção. Efectivamente e por exemplo,

---

[124] Cfr. artigo 96.° da Lei, de acordo com o qual o guardião ocasional só será ouvido se não existir guardião de facto. Será por exemplo o caso da "ama" (guardiã ocasional) a quem a criança foi entregue tendo posteriormente os titulares das responsabilidades parentais, os guardiões de direito ou de facto terem desaparecido ou estarem incontactáveis.

havendo cláusulas específicas que devem constar dos acordos de promoção e protecção (arts. 56.° e 57.°) e direitos especiais conferidos à criança ou ao jovem (art. 58.°), a intervenção do advogado pode ser especialmente relevante na chamada de inclusão para essas ou outras cláusulas que devam constar dos acordos de promoção e protecção, em especial em casos em que nas comissões não exista ou não esteja disponível licenciado para acompanhar o processo.

Artigo 95.°
Falta do consentimento

Faltando ou tendo sido retirados os consentimentos previstos no artigo 9.°, ou havendo oposição do menor[125], nos termos do artigo 10.°, a comissão abstém-se de intervir e comunica a situação ao Ministério Público competente, remetendo-lhe o processo ou os elementos que considere relevantes para a apreciação da situação.

1. O artigo constitui uma explanação e desenvolvimento no plano processual, da necessidade de consentimento expresso dos representantes parentais da criança/jovem para que a intervenção das comissões seja legitimada, bem como da não oposição da criança/jovem, para que se possa operar a intervenção das comissões de protecção.

A dualidade da expressão "faltando ou sendo retirados", leva, contudo, a que não seja inteiramente correcta a afirmação de que a comissão se abstém de intervir. Na verdade, se for retirado o consentimento ou passar a haver oposição, que não existiam, inicialmente, aquando da intervenção da comissão, esta última não se abstém de intervir, mas, antes, cessa uma intervenção inicial em que a comissão actuou existindo aqueles pressupostos.

A abstenção de intervenção ocorre, somente, nos casos em que a comissão de protecção não chega sequer a intervir por falta de consentimento ou da oposição da criança/jovem.

De qualquer forma, sempre que as comissões decidam a aplicação de medida que determine ou mantenha a separação da criança ou do jovem dos seus representantes parentais (art. 68.°, alínea e)), ou seja aplicada qualquer medida pelas comissões, sem ter existido consentimento e não

---

125 A referência ao conceito "menor" deveria ser eliminada e substituída pela expressão criança ou jovem de harmonia com o espírito do diploma.

oposição dos interessados, o MP deve requerer a apreciação judicial de tais medidas, pela sua ilegalidade, nos termos do art. 76.° da Lei.

2. As comissões de protecção comunicam ao MP, de acordo com o art. 68.°, alínea b) da Lei, as situações aqui previstas, pelo que este artigo, na parte final, apenas se apresenta com carácter inovador quando diz que as comissões remetem o "processo" ou os "elementos" relevantes para apreciação da situação. Todavia, se foi retirado o consentimento ou se existe oposição do jovem/criança, o processo já não tem possibilidades de se desenrolar perante as comissões de protecção. Daí que, em tal situação, ou se mantém a situação de perigo que justificou a actuação da comissão e, então, de acordo com o art. 11.°, alíneas b) e c) tem lugar a intervenção judicial, ou então tal situação de perigo já não se verifica, devendo, então, a comissão restrita arquivar o processo (art. 98.°, n.° 1).

A solução de remeter o processo para apreciação da situação, só faz sentido se a comissão tiver dúvidas sobre o prosseguimento do processo, designadamente por se verificar algum dos casos em que deixa de ser possível aplicar medidas de promoção e protecção (art. 63.° da Lei).

Sempre, porém, que se entenda que o processo é de prosseguir e só não é ultimado nas comissões, por falta de consentimento ou oposição da criança/jovem, deverá ser remetido ao MP o "processo" e, não somente, os elementos considerados relevantes para a apreciação da situação.

ARTIGO 96.°
Diligências nas situações de guarda ocasional

1. Quando a criança se encontre a viver com uma pessoa que não detenha as responsabilidades parentais, não seja o seu representante legal, nem tenha a sua guarda de facto, a comissão de protecção deve diligenciar de imediato, por todos os meios ao seu alcance, no sentido de entrar em contacto com as pessoas que devem prestar o consentimento, a fim de que estes ponham cobro à situação de perigo ou prestem o consentimento para a intervenção.

2. Até ao momento em que o contacto com os pais ou representantes legais seja possível e sem prejuízo dos procedimentos de urgência, a comissão de protecção proporciona à criança ou ao jovem os meios de apoio adequados, salvo se houver oposição da pessoa com quem eles residem.

3. Quando se verifica a oposição referida no número anterior, a comissão de protecção comunica imediatamente a situação ao Ministério Público.

1. À semelhança do estabelecido no art. 94.°, n.° 1 neste artigo confere-se um direito oposição à pessoa com quem a criança/jovem vive, de se opor à intervenção das comissões. Esse direito de oposição, que só não é respeitado se existir perigo actual e iminente para a vida ou integridade física da criança/jovem, como acontece nos procedimentos de urgência (art. 91.° da Lei), permite equiparar o guardião ocasional aos representantes legais da criança/jovem, na faculdade de se poderem opor à intervenção das comissões.

Tem-se em conta, então, que apesar de não existir vínculo jurídico que adstrinja a criança ou jovem ao seu guardião ocasional[126] este último assume a sua defesa e protecção, ao ceder-lhe a sua residência. Esta protecção presumida só deve subsistir se os representantes legais não forem encontrados, ou não for possível o seu consentimento para a intervenção. Daí que se perspective um mecanismo rápido e célere no sentido de detectar os representantes parentais da criança/jovem a fim de se obter o seu consentimento e superar a oposição do guardião ocasional. Tudo sem prejuízo, à semelhança das situações de perigo previstas no art. 91.° de serem adoptadas as medidas adequadas à protecção imediata da criança ou do jovem nos termos do n.° 1 do art. 91.° da Lei e do n.° 2 deste artigo 96.°.

2. A oposição da pessoa com quem a criança/jovem reside é comunicada ao MP em termos idênticos ao previsto no art. 68.°, alínea b), uma vez que a lei confere ao guardião ocasional os mesmos poderes que aos representantes parentais da criança/jovem. Consequentemente, a oposição do guardião ocasional há-de ser equiparada à prevista na alínea b) do art. 11.°, quando não é prestado ou é retirado o consentimento necessário à intervenção indicada no art. 9.°.

---

126 Do guardião ocasional distingue-se o guardião de facto que é a pessoa que assume com a criança ou jovem, continuadamente, as funções essenciais próprias de quem exerce as responsabilidades parentais, mas sem que tal relação tenha sido reconhecida por decisão administrativa ou judicial (art. 5.°, al. b) da LPPCJP).

Artigo 97.°
Processo

1. O processo inicia-se com o recebimento da comunicação escrita ou com o registo das comunicações verbais ou dos factos de que a referida comissão tiver conhecimento.

2. O processo da comissão de protecção inclui a recolha de informação, as diligências e os exames necessários e adequados ao conhecimento da situação, à fundamentação da decisão, à aplicação da respectiva medida e à sua execução.

3. O processo é organizado de modo a que nele sejam registados por ordem cronológica todos os actos e diligências praticados ou solicitados pela comissão de protecção.

4. Relativamente a cada processo é transcrita na acta da comissão restrita, de forma sumária, a deliberação e a sua fundamentação.

1. No art. 97.° prescreve-se a tramitação dos processos nas comissões de protecção.

Começando pelo n.° 1 do art. 97.° nele se prevêm três formas pelas quais podem ser instaurados os processos, a saber:

1.° Pela autuação da comunicação escrita recebida nas comissões de protecção, quer das entidades policiais, quer das autoridades judiciárias, quer das entidades com competência em matéria de infância e juventude, quer de qualquer pessoa (singular ou colectiva), nela se incluindo as comunicações escritas recebidas dos hospitais e escolas;

2.° Pela elaboração em auto das comunicações verbais efectuadas na própria comissão por qualquer pessoa;

3.° Pela elaboração em auto do registo de quaisquer factos de que a comissão tenha conhecimento, enquadráveis no art. 3.° da presente lei.

2. Recebida e autuada a comunicação ou lavrado o auto referido no número anterior, iniciado o processo, a que tem de ser atribuído um número e designado, em princípio, um "gestor" ou "gestores" pela comissão restrita, a pessoa ou pessoas designadas para instruir o processo deverão começar por diligenciar, sumariamente, no sentido de apurar a credibilidade dos dados transmitidos à comissão de protecção;

obtida a confirmação dos mesmos e da sua credibilidade, perante diligências que devem constar do processo, deverão ser ouvidos os titulares das responsabilidades parentais ou a pessoa com quem a criança/jovem residir, fazendo constar dos autos tais declarações, bem como os respectivos consentimentos.

Só depois de legitimada a intervenção da comissão se deverá avançar para a recolha de informações, feitura de diligências e realização de exames destinados a determinar a situação perigosa que justifica a intervenção e a fazer o diagnóstico da situação, no sentido de a superar e conseguir o objectivo final do processo – a protecção e defesa da criança/jovem tendo em vista o seu desenvolvimento integral.

Diagnosticado o projecto de vida que cabe relançar em relação à criança/jovem há que fundamentar a opção pela aplicação de uma das medidas previstas no art. 35.° da Lei, seguindo-se a indicação dos meios adequados julgados indispensáveis à execução da medida que se pretende aplicar.

O processo deve ser organizado por ordem de data da realização das diligências que vão sendo efectuadas sendo numerado e do mesmo devem igualmente constar todos os elementos relativos ao pedido de colaboração com as autoridades administrativas e policiais que forem solicitados.

Gerido o processo e completadas as diligências necessárias a obter a sua finalidade – afastar o perigo que incidia sobre a criança ou jovem, proporcionar-lhe as condições para o seu desenvolvimento e garantir a sua recuperação física e psicológica – o gestor ou gestores do processo apresentam-no à comissão restrita com o seu parecer e conclusões finais, sendo deliberado, por maioria de votos, a decisão a tomar, nos termos do art. 27.° da lei, após discussão do sentido da deliberação.

A decisão é depois, transcrita em acta, de forma sucinta, expondo-se os fundamentos de facto e de direito da deliberação tomada.

Embora o art. 97.° fale em que será transcrita em acta de forma sumária, a deliberação e a fundamentação, esta última não poderá deixar de conter, com clareza, as razões pelas quais se optou por determinada medida de promoção e protecção e as razões e fundamentos legais em que se baseou a opção tomada, para se poder aquilatar da adequação e da legalidade das medidas decretadas.

Artigo 98.°
Decisão relativa à medida

1. Reunidos os elementos sobre a situação da criança ou do jovem, a comissão restrita, em reunião, aprecia o caso, arquivando o processo quando a situação de perigo não se confirme ou já não subsista, ou delibera a aplicação da medida adequada.

2. Perante qualquer proposta de intervenção da comissão de protecção, as pessoas a que se referem os artigos 9.° e 10.° podem solicitar um prazo, não superior a 8 dias, para prestar consentimento ou manifestar a não oposição.

3. Havendo acordo entre a comissão de protecção e as pessoas a que se referem os artigos 9.° e 10.° no tocante à medida a adoptar, a decisão é reduzida a escrito, tomando a forma de acordo, nos termos do disposto nos artigos 55.° a 57.°, o qual é assinado pelos intervenientes.

4. Não havendo acordo, e mantendo-se a situação que justifique a aplicação de medida, a comissão de protecção remete o processo ao Ministério Público.

1. A comissão restrita funciona em permanência, sempre que convocada pelo presidente, no mínimo com periodicidade mensal (art. 22.°, n.os 1 e 2).

As deliberações da comissão restrita são válidas por maioria de votos, desde que esteja presente o presidente ou o seu substituto e a maioria dos membros da comissão de protecção (art. 27.°, n.° 2).

A comissão restrita, em relação à situação de perigo que lhe foi comunicada (art. 22.°, n.° 2) pode optar, em função do caso investigado e dos indícios apurados, por uma de duas soluções, a saber:

– ou não foi verificado o perigo que incidia sobre a criança ou o jovem (por este não subsistir ou não se confirmar);

– ou se mantém a situação perigosa que justificou a intervenção da comissão de protecção.

No primeiro caso, não se verificando uma situação de perigo, cessa, naturalmente, a razão de ser da intervenção da comissão de protecção.

No segundo caso, mantendo-se a situação perigosa, há que remover o perigo e em função da solução preconizada pelo gestor ou gestores do processo, após a discussão das medidas possíveis de aplicar, há que proceder à votação para aplicação da medida de protecção considerada adequada.

2. As medidas de promoção e protecção aplicadas pelas comissões, ainda que a intervenção tenha sido inicialmente autorizada, dependem da manutenção do consentimento dos responsáveis parentais e da não-oposição da criança/jovem. Daí que, apesar de ter sido investigada a situação perigosa, estudados os caminhos mais adequados para a remover, se mantenha a possibilidade, dada aos representantes parentais e à criança/jovem de um prazo de 8 dias para ponderarem a aceitação, ou não aceitação, da medida preconizada pela comissão de protecção.

3. O entendimento entre a comissão de protecção, representada pelo seu presidente (art. 24.°, alínea a)) e os representantes parentais da criança/ /jovem e esta última, permite finalizar o acordo de promoção e protecção, assinado pelo representante legal da comissão, pelos representantes parentais e pela criança/jovem, além da assinatura do gestor do processo.

O acordo, do qual constarão obrigatoriamente a identificação do gestor ou gestores do processo, deve, em princípio, ser acompanhado na sua execução, pela mesma pessoa que instruiu o processo. Além disso, deve dele constar o prazo estabelecido para a sua duração e sua revisão, as declarações das pessoas que prestaram o seu consentimento, devidamente assinadas e a não oposição da criança/jovem e todas as demais cláusulas consideradas adequadas a remover o perigo que incidir sobre a criança/ /jovem e a assegurar a o seu desenvolvimento integral, de que são exemplo as cláusulas constantes dos arts. 56.° e 58.° da Lei.

4. A remessa do processo pela comissão de protecção ao MP competente – que será o da área da residência da criança/jovem no momento em que foi sinalizada à comissão a situação perigosa (art. 79.°, n.° 1) – significa que se esgotou a possibilidade de intervenção da comissão, pela falta de consenso entre a comissão e os interessados no acordo.

Se a situação perigosa se não mantiver, ou se se verificar qualquer das situações contempladas no art. 63.° da Lei, como a criança/jovem atingir a maioridade ou ser proferida decisão em processo cível que assegure o afastamento do perigo (por exemplo com a instituição da tutela), a comissão não deve remeter o processo mas, apenas, dar conhecimento ao

MP, nos termos do art. 68.°, alínea a) de inexistir consenso e do motivo que origina o não envio do processo.

ARTIGO 99.°
Arquivamento do processo

Cessando a medida, o processo é arquivado, só podendo ser reaberto se ocorrerem novos factos que justifiquem a aplicação de medida de promoção e protecção.

O arquivamento do processo que corre nas comissões é determinado com a cessação da medida aplicada pela comissão, atento o disposto no art. 63.° da Lei que determina quando cessam as medidas aplicadas quer pelas comissões quer pelos tribunais.

A existência deste preceito específico pretende salientar que um processo que tem carácter reservado e que deve ser destruído quando a criança/jovem atingir a maioridade ou os 21 anos (art. 88.°, n.os 1 e 6), pode ser aproveitado de novo mediante o acesso que é facultado às pessoas que intervieram no processo primitivo (art. 88.°, n.° 2), desde que ocorram factos que justifiquem a aplicação de uma nova medida de promoção e protecção.

A diferença que aqui é estabelecida entre os processos que correm nos Tribunais e nas comissões, tem em consideração que no processo judicial de promoção, de jurisdição voluntária, as respectivas resoluções podem ser alteradas com fundamento em circunstâncias supervenientes que justifiquem a alteração (art. 1411.° do CPC e 100.° da presente Lei). Por isso, em princípio, também o processo judicial em que foi aplicada uma medida de protecção poderia ser reaberto para aplicação de uma outra medida, em função de factos novos, supervenientemente surgidos. Essa possibilidade, porém, encontra-se afastada em função dos princípios gerais de intervenção nos processos de promoção e protecção e, em particular do princípio da subsidiariedade.

Se um tribunal aplicar uma medida de promoção e protecção e o respectivo processo for arquivado, impõe o art. 4.°, alínea p) da Lei, numa primeira fase, a apreciação da situação pela comissão de protecção[127] e, só, posteriormente, em última instância, poderá intervir o Tribunal a

[127] Daí que sempre que a comissão arquive o processo e o remeta para Tribunal deva extrair cópia do mesmo, que se manterá nos arquivos da comissão, de acordo com a possibilidade legal da sua reabertura plasmada no artigo em anotação.

requerimento do MP para apreciação da aplicação da medida de protecção em face dos elementos apurados pela comissão de protecção, ou em face da impossibilidade de actuação da comissão. Daí que se possa concluir que o processo judicial arquivado pode ter partido de pressupostos de facto e de direito totalmente diversos do novo processo, necessariamente instruído, inicialmente, perante as comissões e perca sentido a reabertura do processo arquivado, ainda que o mesmo possa ser mandado apensar pelo tribunal, por o mesmo se revelar, na grande maioria de casos com interesse, se o novo processo de promoção e protecção voltar ao Tribunal e este tiver conhecimento do processo judicial arquivado.

CAPÍTULO IX

Do processo judicial de promoção e protecção

Generalidades

Visto o processo judicial de promoção e protecção como a última instância para remover o perigo que põe em causa o desenvolvimento da criança/jovem, face à omissão ou acção daqueles que deveriam zelar pelo seu afastamento, o processo reflecte, ainda, a primazia da tentativa de obtenção de uma decisão negociada entre as pessoas e as entidades que pretendem alcançar aquele interesse superior da criança e do jovem. É, pois, possível, ainda nesta fase, um acordo de promoção e protecção negociado (art. 113.°) e que se insista na necessidade de audição daquelas pessoas, devidamente representadas (art. 103.° e 107.°), que devendo pugnar por um interesse comum (dos membros da família, da comunidade e do Estado), devem prosseguir o objectivo de realização do interesse superior da criança/jovem com respeito pelo princípio do contraditório (art. 104.°).

À partida (art. 100.°), o processo é considerado como de jurisdição voluntária, o que salienta que o processo visa a regulamentação anómala de um interesse (o interesse superior da criança/jovem), que não está em conflito com outros interesses – os dos representantes parentais, os da comunidade e os do Estado – devendo-os respeitar mas sobrepondo-se, se necessário, aos mesmos (art. 4.°, alínea a)).

Trata-se de casos a que o Prof. Castro Mendes, chamava de interesses contrapostos, mas em que um desses interesses tem necessariamente a primazia, devendo os interesses dos restantes intervenientes moldar-se ao interesse da criança/jovem.

Tratando-se de um processo de "jurisdição voluntária" daí resulta o papel do julgador na recolha e dinamização da prova (arts. 107.° e 108.°), podendo investigar livremente os factos que estão na origem da acção ou omissão perigosa para o desenvolvimento da criança, bem como a adopção, pelo julgador, da medida julgada mais adequada e conveniente para poder afastar o perigo existente sobre a criança/jovem.

Estruturado e caracterizado como processo de jurisdição voluntária, o processo desdobra-se, depois, em três fases – a da instrução, a do debate judicial e a da decisão.

Na fase de instrução o Juiz colhe e pode investigar oficiosamente os factos com relevância para o processo, enquanto na fase do debate judicial e da decisão, o tribunal, em princípio, está limitado à apreciação da prova apresentada e contraditada (arts. 116.°, 117.° e 119.°), daí se justificando que nestas duas últimas fases, ao regime de jurisdição voluntária (inquisitório), na falta de disposições específicas, sejam aplicáveis as normas do processo declarativo, que a lei remete para a forma sumária (art. 126.°).

Para além dos princípios gerais referidos, há a sublinhar a fixação do tribunal competente para julgar e instruir o processo (art. 101.°), o carácter urgente do mesmo (art. 102.°), as pessoas a quem cabe a iniciativa processual (art. 105.°), o prazo de instrução (art. 109.°), o carácter público da decisão obtida por um Juiz e dois Juízes Sociais (art. 115.°) e ainda a existência de uma fase complementar do processo onde cabe o recurso de apelação (art. 124.°) e a fase de execução da decisão.

Artigo 100.°
Processo

O processo judicial de promoção dos direitos e protecção das crianças e jovens em perigo, doravante designado processo judicial de promoção e protecção, é de jurisdição voluntária.

1. A distinção entre processos de jurisdição voluntária e contenciosa era, na perspectiva do Prof. Alberto dos Reis[128], baseada no facto de a jurisdição voluntária implicar o exercício duma actividade essencialmente administrativa, por oposição à jurisdição contenciosa que implicaria uma actividade verdadeiramente jurisdicional.

O Prof. Manuel de Andrade, sublinhava que no processo de jurisdição voluntária não havia propriamente um conflito de interesses a compor, "mas um só interesse a regular", embora pudesse haver um conflito de opiniões ou representações acerca do mesmo interesse.

---

[128] *"Processos Especiais, Volume II"*. Coimbra: Coimbra Editora, 1982, p. 398.

Mais tarde o Prof. Castro Mendes veio sublinhar que no processo de jurisdição voluntária não existia litígio entre os sujeitos processuais mas, tão só, uma situação anómala de interesses, distinguindo casos em que o objecto do processo era um interesse ou grupo de interesses de uma só pessoa, dos casos em que existiam interesses de duas pessoas (interesses solidários), e, por último, os casos de "desarmonia de interesses".

O processo judicial de promoção e protecção é agora, nesta Lei, caracterizado como processo de jurisdição voluntária, de acordo com a posição do Prof. Castro Mendes, na medida em que se trata de um processo que visa remover um perigo que põe em causa a segurança, saúde, formação ou desenvolvimento da criança/jovem, tendo em consideração o seu superior interesse e que esse superior interesse, estando em "desarmonia" com o interesse dos representantes parentais, se deve sobrepor e ter primazia sobre os demais interesses não conflituantes mas não harmónicos em relação à criança/jovem.

2. A "desarmonia" de interesses entre a criança/jovem e os demais interventores no processo e o fim a atingir com o processo, justificam que o processo judicial de promoção e protecção seja um processo em que domina o princípio do inquisitório e da oficialidade, cabendo o impulso processual inicial, em regra, ao MP (vide art. 105.°, n.° 1) e, ao julgador, accionar o processo subsequente com a participação do MP e demais intervenientes, investigando e coligindo as provas e recolhendo todas as informações julgadas necessárias para a decisão (nelas se incluindo, por exemplo, factos que cheguem ao conhecimento do julgador através do depoimento das testemunhas), rejeitando as provas apresentadas pelos intervenientes e que forem julgadas desnecessárias (art. 1409.° do CPC).

Na ausência, no processo, de normas específicas, são aplicáveis ao processo de promoção e protecção as regras gerais do processo de jurisdição voluntária o que implica:

a) que o MP no requerimento inicial para abertura do processo de promoção e protecção deva fundamentar os factos em que se baseia a necessidade de intervenção do tribunal com vista a afastar a situação de perigo que incide sobre a criança/jovem, indicar as testemunhas e demais meios de prova e a medida adequada a afastar o perigo de entre as referidas no art. 35.° do diploma[129];

---

129 Considera-se incorrecta e não fundamentada a mera apresentação pelo MP do

A indicação da medida julgada adequada, não tem, porém, carácter vinculativo para o MP, nem o Tribunal fica adstrito a considerar e ponderar, tão só, a medida indicada pelo MP.

Uma vez que o processo de promoção e protecção é de jurisdição voluntária (art. 100.° da Lei) e como tal um processo especial dentro dos contidos no título IV do Código Processo Civil há que atender que nos termos do art. 463.° do CPC em tudo o que não estiver especialmente regulado no processo especial será de aplicar o que se acha estabelecido para o processo declarativo ordinário (artigo 463.°, n.° 1 do CPC)[130].

Da aplicação directa do processo ordinário aos casos não previstos na lei de promoção e protecção, nos processos de jurisdição voluntária (art. 1409.° a 1411.°) e nas disposições gerais respeitantes aos incidentes da instância (arts. 302.° a 304.°) podem resultar dificuldades.

Na verdade embora em regra a instauração do processo de promoção e protecção seja da competência do MP, há casos em que o requerimento de abertura de instrução pode ser efectuado pelos pais, representante legal, pelas pessoas que tenham a guarda de facto e pela criança ou jovem com idade superior a 12 anos (art. 103.°, n.° 2 da Lei) e não se está a perspectivar que nessas circunstâncias a acção seja intentada sem o ser através de mandatário judicial, o que não é exigível face ao disposto no artigo 1409.°, n.° 4 do CPC.

Daí que se julgue que a aplicação da regra contida no processo ordinário de que o requerimento inicial deve respeitar o dispositivo contido no art. 467.° do CPC não teve em conta a circunstância de outros intervenientes poderem instaurar o processo de promoção e protecção e o facto de nos procedimentos de jurisdição voluntária estar prevista a desnecessidade de constituição de mandatário judicial, quando este último e em regra só este, pela sua formação técnica poderá cumprir o formalismo exigido de alegação articulada de factos e das demais exigências formais prescritas pelo art. 467.° do CPC.

---

processo que correu na CPCJ como forma de dar início ao processo judicial sem indicação nem enunciação dos factos que fundamentam a justificação para a abertura do processo judicial de promoção e protecção (vide artigo 105.°).

[130] Pode suscitar-se a questão de saber se o legislador, com a redacção que deu ao art. 126.°, quis afastar a aplicação do processo declarativo ordinário à *instrução,* com intenções de aligeirar processualmente esta fase, mas, a verdade, é que o art. 126.° é taxativo no sentido do processo declarativo sumário só ser aplicado nos processos de promoção e protecção nas fases de debate judicial e dos recursos.

Tratando-se, pois, de um requerimento articulado, com base no qual se produzirá e alegará a prova e como o processo de promoção e protecção visa alterar a ordem jurídica existente quanto à relação da criança/jovem com a sua família (artigo 4.º, n.º 3 do CPC), a indicação pelo MP da medida considerada adequada para remover a situação de perigo, funcionará como esclarecedora do âmbito do seu requerimento e da finalidade pretendida obter com a instauração do processo. Como, todavia, se está num processo de jurisdição voluntária, com predomínio do princípio inquisitório sobre o princípio dispositivo, sempre caberá ao julgador, independentemente da medida avançada pelo MP, aplicar ao caso qualquer das medidas previstas no artigo 35.º da Lei, sem que daí se possa concluir pela improcedência do pedido, formulado pelo MP.

Da mesma forma, por ser aplicável o art. 467.º do CPC é obrigatória a declaração do valor da causa, a qual respeitando a valores e interesses imateriais (art. 312.º do CPC) será sempre de valor equivalente à alçada da Relação e mais 0,01 €.

b) que as demais partes intervenientes devam responder, após a sua notificação, no prazo de 10 dias (arts. 1409.º e 303.º, n.º 2 do CPC) indicando os competentes meios de prova;

c) que a sentença seja proferida no prazo de 15 dias, nos casos de especial complexidade, nos termos do art. 122.º, n.º 2 da Lei e art. 1409.º, n.º 3 da CPC;

d) que o interveniente não possa apresentar mais de três testemunhas a cada facto alegado nem oferecer mais de 8 testemunhas no total (artigo 304.º, n.º 1 do CPC por força do artigo 100.º da LPPCJ e do artigo 1409.º, n.º 1 do CPC);

Sendo o processo judicial de promoção e protecção um processo de jurisdição voluntária a que são aplicáveis as disposições dos artigos 302.º a 304.º do CPC (artigo 1409.º, n.º 1 do CPC), há que atender a que o artigo 304.º, n.º 1 do CPC fixa o número de testemunhas em 3 por cada facto e um número total de 8 testemunhas por cada interveniente.

Tendo o processo de jurisdição voluntária normas específicas nesta matéria, não há lugar, pois, à aplicação do artigo 789.º do CPC, dado que não se trata de caso em que o julgador tenha que recorrer subsidiariamente às normas do processo civil de declaração sob a forma sumária (artigo 126.º da Lei).

e) que das resoluções proferidas segundo critérios de conveniência e oportunidade[131] (casos em que não é apreciada a legalidade das decisões adoptadas) não é admissível recurso para o STJ (art. 1411.°, n.° 2)[132].

Inexistindo normas específicas na LPPCJP, no processo de jurisdição voluntária (1409.° a 1411.° do CPC) e nos incidentes da instância (302.° a 304.° do CPC), são aplicáveis, na fase do debate judicial, as normas do processo civil de declaração sob a forma sumária, de que se destaca a data para o debate judicial dever ser marcada para dentro de 30 dias após terem sido recebidas as alegações e apresentadas as provas (arts. 114.°, n.° 3 e 126.° da lei e 791.° do CPC).

---

[131] Não será possível recorrer para o STJ da decisão proferida pelo tribunal que considerou inadequada a medida de acolhimento institucional de uma criança de 1 mês de idade e considerou adequada a entrega do referido bebé a uma avó de 85 anos de idade (medida de apoio junto de familiar). O recurso a ser interposto terá de o ser, apenas, para o Tribunal da Relação.

Já será possível recorrer para o STJ da aplicação da medida de confiança a pessoa seleccionada para adopção com fundamento em situação não prevista no artigo 1978.° do Código Civil, uma vez que no caso se trataria de uma incorrecta aplicação da lei civil o que implicaria uma violação da norma jurídica que permite aplicar aquela medida.

Tem sido jurisprudência mais recente e reiterada do STJ, que este só tem de apreciar as questões suscitadas nos processos de jurisdição voluntária, como acontece nos processos de promoção e protecção, quando na aplicação de uma medida de promoção e protecção é preponderante e decisivo apreciar a legalidade da medida. Se outro ou outros factores foram determinantes, ou mais importantes, para se julgar pela aplicação da medida, a decisão tomada não é susceptível de ser apreciada pelo STJ (cfr. ACSTJ de 23.9.2003 03B1056/ITIJ.Net).

[132] Inicialmente entendia-se por "resoluções" em processo de jurisdição voluntária todas as decisões finais aí proferidas tais como as autorizações, as homologações, as aprovações, etc.

Mais tarde a jurisprudência limitou o conceito às decisões tomadas segundo critérios de equidade, considerando-as irrecorríveis e só sendo recorríveis para o STJ as decisões proferidas sobre legalidade estrita, mas, apenas, nos casos de conflito de jurisprudência que permitisse o recurso para o tribunal pleno do STJ.

Mais recentemente, (a partir de 2002), o STJ passou a admitir o recurso para o STJ de decisões da Relação que se pronunciem sobre questões de direito, desde que na decisão tomada tenha sido decisivo o juízo de legalidade emitido.

Artigo 101.º
Tribunal competente

1. Compete ao tribunal de família e menores a instrução e o julgamento do processo.

2. Fora das áreas abrangidas pela jurisdição dos tribunais de família e menores cabe ao tribunal da respectiva comarca conhecer das causas que àqueles estão atribuídas.

3. No caso previsto no número anterior, o tribunal constitui-se em tribunal de família e menores.

1. Regula-se a competência em razão da matéria dos Tribunais Judiciais que hão-de resolver os interesses anómalos que se discutem nos processos judiciais de promoção e protecção, processos de jurisdição voluntária, enquanto no art. 79.º se concretiza qual o Tribunal de Família e de Menores, ou o Tribunal de Comarca, constituído em Tribunal de Família e de Menores que é competente, normalmente em função da área de residência da criança ou do jovem.

Os Tribunais de Família e Menores são Tribunais de competência especializada, face ao disposto nos arts. 81.º e 83.º da Lei Orgânica dos Tribunais Judiciais (Lei 3/99 de 13 de Janeiro) e do Regulamento dessa Lei (DL 186-A/99 de 31 de Maio), encontrando-se instalados e em funcionamento Tribunais de Família e Menores de Aveiro, Barreiro, Braga, Cascais, Coimbra, Faro, Funchal, Lisboa, Loures, Ponta Delgada, Portimão, Porto, Setúbal, Seixal, Sintra e Vila Franca de Xira.

Fora da área de jurisdição dos Tribunais de Família e de Menores assinalados, os Tribunais de Comarca e nestes os Juízes Cíveis, quando divididos em área cível e criminal, funcionam como Tribunais de Família e de Menores, o que significa que, nessa parte, actuam como Tribunais de Família e de Menores para o julgamento dos processos de promoção e protecção que devem ser considerados, como tem sido assente pela jurisprudência[133], como processos cíveis.

---

[133] Cfr. Acórdão do Tribunal da Relação de Coimbra de 4.11.2003, proferido no Processo n.º 2233/03, de que foi relator o Desembargador Coelho de Matos, e que se encontra publicado em www.dgsi.pt/jtrc.

2. A competência em razão da matéria e em razão do território fixada neste artigo deve ter em conta as alterações de competência genericamente fixadas, em função de processos conexos ou apensos.

Como resulta desta Lei e do seu art. 81.°, pode verificar-se a apensação de um processo de promoção e protecção a um processo tutelar ou de um processo tutelar cível, que corram num Tribunal de Família e de Menores ou de Comarca distintos do Tribunal onde corre o processo de promoção e protecção, em função do disposto no art. 81.°, n.° 1 da Lei, que determina a apensação do processo de promoção ao processo tutelar ou cível instaurado em primeiro lugar.

O princípio constante do art. 81.° da Lei sofre, porém, as excepções resultantes do art. 154.°, n.° 3 da OTM (DL. 314/78 de 27 de Outubro), já que o processo de promoção não é mandado apensar aos processos de adopção e de averiguação oficiosa de paternidade ou maternidade, instaurados em primeiro lugar, como não é apensado aos processos que correm pelas conservatórias de registo civil ou que respeitam a mais que uma criança/jovem.

Do exposto pode resultar, por exemplo, que um processo tutelar educativo a correr contra uma criança/jovem num Tribunal de comarca de competência penal venha a ser competente material e territorialmente, por conexão, para julgar um processo de promoção a correr na mesma comarca e na jurisdição cível ou a correr no Tribunal de Família e de Menores, desde que o processo tutelar educativo haja sido instaurado em primeiro lugar. E, identicamente, um Tribunal de Família e de Menores ou um Tribunal de Comarca da área cível pode julgar por conexão, um processo tutelar educativo, se o processo de promoção for instaurado antes do processo tutelar educativo.

3. Disse-se, acima, que os processos de promoção e protecção são processos de natureza cível, uma vez que têm natureza cautelar em relação às providências tutelares cíveis, visando a protecção da criança/jovem em perigo e, não se destinando a penalizar condutas das crianças/jovens que lesam os interesses fundamentais da sociedade.

A proposta de Lei 265/VII que enunciou a exposição de motivos da presente lei salientou, claramente, que a lei de promoção e protecção visava as situações de *menores* maltratados ou em perigo, enquanto pela lei tutelar educativa se tinham em consideração as condutas em que o *menor* era agente de um facto com relevância jurídico-penal. Daí que a jurisprudência dos Tribunais Superiores seja praticamente unânime na distinção de competência em razão da matéria para o processo de protecção e promoção, que cabe aos Tribunais de Família e de Menores e aos Tribunais de competência especializada cível e os processos tutelares educativos da competência dos Tribunais de Família e Menores e dos Tribunais de competência especializada criminal, nos casos em que os Tribunais de Família e Menores não estão instalados.

4. A circunstância do artigo falar em competência do Tribunal de Família e de Menores para a "instrução" e para o julgamento do processo faz sobressair a possibilidade que o Juiz a quem o processo é distribuído, logo no despacho inicial (art. 107.°) poder suscitar a sua incompetência material e territorial, sabida que for a existência de outro processo tutelar educativo ou tutelar cível instaurado em primeiro lugar, como resulta da incompetência em razão da matéria poder ser suscitada oficiosamente pelo Tribunal em qualquer fase do processo (arts. 102.°, n.° 1 e 101.° do CPC) e a competência territorial respeitar a processo que corre, nos termos da Lei (art. 81.°, n.° 1 da Lei), na dependência de outro processo (art. 119.°, n.° 1, alínea c) do CPC)[134].

ARTIGO 102.°
Processos urgentes

1. Os processos judiciais de promoção e protecção são de natureza urgente, correndo nas férias judiciais.
2. Os processos não estão sujeitos a distribuição, sendo imediatamente averbados ao juiz de turno.

1. Os processos judiciais de promoção e protecção visando a remoção do perigo que incide sobre a criança/jovem, onde podem ser aplicadas medidas provisórias em situações de emergência (art. 37.°) e onde o perigo pode incidir sobre a vida e integridade física (art. 91.°), são naturalmente, como atrás se referiu, uma espécie de procedimentos cautelares em relação aos procedimentos tutelares cíveis. Este artigo patenteia essa natureza cautelar, já que os mesmos, à semelhança dos procedimentos cautela-

[134] Cfr. anotações aos artigos 79.° e 82.° da presente Lei.

res e como estes (arts. 212.° e 382.° do CPC), não estão sujeitos a distribuição e precedem a realização de qualquer outro serviço não urgente. Assim, tais processos não têm que aguardar a quem o processo é distribuído às 2.ªs e 5.ªs feiras, como ocorre nos casos gerais (art. 214.° do CPC), sendo presentes ao juiz que está de serviço para a prática dos actos urgentes, o qual deverá desde logo, proferir despacho de abertura de instrução, de indeferimento liminar[135], ou ordenar as notificações a que se refere o art. 106.°, n.° 2 da lei.

2. A natureza urgente dos processos de promoção e protecção não exclui que de entre os processos urgentes a despachar o julgador tome em atenção as situações de emergência ou de urgência (como nos casos em que se coloca para além da situação de perigo um problema da própria subsistência da criança/jovem), despachando prioritariamente tais processos. Por outro lado, o facto de o processo correr nas férias judiciais significa que o mesmo durante esse período continuará a ter a sua tramitação efectuando-se as diligências de instrução ou de debate judicial julgadas necessárias para remover o perigo ou afastar a situação de perigo iminente para a vida ou integridade física da criança/jovem, não se suspendendo em qualquer caso, o decurso dos prazos e as diligências que terão de ser efectuadas (art. 144.° do CPC) nomeadamente os prazos para efeitos de interposição de recurso.

Artigo 103.°
Advogado

1. Os pais, o representante legal ou quem tiver a guarda de facto podem, em qualquer fase do processo, constituir advogado ou requerer a nomeação de patrono que os represente a si ou à criança ou ao jovem.

2. É obrigatória a nomeação de patrono à criança ou jovem quando os seus interesses e os dos seus pais, representante legal ou de quem tenha a guarda de facto sejam conflituantes e ainda quando a criança ou jovem com a maturidade adequada o solicitar ao tribunal.

3. A nomeação do patrono é efectuada nos termos da lei do apoio judiciário.

[135] Cfr. artigo 107.° da Lei.

4. No debate judicial é obrigatória a constituição de advogado ou a nomeação de patrono à criança ou jovem.

1. Nos termos do artigo 1409.º, n.º 4 do CPC aplicável por força do artigo 100.º, nos processos de promoção e protecção não é obrigatória a constituição de Advogado, salvo na fase de recurso em relação aos pais, representante legal ou quem tiver a guarda de facto da criança/jovem. No mesmo sentido estabelece o artigo 151.º da OTM. O artigo em causa reafirma de forma indirecta a não obrigatoriedade de constituição de Advogado nas várias fases do processo de promoção e protecção.

O artigo enumera as situações em que a criança/jovem tem de ser representada por Advogado, por si indicado (constituído), ou nomeado patrono para o representar. Trata, ou pode tratar-se, de situações em que se admite que uma pessoa sem plena capacidade de exercício (por ser de menoridade), pode ser assistido em Tribunal por técnico com conhecimentos adequados (o advogado), que o irá representar.

Quanto à obrigatoriedade de constituição e nomeação de patrono na fase de debate judicial, razões acrescidas às gerais, justificam a obrigatoriedade do mandato judicial. Efectivamente, na fase a que se chegou, sem ser possível uma decisão negociada e em que são produzidas alegações de facto e de direito, com produção e contradita de provas, impõe-se que a criança/jovem seja orientada técnica e juridicamente por mandatário judicial como forma de melhor defesa dos seus interesses e de obter por parte do tribunal a decisão mais adequada face à situação de perigo existente e às medidas que o Tribunal poderá adoptar para remover tal situação.

A obrigatoriedade de nomeação de patrono à criança/jovem quando os seus interesses e os dos seus pais ou representantes parentais conflituam, pressupõe, em primeiro lugar, que o Tribunal chegue à conclusão que a criança/jovem age com conhecimento do que pede e que julgue, fundadamente, a existência dessa "conflitualidade".

Quanto à "maturidade adequada" da criança/jovem a Lei (art. 10.º, n.º 2), presume essa maturidade na criança/jovem com idade igual ou superior a 12 anos, mas, nada obsta que o Tribunal considere que a criança/jovem com idade inferior não disserte com fundamento e razoabilidade o motivo por que existe interesse da sua parte em ser representado por advogado diferenciado daquele que representa os seus pais ou representantes parentais.

De forma similar, a criança com mais de 12 anos poderá revelar não ter maturidade que a leva a levantar a questão da representação diferenciada em relação aos seus pais ou representantes parentais.

Em qualquer caso, suscitada a questão da "conflitualidade" de interesses, o Tribunal mesmo que verifique que a criança/jovem não tem a maturidade para suscitar a questão não pode deixar de averiguar oficiosamente se existe "conflitualidade" e, decidindo pela afirmativa, nomear um advogado oficioso à criança/jovem como lhe é permitido em casos de urgência nos termos do artigo 44.°, n.° 2 do CPC.

A "conflitualidade" entre a criança e os seus representantes legais será muitas vezes evidente, como se verifica nos casos em que a criança/ /jovem recebe maus-tratos físicos ou psíquicos ou é vítima de abusos sexuais por parte dos pais representantes legais ou pessoas que a tem à sua guarda.

Outras vezes não existirá essa "conflitualidade", como nos casos em que a criança/jovem se entrega ao consumo de estupefacientes e os pais e os representantes parentais, sem culpa no assumir desses comportamentos, pretendem afastar a criança/jovem de consumos prejudiciais ao seu desenvolvimento.

Na dúvida sobre a existência de interesse "conflituantes", levantada a questão pela criança/jovem com maturidade para a suscitar, o Tribunal deve designar obrigatoriamente patrono diferenciado dos pais ou dos representantes parentais à criança/jovem, tendo em consideração que de acordo com os princípios gerais constantes da Convenção Sobre os Direitos da Criança[136], em caso de conflito em que colidam os interesses dos pais e os da criança ou do jovem e no interesse superior da criança e do jovem, devem ser avalizadas as medidas adequadas à sua protecção efectiva.

---

[136] A Convenção Sobre os Direitos da Criança – Artigo 12.°, n.os 1 e 2 – estabelece que a criança/jovem seja representado ou assessorado segundo as modalidades previstas pela legislação nacional. O artigo 103.° da LPPCJP ao estabelecer a obrigatoriedade da nomeação de patrono à criança/jovem em conflitualidade com os seus representantes legais foi além do exigido na convenção uma vez que nos termos do artigo 72.°, n.° 3 cabendo ao MP representar as crianças/jovens em perigo e usar de quaisquer meios judiciais necessários à defesa dos seus direitos e à sua protecção se pode questionar a necessidade e a obrigatoriedade imposta por este artigo de a criança/jovem ter sempre de ser representado por advogado beneficiando da protecção legal do MP. Daí que a prática judicial vá no sentido de em regra nomear apenas mandatário na fase de debate e não em toda e qualquer fase do processo.

2. Tanto é obrigatória a constituição de Advogado ou a nomeação de patrono à criança ou ao jovem na fase de debate judicial como em casos de "conflitualidade de interesses" com os seus representantes parentais, na fase de instrução que precede o debate. Aí, também, se justifica que a criança/jovem seja representada por advogado ou patrono diferenciado, que poderá requerer diligências e outros meios de prova não solicitados pelos seus representantes parentais (art. 104.°, n.° 1), e opor-se, por exemplo, ao arquivamento do processo, nos temos do artigo 110.° da lei.

No caso de a nomeação de patrono não se verificar na fase de instrução, há que distinguir, então se essa falta influiu, ou não, no exame ou na decisão da causa e extrair, daí, as respectivas consequências, nos termos do art. 210.°, n.° 1 do CPC.

Já no que se refere à falta de constituição de Advogado ou de nomeação de patrono, na fase do debate judicial, a mesma acarretará inevitavelmente a nulidade do processado, uma vez que a mesma falta implica, necessariamente, influência na produção de prova produzida e que deve ser contraditada no debate, nos termos do art. 117.° da Lei.

Situação diferenciada da exposta verifica-se no caso de ser necessário substituir o defensor nos termos do art. 67.° do CPC.

3. A faculdade constante do n.° 1 do artigo não é mais que a concretização no domínio dos processos de promoção e protecção do direito constitucional expresso no art. 20.°, n.° 2 da CRP de todos terem direito "nos termos da lei" ao patrocínio judiciário e a fazer-se acompanhar por advogado perante qualquer autoridade.

Não significa, contudo que o Advogado possa participar e assistir a todas as diligências de prova agendadas.

Na fase da instrução o advogado poderá presenciar a tomada de declarações do seu próprio patrocinado, mas a Lei não impõe ao Tribunal que o causídico assista à tomada de declarações dos restantes intervenientes processuais (da criança ou do jovem; dos pais; do representante legal da criança ou do jovem; da pessoa que tenha a sua guarda de facto; dos técnicos que conheçam a situação).

A tomada de declarações na fase da instrução, que é sempre reduzida a escrito, visa apenas consignar em acta o ponto de vista dos intervenientes processuais, após serem confrontados com o requerimento inicial, de forma espontânea. A participação do advogado na audição dos restantes intervenientes poderia constrangê-los e limitar o seu depoimento.

Imagine-se o caso de uma criança abusada sexualmente pelo pai também agressor da própria mulher. Não faz sentido que o advogado do indiciado abusador presencie as declarações da criança e da mulher vítima de violência doméstica. Isto não significa que fique coarctado o exercício do contraditório, pois que uma coisa é assegurar o contraditório quanto aos factos e à medida aplicada (que são assegurados em todas as fases do processo), e, outra, distinta, que a contradita dos depoimentos e declarações tenha que ser feita aquando da sua tomada, o que só é imposto na fase de debate judicial (art. 117.° da LPPCJP).

Como resulta do art. 3.°, n.° 3 do CPC, o que o Juiz não pode é decidir qualquer questão de facto ou de direito a título definitivo, sem que as intervenientes tenham tido a possibilidade de se pronunciar sobre as mesmas, ou seja, a possibilidade de expor os argumentos ou razões que possam infirmar a prova que foi produzida. Tal possibilidade de infirmar directa e imediatamente uma declaração ou depoimento só resulta, em regra, quando o mesmo depoimento ou declaração é aberto a ambas as *partes* o que ocorre, normalmente, em audiência pública em debate oral. Fora dessas circunstâncias e a não ser que a lei o preveja expressamente, o contraditório esgota-se com a possibilidade de impugnar o depoimento ou declaração prestada, ainda que o contraditor não tenha estado presente quando a mesma ou o mesmo foi proferido.

4. Nos termos da lei de apoio judiciário a nomeação de patrono à criança ou jovem deverá ser realizada pela ordem dos advogados, na maioria das situações a solicitação do próprio Tribunal.

Em todo o caso, se a nomeação tardar, o Juiz oficiosamente nomeará Advogado ao abrigo do disposto no artigo 44.°, n.° 2 do CPC.

5. A Lei 15/2005 de 26 de Janeiro permite aos Advogados estagiários exercerem a advocacia em processos da competência dos Tribunais de Menores, desde que sob orientação do patrono (artigo 189.°, n.° 1, al. c) da referida Lei).

Daqui poderia deduzir-se, que os Advogados Estagiários, de acordo com a Lei 15/2005 poderiam ser nomeados pela Ordem dos Advogados para patrocinar processos no Tribunal de Família e de Menores quando é concedido aos intervenientes apoio judiciário.

No entanto, a comparação do anterior texto da Lei do Apoio Judiciário com o actual[137-138], onde foi eliminada a possibilidade de nomeação pela Ordem de "advogados estagiários", leva a concluir, que seja designado um Advogado, e, não um Advogado Estagiário para representar os intervenientes[139] nos processos de promoção e protecção.

Já nos casos de constituição de mandatário, o citado artigo 18.°, n.° 1, al. c) da Lei 15/2005 de 26 de Janeiro admite que o interveniente emita procuração e se faça representar por Advogado estagiário, ainda que sobre o patrono continue a incidir a responsabilidade de orientação do estagiário, nos termos do n.° 1 do citado art. 189.° do Estatuto dos Advogados[140].

Artigo 104.°
Contraditório

1. A criança ou jovem, os seus pais, representante legal ou quem tiver a guarda de facto têm direito a requerer diligências e oferecer meios de prova.

2. No debate judicial podem ser apresentadas alegações escritas e é assegurado o contraditório.

3. O contraditório quanto aos factos e à medida aplicada é sempre assegurado em todas as fases do processo, designadamente na conferência tendo em vista a obtenção de acordo e no debate judicial, quando se aplicar a medida prevista na alínea g) do n.° 1 do artigo 35.°.

1. Este artigo corresponde a um desenvolvimento, no processo judicial de promoção e protecção, do princípio orientador da intervenção para a promoção dos direitos e protecção da criança e do jovem em perigo, constante da alínea i) do art. 4.° da Lei. Na verdade, naquele dispositivo já se fixava o princípio da audição obrigatória e da participação da criança e do jovem em separado ou na companhia dos pais ou de pessoa por si

---

137 Lei 15/2005 de 26.1, que entrou em vigor em 1 de Setembro de 2004.

138 Cfr. artigo 30.°, n.° 1 da Lei do Apoio Judiciário.

139 Cfr. Costa, Salvador da – "O Apoio Judiciário", 5.ª ed., Almedina, 2005, p. 199.

140 Cfr. anotação 6 ao art. 116.° da LPPCJP.

escolhida, bem como o direito dos pais, do representante legal ou pessoa que tenha a guarda de facto sobre a criança/jovem, a serem ouvidos e a participar nos actos e na definição das medidas de promoção e de protecção. Ora, a participação nos actos do processo pode consubstanciar-se, como se afirma no presente artigo em "requerer diligências e oferecer meios de prova" sobre os factos que se pretendem dever ser do conhecimento do tribunal, com vista à medida a adoptar para afastar o perigo que incide sobre a criança/jovem.

O princípio do contraditório vai permitir que quaisquer provas carreadas para o processo, quer pelo julgador, no uso do princípio do inquisitório, quer pela criança/jovem, quer pelos seus representantes parentais ou pelo MP, possam ser controladas, discutido o seu valor e deduzidas as razões de facto e de direito pelas quais as mesmas devem ser aceites, como factos provados ou não provados, pelos diversos intervenientes processuais.

2. O debate judicial referido no n.° 2 do artigo está em relação directa com o seu n.° 1, permitindo-se que, relativamente a diligências requeridas e a meios de prova apresentados nos termos do n.° 1, os demais intervenientes possam apresentar alegações escritas, até por que, de acordo com o art. 117.° só podem ser consideradas na decisão "as provas que tiverem sido contraditadas durante o debate judicial". Estas alegações escritas, efectuadas antes de ser produzida toda a prova, não se confundem com as alegações orais previstas no art. 116.° no final do debate, em que só o MP e os Advogados podem produzir alegações, nem com as alegações previstas no artigo 114.° antes de se designar data para o debate judicial[141].

---

[141] No artigo 114.°, n.° 3 as alegações escritas devem ser apresentadas antes de designado dia para o debate judicial. Durante o próprio debate judicial podem ser apresentadas alegações escritas como é referido no artigo 104.°, n.° 2.

As alegações orais previstas no artigo 119.° respeitam apenas a alegações finais depois de produzida a prova. Daí que se possa concluir que há dois momentos em que as alegações escritas podem ser apresentadas pelos intervenientes; Num primeiro momento em que ainda não foi produzida prova em debate judicial e num segundo momento no início ou durante a produção de prova. Pode-se, pois, afirmar que deve ser feita a notificação aos intervenientes da data do debate como forma de lhes permitir a produção de alegações no exercício do contraditório e também para os efeitos do disposto no artigo 685.°, n.° 2 do CPC.

3. São as situações geradoras de perigo ou os factos em que se fundamentam tais situações, que o n.° 2 do art. 3.° da lei refere a título exemplificativo, que justificam a abertura do processo judicial de promoção e protecção.

É perante aquelas situações ou esses factos que deve ser aplicada uma das medidas previstas no art. 35.° da lei, como forma de remover tais situações. Daí o papel fundamental do princípio do contraditório como forma de ter em conta os interesses conflituantes dos intervenientes, no sentido da descoberta e esclarecimento da verdade quanto aos factos e em função dos factos apurados, permitir o avaliar pelos intervenientes da equidade da medida aplicada.

O artigo sublinha, ainda, a importância especial do princípio do contraditório quanto aos factos em que se baseia a medida a aplicar de confiança a pessoa seleccionada para a adopção ou a instituição com vista a futura adopção (art. 35.°, n.° 1, alínea g)), tendo em conta os dois momentos em que a medida pode ser aplicada.

Assim, na decisão negociada (art. 112.°), é na conferência que precede o acordo de promoção e protecção que se decide pela aplicação da medida.

Na decisão não negociada é no debate judicial que se discute a medida a aplicar, sendo nessa momento, que precede a decisão imposta pelo tribunal, que se vai determinar a rotura da ligação da criança/jovem à sua família biológica e tornar irreversível o futuro projecto de vida da criança/jovem[142].

A discussão sobre o futuro da criança/jovem impõe-se na aplicação desta medida de forma mais premente, tanto na fase negociada como contenciosa, tendo em vista iluminar com clareza a decisão a proferir, face aos

142 É também no debate judicial que se discute a aplicação de qualquer outra medida prevista no artigo 35.° que não a indicada neste preceito a título exemplificativo (alínea g) do artigo 35.°). Note-se que as alegações escritas podem ser apresentadas pelos próprios intervenientes sem representação por parte de mandatário judicial, uma vez que de acordo com o artigo 103.° e 1409.°, n.° 4 do CPC a lei não exige que os pais, representante legal ou quem tenha a guarda de facto constituam obrigatoriamente advogado. Uma vez que não é obrigatória a constituição de advogado deve entender-se que por aplicação do n.° 2 do art. 32.° do CPC é admissível aos intervenientes alegarem de facto e de direito, o que se verifica também nos processos tutelares cíveis nos termos do artigo 151.° da OTM.

interesses conflituantes existentes e a necessidade de prosseguir o objectivo do interesse superior da criança/jovem. Devem, pois, ser assegurados todos os meios, por notificação através de contacto pessoal ou edital, nomeação de patrono, de forma a garantir que na decisão que foi tomada, no sentido de afastar o vínculo biológico que une a criança/jovem aos seus representantes parentais, estes, e a criança/jovem foram ouvidos, ou pelo menos tentadas todas as hipóteses possíveis no sentido da sua audição ou representação, para se pronunciarem sobre se a medida deve ser, ou não, adoptada[143].

4. O requerimento inicial do MP deve ser notificado aos pais ou representantes parentais da criança ou do jovem, para assegurar o princípio do contraditório.

Repare-se que este artigo assegura o contraditório **em todas as fases do processo**, e, não em relação a todo e qualquer acto dentro das fases processuais. Ora, o processo judicial de promoção e protecção tem uma fase de instrução, ao lado das fases de debate judicial, da decisão e da execução da medida. Acresce que o requerimento inicial do MP pode não ser recebido (art. 106.°, n.° 2), pelo que existe uma fase judicial prévia que se pronuncia sobre o requerimento e a sua base de fundamentação. Daí que o requerimento do MP tenha que ser notificado aos intervenientes, mas, tão só, conjuntamente com o despacho do juiz que recebendo o requerimento declara aberta a instrução e notifica os representantes parentais para, querendo, requererem a realização de diligências instrutórias ou juntarem meios de prova (art. 107.°, n.° 3), sobre os factos invocados e a medida pretendida decretar. Com essa notificação dá-se a possibilidade, às pessoas a quem a instauração do processo pode afectar no exercício dos poderes-

[143] No sentido de que a alteração de qualquer outra medida prevista no artigo 35.° da lei para a medida de confiança a pessoa ou para instituição com vista a futura adopção deve ser rodeada de todas as cautelas quanto à notificação dos pais e familiares pode citar-se o acórdão do tribunal da relação de Coimbra de 19.4.05 de que foi relator o juiz desembargador Rui Barreiros. Em sentido diferente, defendeu o acórdão da mesma relação de Coimbra pelo desembargador Sousa Pinto que desde que esteja assegurada a audição dos pais relativamente à futura adopção em qualquer fase do processo, se encontra cumprido o princípio do exercício do contraditório em relação à aplicação da referida medida de confiança com vista a futura adopção (cfr. *www.dgsi.pt/jtrc* Processos n.os 1021/05 e 4213/05).

deveres de representação da criança ou do jovem, de se pronunciarem sobre as medidas que se pretendem implementar e que podem coarctar ou limitar esses poderes-deveres, respeitando-se, dessa forma, o princípio do contraditório.

A ser notificado, desde logo, o próprio requerimento em que o MP pede a instauração do processo, estar-se-ia a dar conhecimento de factos que têm natureza reservada ou confidencial, antes de estar assegurada a sua introdução em juízo e de certa forma ser feito um juízo prévio sobre os factos, que a apreciação judicial garante como tendo um mínimo de consistência para o processo de promoção e protecção poder avançar[144].

ARTIGO 105.º
Iniciativa processual

1. A iniciativa processual cabe ao Ministério Público.

2. Os pais, o representante legal, as pessoas que tenham a guarda de facto e a criança ou jovem com idade superior a 12 anos podem também requerer a intervenção do tribunal no caso previsto na alínea e) do artigo 11.º.

1. No processo de promoção e protecção vigora o princípio do inquisitório ou da oficialidade, dependendo do impulso processual inicial do MP a instauração do processo. Processo que se inicia com o requerimento do MP dependendo o seu teor do tipo de situações a que está ligado o impulso processual e que esquematicamente se podem sintetizar da seguinte forma:

– Iniciativa processual por inacção ou inexistência das comissões de protecção instaladas ou por as comissões haverem decretado medidas ilegais ou inadequadas;

– Iniciativa processual por a via judicial ser a última instância para remover o perigo ou a única competente para aplicar as medidas, nos casos de rotura ou manutenção da rotura com a família biológica.

---

144 Cfr. ainda anotações aos artigos 117.º e 88.º da Lei.

2. À iniciativa processual que cabe ao MP neste artigo correspondem todas as situações em que se encontra justificada a intervenção judicial, como última instância, para remover o perigo ou na situação perigosa que incide sobre a criança/jovem (art. 11.°).

Para justificar a sua legitimidade interventora e uma vez que a intervenção dos tribunais deve ser efectuada em última instância, o MP, no seu requerimento inicial, terá que concretizar os factos em que fundamenta a passagem à fase judicial, seja porque, designadamente, falhou a intervenção das comissões de protecção, ou esta não é possível, seja por que nem sequer existe comissão de protecção, ou, ainda que exista, o processo judicial pretende avaliar a legalidade ou a adequação da medida aplicada pelas comissões.

Para além de concretizar em factos ou fundamentos a sua legitimidade de intervenção, o MP terá, igualmente, de concretizar factualmente, os factos reveladores da sua legitimidade substancial, ou seja, os factos enquadráveis nas situações a que se refere o art. 3.° da lei e que sejam indiciadores de que a criança ou o jovem, está, por exemplo, abandonada, ou não recebe os cuidados e a afeição adequados à sua idade e situação pessoal, estabelecendo o nexo de causalidade entre esses factos e o perigo que resulta para a criança ou o jovem, para a sua saúde, segurança, formação, educação ou desenvolvimento, devido aos comportamentos ou à inacção dos seus responsáveis parentais.

Deve salientar-se, aliás, que o MP, neste âmbito, inicia com o seu requerimento inicial um processo de jurisdição voluntária que se destina a operar uma mudança na ordem jurídica existente (afastando-se o perigo que incide sobre a criança ou o jovem, aplicando medidas que visam esse objectivo), pelo que o seu requerimento não deixa de corresponder a uma acção constitutiva (art. 4.°, n.° 1, alínea c) do CPC), a que são aplicáveis as disposições processuais dos arts. 302.° e 304.° do CPC, face ao estatuído no art. 1409.°, n.° 1 do CPC e, também o art. 467.° do CPC, de acordo com o art. 463.°, n.° 1 do mesmo Código. Daí que além do referido, o requerimento inicial do MP tenha que apresentar o rol de testemunhas e requerer outros meios de prova e articular os factos invocados como resulta do art. 152.°, n.° 2 do CPC e da aplicação do citado art. 462.° do CPC, por ao processo de jurisdição voluntária, como processo especial, serem aplicáveis as disposições do processo declarativo ordinário (art. 463.°, n.° 1 do CPC).

O requerimento inicial no processo de promoção e protecção a instaurar perante os tribunais, deverá, em síntese, conter a causa de pedir (os fundamentos de facto e de direito em que se baseia o pedido de intervenção do tribunal), e o pedido (a medida que se julga adequada para remover a situação perigosa que incide sobre a criança ou o jovem para além de cumprir o demais formalismo exigido pelo art. 467.° do CPC.

Do exposto se pode concluir ser legítimo ao juiz perante quem é apresentado o requerimento que o possa indeferir liminarmente, não só por que o art. 106.°, n.° 2 da lei fala em que o juiz "recebido o requerimento" profere despacho de abertura de instrução (o que pressupõe que possa **não receber o** requerimento), como, também, poder acontecer que o requerimento inicial não preencha os requisitos previstos no art. 467.° do CPC.

O que de qualquer forma não pode ser admitido é que o MP pretenda iniciar o procedimento judicial de promoção e protecção, como se este fosse uma sequência do processo pré-judicial que corre nas comissões de promoção e protecção, limitando-se a juntar o processo que correu nas comissões para instaurar o processo judicial, ou restringir-se a invocar factos que constam do procedimento nas comissões, por mera remissão, sem enunciar e escolher os factos em que se baseia o pedido de intervenção judicial, como é prescrito taxativamente no art. 76.°, n.° 2 da Lei. O processo nas comissões, como processo autónomo e distinto do processo judicial, deverá ser junto por linha (art. 76.°, n.° 2), como meio de prova, mas ao procedimento judicial e não incorporado neste último. O facto do requerimento do MP ser acompanhado do processo da comissão (art. 76.°, n.° 2) e de não ser junto ao requerimento, só pode ter o sentido de que, sendo o processo nas comissões um meio de prova a apreciar no processo judicial, essa apreciação se faz não incorporando um processo no outro, mas mantendo, cada um deles, a sua individualidade e autonomia.

As razões porque os dois processos podem ser apensos, mas não juntos, decorrem, por exemplo e além do mais referido, do seu arquivamento obedecer também a regras específicas consoante se tratar de processos que correm nas comissões de protecção (a arquivar nas próprias comissões), ou nos tribunais (vide, por exemplo o art. 99.° da Lei), de se admitir, excepcionalmente, a própria apensação de processos judiciais e pré-judiciais (por exemplo no art. 81.°, n.° 2 da Lei) e, em geral, da autonomia das comissões de promoção e protecção face aos tribunais, como **instituições oficiais não judiciárias**.

3. A iniciativa processual do MP pressupõe, sempre, qualquer que seja a razão de ser que motiva o accionamento do processo, que o MP fundamente no requerimento inicial a razão ou razões pelas quais o mesmo processo é instaurado, quer se trate da apreciação da legalidade ou inadequação das medidas decididas pelas comissões de protecção (art. 76.°), quer pela inacção ou inexistência das mesmas (arts. 11.°, alínea e) e 73.°, n.° 1, alínea a), quer por não ter sido possível ou não ser cumprido o acordo celebrado nas comissões (art. 68.°, alínea b)) ou nas situações em que as comissões consideram adequado o encaminhamento para a adopção (art. 68.°, alínea a)), ou seja aplicada medida que determine ou mantenha a separação da criança ou do jovem dos seus representantes parentais (art. 68.° alínea e)).

4. A iniciativa processual cabe ainda a outras pessoas (pais, representantes legais ou pessoas que tenham a guarda de facto e à criança/ /jovem), quando as comissões não tenham proferido qualquer medida de protecção 6 meses após o conhecimento da situação perigosa que foi levada ao seu conhecimento. Neste caso, todavia, a iniciativa processual dos intervenientes continua a coexistir com a iniciativa processual do MP (art. 68.° alínea d))[145] e este deve accionar o competente procedimento, desde que julgue necessária a aplicação de uma medida de promoção e protecção. Só na hipótese contrária (a do MP entender que o processo apesar de parado 6 meses não justifica a aplicação de uma medida de promoção e protecção), se evidencia, com autonomia, a iniciativa processual dos demais intervenientes.

5. Nos termos do art. 3.°, n.° 1, al. b) do anterior CCJ o jovem que instaurasse processo de promoção na situação prevista no art. 105.°, n.° 2 estava isento de custas, uma vez que nos processos de jurisdição de menores não havia lugar a custas se estas devessem ficar a cargo dos menores.

Entendia-se que tal dispositivo (de isenção de custas) deveria ser extensivo aos pais e outros representantes legais quando actuavam no sentido e na protecção dos menores.

A taxa de justiça era reduzida a metade nos demais casos de intevenção nos processos de jurisdição de menores, estando unicamente isento de custas (isenção subjectiva artigo 2.°, al. a) do CCJ), o MP.

---

[145] Cfr. anotação ao artigo 11.°, alínea c).

Com a publicação do Regulamaento das Custas Processuais cujos artigos são aplicáveis a todos os processos iniciados a partir de 20 de Abril de 2009, por força do art. 27.° do DL 34/2008 de 26 de Fevereiro, o regime de custas aplicado aos processos de promoção e protecção foi alterado.

Tendo-se fixado no art. 1.°, n.° 1 o regime da universalidade na aplicação das custas (a regra é agora a de que todos os processos estão sujeitos a custas mesmo que não estejam expressamente previstos no Regulamento, mantém-se a isenção (subjectiva) de custas em relação ao MP (artigo 4.°, n.° 1, al. a) do RCP).

Agora, todavia, os menores ou os seus representantes legais gozam apenas de isenção de custas na fase dos recursos quando da aplicação, alteração ou cessação das medidadas tutelares aplicadas em processos de jurisdição de menores (art. 4.°, al. i).

Quanto às demais situações o RCP apenas isentou de custas os processsos de confiança judicial de menor, tutela, adopção e outros de natureza análoga que visem a entrega do *menor* a pessoa idónea, em alternativa à institucionalização do mesmo (art. 4.°, n.° 2, al. f)).

Dado o princípio da universalidade, agora, na aplicação das custas a redacção do art. 4.°, n.° 2, al. f) do RCP suscita algumas dúvidas, mas deve ser interpretada em sentido restritivo, cabendo a isenção apenas e tão só nas situações aí descritas.

A questão não é todavia tão simples, uma vez que para além de enumerar determinado tipo de processos que gozam de isenção o RCP estabelece que outros processos de natureza análoga também gozam do mesmo regime.

A enumeração, porém, do tipo de processos que gozam de isenção mostra que nos processsos de natureza análoga" se teve em conta tão só os processos referidos no art. 162.° e seguintes da OTM, ou seja, os processos tutelares propriamente ditos que visam a entrega do *menor* a pessoa idónea, em alternativa à institucionalização do *menor* (adopção, confiança judicial, ou entrega) do *menor* e acção tutelar comum (art. 210.° da OTM).

O entendimento perfilhado fundamenta-se não só na circunstância de mesmo nestes casos as pessoas isentas das custas serem responsáveis pelo seu pagamento quando se conclua pela "manifesta improcedência do pedido" como pelo facto dos processos de promoção e protecção serem uma categoria diferente dos processos tutelares aí mencionados[146] e tem

---

146 Cfr. por exemplo o art. 2.°, n.° 3 do preâmbulo da LPPCJP.

uma natureza cautelar (instrumental e provisória) em relação aos procedimentos cíveis expressamente previstos[147].

Nas outras hipóteses em que os pais, representante legal ou quem detenha a guarda de facto sobre a criança/jovem intervenham sem a legitimidade que lhes é conferida pelo artigo 105.°, n.° 2, deve considerar-se que aos mesmos é aplicável o regime de custas previsto no artigo 7.°, n.° 3, do RCP, devendo ser condenados, então, pela sua intervenção[148].

Nos demais casos verifica-se uma isenção subjectiva de custas nos termos do artigo 4.°, n.° 1, al. a) RCP em relação às acções instauradas pelo MP.

Artigo 106.°
Fases do processo

1. O processo de promoção e protecção é constituído pelas fases de instrução, debate judicial, decisão e execução da medida.

2. Recebido o requerimento inicial, o juiz profere despacho de abertura de instrução ou, se considerar que dispõe de todos os elementos necessários, ordena as notificações a que se refere o n.° 1 do artigo 114.°, seguindo-se os demais termos nele previstos.

1. A circunstância do processo de promoção e protecção ter quatro fases – instrução, debate judicial, decisão e execução da medida – não significa que o processo passe obrigatoriamente por essas quatro fases. De facto, instaurado o processo por iniciativa do MP, ou pela criança/ /jovem com idade superior a 12 anos ou pelos seus representantes parentais, na hipótese prevista no n.° 2 do artigo anterior, pode não haver lugar à instrução, ao debate judicial e à decisão e execução da medida. Assim, pode não haver necessidade de instruir o processo se no requerimento que o instaurou já constarem todos os elementos de prova necessários para que o julgador possa passar à fase do debate judicial, por se verifi-

---

[147] Cfr. anotação ao art. 63.°, n.° 1 da LPPCJP.

[148] Também a prática de actos não previstos na Lei por parte dos intervenientes processuais se encontra sujeita a tributação como incidente anómalo previsto no art. 7.°, n.° 3 do Regulamento das Custas Processuais. Como exemplos desses incidentes sujeitos a tributação podem-se citar a sucessiva apresentação de requerimentos solicitando a revisão da medida de confiança a instituição com vista a futura adopção proferida por decisão já transitada em julgado.

car qualquer das hipóteses previstas no art. 114.º, n.º 1 (não ser possível obter o acordo ou este se mostrar como manifestamente improvável).

Pode verificar-se, igualmente, que iniciado o processo e na fase de instrução, encerrada esta, se conclua ser possível uma decisão negociada com a celebração de um acordo de promoção e protecção (art. 113.º), afastando-se assim, as fases de debate judicial e de decisão, mas mantendo-se a fase de execução posterior ao acordo alcançado (art. 125.º).

2. Quanto à fase de instrução, a mesma inicia-se após o momento em que o juiz julga aberta a instrução, por entender ser necessário carrear para o processo mais elementos de prova do que os que constam do requerimento inicial e traduz-se na audição da criança/jovem e dos seus representantes parentais, na audição dos técnicos que tenham tido conhecimento da situação perigosa em que se encontrava a criança/jovem, na junção das informações ou relatórios sociais sobre a situação da criança/ /jovem e do seu agregado familiar.

A fase de instrução pode, porém, prolongar-se, não só em face das diligências requeridas e das provas apresentadas pelos intervenientes e das alegações escritas produzidas sobre tais diligências ou provas, antes do debate judicial, como depois de iniciado este último, sendo, no entanto fundamental, em qualquer das hipóteses, que seja dada a possibilidade de contradita ao interveniente que não apresentou os meios de prova, a fim de as provas apresentadas poderem servir de fundamento à decisão a tomar (art. 117.º).

3. O juiz pode receber ou indeferir o requerimento inicial para a abertura da instrução, mas quando indeferir o requerimento inicial para abertura da instrução deverá fazê-lo por entender que a fase de instrução não é necessária, podendo, face ao requerimento e aos elementos de prova apresentados, passar-se, logo, a outra fase, ou entender, até, ao indeferir o requerimento, que o mesmo não contém os elementos necessários para aplicar a medida de protecção pretendida, nem mesmo através da abertura ulterior da instrução.

Se o julgador entender que do requerimento inicial não constam os elementos necessários à passagem à fase de debate judicial, mas o processo estiver em condições de poder ser instruído para depois se passar à fase do debate judicial, deve, então, declarar aberta a instrução e só depois de efectuadas as diligências de prova julgadas necessárias, poderá concluir, ou não, no sentido do arquivamento do processo, ou por não se comprovar ou subsistir a situação de perigo que originou o processo, ou se entender que perdeu aplicabilidade a adopção de qualquer medida de promoção ou protecção (art. 111.°), ou, finalmente, concluir no sentido do processo avançar para a fase seguinte.

4. A fase de debate judicial pressupõe que se mantém, por um lado, a situação de perigo que incidia sobre a criança/jovem e, por outro lado, não ter sido possível obter uma decisão negociada entre os intervenientes. Não existe, no entanto, nenhum impedimento a que, iniciado o debate judicial possa ser celebrado, ainda, um acordo de promoção e protecção, uma vez que esse compromisso é encarado pela lei como preferível à decisão tomada judicialmente, independentemente da vontade dos intervenientes.

No debate judicial há uma fase preliminar, nos casos em que a instrução foi encerrada ou foi dispensada, em que os intervenientes podem alegar e apresentar prova face aos elementos instrutórios existentes sendo, sempre, admissível, formular alegações pelo outro sujeito processual em relação aos elementos de prova carreados para o processo.

A lei, nesse ponto, exige que o MP nessa fase, alegue por escrito e apresente prova desde que a medida a aplicar seja a de confiança a pessoa seleccionada para adopção (art. 114.°, n.° 2).

Já na fase final do debate judicial, a que corresponde o início da audiência perante o tribunal, todas as provas apresentadas antes, ou depois da instrução, na fase preliminar do debate ou na audiência final, têm de passar pelo crivo do contraditório, na audiência para poderem ser fundamento da decisão a aplicar (art. 117.°)[149].

5. A fase da decisão implica a opção pela maioria de votos dos julgadores da medida a aplicar, dela devendo constar os fundamentos de facto e de direito da decisão, precedida do relatório que sucintamente descreverá a tramitação processual seguida (art. 121.°).

6. À fase complementar da execução da medida é aplicável o disposto nos n.os 2 e 3 do art. 59.° (art. 125.°), o que implica ser o Tribunal

149 Se antes não tiver sido dado conhecimento aos intervenientes de sobre elas se pronunciarem.

que decretou a medida aquele que deve dirigir a forma como ela está a ser implementada e apurar se a finalidade da mesma está a alcançar os seus objectivos, sendo o acompanhamento da mesma efectuado, em regra, pelos serviços de segurança social, que deverão observar e fiscalizar a aplicação da medida e a prossecução dos objectivos pretendidos alcançar (artigo 108.°, n.os 2 e 3 e artigo 5.°, al. d)).

Na execução das medidas há, agora, que ponderar a regulamentação das mesmas quanto às alineas a) a d) do n.° 1 do art. 35.° da LPPCJP, face à redacção relativa à respectiva execução constante do DL n.° 12/2008 de 17 de Janeiro.

ARTIGO 107.°
Despacho inicial

1. Declarada aberta a instrução, o juiz designa data para a audição obrigatória:

a) Da criança ou do jovem;

b) Dos pais, do representante legal da criança ou do jovem ou da pessoa que tenha a sua guarda de facto.

2. No mesmo despacho, o juiz, sempre que o julgar conveniente, pode designar dia para ouvir os técnicos que conheçam a situação da criança ou do jovem a fim de prestarem os esclarecimentos necessários.

3. Com a notificação da designação da data referida no n.° 1 procede-se também à notificação dos pais, representantes legais ou de quem tenha a guarda de facto da criança ou do jovem para, querendo, requererem a realização de diligências instrutórias ou juntarem meios de prova.

1. A audição obrigatória[150] da criança ou do jovem e de seus pais, representante legal ou pessoa que tem a sua guarda de facto logo no início da instrução, justifica-se como forma de o Tribunal ter, "ab initio", a possibilidade de ficar a saber se existe, ou não, a possibilidade de celebração de um acordo de promoção e protecção, o que a verificar-se, permite, desde

[150] A audição obrigatória significa tão só que o Tribunal terá necessariamente de agendar a diligência, mas não que a instrução fique indefinidamente em curso, até que os intervenientes processuais sejam encontrados ou que se apresentem em Juízo.

logo, que a audição obrigatória com todos os intervenientes funcione como conferência para efeitos de eventual decisão negociada (art. 112.°).

2. Pode ser útil em face dos elementos constantes do processo ouvir, imediatamente, os técnicos[151-152] que conheçam a situação da criança e do jovem, no mesmo dia em que se realiza a audição obrigatória da criança/ /jovem ou dos seus representantes parentais. Todavia, em regra, a sua presença só será indispensável se tal for necessário para a criança se aperceber do conteúdo e alcance da sua audição, face à possível medida a implementar e os técnicos convocados estejam em condições de clarificar a situação de perigo que incide sobre a criança jovem e os meios mais adequados e idóneos para afastar tal situação. Fora desse circunstancialismo, a audição de técnicos visará complementar as declarações prestadas, tendo em vista a medida a aplicar após debate judicial, por não ser possível o acordo de promoção e protecção.

3. Os pais, os representantes legais da criança/jovem ou a pessoa que tem a sua guarda de facto ou de direito, podem, além de serem ouvidos pessoalmente, apresentar ou requerer quaisquer meios de prova que justifiquem a sua posição, face à presunção decorrente da abertura do processo e à existência da situação de perigo para a criança/jovem, de que foram eles que colocaram em perigo a segurança, a saúde, a formação, a educação e ou o desenvolvimento da criança/jovem, por acção ou omissão, não tendo actuado de forma a afastar essa situação. Assim, por exemplo, os pais poderão alegar e juntar elementos de prova no sentido de que não abandonaram a criança ou o jovem, que lhe prestaram os cuidados adequados à sua idade e situação pessoal, como forma de justificarem que não é fundamentado o processo instaurado e não se impunha quer a abertura do processo, quer a aplicação de qualquer medida que afaste a criança/ /jovem do seu agregado biológico.

4. Deve acentuar-se que à audição da criança/jovem ou dos seus representantes parentais no processo judicial de promoção e protecção são aplicáveis as disposições processuais gerais constantes dos arts. 77.° a 90.° em especial os arts. 84.°, 85.°, 86.° e 87.°. Assim, a criança/jovem tem o direito de ser ouvida individualmente ou acompanhada dos pais ou dos repre-

---

[151] Da comissão de protecção, da instituição onde a criança se encontre acolhida, etc.

[152] Cfr. ainda anotação n.° 4 ao artigo 108.° da Lei.

sentantes parentais, advogado de sua escolha ou oficioso, ou por pessoas de sua confiança (art. 84.°, n.° 2); deve compreender e perceber com clareza o que se pretende de si e a função e a finalidade do processo em que intervém (art. 86.°) e só pode ser sujeita a exames que possam ofender o seu pudor quando tal for indispensável e o seu interesse o exigir (art. 87.°, n.° 1).

5. A lei estabelece no n.° 3 que a notificação deve ser feita aos representantes parentais para estes requererem a realização de diligências instrutórias ou juntarem meios de prova. Não se prevê, pois, que sejam notificados terceiros, que pela sua acção ou omissão sejam responsáveis pela situação de perigo para a segurança, saúde, formação educação ou desenvolvimento da criança ou do jovem. Tratar-se-á de uma omissão da lei devendo, também, esses terceiros que, estão na origem da situação perigosa, ser notificados do requerimento do MP?

Repare-se que o processo judicial de promoção e protecção se destina a procurar garantir o pleno desenvolvimento da criança e do jovem e, em princípio, fazê-lo regressar à sua família de origem.

O que interessa averiguar no processo de promoção e protecção são as condições que obstam à realização plena, pela família natural, do objectivo da realização integral da criança e do jovem e, não a de permitir a defesa daqueles que são acusados de obstar a esse desenvolvimento, pelos seus comportamentos e acções. O contraditório espraia-se, pois, entre duas realidades – a da criança ou jovem que se encontra em situação de perigo e os representantes parentais da criança e do jovem que devem explicitar as razões pelas quais esse objectivo de desenvolvimento integral não se está a realizar dentro da família.

A notificação a terceiros não se justifica, atenta a finalidade do processo, senão com o objectivo dos mesmos poderem ser inquiridos e eventualmente responsabilizados pelos comportamentos ou omissões que hajam tido, mas, nunca, como interessados em contradizer e defender posições processuais contrárias às pretendidas pelo MP com a instauração do processo.

Artigo 108.°
Informação ou relatório social

1. O juiz, se o entender necessário, pode utilizar, como meios de obtenção de prova, a informação ou o relatório social sobre a situação da criança e do jovem e do seu agregado familiar.

2. A informação é solicitada pelo juiz às entidades referidas na alínea d) do artigo 5.°, que a remetem ao tribunal no prazo de oito dias.

3. A elaboração do relatório social é solicitada pelo juiz a qualquer das entidades a que se refere o artigo 5.°, alínea d), que disponha de serviço social adequado para o efeito, que o remete no prazo de 30 dias.

1. Por este artigo é dada a faculdade ao Juiz, na fase de instrução, de solicitar o envio do relatório social sobre a situação da criança/jovem e do seu agregado familiar.

O relatório social deveria ser resultante de uma actividade investigatória aprofundada junto do meio social em que vive a criança/jovem e o seu agregado familiar.

Actividade investigatória que pressupõe o contacto com as forças vivas da comunidade em que se insere a criança e a sua família, como os vizinhos, a escola, as condições habitacionais, relações de família, de trabalho, de economia, disponibilidade dos pais e capacidade psíquica e económica para tratar e educar os filhos. Por outro lado, os relatórios sociais deveriam descrever, com minúcia, o percurso da criança/jovem desde o seu nascimento, o envolvimento dos pais na sua educação, de forma a permitir determinar as clivagens que levaram a criança/jovem à situação de perigo.

Detectadas as origens da situação perigosa e da sua persistência, o técnico, ou técnicos que elaboram os relatórios deveriam, como peritos, propor as medidas consideradas adequadas a superar as situações detectadas.

Infelizmente, pela urgência das medidas e carência de meios humanos, muitos dos relatórios das comissões reconduzem-se à realização de entrevistas aos próprios interessados, pelo que os mesmos, muitas vezes, são apenas prova superficial sobre a situação de perigo em causa e os meios necessários ao seu combate.

2. O Juiz pode solicitar as informações e relatórios a qualquer das entidades que desenvolvem actividades nas áreas da infância e juventude (art. 5.°, alínea d)), sendo certo que nada impede que o Juiz peça informações a qualquer outra entidade administrativa ou policial que tem o dever de colaborar com a justiça, face ao preceito constitucional constante do art. 202.°, n.° 3 da CRP.

3. A Lei distingue entre informações e relatórios, atendendo ao conteúdo dos mesmos e ao prazo que é diferenciado, necessariamente. De facto, a informação solicitada pressupõe que o Juiz através do processo, julga possível ter o conhecimento de facto através de uma consulta a uma determinada entidade; já na elaboração do relatório o Tribunal dirige-se a uma entidade, como por exemplo os serviços da segurança social, para lhe solicitar não só a informação relativa a determinados factos, como o parecer circunstanciado sobre os factos apurados e a opinião que o serviço social tem sobre os factos que apurou.

De qualquer forma, o que é sintomático, é o carácter facultativo da informação ou do relatório social, o que permite sublinhar o papel investigatório que cabe ao Juiz no sentido de apurar os factos indispensáveis para concluir num sentido ou noutro quanto ao prosseguimento do processo e à conclusão do encerramento da instrução e em face do que pode decidir após o seu encerramento (art. 110.° da lei).

4. Da conjugação do artigo 108.°, com o artigo 107.°, n.° 2 resulta ser possível ao julgador ouvir técnicos que conheçam da situação da criança ou do jovem ou ouvir técnicos, que por iniciativa do Juiz, forneçam elementos sobre a situação da criança e do jovem e do seu agregado familiar, que vão possibilitar ajuizar da medida considerada mais adequada para se conseguir um projecto de vida que consiga alcançar o desenvolvimento integral da criança ou do jovem. Como a audição dos técnicos a que se refere o artigo 107.°, n.° 2, não é imperativa e terá carácter excepcional (uma vez que, em geral, os referidos técnicos já terão sido ouvidos, nos processos que correram junto das comissões de protecção), razões de celeridade processual levam a considerar útil e pertinente, que na data marcada para a audição obrigatória da criança/jovem, ou dos seus representantes parentais, seja convocado, desde logo, aos serviços de segurança social, o técnico que, nos termos do artigo 108.°, n.° 3 irá elaborar o relatório social aí previsto. Com essa convocatória, consegue-se, que o técnico a quem cabe elaborar o relatório social previsto neste artigo, fique em contacto com os intervenientes processuais e seja determinado, desde logo, a necessidade do mesmo técnico cumprir o prazo estipulado no artigo 108.°, n.° 3 quanto à remessa do relatório social no prazo de 30 dias aqui estipulado, sugerindo, à partida, ao Tribunal, qual o plano concreto de intervenção julgado adequado a ultrapassar a situação de perigo detectada.

Este prazo de 30 dias tem natureza processual e não administrativa pelo que é contado de seguida, não se interrompendo nas férias judiciais, nem nos feriados e fins-de-semana por se tratar de processo urgente – art. 102.° da LPPCJP e 104.°, n.os 1, 2 e 3 do CPC.

Artigo 109.°
Duração

A instrução do processo de promoção e protecção não pode ultrapassar o prazo de 4 meses.

1. Em inúmeros artigos da Lei se verifica a preocupação do legislador em fixar prazos máximos, ou para aplicar medidas provisórias (6 meses – art. 37.°), ou para fixar medidas definitivas (art. 60.°, n.° 2 – 18 meses), ou para proceder à sua revisão (6 meses – art. 62.°, n.° 1 e 62.°, n.° 6).

Como as medidas provisórias têm o prazo máximo de 6 meses (art. 37.°) e a instrução o prazo máximo de 4 meses, restam 2 meses para ser efectuado o debate judicial e o julgamento com a aplicação da decisão que decretar a medida definitiva, se for esgotado o prazo de instrução.

2. A fixação de um prazo[153] para o tribunal (a instrução não pode ultrapassar o prazo de 4 meses), implica que se tenha em conta a data em que o julgador, de acordo com o n.° 1 do art. 107.°, declara aberta a instrução e o decurso do prazo de 4 meses, posterior à data de declaração, tendo em consideração o disposto nos artigos 298.°, n.° 2 do CC e os arts. 296.° e 297.°, alínea e) do mesmo código. Assim, o prazo terminará no 4.° mês seguinte à data da abertura da instrução e o seu terminus no dia a que corresponda esse 4.° mês, salvo se não existir dia correspondente (como acontecerá se o prazo terminar no mês de Fevereiro em data posterior a 28 ou 29; consoante os anos), em que o prazo terminará no último dia desse mês.

Findo o prazo de 4 meses para realizar a instrução, ao juiz, restam as opções previstas no artigo 110.° – ou arquivar o processo, ou designar dia para uma conferência ou determinar o prosseguimento do processo para realização do debate judicial, tendo em conta, tão só, os indícios apurados

---

[153] Entendemos que o prazo indicado não é peremptório, mas meramente programático ou indicativo, pois que a sua violação não implica a extinção da instrução com o subsequente arquivamento do processo.

Os actos de instrução praticados pelo julgador após o decurso do prazo máximo fixado padecerão de mera irregularidade que poderão conduzir a instauração de processo disciplinar ao magistrado, funcionário ou técnico que culposamente não cumpriu com o estabelecido legalmente.

até ao encerramento da instrução. O que o julgador não deve é continuar a coligir prova para obter elementos seguros quanto à medida a aplicar, desde que ultrapassado o prazo de 4 meses.

De qualquer forma, o princípio do inquisitório não impede que durante o debate judicial sejam colhidas e obtidas provas adicionais desde que observado e respeitado o princípio do contraditório.

Artigo 110.°
Encerramento da instrução

O juiz, ouvido o Ministério Público, declara encerrada a instrução e:

a) decide o arquivamento do processo;

b) designa dia para uma conferência com vista à obtenção de acordo de promoção e protecção; ou

c) Quando se mostre manifestamente improvável uma solução negociada, determina o prosseguimento do processo para realização de debate judicial e ordena as notificações a que se refere o n.° 1 do artigo 114.°.

1. O encerramento da instrução depende da audição prévia do MP devendo considerar-se a falta dessa audição como nulidade a que é aplicável o art. 210.° do CPC, uma vez que sendo o MP interveniente principal no processo de promoção e protecção e simultaneamente o impulsionador do processo, com a sua instauração, a irregularidade cometida pode influir no exame ou na decisão da causa, na medida em que o MP poderia, antes de encerrada a instrução, trazer aos autos elementos de prova que poderiam influenciar a decisão posterior do tribunal sobre a forma e o modo de remover o perigo que incidia sobre a criança/jovem.

2. O facto de o juiz ouvir o MP não significa que tenha que proceder às diligências de prova por ele sugeridas, ainda que úteis, designadamente se se estiver a esgotar o prazo da instrução e o mesmo poder ser ultrapassado com a realização da diligência sugerida. Da mesma forma, o Juiz pode indeferir as diligências referidas por não as julgar necessárias ou oportunas e encerrar, na mesma, a instrução.

3. A decisão do julgador no sentido do processo ser arquivado, que é clarificada pelo artigo seguinte (111.°), corresponde à constatação que deixou de existir a situação de desarmonia de interesses entre a criança/ /jovem e os seus pais, representante legal ou de facto e a criança/jovem e que foi removida a situação de perigo de entre as enunciadas, exemplificativamente no art. 3.°, pelo que deixou de ser legítima a intervenção do tribunal.

4. A designação de dia para uma conferência com vista à obtenção de acordo de promoção e protecção após o encerramento da instrução, salienta que foi na fase de instrução que se puderam apurar os elementos que permitiram chegar à conclusão da celebração do acordo. Efectivamente, se tais elementos já pudessem ser tidos em conta aquando da abertura da instrução, o despacho de abertura seria simultaneamente um despacho em que se designaria, desde logo, a data da conferência[154].

5. A declaração do encerramento da instrução, a par da necessidade do processo passar à fase seguinte (a do debate judicial), pressupõe que já foram colhidos os elementos de prova que permitirão ao Tribunal decidir a medida a aplicar e simultaneamente confirmar que, no desenrolar do processo não foi possível atenuar a conflitualidade entre os intervenientes com vista a uma decisão negociada. Uma decisão negociada mostra-se "manifestamente improvável" quando, ouvidos os intervenientes no processo se possa concluir com alto grau de probabilidade que estes só admitirão uma decisão que lhes seja imposta e que implicará, necessariamente, uma opção pela posição assumida por um dos intervenientes com a oposição do outro, ou nenhuma das soluções propostas pelos mesmos.

6. As notificações a que se referem a alínea c) do artigo 110.° e o artigo 114.°, n.° 1, deverão revestir a forma de notificações pessoais caso os intervenientes não tenham tido conhecimento anteriormente do processo instaurado e dos fundamentos do requerimento apresentado para aplicação da medida de promoção e protecção. Isto significa que as notificações deverão ser tratadas de acordo com as regras previstas para a citação, ou seja, efectuadas através de carta registada com aviso de recepção, por contacto directo do funcionário ou da autoridade policial e, caso as mesmas se revelem inviá-

[154] Cfr. anotação ao artigo 112.° da Lei.

veis, deverão ser realizadas por éditos nos precisos termos previstos para a citação edital por incerteza do lugar – artigos 256.° e 248.° do CPC[155].

O formalismo indicado, abrangendo a afixação de três editais e a publicação de dois anúncios, sendo exaustivo e correspondendo ao fixado no artigo 248.° do CPC, deveria, em nosso entender, ser reservado apenas para as situações em que a medida a adoptar no processo de promoção e protecção fosse a medida de confiança a pessoa seleccionada a adopção ou instituição com vista a futura adopção, uma vez que nesses casos, em que se rompe o vínculo biológico com os pais naturais, haverá que tomar todas as cautelas tendentes a assegurar o conhecimento pelos pais da medida que se pretende adoptar. A situação que foi referida é similar e merece idêntico tratamento ao que foi estabelecido no artigo 164.° da OTM nas hipóteses em que é requerida a confiança judicial da criança/jovem, pois também aí, a citação edital deverá ser efectuada nos termos do 248.° do CPC, havendo lugar, igualmente, nesse caso, à afixação de três editais e à publicação de dois anúncios e por fim a nomeação de patrono que represente os progenitores ausentes.

Nos demais casos julgamos que a lei deveria ser revista no sentido de ser adoptado um regime nos processos de promoção e protecção idêntico ao regime previsto no artigo 176.° da OTM, e, daí, que a notificação dos pais para alegar se deveria limitar à afixação de editais na porta do tribunal e na porta da última residência conhecida do ausente.

Artigo 111.°
Arquivamento

O juiz decide o arquivamento do processo quando concluir que, em virtude de a situação de perigo não se comprovar ou já não subsistir, se tornou desnecessária a aplicação de qualquer medida de promoção e protecção.

1. O processo, na fase judicial, inicia-se com o requerimento do MP no qual este deve fundamentar de facto e de direito as razões que permitem a intervenção judicial, tendo em vista o objecto do processo, que se

155 Cfr. Geraldes, António Santos Abrantes – "Temas Judiciários: 1 – Citações e Notificações em Processo Civil; 2 – Custas e Multas Cíveis, Volume I", Almedina, 1998, pp. 140 a 151.

destina a remover o perigo que incide sobre a criança/jovem e a aplicar, se necessário, medidas que removam a situação de perigo criada à segurança, saúde, formação, educação ou desenvolvimento da criança/jovem.

Face ao pedido do MP, que pode ter tido necessidade de realizar diligências prévias no sentido de apurar a existência efectiva da situação perigosa, o MP só deve avançar com o processo judicial quando não seja manifesta a falta de fundamento sobre a existência da situação perigosa ou a necessidade de intervenção judicial (art. 74.°). Daí que, ou o MP arquivou liminarmente o processo face à situação de perigo que lhe foi comunicada, considerando, por exemplo, que os maus-tratos que eram imputados aos pais da criança ou do jovem não foram confirmados, ou, ao intentar a acção, julgou fundada a existência da situação de perigo. Por isso e a não ser que o MP tenha actuado sem a necessária diligência e cuidado, não serão muitos os casos em que a situação de perigo não seja comprovada por ter havido, posteriormente, instrução do processo.

Já as situações de não subsistência da situação de perigo poderão ser frequentes, uma vez que do circunstancialismo fáctico apurado após a instrução se pode concluir que, perante novos factos apurados, a situação perigosa inicialmente detectada deixou de perdurar.

2. Não se comprovando, ou não subsistindo a situação perigosa, o processo torna-se inútil, uma vez que se pretendia aplicar uma medida para remover uma situação de perigo ou afastar essa situação de qualquer outra forma e a mesma situação deixou de se verificar.

O arquivamento dos autos corresponde, pois, à extinção por inutilidade superveniente do processo, que não da lide, já que tratando-se de um processo de jurisdição voluntária, os intervenientes não estão propriamente em litígio sobre um idêntico interesse, mas, tão somente, perante posições anómalas sobre o mesmo, que, no caso, se encontra salvaguardado com o desaparecimento da situação que motivara a instauração do processo.

3. Como o despacho de arquivamento, de forma indirecta, se pronuncia sobre a desnecessidade de aplicação, alteração ou cessação de qualquer medida de promoção e protecção (uma vez que só é proferido por não se comprovar ou não subsistir a situação de perigo, ou por ser considerada desnecessária a aplicação de qualquer medida de promoção e protecção) a decisão de arquivamento é susceptível de recurso face ao estatuído no artigo 123.°, n.° 1 da Lei.

ARTIGO 112.°
Decisão negociada

O juiz convoca para a conferência, com vista à obtenção de acordo de promoção e protecção, o Ministério Público, os pais, o representante legal ou quem tenha a guarda de facto, a criança ou jovem com mais de 12 anos e as pessoas e representantes de entidades cuja presença e subscrição do acordo seja entendida como relevante.

1. Já foi expendido anteriormente que o princípio da economia processual pode levar a que o julgador, logo após a abertura da instrução designe data para audição dos intervenientes no processo e nessa audição proceder-se, desde logo, a uma conferência com vista à obtenção do acordo de promoção e protecção, independentemente de ser declarada encerrada a instrução, por se entender que os elementos de prova apurados provam a situação perigosa e se afigura viável a obtenção do acordo negociado.

Fora daqueles casos é que o juiz designará a conferência, depois de encerrada a instrução, convocando para a mesma as pessoas referidas no artigo.

2. Saliente-se que o artigo fala, ainda, na necessidade de intervenção no acordo dos "representantes de entidades cuja presença e subscrição seja entendida como relevante". A "relevância" da subscrição resultará em regra, dos representantes legais das instituições de acolhimento ficarem vinculados às cláusulas referidas no art. 57.° da Lei, designadamente, ao regime de periodicidade das visitas à criança/jovem e ao conteúdo da informação a prestar pelos representantes das instituições às autoridades administrativas e judiciárias. Por outro lado, os representantes legais das instituições de acolhimento ficarão desde logo conhecedores, em concreto, dos direitos da criança e do jovem em acolhimento, nos termos do art. 58.° da Lei.

Na prática verifica-se, ainda, que a subscrição do acordo é normalmente efectuada na presença dos representantes da segurança social, que servem de intermediários entre a instituição em que a criança/jovem é acolhida e as demais entidades administrativas ou judiciais. É a segurança social que acaba por fornecer ao Tribunal a informação a que se refere o artigo 57.°, n.° 2 da Lei.

Esta solução "prática" permite evitar a constante deslocação dos directores das instituições para celebrarem os acordos negociados perante os tribunais.

A subscrição do acordo por parte dos representantes das referidas entidades afigura-se, assim, relevante, numa perspectiva de ser vantajosa, mas pouco exequível na prática.

3. O processo de promoção e protecção foi pensado, inicialmente, como um processo em que se pretendia remover o perigo que incidia sobre a criança/jovem, por um período mais ou menos dilatado, consoante as circunstâncias, para permitir o "retorno" da criança/jovem à sua família biológica.

Com a introdução, na alínea g) do n.° 1 do art. 35.°, da medida de confiança a pessoa seleccionada para a adopção ou a instituição com vista a adopção, passou a admitir-se que em determinados casos esse "retorno" não era viável. Esses casos, que o art. 38.°-A reconduz às situações previstas no art. 1978.° do CC, levam a que decretada a medida prevista na alínea g), do n.° 1 do art. 35.° a mesma já não possa ser revista e dure até ser decretada a adopção, nos termos do art. 62.°-A da lei.

O contraditório em relação à medida prevista no art. 35.°, n.° 1, alínea g) tem que ser assegurado em todas as fases processuais, como é especialmente acentuado pelo art. 104.°, n.° 3 da Lei. Essa ênfase explica-se, precisamente, por que se trata de uma situação em que a aplicação da medida acaba por extinguir o laço biológico que une a criança/jovem à sua família de origem e à inibição dos pais biológicos do exercício das responsabilidades parentais (art. 1978.°-A do CC). Assim, se os pais da criança ou jovem, no exercício do seu direito de contraditório, derem a sua anuência/consentimento à adopção no acordo de promoção e protecção, como já não é possível o "retorno" à família biológica, o consentimento ou acordo em causa corresponde a um assentimento de que a criança ou jovem possa ser posteriormente adoptada. Por isso, todos os cuidados serão parcos quanto a assegurar a notificação pessoal dos pais ou representantes parentais da criança/jovem para assistir à conferência e a assinar o acordo.

Na hipótese dos pais não serem encontrados ou se desconhecer o seu paradeiro, igualmente, terão que ser assegurados todos os seus direitos, designadamente com a notificação pessoal a que se aplicam as regras da citação[156] e a designação de advogado ou patrono oficioso, para que seja garantido aos pais, ou a quem os substitua, a possibilidade de se poderem opor à medida que conduzirá à futura adopção.

4. O artigo apenas estabelece que o juiz convoca a conferência para tentar obter o acordo de promoção e protecção. Não se refere que o Juiz, à semelhança do estatuído no art. 116.°, n.° 2, possa tomar as providências necessárias para essa comparência.

Várias razões podem ser apontadas para que no caso de falta injustificada dos pais ou de outros intervenientes indispensáveis à obtenção do acordo, o juiz não possa usar dos meios coercitivos, como a comparência sob custódia, para impor a presença daquelas pessoas.

Em primeiro lugar, há que atentar que o acordo pretendido só é possível com a anuência de todos os intervenientes e, a ausência daqueles à conferência designada, não pode deixar de ser interpretada como a sua não predisposição à celebração do acordo.

Depois, a conferência constitui uma fase negocial, prévia, que não termina, necessariamente, com a celebração do acordo, podendo os pais comparecer à diligência e esta acabar por não surtir o seu efeito, que é remover o perigo para a criança jovem e simultaneamente, assegurar pelo acordo, o seu desenvolvimento integral.

Já no caso do art. 116.°, n.° 2, que se reporta à fase do debate judicial, está-se, então, perante a última fase de um procedimento que visa a aplicação de medidas de promoção e protecção à criança ou ao jovem. Fracassadas as diversas tentativas anteriores, impõe-se uma solução rápida e expedita, sem quebra de soluções de continuidade, em que a decisão a tomar vai vincular todos os intervenientes, com ou sem o seu acordo, mas em que a participação de todos é o meio mais adequado para que tenham conhecimento imediato da decisão adoptada.

O uso dos meios coercitivos ao dispor do juiz impõe-se, então, como o meio último, mais célere e apto para tornar eficaz a decisão tomada, justificando-se, então, o recurso a um meio excepcional de privação de liberdade que a lei apenas admite, em princípio, para os casos taxativa e expressamente previstos na lei.

Pode, pois, concluir-se, que contrariamente ao estabelecido no artigo 116.°, n.° 2, no caso de falta injustificada dos intervenientes à conferência,

156 Cfr. anotação 6 ao artigo 110.° e anotação 3 ao artigo 104.° da Lei.

para obter uma decisão negociada, por via judicial, o juiz não pode usar dos meios coercitivos para obrigar as pessoas a comparecer à diligência designada.

5. Quanto à hipótese de o acordo ter de ser assinado pelo pai ou mãe que se encontram inibidos do exercício das responsabilidades parentais, a resposta a essa questão deve ser negativa.

Os pais podem ser inibidos das responsabilidades parentais, nos termos do art. 1915.°, n.° 1 do CC, quando infringirem culposamente os seus deveres para com os filhos, com grave prejuízo destes, ou quando, por inexperiência, enfermidade ausência ou outras razões, se não mostrem em condições de cumprir aqueles deveres. Como exemplos previstos no artigo 1915.°, n.° 1 do CC e artigo 194.° da OTM pode indicar-se as situações em que os pais são condenados por violência sexual sobre o filho, deficiência mental profunda e homicídio cometido por um dos progenitores contra o outro a que a criança tenha assistido.

Segundo o art. 1919.° do CC, perante casos em que não haja lugar à inibição das responsabilidades parentais, mas em que seja posta em causa pelos pais, a segurança, a saúde a formação moral ou a educação dos filhos, pelos comportamentos dos pais, o tribunal deve decretar as providências adequadas para afastar tais situações, designadamente confiando a criança ou o jovem a terceira pessoa ou a estabelecimento de educação ou assistência.

Os processos de promoção e protecção são destinados, de acordo com o art. 3.° da lei, a remover o perigo para a criança/jovem dos comportamentos e omissões dos pais, que, segundo os arts. 1915.° e 1918.° do CC, podem levar a ser decretada a medida de inibição das responsabilidades parentais ou a afastar a criança ou o jovem do convívio e vivência conjunta com os seus pais. Daí que, embora a inibição das responsabilidades parentais não faça cessar todos os deveres dos pais para com os filhos, como por exemplo o dever de continuarem a prestar-lhes alimentos, a mesma inibição está indissoluvelmente ligada à omissão pelos pais de deveres que estão conexionados com a saúde, a segurança a formação a educação e o desenvolvimento da criança/jovem. Não faria, pois, sentido, que o pai ou a mãe que foi afastado do exercício das responsabilidades parentais por não cumprir aqueles deveres, tivesse, necessariamente, de intervir no acordo de promoção e protecção cuja finalidade é, precisamente, garantir e assegurar que os deveres não cumpridos pelos pais afastados das responsabilidades parentais sejam supridos por qualquer das medidas previstas na presente lei. E, nem se pense que não teria que necessariamente ser assim, uma vez que a lei prevê a medida de apoio junto dos pais e esse apoio poderia ser dado ao pai inibido de exercer as responsabilidades parentais. Porém, mesmo nessa situação, o apoio a conceder ao pai inibido das responsabilidades parentais careceria de sentido, dado que tal apoio pressupõe a existência de condições para que os pais continuem a exercer as responsabilidades parentais, o que não acontece no caso, na medida em que o pai ou a mãe inibidos das responsabilidades parentais só o podem de novo voltar a exercer após o trânsito em julgado da sentença que levantou a inibição (art. 1916.º do CC).

Pode, pois, concluir-se, que os pais inibidos do exercício das responsabilidades parentais não podem exigir a sua intervenção nos acordos negociados nos processos de promoção e protecção, à excepção dos casos em que a limitação ao exercício das responsabilidades parentais respeite exclusivamente à má administração do património da criança/jovem nos termos do artigo 200.º, n.º 1 da OTM.

Deve ser salientado, por último, que quando os pais estão inibidos das responsabilidades parentais a criança/jovem está sujeito obrigatoriamente a tutela nos termos do artigo 1921.º, n.º 1, al. b) pelo que, em princípio, caberá ao tutor, a existir, a representação da criança/jovem ou ao guardião de facto.

6. No apadrinhamento civil o Tribunal dispensa o consentimento para o apadrinhamento pelos pais da criança/ jovem que tenham sido inibidos totalmente do exercício das responsabilidades parentais (art. 14.º, n.º 4, alínea d) da Lei n.º 103/2009 de 11 de Setembro).

Artigo 113.º
Acordo de promoção e protecção

1. Ao acordo de promoção e protecção é aplicável, com as devidas adaptações, o disposto nos artigos 55.º a 57.º.

2. Não havendo oposição do Ministério Público, o acordo é homologado por decisão judicial.

3. O acordo fica a constar de acta e é subscrito por todos os intervenientes.

1. Sendo aplicável ao acordo de promoção e protecção o estatuído nos artigos 55.º a 57.º, "com as devidas adaptações", resulta, que, do acordo judicial constará a identificação da entidade que o tribunal considere mais adequada para acompanhamento da execução do acordo (art. 59.°, n.° 3). Daí que essa designação tenha que figurar, necessariamente, no acordo negocial, tendo em atenção que o juiz convoca desde logo e nos termos do art. 112.° os técnicos cuja presença é relevante, um dos quais é, em princípio, o representante da segurança social.

No que respeita à periodicidade e ao conteúdo da informação a dar ao tribunal e à identificação da pessoa ou entidade que deve prestar a mesma (art. 57.°, alínea c)) e na qual se procura avaliar se a medida aplicada está a produzir os seus frutos (n.° 2 do art. 57.°), em princípio, deve ser a mesma entidade que controla a execução da medida, através do seu representante credenciado, que deve prestar essa informação ao tribunal no período que for estipulado no acordo de promoção e protecção. Efectivamente, o controlo pelo tribunal da medida aplicada e o seu acompanhamento devem ser efectuados pela mesma pessoa, que terá uma perspectiva global dos objectivos da medida aplicada e dos pretendidos alcançar e que permitirá ao tribunal decidir em conformidade com a informação prestada.

2. O acordo de promoção e protecção, contendo um conjunto de medidas relativas a um projecto de vida da criança/jovem, visando o seu desenvolvimento integral e, em regra, o seu retorno à família biológica, é assinado pela criança/jovem com mais de 12 anos e pelos seus representantes legais. A não oposição do MP ao acordo não tem em vista a representação, ainda que acessória da criança/jovem, visando, antes, a apreciação da legalidade e da adequação da medida acordada com os fins pretendidos com a sua aplicação. De todo o modo, a oposição do MP ao acordo, como a oposição de qualquer dos intervenientes, inviabilizá-lo-à e implicará a passagem ao debate judicial.

3. A circunstância do acordo ficar a constar da acta da conferência e ser subscrito por todos os intervenientes significa que é o próprio acordo que consta da acta judicial lavrada e não a notícia de que o acordo foi celebrado, constando o mesmo de documento avulso, devendo ser entregue cópia aos intervenientes, para estes poderem comprovar o acordo firmado.

4. Apesar do acordo de promoção e protecção passar sob o crivo da apreciação da sua legalidade pelo MP, cabe ao julgador homologar, ou não, o acordo celebrado.

Na homologação, o julgador, além de apreciar a sua conformidade, com o preenchimento dos requisitos previstos no art. 55.° alíneas b) e c) e das cláusulas enumeradas a título indicativo, conforme os casos, nos arts, 56.° e 57.°, deve salientar, se for caso disso, os direitos da criança e do jovem acolhidos em instituição, face ao disposto no art. 58.° da Lei.

O acordo homologado pelo julgador tem um carácter misto de transacção, quanto à conciliação dos interesses anómalos que estão em causa para realização do interesse superior da criança e, nessa parte, a vontade das intervenientes corresponde a uma afirmação de vontades de que podem dispor, dentro dos limites da lei, quanto à escolha da medida mais adequada a defender os interesses da criança/jovem. Por outro lado, a necessidade de observância de determinados requisitos impostos pela lei, coloca a homologação do acordo dependente da inserção no mesmo dos seus requisitos obrigatórios, o que faz relevar a posição do julgador quanto à homologação do acordo pretendido pelos intervenientes.

Do que foi referido resulta que, desde que o MP não se oponha à medida de promoção e protecção, por a não considerar ilegal ou inadequada, não pode o julgador, verificados os demais requisitos, não homologar o acordo só por que, no seu entender, a medida acordada não é a que entende como a mais adequada. Esta posição deriva, em especial, da aplicação do princípio da subsidariedade, uma vez que conseguido remover o perigo, na perspectiva dos intervenientes e de quem zela pela legalidade e adequação das medidas que hão-de permitir, em princípio, o "retorno" da criança/jovem à sua família biológica, a intervenção judicial como "última instância", não se deve intrometer na solução encontrada.

Artigo 114.°
Debate judicial

1. Se não tiver sido possível obter o acordo de promoção e protecção, ou quando este se mostre manifestamente improvável, o juiz notifica o Ministério Público, os pais, o representante legal, quem detiver a guarda de facto e a criança ou o jovem com mais de 12 anos para alegarem por escrito, querendo e apresentarem prova no prazo de 10 dias.

2. O Ministério Público deve alegar por escrito e apresentar provas sempre que considerar que a medida a aplicar é a prevista na alínea g) do n.° 1 do artigo 35.°.

3. Recebidas as alegações e apresentada a prova, o juiz designa dia para o debate judicial e ordena a notificação das pessoas que devam comparecer.

4. Com a notificação da data para o debate judicial é dado conhecimento aos pais, ao representante legal ou a quem tenha a guarda de facto das alegações e prova apresentada pelo Ministério Público e a este das restantes alegações e prova apresentada.

1. Já foram referidas as situações em que após o encerramento da instrução dirigida e orientada pelo julgador no uso do princípio inquisitório, se terá de passar à fase de debate judicial. Em resumo, o processo só avança para o debate judicial se se mantiver a situação de perigo que incide sobre a criança/jovem e se não for possível obter um acordo de promoção e protecção pela via negocial. Se se avançar no sentido do debate judicial, por se verificarem aqueles pressupostos é dada, então, aos intervenientes, a possibilidade de se pronunciarem por escrito sobre toda a prova produzida no prazo de 10 dias. Nessas alegações os intervenientes hão-de referir as razões por que, subsistindo uma situação de perigo se impõe, em face dos elementos de prova existentes, uma determinada medida.

Poderão, igualmente, os intervenientes, tendo em conta a sua perspectiva do valor da prova até então efectuada, apresentar provas complementares, além das já produzidas na fase de instrução.

Quaisquer das provas e alegações a apresentar têm carácter facultativo, uma vez que no n.° 1 do art. 114.° se refere que os intervenientes são notificados para alegar por escrito "querendo" e apresentar provas no prazo de 10 dias.

Se os interessados e o MP não apresentarem provas, nem alegarem e uma vez que não foi possível obter uma decisão negociada, nem se justifica o arquivamento do processo, o princípio do inquisitório implica que o tribunal, se o julgar indispensável, colija as provas existentes e recolha as informações necessárias para ouvir os depoimentos necessários ao esclarecimento da situação, efectuando-se, depois o debate judicial, onde serão ouvidas as testemunhas que o julgador considerou como indispensáveis para o apuramento dos factos.

Coloca-se, neste ponto, a questão de saber se não sendo necessária a produção de qualquer prova o juiz poderá proferir desde logo decisão ou mesmo assim deverá designar data para o debate judicial.

Em nossa opinião *de jure condito* o debate judicial deverá sempre efectuar-se desde que não seja possível alcançar uma decisão negociada e mesmo que não haja necessidade de produzir qualquer prova durante o debate[157].

Deve salientar-se, em primeiro lugar, que o processo de promoção e protecção visa a aplicação de uma medida que afaste a situação de perigo que incide sobre a criança/jovem. Instaurado o processo judicial, porque não foi possível obter o acordo dos intervenientes, aquele objectivo tem de ser prosseguido pelo tribunal e não cabe na disponibilidade dos interessados afastar a medida que o tribunal porventura julgue aplicável. Trata-se de uma situação em que a própria natureza da medida a aplicar pelo Tribunal e que incide sobre as relações familiares contra a vontade dos próprios membros da família não pode ser afastada pela mera vontade dos interessados. É mais um caso a integrar no campo das situações jurídicas indisponíveis no âmbito do direito de família[158] intervindo o tribunal mesmo contra a oposição da criança/jovem e sem consentimento dos seus representantes legais. Tal significa que não está nas disponibilidade dos intervenientes evitar que o tribunal possa aplicar a medida.

O Tribunal, porém, tem de debater perante os interessados, os factos, pois que estes não podem ser admitidos por confissão, nem desde logo ser considerados provados. Daí que não é possível a aplicação, neste âmbito, do disposto no artigo 784.° do CPC, não podendo o juiz perante factos que entende desde logo como provados, aderir aos fundamentos invocados pelo MP no sentido da procedência da acção.

Acresce que no processo de promoção e protecção a apreciação de toda a prova é efectuada, em princípio, por um colectivo de juízes e em que se pretende salientar o papel que cabe aos Juízes Sociais nessa apreciação (artigo 115.°). Incumbindo ao colectivo de Juízes a apreciação de toda a prova produzida, em debate, segundo a lei, não serial curial que essa apreciação pudesse ser feita em princípio, pelo Juiz Singular, afastando-se aquela intenção do legislador.

Ainda há que salientar que durante o debate judicial os intervenientes, apesar da prova eventualmente já estar toda produzida anteriormente ao debate, têm a faculdade de produzir alegações escritas, no uso do princípio

---

157 *De jure condendum* deveria ser alterada a lei nesta parte uma vez que encerrada a instrução e não havendo necessidade de produzir prova adicional deveria ser permitido ao julgador proferir desde logo decisão, com excepção das situações em que no processo se discute o encaminhamento ou não para adopção.

158 Cfr. FREITAS, Lebre de – "Código Processo Civil Anotado: Volume 1.°". Coimbra, Coimbra Editora, Maio 1999, anotação n.° 3 ao art. 299.°.

do contraditório de acordo com o artigo 104.°, n.° 2, pelo que a não realização do debate corresponderia a limitar-se o direito contido no citado artigo.

Do que foi exposto julgamos poder concluir, que, em função da medida que o Tribunal pretende aplicar e da forma como tem de ser apreciada a prova produzida, que ao caso não é aplicável o artigo 784.° do CPC, impondo-se a apreciação da prova apresentada perante o Tribunal colectivo em todos os casos em que haja lugar a debate judicial.

2. Uma única excepção ao carácter facultativo da apresentação das alegações e da prova a apresentar é referida a propósito do "dever" do MP alegar por escrito e apresentar prova "sempre que considere que a medida a aplicar é a prevista na alínea g) do n.° 1 do artigo 35.°".

Nesta última hipótese impõe-se a alegação e apresentação de provas, uma vez que a rotura com a ligação biológica da criança/jovem pressupõe a prova dos factos se enquadrarem numa das situações previstas nos arts. 38.°-A e 1978.° do CC e de ter de se justificar o enquadramento dessas situações como prova transparente da opção por uma medida que atenta contra os direitos fundamentais da criança/jovem e dos seus pais.

Enquanto nas situações em que está em causa, ainda e sempre, o regresso ao meio natural de vida, justifica-se uma certa displicência da lei quanto à produção da prova, permitindo-se que os interessados, ou o MP, aleguem ou apresentem prova, uma vez que qualquer que seja a solução encontrada, ou até o simples arquivamento dos autos, por falta da prova produzida, a criança ou o jovem se mantêm com a possibilidade de regressar à sua família natural. Tudo isto, claro, sem prejuízo do julgador, dado o princípio inquisitório e de se tratar de um processo de jurisdição voluntária, ter sempre a possibilidade de, oficiosamente, procurar alcançar a solução mais adequada para afastar a situação de perigo que se apresentar para a criança ou para o jovem.

Nas situações em que o MP é favorável ao encaminhamento para a adopção, está-se, então, perante uma situação tendencialmente irreversível, propensa à rotura da criança ou do jovem com o seu meio natural e daí a necessidade de serem devidamente fundamentadas as razões de facto e de direito que vão poder permitir uma decisão, em eventual colisão, com os direitos da criança e do jovem e os direitos dos seus pais constitucionalmente protegidos.

3. Todas as alegações e provas referidas neste artigo têm em atenção os factos apurados até ao encerramento da instrução e destinam-se a recolher mais prova, em função da iniciativa dos intervenientes no processo, se o quiserem fazer, coligindo todos os elementos de prova e alegações produzidas e dando a todos os intervenientes a possibilidade de se manifestarem não só sobre os factos constantes da instrução, como sobre os posteriormente alegados e sobre as razões de avançadas pelos intervenientes quanto à interpretação que julgam mais consentânea com a medida que deve ser adoptada para protecção da criança/jovem. Trata-se, ao fim e ao cabo, de um julgamento subjectivo pelos intervenientes do valor das provas já produzidas e da eventual necessidade de elas serem completadas, permitindo em face de toda a argumentação exposta, delimitar os termos da discussão oral e pública (no debate judicial) da prova produzida.

4. A marcação do dia para a discussão pública da prova (debate judicial), corresponde à marcação do dia em que se irá realizar a audiência, daí, que desde logo se designe o dia em que deverão ser notificadas as pessoas que foram arroladas para se pronunciarem sobre as provas a produzir na audiência.

5. A apresentação da prova e das alegações pelo MP e pelos intervenientes é feita no prazo de 10 dias a contar da notificação do despacho do juiz que dá conhecimento aos intervenientes do prosseguimento do processo.

Não são de admitir contra-alegações por parte dos demais intervenientes, uma vez que como resulta do art. 114.°, n.° 4, aquelas pessoas são notificadas do requerimento de alegações e da prova apresentada pelo MP conjuntamente com a indicação da data em que se irá realizar o debate judicial; esta notificação simultânea da data do debate e da alegação feita pelo MP pressupõem que seja durante o próprio debate judicial que os demais intervenientes se poderão opor às razões de facto e de direito invocados pelo MP nas suas alegações.

6. As alegações possíveis de apresentar pelo MP e demais intervenientes, nos termos do art. 104.° são as que são produzidas **antes** do debate judicial e, nos termos deste artigo, são alegações escritas. Estas alegações escritas não se confundem com a possibilidade dada pelo art. 104.°, n.° 2 de serem produzidas também alegações escritas em que também é assegurado o princípio do contraditório (art. 104.°, n.° 2) na fase do debate judicial.

As alegações escritas ali referidas, já na fase do debate judicial, serão alegações **antes de produzida a totalidade da prova**, uma vez que de acordo com o art. 119.°, produzida toda a prova as alegações serão orais.

Quanto às alegações escritas a produzir já na fase do debate judicial, mas antes de produzidas todas as provas, deve entender-se que as mesmas deverão ser escritas durante o próprio debate judicial e contraditadas desde logo, uma vez que sendo o debate judicial contínuo e decorrendo sem interrupção "salvo as suspensões necessárias para alimentação e repouso dos participantes" não se perspectiva com razoabilidade a existência de prazo para a sua produção.

Artigo 115.°
Composição do tribunal

O debate judicial será efectuado perante um tribunal composto pelo juiz, que preside, e por dois juízes sociais.

1. Os Juízes Sociais são nomeados de entre cidadãos residentes na área do município da sede do Tribunal de Família e de Menores ou do Tribunal de Comarca, ou da sua secção cível, quando exista, nos termos do DL 156/78 de 30 de Junho.

Cabe às câmaras municipais da sede de cada tribunal elaborar listas de candidatos a Juízes Sociais que devem corresponder ao triplo do número de Juízes Sociais estabelecido para cada Tribunal, sendo as listas votadas e remetidas, no mês de Junho, ao Conselho Superior da Magistratura e ao Ministério da Justiça – artigo 36.° do referido DL.

Após aprovação pelo Ministro da Justiça das listas enviadas, o Conselho Superior da Magistratura envia as mesmas aos Tribunais a quem incumbirá determinar a sua afixação pelo prazo de 10 dias – artigo 19.°.

Dessas listas cabe reclamação a decidir pelo Ministro da Justiça a quem cabe nomear os Juízes Sociais – artigo 20.°, n.° 2, 37.° e 38.° por despacho a publicar no DR – artigo 37.°.

Após nomeação e respectiva publicação no DR cabe ao Presidente do Tribunal da Relação nos Tribunais instalados nas comarcas sede de distrito judicial ou ao Presidente do respectivo Tribunal nos demais casos, dar posse aos Juízes Sociais – artigo 6.°.

Compete ao Presidente do Tribunal para onde são nomeados os Juízes Sociais elaborar a escala de serviço por cada trimestre a qual é afixado no Tribunal e comunicada aos Juízes Sociais por carta registada – artigo 23.°.

Os Juízes são substituídos nas suas faltas e impedimentos por suplentes.

2. Como se trata de um Tribunal Colectivo, impõe-se a aplicação do regime previsto no art. 646.° e segs. do CPC e designadamente do seu artigo 648.°[159], pelo que simultaneamente com convocatória por carta registada remetida ao Juiz Social de escala se deve remeter cópia dos principais elementos do processo ou dar-se um prazo para a sua consulta, por 5 dias, para a competente vista. Igualmente, cabem ao Juiz titular do processo os poderes conferidos pelo art. 660.° do CPC, como seja os de orientar e dirigir o debate judicial, abrir e encerrar o debate.

3. Questão prática da maior importância é a relativa à falta dos Juízes Sociais ao debate judicial.

Não é possível adiar-se o debate judicial por falta dos Juízes Sociais. Efectivamente, não há lugar à aplicação subsidiária dos arts. 790.° e 651, n.° 1, alínea a) do CPC, nos termos do art. 126.° da Lei, uma vez que existe norma específica que impõe, que designado dia para o debate judicial, nos termos do art. 114.°, n.° 3, o mesmo não pode ser adiado (art. 116.°, n.° 3).

Por outro lado, a CRP no seu artigo 207.°, n.° 2 prevê a possibilidade da Lei estabelecer a intervenção dos Juízes Sociais, no julgamento de questões "em que se justifique uma especial ponderação dos valores sociais ofendidos", sem impor essa intervenção.

A Lei n.° 3/99 de 13 de Janeiro – Lei de Organização e Funcionamento dos Tribunais Judiciais –, por sua vez, no seu artigo 67.°, n.° 3, admite a hipótese de o Tribunal poder funcionar sendo constituído pelo Juiz Singular ou pelo colectivo "conforme os casos", na hipótese de não ser possível a designação ou a intervenção dos Juízes Sociais.

No caso dos processos de promoção e protecção deve entender-se, pela aplicação subsidiária do processo declarativo sumário (art. 126.° da lei e 791.°, n.° 1 do CPC), que no caso dos Juízes Sociais não comparecerem ao debate judicial marcado, o mesmo se deve fazer perante o Juiz Singular.

4. A falta dos Juízes Sociais aos debates marcados constitui prova da falta de sensibilidade por parte dos cidadãos na administração da justiça, já que se pretendia que a sua participação fosse uma forma de interagir entre as decisões dos Tribunais e o conhecimento dessas decisões pela opinião pública.

---

159 Cfr. artigo 126.° da Lei.

As dificuldades no recrutamento dos Juízes Sociais pelas Câmaras Municipais para ser prestado um serviço público obrigatório e a frequência e displicência com que os Juízes Sociais faltam aos debates judiciais marcados, mostram como se está bem longe da sua conscencialização de estarem em causa valores que a CRP protege como a infância, a juventude e a família.

5. As faltas dos Juízes Sociais deverão ser comunicadas ao CSM – vide artigo 10.° do DL 156/78 de 30.6, que poderá aplicar sanções disciplinares idênticas às aplicáveis aos Juízes de Direito.

6. A remuneração dos juízes sociais é efectuada nos termos do Despacho Normativo 123/80 publicado no DR, I série, n.° 86 de 12 de Abril à razão de € 3,99 (800$00) diários.

7. Os juízes sociais também intervêm no processo de apadrinhamento civil nos casos em que haja oposição à constituição do vínculo perante o tribunal e sejam apresentadas provas a apreciar em debate judicial (art. 19.°, n.° 6 da Lei n.° 103/2009 de 11 de Setembro).

Artigo 116.°
Organização do debate judicial

1. O debate judicial é contínuo, decorrendo sem interrupção ou adiamento até ao encerramento, salvo as suspensões necessárias para alimentação e repouso dos participantes.

2. O debate judicial não pode ser adiado e inicia-se com a produção da prova e audição das pessoas presentes, ordenando o juiz as diligências necessárias para que compareçam os não presentes na data que designar para o seu prosseguimento.

3. A leitura da decisão é pública, mas ao debate judicial só podem assistir as pessoas que o tribunal expressamente autorizar.

1. Como qualquer debate tem de ser organizado e orientado, o debate judicial é dirigido pelo Juiz do Tribunal, assessorado pelos dois Juízes Sociais e tem como uma das suas características a continuidade.

Continuidade que se destina a evitar que a discussão da causa se prolongue por forma a esbaterem-se as vantagens da prova ser produzida imediata e directamente perante os julgadores implicando que exista um tempo mínimo entre o momento de produção da prova e a sua apreciação através do veredicto do Tribunal em relação à prova dos factos.

Oralidade e continuidade do debate judicial que se impõem, especialmente, num processo que é urgente (art. 102.°) e que implicam que não haja em princípio, depois de iniciado o debate, qualquer interrupção ou adiamento do mesmo até ao encerramento da produção da prova.

O princípio não é, nem pode ser encarado, porém, em termos absolutos. Em primeiro lugar, por que o próprio n.° 1 do artigo fala em que pode haver interrupções, ou cessações temporárias do debate para "alimento e repouso dos participantes". Em segundo lugar, por que, de acordo com o n.° 2 do artigo, apesar do debate não poder ser adiado, o certo é que o Juiz ordena as diligências necessárias para que "compareçam os não presentes na data que designar para o seu prosseguimento". Ou seja: a continuidade não é suficiente para afastar outro princípio fundamental que direcciona o debate, que é o da recolha das provas viáveis e possíveis e da sua discussão.

No mesmo sentido e com a mesma orientação a "continuidade" imposta no debate não deve impedir, por exemplo, que se possa realizar uma visita domiciliária para apurar as condições sócio-económicas do agregado familiar da criança/jovem, se tal não tiver sido possível anteriormente e for indispensável à boa decisão da causa.

2. As "suspensões necessárias para alimento e repouso dos participantes" são decididas por despacho do Juiz que dirige o processo, podendo ser suscitadas por qualquer dos intervenientes, designadamente dos seus mandatários, podendo ser indeferidas pelo Tribunal com fundamento na sua desnecessidade. Tratando-se de acto respeitante ao desenvolvimento do processo, a decisão que incida sobre os pedidos formulados não é susceptível de recurso nos termos do art. 679.° do CPC, uma vez que não está em causa uma decisão que dirima qualquer questão de forma ou de fundo, mas, antes, decisão relativa à regular tramitação dos autos.

3. Designada a data para o debate, enviada cópia das partes relevantes ou remetido o processo aos Juízes Sociais, aposto o visto destes últimos, convocadas as testemunhas e os demais intervenientes no processo, apenas a impossibilidade de constituição do Tribunal pode levar ao adiamento do debate (arts. 126.° da Lei e 463.°, n.° 1, 651.°, n.° 1, alínea a) e

790.°, n.° 2 do CPC). Em todo o caso, na falta ou impossibilidade de comparência dos Juízes Sociais tem sido decidido efectuar o julgamento pelo Juiz Singular, de acordo com o art. 67.°, n.° 3 da LOFTJ[160-161].

4. A data para prosseguimento do debate deve ser a mais próxima possível, atentos os já referidos princípios da continuidade e da oralidade, em função da disponibilidade dos intervenientes e da possibilidade de localização e detecção dos faltosos que poderão ser mandados comparecer sob custódia atento o disposto no artigo 629.°, n.° 4 do CPC[162].

5. A possibilidade da publicidade da decisão resulta do princípio constitucional constante do art. 206.° da CRP, podendo assistir à leitura da decisão todas as pessoas que a ela queiram estar presentes.

Já a presença de particulares durante o debate judicial está confinada, dado o carácter reservado e confidencial do processo (arts 88.° a 90.° da lei), às pessoas que concretamente o Tribunal autorizar, devendo, desde que não se trate de intervenientes no processo, o Tribunal esclarecer as razões porque em particular autorizou as referidas pessoas a estarem presentes à discussão oral da causa.

6. Quanto à intervenção dos advogados estagiários na fase de debate judicial, como se disse anteriormente[163], o artigo 189.°, n.° 1, al. c) da Lei 15/05 de 26 de Janeiro permite que os mesmos exerçam a advocacia em processo da competência de tribunais de menores devendo considerar-se que, nesse âmbito, se encontra abrangida a sua possibilidade de intervenção nos processos de promoção e protecção.

Como quer os advogados estagiários quer os advogados estão vinculados ao segredo profissional nos termos do artigo 87.° da Lei 15/05 de 26 de Janeiro, está garantido em relação aos mandatário judiciais o carácter reservado do processo de promoção e protecção nos termos do artigo 88.° da lei.

7. Os jornalistas, por seu turno, podem relatar o conteúdo dos actos públicos do processo de promoção e protecção nos termos do artigo 90.°,

---

[160] Lei 105/03 de 10.12 com a alteração introduzida pela Lei 42/05 de 29.8.

[161] Cfr. anotações 3 e 4 ao artigo 115.° da Lei.

[162] Cfr. art. 126.° da Lei.

[163] Cfr. anotação 4 e 5 ao artigo 103.° da Lei.

n.° 2 e o juiz do processo pode informar os órgãos de comunicação social sobre os factos, decisão e circunstâncias necessárias para a correcta compreensão do processo de promoção e protecção (artigo 90.°, n.° 3), pelo que deve ser considerado que é vedada a sua assistência ao debate judicial. Tal entendimento deriva de não se compreender que sendo possível o juiz do processo esclarecer os órgãos de comunicação social sobre os factos necessários para a compreensão do decidido, nos termos do artigo 90.°, n.os 2 e 3 possa simultaneamente permitir a assistência ao debate, quando a lei prevê expressamente que sejam esclarecidos os jornalistas independentemente da sua "intromissão" no processo.

Artigo 117.°
Regime das provas

Para a formação da convicção do tribunal e para a fundamentação da decisão só podem ser consideradas as provas que puderem ter sido contraditadas durante o debate judicial.

1. A reafirmação neste artigo do princípio do contraditório em relação à formação da convicção do Tribunal e à fundamentação da decisão, tem em vista sublinhar que num processo judicial de jurisdição voluntária, em que vigora o princípio da livre investigação dos factos e do coligir das provas pelo tribunal (princípio inquisitório), o Tribunal não pode deixar de ter em conta que no processo de promoção e protecção a necessidade e obrigatoriedade de informação de todos os intervenientes no processo e da sua audição e participação nos actos e na medida de promoção e protecção, implica a coexistência daquele princípio com o princípio do contraditório.

O princípio expresso não significa, porém, que tenham que ser lidos os relatórios, os pareceres ou quaisquer documentos trazidos aos autos antes ou durante o debate judicial. O que tem de ser facultado a todos os intervenientes processuais é a possibilidade de "controlarem"[164] as provas apresentadas pelos demais intervenientes e emitir o seu juízo de valor sobre o seu significado e alcance. O que a Lei não admite é que por exemplo o julgador, após o debate judicial investigue e traga novos elementos

[164] Controle esse que é efectuado desde que sejam notificados os interessados do conteúdo dos relatórios, pareceres e requerimentos ou documentos trazidos aos autos – cfr. ainda a anotação ao artigo 88.°.

de prova para o processo e tenha em consideração esses elementos de prova na decisão que vier a ser tomada.

O assegurar do contraditório implica a audição e intervenção em todas as fases do processo daqueles que são afectados, directa ou indirectamente, pela medida que vier a ser decretada quanto ao futuro projecto de vida da criança/jovem tendo em vista a sua inserção na sociedade. Tem-se especialmente em conta que a intervenção do Estado e a sua intromissão na vida familiar, por excepcional, deve estar devidamente justificada perante os comportamentos daqueles a quem a intervenção vai afectar, e, que, nessa medida, deverão ser ouvidos, podendo pronunciar-se sobre a equidade e razoabilidade da intervenção.

2. A formação da convicção do Tribunal baseia-se na demonstração dos factos que foram alegados e mencionados durante o debate, em face das provas que foram apresentadas para evidenciar a sua verificação. Nesse plano, para além dos factos para cuja verificação a Lei exige prova documental, o julgador procura extrair ilações das demais provas produzidas em função do valor probatório que a Lei lhes atribui e da credibilidade que as mesmas apresentem.

A convicção do Tribunal funda-se num conjunto de elementos lógicos sobre as provas alegadas e apresentadas em Tribunal, que levam os julgadores a considerar provados determinados factos e, como tal a considerá-los como tendo existido materialmente.

O que o artigo vem sublinhar é que ainda que tenham sido produzidas outras provas e alegados outros factos, de que poderia resultar a convicção do tribunal sobre a sua existência, o Tribunal não se poderá servir de tais elementos de prova se os mesmos não forem submetidos, durante a fase do debate judicial à apreciação crítica do interessado a quem possam afectar.

Não se torna, no entanto, necessário, que todas os intervenientes no processo e a quem a prova possa afectar, tenham que intervir. Desde que os intervenientes tenham tido possibilidade de apresentar elementos que contendam com a prova apresentada, o princípio do contraditório foi respeitado, não obstante a inércia[165] de qualquer interveniente, que podendo pronunciar-se sobre tal prova não o quis fazer.

---

[165] Aos intervenientes é dada a possibilidade de se pronunciarem e apresentarem prova nos termos do artigo 114.° antes do debate judicial; se os interessados designadamente, os pais não alegam, nem apresentam provas, a sua inércia não obsta a que esteja cumprido o princípio do contraditório.

3. Na fundamentação da decisão só podem ser consideradas as provas que tiverem sido contraditadas durante o debate judicial. Trata-se, como é evidente, da fundamentação da matéria de facto da decisão, uma vez que na fundamentação de direito o Juiz não está sujeito a alegações dos intervenientes, no tocante à indagação, interpretação e aplicação das regras de direito (art. 126.º da lei e 664.º do CPC).

Quanto à fundamentação da decisão na parte da matéria de facto, a mesma baseia-se numa análise crítica das provas contraditadas apresentadas e discutidas, com referência aos elementos que foram decisivos para a formação da convicção do tribunal (art. 653.º, n.º 2 do CPC).

Artigo 118.º
Documentação

1. As declarações prestadas em audiência são documentadas em acta quando o tribunal não dispuser de meios idóneos para assegurar a sua reprodução integral.

2. No caso previsto no número anterior, o juiz dita para a acta uma súmula das declarações, podendo o Ministério Público e os advogados requerer que sejam aditados os elementos que se mostrarem necessários à boa decisão da causa.

1. A prova produzida oralmente em obediência ao princípio da imediação pode ser comprovada por escrito. Essa "comprovação" pode ser efectuada nos processos de promoção e protecção por duas formas, consoante o Tribunal dispuser, ou não, de meios que permitam reproduzir a prova efectuada. Assim, ou o Tribunal possui equipamento de gravação das declarações prestadas (meio idóneo para assegurar a sua reprodução integral), ou o não tem. Na segunda hipótese cabe ao juiz que dirige o processo fazer uma síntese das declarações prestadas, para além de fazer constar da acta os elementos que permitam atestar a fidelidade da declaração e a sua imparcialidade. A acta não tem por função, nos termos do próprio artigo, reproduzir tudo o que se passou na audiência, mas, dela devem constar todos os elementos relevantes das declarações prestadas, em função do objectivo do processo.

Compreende-se, por isso, que os intervenientes, representadas pelos seus advogados e o MP suscitem questões relativas às declarações reproduzidas, no sentido de ultrapassarem qualquer lacuna, imprecisão ou detalhe que devam ficar melhor esclarecidos e documentados.

A limitação, estabelecida no artigo, quanto à possibilidade de serem, apenas, o MP e os advogados a requerer o aditamento de elementos que se mostrem necessários à boa decisão da causa, compreende-se, em geral, por se tratar de técnicos de direito que, conhecedores do processo poderão com razoabilidade suscitar questões relativas ao conteúdo das declarações que se mostrem necessárias à boa decisão da causa e que tenham "escapado" ao controlo jurisdicional. Nada impede, no entanto, que o Juiz oficiosamente e mediante interpelação directa dos interessados se pronuncie, favoravelmente, no sentido de serem aditados elementos das declarações necessários à boa decisão da causa e, que, inicialmente, não constavam da súmula das declarações levadas à acta.

2. Porquê atento o princípio da oralidade e da imediação de provas, exigir um registo escrito das declarações orais?

A questão coloca-se em função da necessidade de permitir uma apreciação em segundo grau de jurisdição da prova oral produzida. É sabido que, não obstante a sua fragilidade, em muitos casos é a prova por declarações a única que é possível produzir e, daí a sua importância fundamental quanto à possibilidade de apreciar o bem fundamentado das decisões judiciais de que se interponha recurso.

O DL 39/95 de 15 de Fevereiro veio estabelecer o regime de registo das provas produzidas em audiência mediante gravação. Nos termos do citado DL o Tribunal procede em regra à gravação da audiência com o equipamento existente, pelos seus funcionários e o Registo magnético deve conter as gravações das provas de forma a permitir que se apure a autoria dos depoimentos gravados ou das intervenções. O sistema está montado no sentido de permitir que os intervenientes e o Tribunal tenham acesso a toda a prova produzida em audiência de forma assegurar a sua eventual reapreciação pelo Tribunal Superior.

E, de todo, seria impossível um controlo da prova oral produzida se não fosse possível um acesso a todos os pormenores do apuramento da matéria de facto obtidos através das gravações.

Efectivamente, só com tais elementos é possível indicar os pontos concretos de facto em que se julga ter havido decisão incorrecta sobre a prova em função dos meios probatórios apresentados.

A importância fundamental do registo da prova e da sua fiabilidade exigem, aliás, que o Tribunal assegure, por várias vezes e de diversas formas, durante a prestação das declarações que as mesmas estejam a ser efectuadas correctamente, sob pena, como já tem acontecido, de ter que ser anulado o julgamento realizado e de ter de se verificar a sua repetição[166].

ARTIGO 119.º
Alegações

Produzida a prova, o juiz concede a palavra ao Ministério Público e aos advogados para alegações, por trinta minutos cada um.

1. Como o processo de promoção e protecção na fase do debate judicial se rege pelas normas relativas aos processos de jurisdição voluntária (artigo 1409.º a 1411.º do CPC), pelas regras relativas aos incidentes (arts. 304.º a 306.º do CPC) e ainda subsidiariamente pelas normas relativas ao processo civil de declaração sob a forma sumária (art. 126.º da Lei), "com as devidas adaptações", as alegações sobre matéria de facto e de direito a produzir pelo MP e pelos advogados dos intervenientes, em função dos factos cuja demonstração se pretendeu fazer em juízo, serão orais, restritas, embora, a uma duração de 30 minutos em vez dos 60 previstos para o processo sumário (art. 790.º CPC).

2. As alegações orais, simultaneamente sobre a matéria de facto e de direito devem ser produzidas tendo em conta a ordem da respectiva intervenção, iniciada pelo MP e seguida pela dos advogados dos intervenientes. Nessas alegações os intervenientes devem formular uma espécie de projecto de decisão, em função dos factos que enunciam como devendo ser considerados provados e da interpretação e aplicação que farão sobre a lei aplicável aos factos que entendam dever considerar como assentes.

Nada obsta a que o tribunal, finda a produção das alegações orais, entenda suscitar perante os intervenientes algum ponto cujo esclarecimento entenda necessário, no uso do seu poder inquisitório, atento o tipo de processo em causa, ou que entenda ampliar a matéria de facto debatida,

166 Vide entre outros Acórdão de 19.12.2005, processo 0554742 de 20.3.2006; Acórdão de 20.3.2006, processo n.º 0650954 ambos em *www.dgsi.pt/jtrl*; Acórdão de 20.3.2006, processo 0079426 em *www.dgsi.pt/jtrl*.

sendo, no entanto, essencial que sobre quaisquer esclarecimentos ou aditamentos prestados sejam ouvidos todos os intervenientes, de acordo com o princípio do contraditório. Aditada qualquer prova, após o debate oral, deve ser concedida a possibilidade aos intervenientes de se pronunciarem sobre a prova adicional produzida.

ARTIGO 120.°
Competência para a decisão

1. Terminado o debate, o tribunal recolhe para decidir.

2. A decisão é tomada por maioria de votos, votando em primeiro lugar os juízes sociais, por ordem crescente de idade, e, no fim o juiz presidente.

O Tribunal, encerrada a discussão oral retira-se e decide a matéria de facto e de direito, nos termos do artigo seguinte, não sendo objecto de despacho autónomo a matéria de facto que consta da decisão, como resultaria se ao caso fosse aplicáveis os artigos 304.°, n.° 5 ou o 791.°, n.° 3 do CPC, o que se justifica considerando que toda a prova é gravada e poderá ser posta em crise no Tribunal de Recurso (art. 118.°, n.° 1 e DL 39/95 de 15.2). Esta opção nos processos de promoção e protecção diverge da consagrada para a audiência de discussão e julgamento nos processos a que é aplicável a OTM, nos termos dos artigos 158.°, n.° 1, al. c) e 161.° da OTM e 653.° do CPC.

Como o "pedido" nos processos de promoção e protecção consiste em solicitar que seja decretada medida para remover a situação de perigo que incide sobre a criança/jovem, o dispositivo decisor, no aspecto normativo, traduz-se, tão só, ou na aplicação de uma das medidas referidas no art. 35.° da lei, ou no arquivamento do processo e do correspondente pedido, por se verificar alguma das situações previstas no artigo 111.° da Lei.

Os termos em que os artigo 120.° e 121.° da lei se encontram redigidos (O tribunal, terminado o debate, recolhe para decidir, e "a *decisão*" (toda ela) "inicia-se por um relatório sucinto a que se segue a enumeração dos factos provados e não provados e a sua valoração"), permitem afastar a aplicação do citado artigo 791.° e ainda do artigo 304.°, n.° 5 do CPC, quanto à elaboração de um despacho autónomo decidindo a matéria de facto.

A decisão do Tribunal, que se traduz numa deliberação do colectivo, constituído pelo Juiz Presidente e pelos dois Juízes Sociais é, por isso, relativamente simples de tomar, no que respeita à matéria de direito, sendo mais complexa quanto à enumeração dos factos, que devem ser considerados provados e não provados e, onde a formação profissional do julgador tenderá a prevalecer.

O artigo ao estabelecer que a deliberação do colectivo é tomada por maioria e que deve ser votada mediante uma dada sequência – Juiz Social mais novo, o outro Juiz Social e o Juiz Presidente – pretende acautelar que o voto das pessoas menos experientes seja afectado quer pelo voto dos mais velhos, quer pela perspectiva técnico-jurídica do julgador.

Artigo 121.°
Decisão

1. A decisão inicia-se por um relatório sucinto, em que se identifica a criança ou o jovem, os seus pais, representante legal, ou a pessoa que tem a guarda de facto e se procede a uma descrição da tramitação do processo.

2. Ao relatório segue-se a fundamentação que consiste na enumeração dos factos provados e não provados, bem como na sua valoração e exposição das razões que justificam o arquivamento ou a aplicação de uma medida de promoção e protecção, terminando pelo dispositivo e decisão.

1. A referência a que a decisão se inicia por um relatório sucinto em que se identificam os principais intervenientes no processo não exclui que a mesma deva englobar o motivo por que o MP tomou a iniciativa processual e qual a medida que pretendeu ver aplicada no processo, o que corresponde, "grosso modo" à causa de pedir e ao pedido formulado e ao objecto daquilo que deve ser discutido e decidido no processo[167].

2. Na fundamentação da deliberação devem ser enumerados os factos provados e não provados com referência aos meios de prova a que se atendeu, tendo em conta o princípio fundamental constante do art. 117.° de só poderem ser considerados para a prova dos factos "as provas que puderem ter sido contraditadas durante o debate judicial".

---

167 Existindo normativo expresso regulamentador da estrutura formal da decisão não haverá lugar à aplicação dos artigos 659.°, n.° 1 e 463.° do CPC, não sendo exigível a indicação das "questões a solucionar".

Quanto à valoração da prova deve atender-se ao conteúdo e proveniência e certificabilidade dos documentos apresentados, entre os quais relatórios socais e psicológicos, exames médicos e informações, de acordo com a força probatória atribuída pela lei civil a tais documentos, à credibilidade dos depoimentos prestados em função do juízo objectivo e subjectivo que o Tribunal emite sobre os mesmos.

3. A deliberação apontará para as razões que levaram o julgador a decidir-se pelo arquivamento do processo por o mesmo ter perdido a sua utilidade, no caso de não subsistir a situação perigosa ou pela adopção de uma das medidas previstas art. 35.° da Lei, em função dos objectivos que a medida a aplicar pretende alcançar visando o desenvolvimento integral da criança/jovem.

Por último a deliberação deverá fixar a duração da medida e eventuais prazos de revisão que não coincidam com os máximos previstos legalmente no artigo 62.°[168].

ARTIGO 122.°
Leitura da decisão

1. A decisão é lida pelo juiz presidente, podendo ser ditada para a acta, em acto contínuo à deliberação.

2. Nos casos de especial complexidade, o debate judicial pode ser suspenso e designado novo dia para leitura da decisão.

1. O Tribunal Colectivo delibera sobre a decisão a adoptar. A decisão tomada por maioria dos Juízes, é, depois assinada pelos três Juízes e é lida pelo presidente em sessão aberta a qualquer pessoa que não só os intervenientes no processo, de acordo com o princípio constitucional constante do art. 206.° da CRP[169]. Trata-se de uma situação em que os Juízes Sociais deliberam não só sobre a prova factual produzida, mas, igualmente, sobre a medida a aplicar em função dessa prova, o que corresponde a pronunciarem-se não só sobre a matéria de facto como sobre a matéria de direito, enquanto que o colectivo de Juízes no processo declarativo ordinário delibera somente sobre a matéria de facto[170].

---

[168] Só assim não sendo quando seja aplicada a medida de confiança com vista a futura adopção.

[169] E também do disposto no art. 116.°, n.° 3 da LPPCJP.

[170] Cfr. artigo 653.° do CPC.

2. O carácter urgente dos processos (art. 102.º) e o princípio da continuidade do debate (art. 116.º, n.º 1), justificam a possibilidade da decisão ser desde logo ditada para a acta em acto imediato ao fim da conferência em que os julgadores tomaram a deliberação sobre a posição a adoptar. Repare-se, no entanto, que o artigo não dispensa, ainda que a decisão seja ditada para a acta, que dela constem todos os elementos referidos no art. 121.º, quanto ao relatório sucinto, a fundamentação e valoração dos factos e à exposição das razões do arquivamento ou da aplicação da medida decidida.

3. A suspensão do debate judicial para ser designado novo dia para a leitura da decisão[171] é mais um dos casos que comprova que a "continuidade" do debate não pode prejudicar o sentido e a finalidade do processo, uma vez que sendo importante a tomada de uma posição sobre uma situação de perigo que incide sobre a criança/jovem, relevante e predominante é o interesse prosseguir no sentido que a medida a decretar seja devidamente ponderada e aplicada em função dos factos considerados provados.

4. Na hipótese da acta que contém a deliberação não ser desde logo assinada, designadamente pelos Juízes Sociais e, ter sido entregue aos Advogados cópia, para tomarem conhecimento do respectivo conteúdo, os Juízes Sociais deverão suprir a falta de assinatura logo que possível, apondo a data em que a subscreveram, nos termos e com as consequências previstas no artigo 668.º, n.º 1, al. a) e n.º 2 do CPC, por aplicação do artigo 463.º, n.º 1 do CPC e 126.º da Lei.

Artigo 123.º
Recursos

1. Cabe recurso das decisões que, definitiva ou provisoriamente, se pronunciem sobre a aplicação, alteração ou cessação de medidas de promoção e protecção.

---

171 A decisão terá de ser proferida no prazo de 15 dias – artigo 1409.º, n.º 3 do CPC por aplicação do artigo 100.º da lei.

2. Podem recorrer o Ministério Público, a criança ou o jovem, os pais, o representante legal e quem tiver a guarda de facto da criança ou do jovem.

1. Este artigo permite a interposição de recurso das decisões judiciais que se "pronunciem" sobre medidas de promoção e protecção, ou seja, que apreciem se deve, ou não, ser decretada uma das medidas previstas nos arts. 35.° e 37.° da lei.

O Tribunal, ao considerar, nos termos do art. 111.°, na decisão final, que o processo deve extinguir-se, sendo arquivado, por a situação de perigo não se comprovar ou não subsistir, está a "pronunciar-se" sobre a não aplicação de uma medida provisória ou definitiva. Consequentemente, nada obsta a que se interponha recurso das decisões de não aplicação de medidas provisórias ou definitivas, sendo certo que, quer o processo haja sido impulsionado pelo MP, quer pelos pais, representante legal ou pessoa que tenha a guarda de facto e a criança ou jovem com idade superior a 12 anos (art. 105.°, n.° 2), sempre se deve entender que o despacho de arquivamento pode ser considerado desfavorável aos referidos sujeitos processuais. Efectivamente, um dos fundamentos da razão de ser da admissão da interposição de recursos das decisões jurisdicionais é a possibilidade do interveniente, a quem a decisão é desfavorável, ver a mesma ser reapreciada por um Tribunal Superior (nesse sentido o art. 678.°, n.° 1 do CPC). Visando o processo de promoção e protecção a defesa e promoção da criança e do jovem em perigo, o MP, como representante da criança/jovem nessa situação (art. 72.°, n.° 3) e a criança/jovem ou os seus representantes, podem ter interesse em sustentar, ou que a situação de perigo que justificou o início do processo se mantém, ou que não foi removida a situação perigosa, e, daí, a sua eventual legitimidade para interpor recurso com vista à aplicação de medidas provisórias ou definitivas que não foram decretadas.

2. Os recursos que podem ser interpostos ao abrigo deste dispositivo abrangem as alterações das medidas de promoção e protecção aplicadas. Como as medidas provisórias não podem prolongar-se por mais de 6 meses (art. 37.°) e são obrigatoriamente revistas no prazo de 6 meses após a sua aplicação (art. 62.°, n.° 6), poderá ser interposto recurso da medida provisória aplicada. De qualquer forma, só razões muito ponderosas e fundamentadas poderão justificar que ao fim de 6 meses ainda se não tenha efectuado o diagnóstico da situação da criança/jovem ou a definição do seu encaminhamento subsequente, pelo que, não se justificará a alteração de uma medida provisória, por outra medida provisória, mas, antes, a sua substituição por uma medida definitiva de que caberá, igualmente, recurso[172].

3. Os recursos interpostos poderão ficar, muitas vezes, sem objecto, uma vez que, por exemplo, a medida provisória de que foi interposto recurso foi, substituída, entretanto, por uma medida definitiva, que vai de encontro aos interesses conflituantes existentes. De idêntica forma, a revisão e a cessação das medidas recorridas podem levar à inutilidade do recurso interposto, por perda do seu objecto, nos termos gerais previstos no art. 287.°, alínea e) do CPC.

Deve ser salientado, de qualquer forma, que o recurso a interpor de uma medida provisória pode estar plenamente justificado, dado que, por exemplo, o recorrente pode alegar e demonstrar que a situação de emergência que justificou a medida adoptada já não se verifica, ou não foi correcto o diagnóstico elaborado, que fundamentou a medida, ou finalmente, que o encaminhamento que foi dado à solução não foi o mais adequado, de acordo com os pressupostos em que o mesmo se baseou.

4. A legitimidade recursória expressa neste artigo afasta-se do regime geral da legitimidade para recorrer constante do art. 680.° do CPC, uma vez que o que está em causa neste tipo de processos não é o prejuízo que acarreta a decisão para quem é vencido na acção.

Nestes processos pretende-se afastar a criança/jovem do perigo que incide sobre o seu desenvolvimento integral, pelo que não existe legitimidade para interpor recurso por parte das entidades que poderiam extrair benefício, ou evitar prejuízos, com a sua intervenção processual, como ocorreria no caso de uma instituição de solidariedade social invocar um prejuízo com a imposição que lhe fora feita pelo Tribunal para dar apoio e integrar crianças ou jovens no âmbito da área da sua actividade[173]

Os pais que têm legitimidade para recorrer são as pessoas que constam, como tal, do registo civil, mas a circunstância de ter sido atribuída

---

[172] Cfr. anotação aos artigos 37.° e 62.°, n.° 6 da lei.

[173] Cfr. neste sentido Acordão da Relação do Porto de 25.9.2008 no processo 0834971 disponível em http://www.dgsi.pt/jtrp.nsf/.

legitimidade recursória quer aos pais, quer ao representante legal da criança/jovem, levam-nos a concluir que a circunstância de o pai ou a mãe estarem inibidos do poder paternal não os afasta da possibilidade de interposição de recurso prevista neste artigo.

Não distinguindo a Lei, igualmente, entre os pais, deve considerar-se que os mesmos, ainda que se trate de pais menores de idade, continuam a ter legitimidade para recorrer.

O tutor tem legitimidade recursória, por ser claro que se trata de uma situação de representação legal, nos termos do art. 1021.° do CC.

O guardião de direito, como acontece no caso de a criança ou jovem ter sido confiado ao abrigo do art. 35.° da LPPCJP, à guarda de um familiar ou de uma pessoa idónea, tem, igualmente, à semelhança do guardião de facto, legitimidade recursória.

Deve entender-se que com a publicação da Lei 103/2009 de 11 de Setembro, os padrinhos, como pessoas singulares ou família que passa a exercer os poderes e deveres próprios dos pais, têm, de acordo com este artigo e como representantes legais da criança ou do jovem, legitimidade para recorrer.

5. Numa interpretação literal deste preceito poderia entender-se que só seria admissível recurso da aplicação das medidas definitivas a que se referem os art. 35.° da LPPCJP e das decisões provisórias previstas nos arts. 37.° e 92.° do mesmo diploma.

Trata-se, porém, de norma, que não afasta a aplicação do regime processual constante do CPC, como resulta dos arts. 124.° e 126.° do diploma, tendo este artigo pretendido salientar a possibilidade de reapreciação judicial de qualquer medida que contenda com os direitos e deveres dos pais enunciados no art. 36.° da CRP, sem interferir no regime geral da tramitação de recursos.

Introduzido o processo em juízo nada impedirá que o mesmo possa ser indeferido liminarmente, por o requerimento inicial ser manifestamente improcedente, ou por se se verificarem, de forma evidente, excepções dilatórias insupríveis.

Entre as decisões judiciais que poderão fundamentar a rejeição do recurso devem ser consideradas todas as situações em que é requerida a intervenção do Tribunal quando não se verifique alguma das situações previstas no art. 11.° da Lei, como ocorrerá, se se pretender a intervenção do Tribunal existindo uma situação de perigo para a criança ou jovem, fora de situações de emergência ou urgência, sem se tentar, previamente, a intervenção dos organismos de apoio à criança ou jovem ou das comissões de protecção.

Como exemplo de despachos não abrangidos directamente pelo articulado podem referir-se o recurso de despacho judicial que não ordena a realização de diligências instrutórias, o despacho que declara encerrada a instrução do processo, o despacho de revisão ou prorrogação das medidas aplicadas, a decisão judicial que homologa um acordo de promoção e protecção, o despacho que mantém as medidas aplicadas, a decisão que aprecia o impedimento do juiz, a decisão que aplique multa, taxa de justiça ou preparo ou a decisão que ordene a suspensão da instância.

Artigo 124.°
Processamento e efeitos dos recursos

1. Os recursos são processados e julgados como os agravos em matéria cível.

2. Cabe ao tribunal recorrido fixar o efeito do recurso.

1. Aplicando-se subsidiariamente ao processo de promoção e protecção o processo civil, quer o DL 38/2003 de 08.08, quer o DL 303/07, quer o DL 34/2008 de 26.2 introduziram alterações ao regime fixado neste artigo.

A mais relevante alteração a este dispositivo foi a constante do art. 4.° do DL 303/07 que no seu n.° 1, alínea a) veio estabelecer que as referências ao agravo interposto na 1ª instância, na legislação avulsa "consideram-se feitas ao recurso de apelação", referindo-se no n.° 2 do art. 4.° do mesmo diploma "sem prejuízo das adaptações necessárias".

Este regime foi mandado aplicar aos processos instaurados a partir de 1 de Janeiro de 2008, pelo que se poderia colocar a dúvida de saber se o regime do novo recurso de apelação seria aplicável a processos de promoção e protecção instaurados depois dessa data, mas apensos a processos tutelares ou educativos instaurados antes de 1 de Janeiro de 2008.

Como o processo de promoção e protecção não tem uma relação de continuidade com os processos indicados, nem se trata de fases de uma mesma instância, visando o mesmo objectivo processual, entende-se, como sustenta Abrantes Geraldes[174] que nessas situações nada obsta a que seja aplicado o novo regime de recurso de apelação.

---

174 Geraldes, António Abrantes – *Recursos em Processo Civil: Novo Regime: Decreto-Lei n.° 303/07 de 24 de Agosto*, 2.ª ed. rev e act., Coimbra: Almedina, 2008, p. 16.

2. Da decisão de que se pretende recorrer são notificados os intervenientes processuais e, tratando-se de um processo urgente, que corre mesmo em férias, o prazo de recurso de apelação é agora de 15 dias nos termos do art. 691.°, n.° 5 do CPC devendo as alegações ser apresentadas no mesmo prazo.

Se se tratar de decisão proferida oralmente e ditada para a acta em acto contínuo à deliberação, como é o caso previsto no art.° 122.°, n.° 1 da LPPCJP, o prazo de recurso começa a correr desde o dia em que foi proferida a decisão (art.° 685.°, n.° 3 do CPC).

Se o recurso tiver por objecto a reapreciação da prova gravada, ao prazo de interposição do recurso e da resposta ao recurso acrescem 10 dias (art. 685.°, n.° 7 do CPC). A estes prazos acresce o prazo geral de 3 dias úteis subsequentes ao termo do prazo, nos termos do art.° 145.°, n.° 5 do CPC, com a validade dependente do pagamento até ao termo do 1.° dia útil posterior à prática do acto de multa igual a ¼ da taxa de justiça inicial por cada dia de atraso, não podendo a multa exceder 3 unidades de conta.

Actualmente e ao contrário do que acontecia no recurso de agravo, o prazo de interposição de recurso é simultâneo com a apresentação das alegações, mas como ao prazo de 15 dias, em regra e por que se pede a reapreciação da prova gravada, acresce o prazo de 10 dias, o prazo de recurso é de 25 dias, acrescidos dos 3 dias a que se refere o art. 145.°, n.° 5 do CPC.

Deve salientar-se, no entanto, que nada impede o julgador de averiguar se no caso se está, efectivamente, perante um caso de reapreciação de prova e se concluir que não está em causa a discussão da prova gravada, o recurso que ultrapasse os 15 dias úteis acrescidos dos 3 dias úteis previstos no art. 145.°, n.° 3 do CPC deverá ser rejeitado por extemporaneidade.

3. As decisões judiciais tomadas após o debate judicial são lidas pelo Juiz Presidente, coadjuvado por dois juízes sociais, podendo ocorrer omissão de assinatura da deliberação tomada, uma vez que a mesma é lida em acto contínuo à deliberação do Tribunal Colectivo.

A omissão das assinaturas constitui nulidade que pode ser suprida oficiosamente nos termos do art. 668.°, n.° 1, alínea a) do CPC, devendo ser aposta a assinatura com a data em que se detectou a falta, não obstando a falta da assinatura ao trânsito em julgado da decisão em causa, pois a mesma constitui mera irregularidade sem relevância para a decisão da causa e, como tal, está sujeita ao regime geral da nulidade dos actos prevista no art. 201.°, n.° 1 do CPC.

4. Quanto ao efeito dos recursos, é discutível se o dispositivo constante do n.° 2 do art. 124.° se mantém em vigor.

A substituição do regime do recurso de agravo pelo regime do recurso de apelação, tem de ser feita tendo em conta que nessa substituição se deveria atentar "nas adaptações necessárias" de acordo com o estatuído no n.° 4 do DL 303/2007 de 24 de Agosto.

As razões que levaram o julgador a atribuir ao Tribunal de 1ª instância a fixação do efeito a atribuir aos recursos permanecem, não obstante a substituição do tipo de recursos. Entendia-se, como se deve continuar a entender, que o Juiz do Tribunal recorrido está em melhores condições e tem maior proximidade para ajuizar se a medida aplicada para afastar a criança/jovem do perigo deve ser executada desde logo ou se deve aguardar a decisão do Tribunal Superior.

A faculdade concedida ao Juiz de 1ª instância confere-lhe maior amplitude de decisão na atribuição do efeito a atribuir ao recurso, devendo justificar e fundamentar o efeito atribuído, sem submissão estrita a critérios legais, o que não significa que o Tribunal que aprecia o recurso de apelação não possa alterar o efeito atribuído, como lhe é permitido pelo art. 685.°, n.° 5 do CPC.

As decisões provisórias referidas nos arts. 37.° e 92.° da LPPCJP são decisões interlocutórias que não põem fim ao processo de promoção e protecção, mas o recurso sobre as mesmas para ter efeito útil, tem de subir imediatamente e em separado com efeito meramente devolutivo nos termos dos arts. 692.°, n.ºs 1 e 3 alínea a) *a contrariu* do CPC.

Para efeitos do art. 691.°, n.° 1 do CPC, quando este artigo fala que cabe recurso de apelação das decisões de 1ª instância que põem termo ao processo, deve entender-se, nos processos de promoção e protecção, que aí se enquadram as decisões que determinam o arquivamento do processo ou as deliberações tomadas após debate judicial, nos termos do art. 110.° da LPPCJP.

O recurso de apelação a interpor nesses casos, deve pois, subir imediatamente e nos próprios autos nos termos dos arts. 691.° e 691.°-A devendo ao mesmo ser atribuído efeito devolutivo, como regra, por ao caso se entender não dever ser aplicável o art. 692.°, n.° 3, alínea a) do CPC e manter-se a faculdade do juiz da 1ª instância de fixar o respectivo efeito do recurso.

Já o recurso da sentença homologatória do acordo negocial obtido na fase judicial, pressupondo que no acordo estiveram presentes todos os intervenientes processuais implica, em regra, a renúncia por parte do firmante do acordo ao direito de recorrer, com excepção do MP nos termos do art. 681.°, n.° 4 do CPC.

A deliberação que se pronuncia no sentido do encaminhamento da criança/jovem para a adopção também põe termo ao processo para efeitos recursórios, ainda que após ela se siga a instauração do processo de adopção e da decisão judicial que decreta a adopção, pelo que da mesma cabe recurso de apelação de subida imediata nos próprios autos e com efeito suspensivo ou devolutivo, de acordo com a fundamentação que for julgada adequada na aplicação ao caso concreto.

Artigo 125.°
A execução da medida

No processo judicial de promoção e protecção a execução da medida será efectuada nos termos dos n.os 2 e 3 do artigo 59.°.

1. Executar uma medida decretada no processo judicial, quer a mesma haja sido decidida em função de acordo de promoção e protecção, nos termos dos arts. 112.° e 113.°, quer por decisão judicial (art. 121.°), significa acompanhar e fazer cumprir o estatuído pelo tribunal face ao conjunto de condições indicadas na medida decretada.

A execução das medidas decretadas impõe-se pela sua própria natureza em especial no caso das medidas provisórias, como, também, em relação à medida definitiva, dado que as mesmas, ainda que sendo definitivas, têm um prazo normal para a sua avaliação (vide art. 60.°, n.° 2, 61.°, 62.°, n.os 1 e 6 e 63.°). É importante, pois, que o tribunal, em princípio, através do julgador que aplicou a medida e que indicou, em geral, a sua forma de cumprimento, tenha conhecimento das dificuldades que possam surgir na sua implementação. Por isso, se remete na presente norma para a aplicabilidade, em geral, das normas contidas no art. 59.° quanto ao acompanhamento da execução das medidas.

2. Sendo a medida aplicada "dirigida e controlada pelo juiz que a aplica", é este que pode alterar as condições de cumprimento da medida imposta e aferir os resultados que a mesma está a alcançar, em função dos objectivos propostos, que são, como regra geral, que se alcance o objectivo de recuperar a criança ou o jovem e reintegrá-lo na sua família de origem.

Como o julgador, porém, não terá tempo nem possibilidade de controlar e dirigir directamente a execução da medida aplicada, cabe ao tribunal indicar a entidade que considere mais adequada para o seu acompanhamento.

3. De acordo com o art. 6.° do DL 332-B/2000 de 30 de Dezembro, que regulamentou a Lei 147/99 de 1 de Setembro, o regime de execução das medidas de promoção e protecção constaria de regulamentação específica que só veio a ser criada pelo DL n.° 12/2008 de 17 de Janeiro.

Pelo DL 12/2008 de 17 de Janeiro estabeleceu-se o regime de execução das medidas de promoção e protecção das crianças e jovens em perigo em meio natural de vida previstas nos arts. 39.°, 40.° 43.° e 45.° da LPPCJP.

A execução destas medidas na fase judicial continua a ser dirigida e aplicada pelo Juiz que aplicou a medida, mas, os actos materiais da sua execução e acompanhamento cabem agora "às entidades que forem legalmente competentes e designadas na decisão" (art. 5.°, n.° 2 do DL 12/2008), que o artigo seguinte indica poderem ser os serviços distritais da segurança social e a Santa Casa da Misericórdia, com a colaboração de outras entidades, em especial na área da educação e da saúde e pelas próprias instituições particulares de solidariedade social, mediante protocolos de cooperação estabelecidos com os serviços distritais de segurança social.

A execução das medidas obedece a um plano de intervenção elaborado de acordo com a decisão judicial, com fases de execução das medidas e a sua avaliação e possibilidade de revisão, segundo os parâmetros fixados na mesma Lei.

O DL descrimina, agora, pormenorizadamente, os tipos de apoio que acompanham as medidas aplicadas, as entidades que asseguram os actos materiais de execução das medidas, de modo a manter o Tribunal devidamente informado sobre a forma como estão a decorrer a aplicação das medidas.

As equipas técnicas que asseguram os actos materiais de execução são constituídas por profissionais com experiência no domínio da capacidade de avaliação das famílias e do desenvolvimento integral das crianças ou dos jovens, elencando-se os objectivos a atingir com a execução das medidas de apoio junto dos pais, junto de outro familiar ou de confiança a pessoa idónea.

Por outro lado, o diploma regulamenta, detalhadamente, os direitos da criança ou do jovem aquando da aplicação das medidas, os direitos dos pais e dos familiares e da pessoa que acolhe a criança ou o jovem.

Artigo 126.°
Direito subsidiário

Ao processo de promoção e protecção são aplicáveis subsidiariamente, com as devidas adaptações, na fase de debate judicial e de recursos, as normas relativas ao processo civil de declaração sob a forma sumária.

1. O processo de promoção e protecção nos tribunais é regulado pelas disposições processuais gerais da presente lei (arts. 77.° e 90.°), pelo artigo 92.° (procedimentos judiciais urgentes), e pelas normas específicas do capítulo IX (100.° a 126.°).

Para além das normas referidas é aplicável o regime estabelecido para os processos de jurisdição voluntária e incidentes da instância[175] e na falta de disposições específicas aplica-se à fase de debate judicial e aos recursos, o processo civil de declaração sob a forma sumária.

Quanto à fase de **debate judicial**, a mesma inicia-se com a notificação dos intervenientes para alegarem, nos termos do art. 114.°, n.° 1 e termina com a deliberação dos juízes. É, pois, entre estes dois momentos que, na falta de dispositivos específicos contidos na lei e nos artigos 1409.° a 1411.°, 302.° a 304.° do CPC, se aplicam as normas constantes do processo civil de declaração sob a forma sumária.

Após a fase da decisão, os recursos sobre a mesma estão, igualmente, na falta de disposição específica quer na lei quer nos artigos 1409.° a 1411.°, 302.° a 304.° do CPC, sujeitos às mesmas normas do processo civil de declaração sob a forma sumária.

O processo de promoção e protecção afasta-se, assim, do processo declarativo sumário no que respeita à composição do tribunal, que é em princípio colectivo, quanto à indicação das provas e à sua alegação (arts. 512.°, n.° 1 do CPC e 114.° desta lei) e quanto ao adiamento do debate (arts. 790.°, n.° 2 do CPC e 116.° desta lei).

---

[175] Cfr. artigo 100.° da lei, 1409.° a 1411.° e 302.° a 304.° do CPC.

A aplicação subsidiária do processo declarativo sumário, e, por via dele, do processo declarativo ordinário (art. 463.º, n.º 1 do CPC), restringe-se aos casos omissos.

Neste âmbito destaca-se a aplicação dos artigos:

a) 650.º e 463.º, n.º 1 do CPC, no que concerne aos poderes que cabem ao juiz que preside;

b) 654.º e 463.º, n.º 1 do CPC, que respeitam ao princípio da plenitude da assistência ao debate judicial dos juízes;

c) 463.º, n.º 1 e 655.º, que se reportam à liberdade de julgamento;

d) 791.º do CPC, de onde resulta que o debate judicial deve ser marcado para dentro de 30 dias após terem sido recebidas as alegações e apresentadas as provas.

2. No que respeita a recursos há que ter em conta a já referida substituição, a partir de 1 de Janeiro de 2008, do regime do recurso de agravo pelo regime do recurso de apelação, de acordo com o DL 303/07 de 24 de Agosto.

Como se trata de recursos relativos ao estado das pessoas os mesmos consideram-se sempre de valor equivalente à alçada da Relação e mais € 0,01 nos termos do art. 312.º, n.º 1 do CPC.

A referência à aplicação nos recursos das normas relativas ao processo civil de declaração, que já deixara de ter qualquer sentido útil antes da entrada em vigor do novo regime de recursos, viu confirmada essa inutilidade com a revogação pelo DL 38/2003 de 8 de Março do artigo 792.º do CPC que fixava um efeito específico da apelação nos processos sumários.

Actualmente, o recurso de apelação nos processos de promoção e protecção é regulado pelas normas específicas previstas nos arts. 123.º e 124.º desta Lei, pelo dispositivo constante do art. 1411.º do CPC, pelas normas gerais relativas aos recursos dos arts. 676.º a 690.º-B do CPC e pelas regras específicas constantes do recurso de apelação constantes dos arts. 691.º a 720.º do CPC.

BIBLIOGRAFIA

ALBERTO, Isabel Maria Marques – "Maltrato e Trauma na Infância". Almedina, Julho 2004. ISBN 972-40-2270-6.

GASPAR, Ana; GIL, Ana Paula; ALVARENGA, Filipa – "Avaliação da Actividade das Comissões de Protecção de Crianças e Jovens em 2002". Instituto da Segurança Social, 2004.

BOLIEIRO, Helena Isabel Dias; [et al] – "Protecção de Menores – Prof. Doutor F. M. Pereira Coelho – I: Trabalhos do Curso de Pós Graduação". Coimbra Editora, Março 2002. ISBN 972-32-1085-1.

CANOTILHO, J.J. Gomes; MOREIRA, Vital – "Constituição da República Portuguesa". Coimbra: 6.ª ed. Coimbra Editora, Novembro 2003. ISBN 972-32-1084-3.

CARMO, Rui do; ALBERTO, Isabel; GUERRA, Paulo – "O Abuso Sexual de Menores: Uma Conversa Sobre Justiça Entre o Direito e a Psicologia". Almedina, Novembro 2002. ISBN 972-40-1820-2.

CARMO, Rui – "As comissões de Protecção de Crianças e Jovens: Notas sobre a Intervenção do Ministério Público". "Lex Família – Revista Portuguesa de Direito da Família". Coimbra: Coimbra Editora. ISSN 1645-9660. Ano 1: n.° 2 (2004) 35-42.

COSTA, Salvador da – "Código das Custas Judiciais: Anotado e Comentado". 4.ª ed. Almedina, Janeiro 2001. ISBN 972-40-1468-1

– "O Apoio Judiciário". 5.ª ed. Almedina, 2005. ISBN 9724023575.

COELHO, Francisco Pereira; OLIVEIRA, Guilherme de – "Curso de Direito da Família: Volume II Direito da Filiação: Tomo I: Estabelecimento da Filiação-Adopção". Coimbra Editora, Maio 2006. ISBN 972-32-1385-0.

FONSECA, Graça; [et al] – "A Justiça de Menores: As crianças entre o risco e o crime: vol. IV: Relatório do Observatório Permanente da Justiça Portuguesa". Centro de Estudos Sociais, Faculdade de Economia Universidade de Coimbra, Março 1998.

FREITAS, Lebre de – "Código Processo Civil Anotado: Volume 1". Coimbra Editora, Maio 1999. ISBN 972-32-0888-1.

FURTADO, Leonor; GUERRA, Paulo – "O Novo Direito das Crianças e Jovens: Um Recomeço". Lisboa: Centro de Estudos Judiciários, Dezembro 2000. ISBN 972-91220-20-2.

GERALDES, António Santos Abrantes – "Temas Judiciários: 1 – Citações e Notificações em Processo Civil 2 – Custas e Multas Cíveis, Volume 1", Almedina, 1998. ISBN 972-40-1134-8.

HERNÁNDEZ, F. Rivero; [et al] – "Direito da Infância, da Juventude e do Envelhecimento". Coimbra Editora, Dezembro 2005. ISBN 972-32-1368-0.

MACHADO, Baptista João – "Introdução ao Direito e ao Discurso Legitimador". Porto: 14.ª Reimpressão, Almedina, Setembro 2004. ISBN 972-40-0471-6.

MAGALHÃES, Teresa – "Maus Tratos em Crianças e Jovens". 3.ª ed. Coimbra: Quarteto, Fevereiro 2004. ISBN 972-8717-39-3.

MELO, Nuno Sousa – "Protecção do Feto Perante Condutas de Perigo por Parte da Mãe e *Terceiros*". "Lex Família – Revista Portuguesa de Direito da Família". Coimbra: Coimbra Editora. ISSN 1645-9660. Ano 3: n.º 5 (2006) 81-97.

MENDES, Armindo Ribeiro – "Recursos em Processo Civil". Lisboa: Lex, 1994. ISBN 972-9495-04-1.

MONTEIRO, Reis; [et al] – "Direitos das Crianças". Coimbra: Coimbra Editora, Dezembro 2004. ISBN 972-32-1303-6.

NETO, Abílio – "Código de Processo Civil Anotado". 18.ª ed. Lisboa: Ediforum, Setembro 2004. ISBN 972-8035-72-1.

– "Código Civil Anotado", 12.ª ed. Lisboa: Ediforum, Julho 1999. ISBN 972-8035-35-7.

– "Sistema Judiciário e Legislação Complementar de Processo Civil Anotado". 2.ª ed. Lisboa: Ediforum, Janeiro 2000. ISBN 972-8035-41-1

OLIVEIRA, Darlan de Oliveira – "Tudo que Você precisa Saber – Justiça da Infância e da Juventude". Rio de Janeiro: DP&A Editora, 2004. ISBN 85-7490-295-0.

OLIVEIRA, Mário Esteves; GONÇALVES, Pedro Costa; AMORIM, J. Pacheco de – "Código do Procedimento Administrativo". 2.ª ed., Almedina, Fevereiro 1997.

PINHO, Lilian Moreira – "Estatuto da Criança e do Adolescente". Brasil: Roma Victor Editora, 2002. ISBN 85-89127-05-2.

PIRES, António – "Crianças (E Pais) Em Risco". Lisboa: ISPA, Setembro 2001. ISBN 972-8400-33-0.

RAMIÃO, Tomé d'Almeida – "Lei de Protecção de Crianças e Jovens em Perigo: Anotada e Comentada". 4.ª ed. Lisboa: Quid Juris, 2006. ISBN 972-724-283-9.

REIS, José Alberto dos – "Código de Processo Civil Anotado (Artigos 658.º a 720.º), Volume 5". Coimbra: Coimbra Editora, 1981.

– "Processos Especiais, Volume I". Coimbra: Coimbra Editora, 1982.

– "Processos Especiais, Volume. II". Coimbra: Coimbra Editora, 1982.

– "Comentário ao Código de Processo Civil, Vol. 1.º". 2.ª ed. Coimbra: Coimbra Editora, 1960.

– "Comentário ao Código de Processo Civil, Vol. 2.º". Coimbra: Coimbra Editora, 1945.

– "Comentário ao Código de Processo Civil, Vol. 3.º". Coimbra: Coimbra Editora, 1946.

SILVA, Helena; [et al] – "Crianças e Jovens em Risco: Da Investigação à Intervenção". Almedina, Setembro 2004. ISBN 972-40-2235-8.

SILVA, Maria Helena Damião da – "Crianças e Jovens a Cargo de Instituições", Crianças e Jovens em Risco, Centro de Psicopedagogia da Universidade de Coimbra, Almedina.

SOARES, Quirino – "O Que Diz o Supremo". "Lex Família – Revista Portuguesa de Direito da Família". Coimbra: Coimbra Editora. ISSN 1645-9660. Ano 3: n.º 5 (2006) 99-109.

SOTTOMAYOR, Maria Clara [et al.] – "Cuidar da Justiça de Crianças e Jovens: Função dos Juízes Sociais: Actas de Encontro". Almedina, Outubro de 2003. ISBN 972-40-2001-0.

SOTTOMAYOR, Maria Clara [et al.] – A Adopção Singular nas Representações Sociais e no Direito". "Lex Família – Revista Portuguesa de Direito da Família". Coimbra Editora, 2004. ISSN 16459660. Ano 1:n.° 1 (2004) 41-50.

SOTTOMAYOR, Maria Clara – "Relatório da Mesa Temática Relativa à Promoção dos Direitos das Crianças em Perigo e Processo Tutelar Educativo". "2.ª Bienal de Jurisprudência: Direito da Família". Coimbra Editora, Julho 2005.ISBN 972-32-1342-7.

VALENTE, Manuel Monteiro Guedes; MULAS, Nieves Sanz – "Direito de Menores: Estudo Luso-Hispânico Sobre Menores em Perigo e Delinquência Juvenil". Âncora Editora, Setembro 2003. ISBN 972 780 117 X.

VARELA, João Antunes; LIMA, Fernando Pires de – "Código Civil Anotado (Artigos 1.° a 761.°), Volume I". 2.ª ed.: Coimbra Editora, 1979.

ÍNDICE REMISSIVO

D

ÍNDICE GERAL

SECÇÃO II

Comissões de Protecção de Crianças e Jovens

SUBSECÇÃO I

Disposições gerais

SUBSECÇÃO II

Competências, Composição e Funcionamento das Comissões de Protecção

SUBSECÇÃO III

Acompanhamento, apoio e avaliação

CAPÍTULO III
Medidas de promoção dos direitos e de protecção

SECÇÃO I
Das medidas

SECÇÃO II
Medidas no meio natural de vida

SECÇÃO III
Medidas de Colocação

SUBSECÇÃO I
Acolhimento Familiar

SUBSECÇÃO II
Acolhimento em instituição

SECÇÃO IV
Das instituições de acolhimento

SECÇÃO V
Acordo de Promoção e Protecção e execução de medida

SECÇÃO VI
Duração, revisão e cessação das medidas

CAPITULO IV
Comunicações

CAPÍTULO V
Intervenção do Ministério Público

CAPÍTULO VI
Disposições processuais gerais

CAPÍTULO VII
Procedimentos de urgência

CAPÍTULO VIII
Do processo nas comissões de protecção de crianças e jovens

CAPITULO IX
Do processo judicial de promoção e protecção